本研究是国家自然科学基金青年项目"基于演化博弈论和组织学习视角的迭代创新模式形成及作用机制研究"（项目编号：71702083）的阶段性研究成果；国家社会科学基金项目"小微企业成长中的网络融资风险与策略研究"（项目编号：16GJY170）的阶段性研究成果。

A LIBRARY OF DOCTORAL DISSERTATIONS IN SOCIAL SCIENCES IN CHINA

中国社会科学博士论文文库

迭代创新过程中的企业-用户互动研究

The Study of Firm-User Interaction in Iterative Innovation Process

朱晓红　著

导师　张玉利

中国社会科学出版社

图书在版编目(CIP)数据

迭代创新过程中的企业—用户互动研究 / 朱晓红著. —北京：中国社会科学出版社，2017.10

（中国社会科学博士论文文库）

ISBN 978-7-5203-0819-9

Ⅰ.①迭… Ⅱ.①朱… Ⅲ.①市场营销—研究 Ⅳ.①F713.3

中国版本图书馆 CIP 数据核字（2017）第 187445 号

出 版 人	赵剑英
责任编辑	喻　苗
责任校对	胡新芳
责任印制	王　超

出　　版	中国社会科学出版社
社　　址	北京鼓楼西大街甲 158 号
邮　　编	100720
网　　址	http://www.csspw.cn
发 行 部	010-84083685
门 市 部	010-84029450
经　　销	新华书店及其他书店

印　　刷	北京君升印刷有限公司
装　　订	廊坊市广阳区广增装订厂
版　　次	2017 年 10 月第 1 版
印　　次	2017 年 10 月第 1 次印刷

开　　本	710×1000　1/16
印　　张	20.25
字　　数	343 千字
定　　价	85.00 元

凡购买中国社会科学出版社图书，如有质量问题请与本社营销中心联系调换
电话：010-84083683
版权所有　侵权必究

《中国社会科学博士论文文库》
编辑委员会

主　　任：李铁映
副 主 任：汝　信　江蓝生　陈佳贵
委　　员：（按姓氏笔画为序）
　　　　　王洛林　王家福　王缉思
　　　　　冯广裕　任继愈　江蓝生
　　　　　汝　信　刘庆柱　刘树成
　　　　　李茂生　李铁映　杨　义
　　　　　何秉孟　邹东涛　余永定
　　　　　沈家煊　张树相　陈佳贵
　　　　　陈祖武　武　寅　郝时远
　　　　　信春鹰　黄宝生　黄浩涛
总 编 辑：赵剑英
学术秘书：冯广裕

总　序

　　在胡绳同志倡导和主持下，中国社会科学院组成编委会，从全国每年毕业并通过答辩的社会科学博士论文中遴选优秀者纳入《中国社会科学博士论文文库》，由中国社会科学出版社正式出版，这项工作已持续了12年。这12年所出版的论文，代表了这一时期中国社会科学各学科博士学位论文水平，较好地实现了本文库编辑出版的初衷。

　　编辑出版博士文库，既是培养社会科学各学科学术带头人的有效举措，又是一种重要的文化积累，很有意义。在到中国社会科学院之前，我就曾饶有兴趣地看过文库中的部分论文，到社科院以后，也一直关注和支持文库的出版。新旧世纪之交，原编委会主任胡绳同志仙逝，社科院希望我主持文库编委会的工作，我同意了。社会科学博士都是青年社会科学研究人员，青年是国家的未来，青年社科学者是我们社会科学的未来，我们有责任支持他们更快地成长。

　　每一个时代总有属于它们自己的问题，"问题就是时代的声音"（马克思语）。坚持理论联系实际，注意研究带全局性的战略问题，是我们党的优良传统。我希望包括博士在内的青年社会科学工作者继承和发扬这一优良传统，密切关注、深入研究21世纪初中国面临的重大时代问题。离开了时代性，脱离了社会潮流，社会科学研究的价值就要受到影响。我是鼓励青年人成名成家的，这是党的需要，国家的需要，人民的需要。但问题在于，什么是名呢？名，就是他的价值得到了社会的承认。如果没有得到社会、人民的承认，他的价值又表现在哪里呢？所以说，价值就在于对社会重大问题的回答和解决。一旦回答了时代性的重大问题，就必然会对社会产生巨大而深刻的影响，你也因此而实现了你的价值。在这方面年轻的博士有很大的优势：精力旺盛，思想敏捷，勤于学习，勇于创新。但青年学者要多向老一辈学者学习，博士尤其要很好地向导师学习，在导师的指导下，发挥自己的优势，研究重大问题，就有可能出好的成果，实现自己的价值。过去12年入选文库的论文，也说明了这一点。

什么是当前时代的重大问题呢？纵观当今世界，无外乎两种社会制度，一种是资本主义制度，一种是社会主义制度。所有的世界观问题、政治问题、理论问题都离不开对这两大制度的基本看法。对于社会主义，马克思主义者和资本主义世界的学者都有很多的研究和论述；对于资本主义，马克思主义者和资本主义世界的学者也有过很多研究和论述。面对这些众说纷纭的思潮和学说，我们应该如何认识？从基本倾向看，资本主义国家的学者、政治家论证的是资本主义的合理性和长期存在的"必然性"；中国的马克思主义者，中国的社会科学工作者，当然要向世界、向社会讲清楚，中国坚持走自己的路一定能实现现代化，中华民族一定能通过社会主义来实现全面的振兴。中国的问题只能由中国人用自己的理论来解决，让外国人来解决中国的问题，是行不通的。也许有的同志会说，马克思主义也是外来的。但是，要知道，马克思主义只是在中国化了以后才解决中国的问题的。如果没有马克思主义的普遍原理与中国革命和建设的实际相结合而形成的毛泽东思想、邓小平理论，马克思主义同样不能解决中国的问题。教条主义是不行的，东教条不行，西教条也不行，什么教条都不行。把学问、理论当教条，本身就是反科学的。

在21世纪，人类所面对的最重大的问题仍然是两大制度问题：这两大制度的前途、命运如何？资本主义会如何变化？社会主义怎么发展？中国特色的社会主义怎么发展？中国学者无论是研究资本主义，还是研究社会主义，最终总是要落脚到解决中国的现实与未来问题。我看中国的未来就是如何保持长期的稳定和发展。只要能长期稳定，就能长期发展；只要能长期发展，中国的社会主义现代化就能实现。

什么是21世纪的重大理论问题？我看还是马克思主义的发展问

题。我们的理论是为中国的发展服务的，绝不是相反。解决中国问题的关键，取决于我们能否更好地坚持和发展马克思主义，特别是发展马克思主义。不能发展马克思主义也就不能坚持马克思主义。一切不发展的、僵化的东西都是坚持不住的，也不可能坚持住。坚持马克思主义，就是要随着实践，随着社会、经济各方面的发展，不断地发展马克思主义。马克思主义没有穷尽真理，也没有包揽一切答案。它所提供给我们的，更多的是认识世界、改造世界的世界观、方法论、价值观，是立场，是方法。我们必须学会运用科学的世界观来认识社会的发展，在实践中不断地丰富和发展马克思主义，只有发展马克思主义才能真正坚持马克思主义。我们年轻的社会科学博士们要以坚持和发展马克思主义为己任，在这方面多出精品力作。我们将优先出版这种成果。

2001 年 8 月 8 日于北戴河

序　　言

在互联网时代，互联网经济、体验经济、创客经济成为了日益受到关注的新经济形态，经济形态的改变影响了企业运营逻辑和创新思维的改变，给传统的管理范式带来了大量的挑战。而《精益创业》、《四部创业法》、《走向B计划》、《设计思维》、《互联网思维》等实践思潮的兴起，展现出创新创业活动更加关注快速迭代创新的创新理念以及以顾客价值为核心的平台战略，业界的实践活动也推崇异于传统管理范式的迭代创新范式，例如小米手机快速成长的背后在于其对于迭代思想的理解以及对用户深度参与理念的认识，而海尔集团执行的网络化战略也是基于时代发展需求确定的更为灵活和有效的实施策略。目前判断，实践探索先于理论挖掘，诱发了新的实践活动并带来了研究挑战，涌现了许多值得关注和探索的研究问题。

互联网时代的研究问题主要体现在两个方面：一是创新实践活动开始背离传统的管理范式，创新过程日趋非线性化，低成本和速度成为关注的重点。在互联网时代，在资源匮乏的条件下企业可以借助互联网以极低的成本接触到大范围的顾客，一定程度上改变了企业运营的方式和顺序，非线性特征越来越突出。同时，在互联网时代，企业可以以较低的成本快速获取用户反馈并改善创新，创新过程也开始发生根本性改变，通过形成最小化可行产品并立即将其推向市场，缩短了产品研发到市场推广的周期，提升了企业的行动速度。

二是创新实践活动的改变并不是简单的模式改变，其运营逻辑和创新思维等方面也发生了变化，用户价值和作用成为了关注的重点。Facebook、小米公司等企业在短时间内能够获得快速成长，并不是因为它们具有充裕的资源支撑、具备卓越的战略规划、涉及高精尖的科学技术。这些企业的成功之道在于关注了用户在企业创新过程中的价值以及例证了真正的创新过程并非是线性演化过程而是高度迭代发展的过程，这种关注用户价值的迭代创新模式成为了互联网时代企业获取意想不到资源、识别出人意料机会的重要方式，许多业界人士将其称之为符合互联网情境的最佳管理实践。

基于对上述互联网时代研究问题的分析，本书将迭代创新进程作为研究情境，探究迭代创新进程中的企业—用户互动为何形成以及如何演化发展问题。首先，通过对于互联网时代企业实践活动的观察及相关研究文献的阅读和梳理，设计本研究的研究框架，界定研究涉及的主要概念及其操作化，同时选取符合研究主题的三家企业开展探索性调研工作；其次，基于比对研究框架与预调研成果，按照规范的案例研究范式设计案例研究草案，并以调整和修正后的研究框架为指引，正式进入案例企业访谈以收集丰富的访谈资料，在此过程中依据三角验证的原则收集资料以保障案例原始资料的质量；第三，运用分析式归纳的步骤实施单案例分析，在理论与案例资料的互动比较中对资料进行内容分析，进而对初始理论模型进行调整和修正；最后，采用案例研究的复制逻辑逐渐增加案例，利用同样的步骤实施跨案例的分析式归纳，不断进行案例间的比较，进而对理论雏形进行验证、修正和完善，形成对迭代创新过程中企业—用户互动形成和演化机制的探讨。

对于研究而言，作者期望通过此项研究，能够丰富和弥补国内此方面理论和实践探索性研究的不足，同时期望一些研究结论对于互联网时代企业运营发展的践行者以及创新创业政策的制定者提供一定的借鉴价值。

作者十分希望本书能够引起读者的兴趣并引发广泛讨论，如果读者对此有任何问题，欢迎与作者联系并探讨。

朱晓红

齐鲁工业大学

2017.9

摘　　要

迭代创新是互联网时代演化形成的新兴主题，是企业应对时代更迭、经济形态变化的重要举措。尽管创新实践活动证实了迭代创新的价值，然而鲜有研究从理论层面探索迭代创新的内在机理问题。基于此，本研究聚焦于迭代创新这一新兴主题，从企业—用户互动视角，探索迭代创新过程中的企业—用户互动形成和演化机制问题，以促进迭代创新现象的概念化和理论化。本研究通过对五个研究样本迭代创新进程的阐述，识别出了23个互动事件，在此基础上探索和提炼企业—用户互动特征、驱动因素和作用机制问题。

本研究的主要研究结论为：

一　迭代创新过程中企业—用户互动呈现出多样性和动态性的特征

本研究从静态和动态两个角度剖析了迭代创新过程中的企业—用户互动特征，静态方面阐述了互动主体双方构成及其角色扮演情况，动态方面则探索了在创新进程的不同阶段互动主体角色和范式的差异性进而凸显其动态演化的特征，通过对五个创新产品迭代创新进程展现的23个互动事件的探索和分析，提炼和总结出迭代创新过程中企业—用户互动所呈现的两个特征：多样性和动态性。

二　互动发生的情境和互动主体的行为实施均促进企业—用户互动的发生

通过对五个创新产品创新进程中呈现出的23个互动事件编码分析和提炼总结，从企业方和用户方两个层面分别探索企业—用户互动的驱动因素问题，形成了具有情境价值的研究观点。企业方层面的驱动因素主要包含两个方面，一是企业面临的不确定性情境，二是企业自身的资源匮乏。用户方层面的驱动因素也主要表现在两个方面，一是用户的参与动机，二是企业—用户关系。

三 企业—用户互动影响迭代方式的实施和相互学习的实现

通过对迭代创新进程中五个创新产品的 23 个互动事件的编码分析和提炼总结，识别出两个重要的效应因素：一是企业—用户互动的开展促使企业迭代方式的选择，互动活动促使企业选择更具灵活性、动态性、创新性的迭代方式；二是企业—用户互动的开展也直接影响了企业—用户间相互学习的实现，互动活动促使企业、用户双方通过知识/信息传递获取有价值的反馈信息，丰富已有的知识/信息储备。

四 企业—用户互动与创新绩效间存在两条关键作用路径

通过对五个创新产品创新进程演化发展的编码分析和提炼总结，路径一：企业—用户互动通过迭代方式的实施促进企业创新速度的提升和创新新颖性的实现。该作用路径的形成逻辑在于：企业—用户互动活动的开展，促进了企业采取更具灵活和动态性的迭代方式，而通过迅捷行动和持续改进的实施促进了企业创新速度的提升和创新新颖性的实现。路径二：企业—用户互动通过相互学习的实现促进企业创新速度的提升和创新新颖性的实现。该路径的形成逻辑在于：企业—用户互动活动的开展，促进了组织学习和用户学习的实现，而企业—用户相互学习的实现则促进了企业创新速度的提升和创新新颖性的实现。

本研究的理论贡献和实践启示主要有：

在理论层面：一是对迭代创新研究的启示，迭代创新作为互联网时代新兴的研究主题，仍处于研究的早期发展阶段，对于迭代创新现象亟需概念化和理论化的探究，基于此，本研究从企业—用户互动视角探索迭代创新问题，剖析了互动对迭代创新绩效实现的内在作用机制问题；二是对创新理论研究的启示，本研究通过企业—用户互动视角解构迭代创新问题对于推进创新研究领域的发展有重要的价值，同时有利于对创新研究领域中的用户创新和新产品开发研究问题的深入探讨；三是对用户互动研究的启示，本研究探索了用户互动在互联网情境下的价值体现和作用机制问题，解决了现有研究观点不一致的问题，有助于用户互动研究的拓展和延伸。

在实践层面：一是对互联网时代企业创新实践活动的启示，研究表明迭代创新是新时代切实可行的创新演化范式，企业需要在创新进程中采取全流程的企业—用户互动，企业—用户互动范式利于创新绩效的实现进而降低产品创新的失败率；二是对互联网时代传统企业转型升级的启示，研究表明企业应该颠覆企业传统的管理思想和理念，采取更具时代意义的创新范式，同时不论是"草根创业"还是传统企业的转型升级，均需要以用户为中心，通过与用户交互实现创新创业的目的；三是对创新创业政策制定者和实施者的启示，企业需要营造创新创业的文化氛围，倡导宽容失败的创新文化，政府应该重视创业者/管理者整体素养和技能的培养和提升，以及政府颁布的政策应涉及不同创业层次的创业群体，以推动社会经济的发展。

本研究的创新点主要体现在：

一　从企业—用户互动视角推动了迭代创新现象的概念化和理论化研究

本研究基于迭代创新现象呈现出的特征，以企业—用户互动的视角作为迭代创新现象研究的切入点，通过探索性案例研究深入挖掘迭代创新过程中的企业—用户互动情况，发现了在迭代创新过程中企业—用户互动呈现出多样性和动态性特征，企业面临的情境和用户的行为实施促使互动活动的开展以及企业—用户互动通过两条独特的作用路径影响迭代创新绩效的实现，上述研究结论从理论视角剖析了迭代创新现象，弥补了现有研究对于迭代创新研究问题理论探索不足的局限，推动了迭代创新研究主题的开展。

二　识别了企业—用户互动的差异化特征及其动态演化过程

本研究通过从横、纵向两个维度深入探索迭代创新过程中的企业—用户互动形成和演化机制问题，识别出了在创意产品化和产品市场化两个阶段互动主体和互动范式呈现出的差异化特征，具体表现在互动主体的构成和扮演的角色在不同的阶段由于互动目的和内容的不同而呈现出较大的差异性，同时在不同阶段的互动范式采用上也基于创新活动的不同表现出较大的差别。不同阶段的差异性特征凸显了迭代创新过程中企业—用户互动的动态演化的本质，进而为剖析互动对迭代创新绩效的影响奠定基础。

三　提炼和总结出企业—用户互动影响创新绩效的两条独特作用路径

现有文献对于用户互动的探究，多是直接阐述了用户互动对于绩效的影响价值，而且不同学者对于用户价值的体现的研究观点不同，因而导致研究结论不统一，甚至呈现相反的研究结论。针对此研究现状，本文通过对五个创新产品创新进程的探索性案例研究，提炼和总结出企业—用户互动对创新绩效影响的两条独特作用路径，一是企业—用户互动通过迭代方式的实施促进创新绩效的实现，二是企业—用户互动通过企业—用户相互学习的实现影响创新绩效的提升。两条作用路径的阐述有利于解决现有研究争论，丰富和拓展用户互动的相关研究。

Abstract

Iterative innovation is an emerging topic in the era of Internet and an important measure to cope with environmental change and uncertainty. Although it is already proved to be valuable, little theoretical work has been done to explore its internal mechanism. This book studied the developing and evolutionary mechanism of enterprise – user interaction during iterative innovation process to promote the conceptualization and theorization of such phenomena. This book elaborated the iterative innovation process of five subjects, identified 23 interaction events and extracted the characteristics, driven force and functional mechanism of enterprise – user interaction.

The conclusion consisted of 4 points:

First, the diversity and dynamism of enterprise – user interaction during iterative innovation process. This book analyzed characteristics of enterprise – user interaction in the process of iterative innovation from the static and dynamic perspective. The static view described the composition and role play of interaction, and the dynamic view explored the dynamic evolution features in different stages of the innovation process. Based on the 23 interaction events, this book refined and summarized the two characteristics during iterative innovation process: diversity and dynamism.

Second, both of the context and actions facilitate the enterprise – user interaction. Through coding and analyzing the interaction evens, this book explored the driving factors of enterprise – user interaction from the firm and user side, in order to form the research viewpoint with the situational value. The driving factors at the enterprise level mainly included the uncertain situation and the lack of resources. And in terms of user, the influencing factors mainly manifested in the motivation of user participation and the firm – user relationship.

Third, enterprise – user interaction could influent the choice of iterative pattern and the implementation of enterprise – user mutual learning. Through the analysis and summarization of 23 interaction events, two important effect factors are identified. First, enterprise – user interaction can influent the choice of iterative pattern, and the interactive activity encouraged firms to choose the more flexible, dynamic and innovative iterative methods. Second, the development of enterprise – user interaction also directly affected the implementation of enterprise – user mutual learning, which promoted to obtain valuable feedback and enrich the existing information.

Fourth, There are two key paths between enterprise – user interaction and innovation performance. The first path is that enterprise – user interaction could promote to achieve new product innovativeness and speed to market. The logic of the formation of this path is that the development of enterprise – user interaction promoted the enterprise to adopt a more flexible and dynamic iterative way, and through swift action and continuous improvement, it promoted the improvement of innovation speed and the realization of innovation novelty. The second path is that enterprise – user interaction through mutual learning to promote new product innovativeness and speed to market. The formation logic of this path is that the implementation of enterprise – user interaction promoted the realization of organizational learning and user learning, while the realization of enterprise – user mutual learning promoted the improvement of innovation speed and the realization of innovation novelty.

This book had three theoretical contributions and three practical enlightenments.

In theory, this book made three contributions. First, for iterative innovation research, the perspective of enterprise – user interaction analyzed the functioning mechanism of how interaction influenced iterative innovation performance. Second, for innovation research, this study explored the new innovation pattern in the era of Internet, facilitating the evolution of innovation research. Third, for user interaction research, this study emphasized the significance of user interaction in the era of Internet and explored its mechanism, contributing to the extension of user interaction research.

Inpractice, the contributions mainly included 3 aspects. First, for enterprise innovation practice activity in the era of Internet, this book had shown that iterative innovation is a new paradigm of practical innovation evolution. The enterprise needed to adopt enterprise – user interaction to promote innovation performance and reduce the failure rate. Second, for transformation and upgrading of traditional, the study suggested that enterprises should overturn the traditional management thoughts and adopt newer innovation paradigm. Meanwhile both "grassroots entrepreneurship" and traditional enterprises needed to focus the user to achieve the purpose of the innovation. Third, for policy makers and implementers, it should create a corporate culture of tolerance failure. The government should pay more attention to cultivate entrepreneurs' literacy and skills, as well as the government policy should be involved in business groups with different levels of entrepreneurship, to promote the development of social economy.

Thisbook contributed three innovation points:

First, thisbook promoted the conceptualization and theorization of the phenomena of iterative innovation from perspective of. Based on the features of iterative innovation phenomenon, this book deeply explored the enterprise – user interaction during iterative innovation and identified some conclusions, which made up the existing research for iterative innovation deficiency problems in theory, and promoted the development of iterative innovation research topic.

Second, thisbook identified the differentiated feature and dynamic development process of enterprise – user interaction. From two dimensions of horizontal and vertical, this book analyzed the formation and evolution mechanism of enterprise – user interaction in different stage of iterative innovation. Due to the difference in purpose and content of interaction, the group composition and role play are manifested in different features, meanwhile the way of interaction are shown in different. The difference characteristics of different stages highlight the dynamic evolution of enterprise – user interaction during the iterative innovation process, and then lay the foundation for the analysis of the impact of interaction on the iterative innovation performance.

Third, this book refined and summarized the two unique paths of the impact of enterprise – user interaction on innovation performance. Existing literature about user interaction is more directly describes the user interaction effects on the performance of value. And because of the different research point of view from different scholars, it showed disunity and even a contrary research conclusion. According to current research, this book refined and summarized the two unique paths through five exploratory case study. One is that enterprise – user interaction could promote to achieve innovation performance through choosing iterative pattern, and the other one is that enterprise – user interaction could promote to achieve innovation performance through mutual learning. The two paths are helpful to solve the existing research debate and enrich the relevant research of user interaction.

目　　录

第一章　绪论 ……………………………………………………（1）
　第一节　迭代创新实践活动 ……………………………………（1）
　　一　小米公司的迭代创新实践 ………………………………（1）
　　二　海尔集团的迭代创新实践 ………………………………（3）
　第二节　研究背景 ………………………………………………（6）
　　一　现实背景 …………………………………………………（6）
　　二　理论背景 …………………………………………………（9）
　第三节　研究问题与研究意义 …………………………………（11）
　　一　研究问题 …………………………………………………（11）
　　二　研究意义 …………………………………………………（12）
　第四节　研究思路与研究方法 …………………………………（14）
　　一　研究思路 …………………………………………………（14）
　　二　研究方法 …………………………………………………（16）
　第五节　本书架构与主要内容 …………………………………（17）
　　一　本书框架 …………………………………………………（17）
　　二　主要内容 …………………………………………………（18）

第二章　文献回顾 ………………………………………………（21）
　第一节　迭代创新的发展渊源与概念内涵 ……………………（21）
　　一　迭代创新的发展渊源 ……………………………………（22）
　　二　迭代创新的概念内涵 ……………………………………（27）
　第二节　新产品开发过程中的迭代创新范式 …………………（30）
　　一　新产品开发过程的两种演化观点 ………………………（30）

二　新产品开发过程的情境化研究 ……………………………… (33)
　　　三　新产品开发过程中迭代创新的战略和策略实施 ……… (36)
　第三节　用户互动的理论渊源 …………………………………… (40)
　　　一　价值共创理论 ……………………………………………… (40)
　　　二　用户创新研究 ……………………………………………… (44)
　第四节　用户互动的概念内涵及发展脉络 ……………………… (48)
　　　一　用户互动的概念内涵 ……………………………………… (48)
　　　二　用户互动的发展脉络 ……………………………………… (55)
　第五节　现有研究述评及其对本书的启示 ……………………… (63)

第三章　研究框架与研究设计 …………………………………… (66)
　第一节　研究框架 ………………………………………………… (66)
　　　一　核心概念界定 ……………………………………………… (66)
　　　二　研究框架的提出 …………………………………………… (68)
　第二节　研究设计 ………………………………………………… (70)
　　　一　总体研究设计 ……………………………………………… (70)
　　　二　数据获取过程 ……………………………………………… (75)
　　　三　数据分析过程 ……………………………………………… (80)
　　　四　研究质量检验 ……………………………………………… (82)

第四章　案例企业的创新进程及互动事件分析 ………………… (85)
　第一节　五个创新产品的创新进程及其特点 …………………… (85)
　　　一　创新产品的创新进程概述 ………………………………… (86)
　　　二　创新产品的创新进程特点 ………………………………… (100)
　第二节　迭代创新过程中的互动事件 …………………………… (102)
　　　一　五个创新产品迭代创新过程中的互动事件 …………… (102)
　　　二　创新产品互动事件的相关主题分析 …………………… (112)
　第三节　本章小结 ………………………………………………… (117)

第五章　迭代创新过程中的企业—用户互动特征研究 ………… (118)
　第一节　迭代创新过程中的互动主体构成和角色扮演 ……… (118)
　　　一　创意产品化阶段互动主体的构成和角色扮演 ………… (119)

二　迭代产品市场化阶段互动主体的构成和角色
　　　　扮演 ………………………………………………… (126)
　　三　迭代创新进程中的企业—用户互动的多样性特征 … (133)
第二节　迭代创新过程中的企业—用户互动的动态演化 …… (134)
　　一　创意产品化阶段企业—用户互动的动态演化 ……… (135)
　　二　产品市场化阶段企业—用户互动的动态演化 ……… (137)
　　三　创新进程中的企业—用户互动的动态性特征 ……… (140)
第三节　本章小结 …………………………………………… (142)

第六章　迭代创新过程中的企业—用户互动驱动因素研究 ……… (144)
第一节　企业实施互动活动的驱动因素 …………………… (145)
　　一　迭代创新过程中企业面临的资源匮乏 ……………… (146)
　　二　迭代创新过程中企业面临的不确定情境 …………… (154)
第二节　用户参与互动活动的驱动因素 …………………… (163)
　　一　迭代创新过程中的用户参与动机 …………………… (164)
　　二　迭代创新过程中的企业—用户关系 ………………… (171)
第三节　本章小结 …………………………………………… (175)

第七章　迭代创新过程中的企业—用户互动作用机制研究 ……… (177)
第一节　迭代创新过程中的企业—用户互动效应因素 …… (177)
　　一　企业—用户互动与迭代方式 ………………………… (180)
　　二　企业—用户互动与相互学习 ………………………… (190)
第二节　迭代创新过程中的企业—用户互动与创新绩效 …… (200)
　　一　迭代方式与创新绩效 ………………………………… (202)
　　二　相互学习与创新绩效 ………………………………… (206)
　　三　企业—用户互动对创新绩效影响的两条作用路径 … (208)
第三节　本章小结 …………………………………………… (222)

第八章　研究结论与展望 ………………………………………… (223)
第一节　主要研究结论 ……………………………………… (223)
第二节　研究的理论贡献和创新点 ………………………… (231)
　　一　本书的理论贡献 ……………………………………… (231)

二　本书的创新点 ……………………………………………（233）
第三节　本书的实践启示 ………………………………………（235）
第四节　研究局限与未来研究展望 ……………………………（237）
　　一　研究局限 ………………………………………………（237）
　　二　未来研究展望 …………………………………………（238）

附录　访谈记录 ………………………………………………（240）

参考文献 ………………………………………………………（263）

索　引 …………………………………………………………（289）

后　记 …………………………………………………………（297）

Contents

Chapter 1　Introduction　……………………………………………（1）
　　Section 1　Practical activities of iterative innovation　………………（1）
　　Section 2　Research background　………………………………………（6）
　　Section 3　Research questions and research significance　…………（11）
　　Section 4　The structure and main contents of the book　…………（17）

Chapter 2　Literature review　………………………………………（21）
　　Section 1　The origin and connotation of iterative innovation　……（21）
　　Section 2　Iterative innovation in the development of new
　　　　　　　product　……………………………………………………（30）
　　Section 3　The theoretical origin of user interaction　………………（40）
　　Section 4　The connotation and development of user
　　　　　　　interaction　………………………………………………（48）
　　Section 5　Research review　……………………………………………（63）

Chapter 3　Research framework and research design　……………（66）
　　Section 1　Research framework　………………………………………（66）
　　Section 2　Research design　……………………………………………（70）

**Chapter 4　The innovation process and interaction event
　　　　　　analysis**　………………………………………………（85）
　　Section 1　The innovation process and features of five innovative
　　　　　　　products　……………………………………………………（85）

Section 2	Interaction events during iterative innovation process	(102)
Section 3	Summary of this chapter	(117)

Chapter 5 Research on the characteristics of enterprise – user interaction (118)

Section 1	The composition and role play of enterprise – user interaction	(118)
Section 2	Dynamic evolution of enterprise – user interaction	(134)
Section 3	Summary	(142)

Chapter 6 Research on the driven factors of enterprise – user interaction (144)

Section 1	The drivers of interactive activities in enterprises	(145)
Section 2	The drivers of users' participation in interactive activities	(163)
Section 3	Summary	(175)

Chapter 7 Research on the mechanism of enterprise – user interaction (177)

Section 1	Enterprise – user interaction effect factors	(177)
Section 2	Enterprise – user interaction and innovation performance	(200)
Section 3	Summary	(222)

Chapter 8 Conclusions and future prospects (223)

Section 1	Main conclusions	(223)
Section 2	The theoretical contribution and innovation	(231)
Section 3	The practical implications of the book	(235)
Section 4	Research limitation and future prospects	(237)

Appendix (240)

Bibliography ··· (263)

Index ·· (289)

Postscript ·· (297)

第一章

绪　论

互联网时代经济形态的改变,给传统管理范式带来了许多挑战,而迭代创新这一涵盖了新的运营逻辑和创新思维的新范式却得到了业界的关注和推崇,同时诸多企业的运营实践活动也证实了迭代创新的价值。在此背景下,归纳和总结企业的迭代创新实践活动并选用恰当的理论视角探索和挖掘迭代创新的内在机制成为了互联网时代的新兴课题。为了能够在理论层面对该课题进行有益的探索,本章在阐明研究背景的基础上提出了本书的主要研究问题及其研究意义,同时介绍了本研究的研究思路和方法,阐述了研究整体框架及其主要内容。

第一节　迭代创新实践活动

在互联网时代,企业呈现出一种符合时代发展需求和自身运营要求的新颖实践活动,即企业的创新创业活动表现为迭代创新的发展态势。许多企业通过迭代创新实践取得了成功,不仅小米公司、腾讯公司等创新型企业采用迭代创新范式获得了成功,而且诸如海尔集团等传统制造型企业在发展和变革过程中也运用迭代创新实践实现了意想不到的成长。下文将分别选取小米公司和海尔集团的迭代创新实践,简述现时代企业实施的运营逻辑和创新模式。

一　小米公司的迭代创新实践

（一）小米公司的发展历程

小米公司成立于 2010 年 6 月,是一家专注于智能产品自主研发的移动互联网公司。小米公司从手机、MIUI、米聊三大核心业务,逐步拓展到手机、平板电脑、电视、小米盒子、路由器等五个产品品类，并投资于智能家居领域。① 在不到五年的时间内，小米公司取得了不菲的成绩：已经跻身于中国第四大互联网公司；在美国商业杂志《快公司》评选出的"2014年度全球最具创新力公司50强"中排名第三；截至2014年12月，小米公司的市场估值为450亿美元；2014年度销售额为743亿人民币，增长率为135%。

（二）小米公司的运营逻辑

小米公司的核心在于两点：一是和用户互动来做好产品，二是靠用户的口碑来做传播和营销。② 小米联合创始人黎万强指出"消费者选择商品的决策心理在这几十年发生了巨大的改变。用户购买一件商品，从最早的功能式消费，到后来的品牌式消费，到近年流行起来的体验式消费，而小米发现和正参与其中的是全新的'参与式消费'"③。小米的运营宗旨在于"构建参与感，把做产品做服务做品牌做销售的过程开放，让用户参与进来，建立一个可触碰、可拥有、和用户共同成长的品牌"④。基于此，黎万强总结出"做爆品、做粉丝、做自媒体"三个战略以及"开放参与节点、设计互动方式、扩散口碑事件"三个战术，并将其深入到全公司的经营过程中，以"参与感三三法则"指导企业产品、品牌、服务、设计、新媒体等各个方面的运营发展⑤。

（三）小米公司的创新模式

董洁林和陈娟指出小米模式与传统创新模式相比体现了崭新的特征，她们将小米公司的创新模式命名为"无缝开放式创新"，并指出了小米创新模式的三个主要特点：开放"众包"以充分利用客户认知盈余，迭代循环创新快速推出新产品，充分利用互联网生态环境。⑥ 小米公司的具体做法为：（1）注重粉丝效应。早在第一代手机尚未发布之前，在MIUI论坛上就出现了对产品特别喜爱的用户粉丝群体，他们积极参与到小米的产品研发和品牌塑造等各个环节，小米公司内部推崇一句话"因为米粉，

---

① 黎万强：《参与感：小米口碑营销内部手册》，中信出版社2014年版。
② 同上。
③ 同上。
④ 同上。
⑤ 同上。
⑥ 董洁林、陈娟：《无缝开放式创新：基于小米案例探讨互联网生态中的产品创新模式》，《科研管理》2014年第35卷第12期。

所以小米"。小米公司提出"粉丝效应不可设计,但可因势利导,应给予他们更多可参与的互动方式"①,小米公司与许多传统品牌最大的不同也在于"和用户一起玩,不管是线上还是线下,无论是什么时候,都在想怎样让用户参与进来,让他们和小米官方团队一起,成为产品改进、品牌传播的'大明星'"②。(2)迭代方式实现产品创新过程。小米公司在做第一个产品 MIUI 时,就借鉴了互联网软件的开发模式,提出了每周迭代,通过这个模式,他们聚集了第一批用户的同时也验证了这个模式在小米公司的适用性。③ 小米公司在后续的产品创新的全流程中,均采用了循环反复、容错性较高的方式确保了企业快速、低成本地完成创新流程。④(3)小米公司深刻理解互联网思维。互联网时代与传统的商业时代具有不一样的运营逻辑和创新模式,在互联网时代具有其独特之处,只有领略到互联网真谛的企业才能在互联网浪潮中有所成就。⑤ 小米公司 CEO 雷军在 2008 年就提出了"专注、极致、口碑、快"的互联网七字诀,专注和极致是产品目标,快是行动准则,口碑是整个互联网思维的核心。⑥ 而口碑的思维是用户思维,即在互联网时代封闭式的创新模式不再适用,只有关注用户,注重体验的企业才能在现时代脱颖而出,创造更具新颖性和独特性的价值。

二 海尔集团的迭代创新实践

(一)海尔集团的发展历程

从 1984 年创建至今,海尔集团先后经历了名牌战略阶段、多元化战略阶段、国际化战略阶段、全球化品牌战略阶段四个发展阶段;2012 年 12 月,海尔集团宣布进入第五个发展阶段:网络化战略阶段。

在名牌战略阶段(1984—1991),海尔建立了全面质量管理体系,主要目的是提高质量,提升企业的核心竞争能力;企业旨在从产品驱动向品

---

① 董洁林、陈娟:《无缝开放式创新:基于小米案例探讨互联网生态中的产品创新模式》,《科研管理》2014 年第 35 卷第 12 期。
② 黎万强:《参与感:小米口碑营销内部手册》,中信出版社 2014 年版。
③ 董洁林、陈娟:《无缝开放式创新:基于小米案例探讨互联网生态中的产品创新模式》,《科研管理》2014 年第 35 卷第 12 期。
④ 同上。
⑤ 赵大伟:《互联网思维——独孤九剑》,机械工业出版社 2014 年版。
⑥ 黎万强:《参与感:小米口碑营销内部手册》,中信出版社 2014 年版。

牌驱动转变，对品牌进行产期投资，积累品牌资产，提升品牌价值。① 在多元化战略阶段（1991—1998），海尔成功实施了多元化扩张，由一个名牌产品发展成为全系列家电品牌产品群，增强了企业的整体实力。② 在国际化战略阶段（1998—2005），海尔建立了海外工厂18个、营销公司17家、研发中心9家，研发和海外制造、海外营销配合起来实现"三位一体"，同时海尔以创牌而非创汇为目的，提出"市场链"、"人单合一"等海尔独特模式，推动了国际化战略的实施。③ 在全球化品牌战略阶段（2005—2012），海尔采取"即需即供"模式，同时整合全球的研发、制造、营销资源，创全球化品牌。④

2012年12月，海尔首席执行官张瑞敏提出了第五个七年战略——网络化战略，在这一阶段，海尔致力于平台化转型，努力打造创业生态系统，服务于全球创客，推动创业想法的快速实现和迭代领先，帮助志向远大的创客组建可持续经营的企业。目前，海尔注重的是培养小微主的互联网创业，以此探索互联网时代的商业模式创新，并寻求中国企业应对互联网时代挑战的道路。⑤

（二）互联网时代海尔推崇的运营逻辑

以大数据、智能制造和移动互联网为代表的新技术范式正在激发管理变革，未来管理变革的逻辑是社会资源的再组合。⑥ 按照社会资源再组合的变革逻辑，用户资源应该内化为企业的战略性资源，用户价值的实现是衡量企业竞争力的关键，同时"交互创造价值"成为互联网时代新的价值评价准则。海尔集团为了迎合时代发展需求，提出了"企业平台化、员工创客化和用户个性化"的"三化"原则，以此来确立现时代企业的运营逻辑。首先，平台升级无止境。平台存在的价值在于其通过社会化交互而形成的差异化的价值主张。例如"24小时按约送达、送装同步、超时免单"、"智慧家庭"等价值主张均是在社会化交互的过程中实现。同时，通过平台生态圈，可以促进网络效应，尤其是跨边网络效应的释放，

---

① 胡泳、郝亚洲：《海尔创新史话（1984—2014）》，机械工业出版社2015年版。
② 同上。
③ 同上。
④ 海尔集团官网（http：//www.haier.net/cn/about_haier/strategy）。
⑤ 海尔文化交互平台（http：//www.haierpeople.cn）。
⑥ 王钦：《海尔新模式：互联网转型的行动路线图》，中信出版社2015年版。

促进了平台的持续不断的自我增值。其次,"小微"升级无止境。海尔集团强调员工从执行者向自主创业者的颠覆性转变,小微的实践为员工自我增值提供了平台,为员工的社会化成长提供了空间。最后,用户体验升级无止境。海尔强调"全流程参与价值创造"、"全流程融入",通过用户的行为来决定资源的组合方式,进而实现交互价值的创造。[①]

(三) 互联网时代海尔推崇的创新模式

在互联网时代,海尔树立了创新生态系统观。该观点较之以往具有三个层面的变化,一是从封闭竞争走向开发合作,二是从一体化走向平台化,三是从"线性创新"走向"涌现创新"[②]。海尔集团的具体做法在于:(1) 张瑞敏指出"世界就是海尔的研发部",海尔不拘泥于企业的边界、国别的边界,致力于整合全球一流资源,围绕创客与用户实现共同价值的最大化。在开放的条件下,企业与其利益相关者之间相互合作、协同演进、利益共享,以最快的速度实现创新,满足用户更加复杂、多变的需求,以解决封闭条件下无法解决的问题。(2) 海尔创业平台作为一个创业生态系统,是由小微群落、用户群落、资源方群落和平台支持系统群落四类生态主体及各群落演化发展所依存的创业生态环境构成,平台上各群落保持"自演进、自发展、自选择"的发展态势,群落之间也处于相互依赖与竞合关系,形成共同发展的动态平衡系统。(3) 海尔平台呈现出的"小微"展现的创新模式已不再是线性思维的产物,更多的创新展现出来"非线性"、"循环演化"的发展范式,产品的创新是不断涌现、不断选择、多方合作的共同演进过程,在这个过程中,技术、市场、供应商、制造商、用户这些创新相关方都在进行着实时、多边的互动,共同发生着作用。

不论是小米公司还是海尔集团,为了迎合互联网时代的挑战,确立了适应于时代演化发展的运营逻辑和创新模式,凸显了迭代创新实践在现时代企业发展过程中的重要价值。基于小米公司、海尔集团等成功实践活动,有越来越多的企业意识到迭代创新是互联网时代的"最佳管理实践",是促进企业应对不确定性环境和资源匮乏情境的重要创新范式,是现阶段企业所涉及运营、创新等问题的解决之道。

[①] 王钦:《海尔新模式:互联网转型的行动路线图》,中信出版社2015年版。

[②] 同上。

第二节 研究背景

一 现实背景

在 2014 年的夏季达沃斯论坛上,国务院总理李克强指出,要借改革创新的"东风",掀起"大众创业"、"草根创业"的新浪潮,形成"万众创新"、"人人创新"的新形态;2015 年政府工作报告中,李克强总理进一步强调了"大众创业"和"万众创新"是实现中国经济提质增效升级的"双引擎"之一。从 2013 年 10 月到 2015 年 2 月,国务院先后召开了 15 次常务会议研究创新创业问题,并推出了一系列措施促进创新创业活动的开展,仅 2014 年就出台 13 个文件助力创新创业活动,创新创业问题已经成为政府培养和催生经济社会发展新动力的重要举措。[①] 然而,另一组数据却呈现出现阶段我国创新创业活动开展的突出问题,2013 年国家工商总局发布报告指出,接近 40% 的创业企业在成立 3 年内就面临倒闭,尤其是在互联网领域创业的成功率不足 5%。[②] 高失败率造成我国社会资源投入的浪费,同时也在一定程度上消减了人们的创新创业热情。[③] 因此,如何促进企业在现时代成功推动创新创业活动的开展,进而促进社会经济价值的提升成为各界关注的关键主题。

在互联网时代,互联网经济、体验经济、创客经济成为日益受到关注的新经济形态,在互联网经济下企业不仅可以在网络上获取大量信息进行预测和决策活动,而且可以在虚拟空间里实施有效的经济交易行为;[④] 体验经济则推崇"企业以服务为舞台、以商品为道具、以用户为中心,创造能够促使用户参与并为其留下回忆的活动";[⑤] 而创客经济则强调了"创客"在经济发展中的价值,安德森预测"随着数字设计

[①] 孙博洋:《大众创业 万众创新:你我都是中国经济增长新引擎》,2015 年,人民网(http://finance.people.com.cn/n/2015/0305/c1004 - 26643284.html)。

[②] 《工商总局近日发布全国内资企业生存时间分析报告》,2014 年,人民网(http://politics.people.com.cn/n/2013/0730/c70531 - 22383395.html)。

[③] 朱晓红:《拿什么将创业失败几率降到最低?》,《中外管理》2014 年第 4 期。

[④] 戴夫·格雷、托马斯·范德尔·沃尔:《互联网思维的企业》,张玳译,人民邮电出版社 2014 年版。

[⑤] 詹姆斯·H.吉尔摩、B.约瑟夫·派恩二世:《真实经济:消费者真正渴望的是什么》,陈劲译,中信出版社 2010 年版。

与快速成型技术赋予每个人发明的能力,'创客'一代使用互联网的创新模式必将成为下一次全球经济大潮的弄潮儿"[1]。互联网时代,经济形态的改变影响了企业运营逻辑和创新思维的改变,给传统的管理范式带来了巨大的挑战,而"精益创业"、"四步创业法"、"走向 B 计划"、"设计思维"、"互联网思维"等实践思潮兴起,展现出创新创业活动更加关注快速迭代的创新理念以及以顾客价值为核心的平台战略,业界的实践活动也推广了异于传统管理范式的迭代创新范式,例如小米手机快速成长的背后在于其对于迭代思想的理解以及对用户深度参与理念的认识,而海尔集团执行的网络化战略也是企业基于时代发展需求确立的更为灵活和有效的实施策略。目前判断,实践探索先于理论挖掘,诱发了新的实践活动并带来了研究挑战,涌现了许多值得关注和探索的研究问题,主要体现在以下两个方面:

第一,互联网时代的创新实践活动开始背离传统的管理范式,创新过程日趋非线性化,低成本和速度成为关注的重点。[2] 这主要表现在如下两个方面:一是降低了顾客接触成本并拓展顾客接触范围,在互联网时代,市场已经开始突破地域局限,价值传递也已经突破传统的分销模式,在资源匮乏的条件下,企业可以借助互联网以极低的成本接触到大范围的顾客[3],一定程度上改变了企业运营的方式和顺序,非线性特征越来越突出。[4] 二是试错和实验成本大幅度降低,创新意味着风险,其关键在于要形成顾客可接受的价值创新,在互联网时代,企业可以以极低的成本快速获取用户反馈并改善创新,创新过程也开始发生根本性改变,迭代思维成为应对互联网时代需求的核心思维方式,通过形成最小化原型产品并立即将其推向市场,而不是拘泥于完美产品的设计和研发,缩短了产品研发到

---

[1] 克里斯·安德森:《创客:新工业革命》,萧潇译,中信出版社 2012 年版。
[2] Ries, E., *The Lean Startup: How Constant Innovation Creates Radically Successful Businesses*, London: Penguin Group, 2011.
[3] 戴夫·格雷、托马斯·范德尔·沃尔:《互联网思维的企业》,张玳译,人民邮电出版社 2014 年版。
[4] Fitzgerald, E., Wankerl, A., Schramm, C., *Inside Real Innovation: How the Right Approach can Move Ideas from R & D to Market and Get the Economy Moving*, Hackensack (NJ): World Scientific Publishing, 2011.

市场推广的周期,提升了企业的行动速度。[1][2]

　　第二,创新实践活动的改变并不是简单的模式改变,其运营逻辑和创新思维等方面也随之发生了变化,用户价值和作用成为了关注的重点。在运营逻辑方面,企业实施的主导运营逻辑已逐步从生产商主导逻辑向服务主导逻辑进而向用户主导逻辑演进[3],在互联网时代,基于与用户共创价值的运营逻辑得到了推崇,在价值创造过程中,关注用户的行为实施和价值体现。在创新思维方面,从国内外的创新实践中可以发现,创新存在一个两难窘境,一方面,企业为了获得用户的青睐以及维持企业的持续发展的态势,需要实施持续的创新活动,另一方面,企业耗费巨资研发完成的产品投入市场时,发现产品并不能得到顾客的青睐,大量产品研发投入在顾客迷茫不解的眼神中化为乌有。而反观Facebook、小米公司等企业却在短时间内获得了快速的成长,它们并不具有充裕的资源支撑、并不具备卓越的战略规划、并不涉及高精尖的科学技术,反而快速、低成本地完成了创业创新进程并获得了成功。分析这些企业的成功之道可知,它们关注了用户在企业创新过程中的价值和意义,同时例证了真正的创新过程并非是线性演化而是高度迭代发展的过程[4],这种关注用户价值的迭代创新模式成为了信息网络时代企业获取意想不到资源、识别出人意料机会的重要方式,许多业界人士将其称之为符合互联网情境下的最佳管理实践。[5]

　　综上,创新实践活动较之以往发生了变化,传统的管理范式已然无法指导和解释现时代创新实践活动的运营和发展,创新实践活动呈现出的发展态势显示,迭代创新的发展模式越来越受到业界人士的关注和推崇。因此,基于实践层面,亟须解决的问题是为什么迭代创新会成为互联网时代推崇的新范式,只有明晰了迭代创新范式,才能为企业的实践活动提供相

---

[1] Ries, E., *The Lean Startup: How Constant Innovation Creates Radically Successful Businesses*, London: Penguin Group, 2011.

[2] Schlesinger, L. A., Kiefer, C. F., Brown, P. B., *Just Start*, Boston, Massachusetts: Harvard Business Review Press, 2012.

[3] 李耀、王新新:《价值的共同创造与单独创造及顾客主导逻辑下的价值创造研究评介》,《外国经济与管理》2011年第9期。

[4] Fitzgerald, E., Wankerl, A., Schramm, C., *Inside Real Innovation: How the Right Approach can Move Ideas from R & D to Market and Get the Economy Moving*, Hackensack (NJ): World Scientific Publishing, 2011.

[5] Blank, S., "Why the Lean Start-up Change Everything", *Harvard Business Review*, Vol. 5, 2013.

应的指导和借鉴,促进企业在互联网时代实现成功。

二 理论背景

在新产品开发研究领域,学者提出了创意市场化进程中的两个演化观点:线性演化和循环演化观点。线性演化观点将创新的过程看作是一系列本质上序列、分散的事件和活动①,循环演化观点则将创新看作是一个动态的、非线性的以及通常是处于混沌的过程。② 循环演化观点挑战了线性演化观点中关于过程有序性的论断,认为在不确定情境下新产品开发阶段存在重叠、混乱和无序的状态③④,凸显了创意市场化进程中的非线性特征。该观点一定程度上解释了互联网时代迭代创新的特征,即为了应对现时代不确定情境的影响,企业应该选取更具灵活性和动态性的迭代循环方式。然而,基于对互联网时代的创新实践活动的归纳和总结可知,在现时代,迭代创新的特征不仅包含了其迭代循环的本质,而且还具有一个重要特征,即将用户融入到创新进程中,与用户一同实现创意市场化的进程(如图1—1所示)。

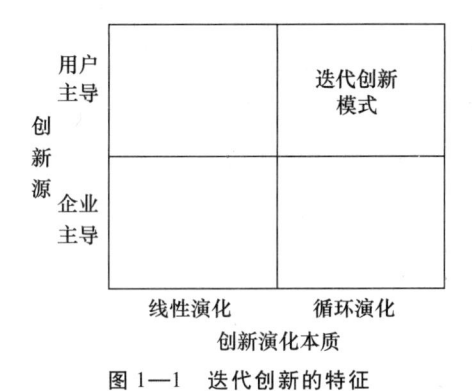

图1—1 迭代创新的特征

资料来源:笔者根据相关文献整理。

---

① Zaltman, G., Duncan, R., Holbek, J., *Innovation and Organizations*, New York: John Wildy & Sons, Inc.

② McCarthy, I. P., Tsinopoulos, C., Allen, P., et al., "New Product Development as a Complex Adaptive System of Decisions", *The Journal of Product Innovation Management*, Vol. 23, 2006.

③ Adams, R., *Perceptions of Innovations: Exploring and Developing Innovation Classifcation*, Cranfeld, UK: Cranfeld University, 2003.

④ Bonner, J. M., Ruekert, R. W., Walker, O. C., "Upper Management Control of New Product Development Projects and Project Performance", *Journal of Product Innovation Management*, Vol. 19, No. 3, 2002.

关于用户主导问题，有两个重要的研究分支，一是在创新领域关注的用户创新问题，以探索创新的源泉；二是在战略管理和营销学领域关注的价值共创问题，以探索价值的源泉。对于用户创新研究，Von Hippel 及其研究团队从 20 世纪 70 年代起就开始了"用户作为创新者"问题的系列研究[1][2][3]，在"为何是用户而不是生产者"这一主导研究问题的基础上进一步探讨了用户如何成为创新者、用户创新如何影响创新绩效以及用户创新如何展现其独特优势等问题，形成了系列有价值的研究成果。然而用户创新研究尚未考虑研究情境的变化，现有研究较少涉及在创意市场化进程的不同阶段用户创新角色和行为演化问题以及不确定情境下的用户价值体现问题等。综上，尽管用户创新研究为迭代创新主题的探索提供了有价值的研究借鉴，然而现有的研究观点尚未完全凸显迭代创新的特征。

在价值共创研究中，Prahalad 和 Ramaswamy 提出了价值创造的新参照系，确立了"企业与用户共同创造价值"的新假设，强调了互动促进价值共创的基础。[4] Vargo 和 Lusch 则基于服务主导逻辑阐述了价值共创问题，指出与产品主导逻辑相比服务主导逻辑更利于经济交换的实现，同时他们指出了共同创造发生在企业和用户间，是企业提供产品/服务和用户消费产品/服务共同创造价值的过程。[5][6][7]基于价值共创理论可知，随着互联网技术的发展，企业在创新活动中获取价值的源泉在于企业—用户共同行动的实现，因此在企业的创意市场化进程中不能只关注企业方的行动实施，还要关注用户方的行为表现，探究二者互动情境下的创新进程的实现

---

[1] Von Hippel, E., "The Dominant Role of Users in the Scientific Instrument Innovation Process", *Research Policy*, Vol. 5, No. 3, 1976.

[2] Von Hippel, E., *The Source of Innovation*, Oxford University Press, 1988.

[3] Von Hippel, E., *Democratizing Innovation*, Cambridge MA: MIT Press, 2005.

[4] Prahalad, C. K., Ramaswamy, V., *The Future of Competition*, Boston, MA: Harvard Business School Press, 2004.

[5] Vargo, S. L., Lusch, R. F., "Evolving to a New Dominant Logic for Marketing", *Journal of Marketing*, Vol. 68, No. 1, 2004.

[6] Vargo, S. L., Lusch, R. F., "Service – dominant Logic: What it is, what it is not, what it might be", In R. F. Lusch, & S. L. Vargo (Eds.) *The Service – dominant Logic of Marketing: Dialog, Debate and Directions*, Armonk, NY: ME Sharpe.

[7] Vargo, S. L., Lusch, R. F., "Service – dominant Logic: Continuing the Evolution", *Journal of the Academy of Marketing Science*, Vol. 36, 2008.

问题。

综上，尽管已有研究为迭代创新这一新兴主题的开展提供了借鉴，然而在几个关键问题上仍存在争论和不足：（1）什么样的创新进程属于迭代创新进程？现有研究尽管基于实践活动提炼出了迭代创新的特征，但仍存在概念不统一的问题，仍需进一步概念化迭代创新现象。（2）迭代创新对企业创新进程有何影响？实践活动中证实了迭代创新对于企业绩效提升和成长有重要价值，然而学界对此问题探索的文献仍不足，仍需进一步挖掘迭代创新的价值体现问题。（3）如何推动迭代创新的开展？尽管用户创新、价值共创研究为迭代创新问题的探讨提供了借鉴价值，然而仍未能对于迭代创新动态循环特征予以解释，因此后续研究应基于研究情境和主题进一步探索迭代创新的内在演化机制问题。

第三节　研究问题与研究意义

一　研究问题

基于本书的研究背景，本书旨在从企业—用户互动视角探索迭代创新的真实过程，主要原因如下：（1）企业的创新实践显示，在互联网时代用户资源越来越受到关注和推崇，实现用户的全流程体验成为企业核心竞争优势获取的关键因素；而用户参与到企业的创新实践中，改变了企业传统的运营逻辑和创新思维，企业的创新范式也随之发生了变化，企业为了适应时代的发展需要更迅捷地获取用户的信息和知识资源并快速对用户信息做出及时反馈，因此，企业与用户的互动是其采取灵活、动态、循环创新范式的关键驱动力。（2）现有研究观点显示，与传统管理范式不同，在现时代推崇的管理范式不再单独从企业方考虑企业运营问题，"企业中心论"的观点在现时代的研究情境下已然不再适用，"共创"、"合作"、"互动"成为了21世纪探索企业运营和创新问题的关键，尤其是对于具有动态意义的互动问题的探讨成为了新范式下的核心主题。

基于上述阐述，本书的主要研究问题是：迭代创新过程中的企业—用户互动为何发生以及如何演化发展的？通过对企业—用户互动的特征、驱动因素和作用机制的研究，明晰在迭代创新过程中用户价值展现机理以及探究创新循环演化方式的内在形成机制问题，进而全景式地阐释迭代创新现象。为了回答上述问题，本书旨在探究迭代创新过程中的企业—用户互动问题：（1）创新过程中企业—用户互动具有怎样的特征？互动主体双方构成情况如何？角色扮演情况如何？（2）创新过程中的企业—用户互动的驱动因素是什么？驱动作用如何体现？（3）创新过程中的企业—用户互动的效应因素是什么？影响作用如何展现？（4）企业—用户互动如何影响迭代创新过程的创新绩效的实现？影响路径有哪些？基于对五个案例样本的数据编码以及跨案例分析，提炼和总结企业—用户互动活动所涉及的相关问题，通过对于这些问题的分析和探索，很好地展现了迭代创新过程中企业—用户互动活动开展的内在机制。

二　研究意义

本书紧扣时代发展主题，在理论意义方面，有助于探索迭代创新现象的深层次的机理问题进而促进迭代创新现象的概念化和理论化，有助于深化对于用户创新、新产品开发等创新相关研究的理解，有助于拓展和延伸用户互动的研究论断、弥补现有研究不足；在实践价值方面，有助于指导互联网时代企业的管理思维创新进而促进管理实践创新，同时为创新创业活动的政策制定者提供启示和借鉴。

（一）理论意义

第一，有助于探索迭代创新现象的深层次的机理问题进而促进迭代创新现象的概念化和理论化。循环演化的观点在20世纪80年代已经出现，是基于创意市场化进程中线性演化方式无法展现不确定性情境下的真实演化过程而提出的，而迭代创新作为互联网时代逐渐被关注和推崇的创新范式不仅体现在迭代循环模式上，还有更深层次的机理问题需要被探索，同时互联网时代企业面临的不确定环境日益复杂和多样，仅从演化方式上考虑不能全面探索迭代创新现象。目前的研究现状对于现时代迭代创新的阐述仍然是基于概念层面的探索和基于实践层面的提炼，尚未深入探究迭代创新背后的机理问题。基于此，本书从企业—用户互动视角，探索迭代创新过程中的企业—用户互动的形成和演化情况，明晰了企业—用户互动对于迭代创新范式及其创新绩效的影响，促进了互联网时代迭代创新现象的概念化和理论化的探究。

第二，有助于深化对于用户创新、新产品开发等创新相关研究领域的理解。通过探究迭代创新过程中的企业—用户互动研究，拓展和深化了对于创新源和创新本质的研究：一方面，研究凸显了用户在创新全流程中的价值和意义，并展现了用户参与到互动活动中的驱动因素，有利于促进用户创新价值体现机理的深入探究，拓展和深化用户创新的相关研究论断；另一方面，研究展现了迭代创新过程中由于企业—用户互动活动的实施所呈现出的动态、循环、重叠的创新模式，明晰了迭代方式形成机制问题，进而例证了迭代创新过程中创新的循环演化的本质。

第三，有助于拓展和延伸用户互动的研究观点、突破现有研究不足。源于价值共创理论的用户互动研究，阐释了企业和用户通过相互影响和相互作用，在实现各自价值诉求的同时促进了企业运营和创新活动的实现。用户互动关注企业的经济行为及其与所处情境下的关键利益群体——用户的互动关系，因此为探究嵌入在网络环境中的迭代创新范式提出了理论研究的契机。基于用户互动视角探索迭代创新过程中的关键驱动因素以及作用机制问题，从不同层面探索了迭代创新过程的内在机理。另外，对迭代创新活动的探究也有助于丰富和深化用户互动的相关研究。目前研究在探索用户互动对创新过程和绩效实现的影响时，缺乏对内在作用机制和独特作用路径的探索，出现了不统一的研究论断[1][2]；同时现有用户互动的研究多是借鉴用户参与的相关观点关注了心理层面的用户价值诉求，在迭代创新的研究情境中，用户互动的发生可能会呈现出更多样化和更复杂的价值诉求问题。基于上述问题，本书以企业的迭代创新进程作为研究对象，运用企业—用户互动的研究视角，旨在弥补上述用户研究的不足，延伸和拓展相关研究。

（二）实践价值

第一，指导互联网时代的企业管理思维创新进而促进实践活动创新。在管理学发展100多年来已经形成一套系统、规范的管理范式，在众多优秀企业的实践活动中获得了验证，然而随着时代的变化，有些优秀的管理范式在现时代的企业发展实践中已不再适用，企业的运营实践亟需新的管理范式。在此情境下，本书运用企业—用户互动视角探索了互联网时代的迭代创新问题，强调了为迎合时代发展的需求和经济形态的改变，企业的运营逻辑和创新思维也应该随之变化，企业更关注用户

---

[1] Von Hippel, E., *Democratizing Innovation*, Cambridge MA: MIT Press, 2005.

[2] Christensen, C., *The Innovator's Dilemma: When New Technologies Cause Great Firms to Fail*, Boston, MA: Harvard Business School Press, 1997.

的价值体现以及更强调循环迭代演化的创新思维。因此，探索互联网时代迭代创新过程中的企业—用户互动情况为创业者/管理者的管理实践提供了指导和借鉴。

第二，为创新创业政策的制定者提供一定的借鉴价值。近几年国家先后颁布大量的创新创业政策鼓励创新创业活动的开展，而且将推动"大众创业"、"万众创新"写入2015年的《政府工作报告》中，旨在挖掘具有创新创业精神的人群，促进创新创业活动开展进而培养新的经济发展动力。① 然而在浓厚的创新创业氛围和优惠政策的支持下，仍未涌现出大量的符合时代发展需求的优秀企业以及产生一系列的具有颠覆价值的创新产品，这一窘境的产生给予的启示在于创新创业活动的推广并不能仅从政策层面予以支持，也需要从运营操作层面予以指导，在互联网时代，传统的管理思维和理念已然无法符合时代发展的需求，企业应该转变运营逻辑和创新思维，通过与用户互动以快速、低成本地实现企业的创意市场化进程。因此，对于政府部门而言，不仅需要制定和推广有利于开展创新创业活动的政策，还需要大力推广创业教育，创业教育确立和推广的目的并不仅是告知创业者"如何开展创业活动可以降低创业的失败率"等问题，更重要的是改变潜在创业者的管理思维和理念，探寻更符合时代和情境发展需求的管理思想。

第四节 研究思路与研究方法

一 研究思路

本书探索迭代创新过程中的企业—用户互动为何形成以及如何演化发展问题，属于"为什么"和"怎么样"的研究，因此本书在基于对现有文献的回顾和梳理的前提下，通过对典型样本在迭代创新过程中的企业—用户互动情况的探索和观察，利用规范的案例研究方法对迭代创新过程中的企业—用户互动的驱动因素和作用机制问题进行探索和挖掘。

在这一总体研究思路下，本书采取了如下技术路线（如图1—2所示）：首先，通过对互联网时代企业实践活动的观察及对相关研究文献的

---

① 孙博洋：《大众创业 万众创新：你我都是中国经济增长新引擎》，2015年，人民网（http://finance.people.com.cn/n/2015/0305/c1004-26643284.html）。

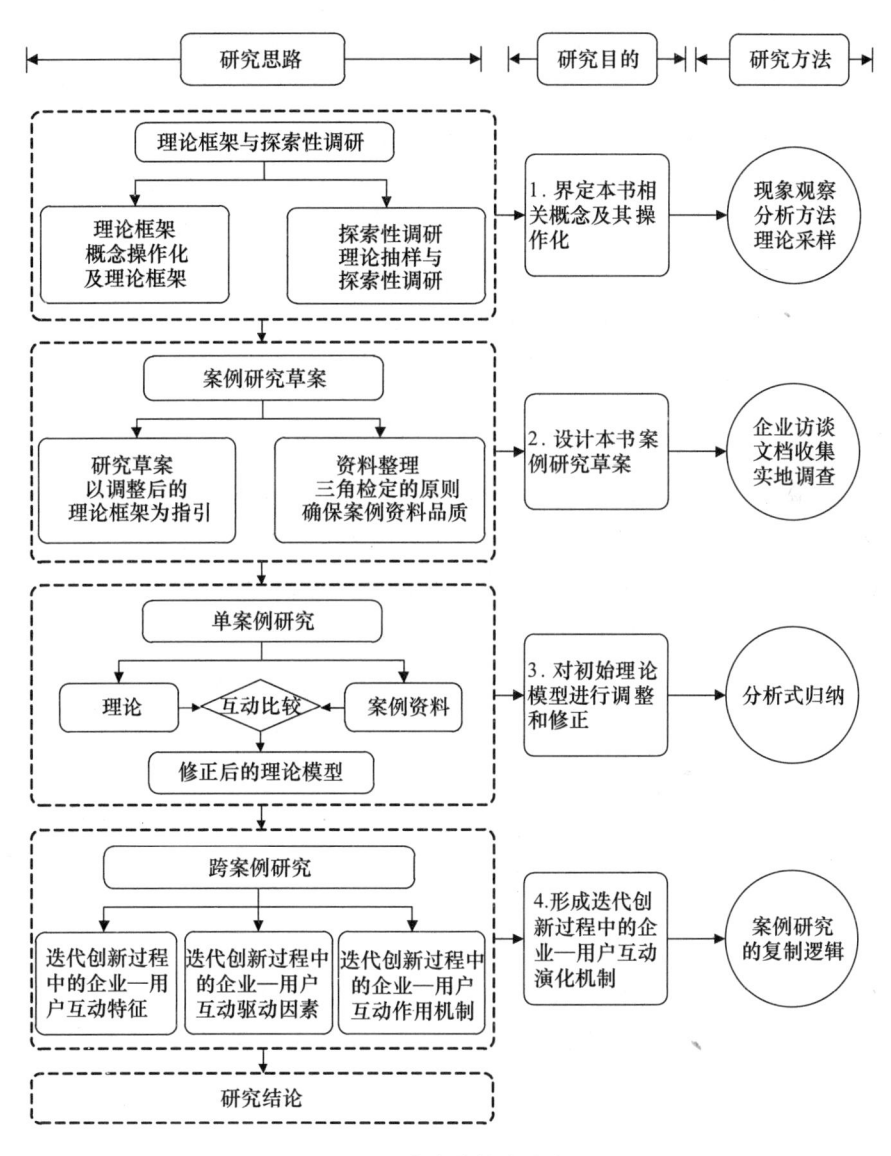

图 1—2 本书的技术路线图

资料来源：笔者整理。

阅读和梳理的基础上，设计本书的研究框架，界定研究涉及的主要概念及其操作化；同时选取符合研究主题的三家企业开展探测性调研工作；其次，基于比对研究框架与预调研结果，按照规范的案例研究范式设计案例研究草案，并以调整和修正后的研究框架为指引，正式进入案例企业进行访谈以收集丰富的访谈资料，在此过程中依据三角验证的原则收集资料以保障案例原始资料的质量；再次，运用分析式归纳的步骤实施单案例分析，在理论与案例资料的互动比较中对资料进行内容分析，进而对初始理论模型进行调整和修正；最后，采用案例研究的复制逻辑逐渐增加案例，利用同样的步骤实施跨案例的分析式归纳，不断进行案例之间的比较，进而对理论雏形进行验证、修正和完善，形成对迭代创新过程中的企业—用户互动形成和演化机制的探讨。

二　研究方法

本书重点关注互联网时代迭代创新过程中的企业—用户互动的形成和演化问题，因此需要近距离接触管理者，才有可能真正了解、理解和洞察企业实施创新活动的具体实践以及企业管理者的运营思维和创新理念。因此，采用一种面对面深度访谈的研究方法是尤为必要且恰当的，因为一方面可以为理论探索搜集到大量翔实而有趣的一手资料，便于研究者发现特定情境下企业管理者如何实施产品创新进程的真实有趣的故事；另一方面，可以收集在创新实施过程中不同阶段的丰富资料，进而探索在不同时点所表现出的企业—用户互动特征，以便于梳理和挖掘整个发展过程中可能存在的联系和呈现出的独特性。因此，本书主要采用质性研究方法，以探索迭代创新过程中的企业—用户互动的形成和演化机制问题。具体研究方法如下：

文献研究法。对相关文献的收集、整理和分析是开展研究工作的基础和前提。本书分别借助 EBSCO、CNKI 等数据库，运用 ENDNOTE 等文献管理软件对迭代创新、用户互动等相关研究进行了梳理，明确了有待研究的具体问题以及解决问题的可能路径和方式，同时对文献的梳理便于将本研究的研究成果与国内外相关研究进行比较，进而凸显本研究的主要理论贡献。

案例研究法。案例研究法有利于实现对于"怎么样"和"为什么"问题的探索，不需要严格控制研究过程，它聚焦于当前发生的问题[①]；同时案例研究法适用于新颖的研究领域，通过案例研究获取的论断会更具新

---

① Yin, R. K., *Case Study Research: Design and Methods* (3rd ed), Thousands Oaks, CA: Sage Publications, 2003.

意、可检验以及更具有实证效度①。基于本书的研究情境和研究问题，采用探索性的多案例研究设计②，具体理由如下：（1）鉴于迭代创新作为互联网时代新兴的研究主题，概念仍不统一，理论研究成果仍较为匮乏，对于迭代创新问题的研究仍处于早期的探索阶段，因此，需要采用探索性案例研究挖掘其背后的内在机理问题；（2）采用多案例研究的原因在于，案例研究遵循复制逻辑，有利于发现不同案例中的共同模式，也有助于扩展研究结论的外部效度。多案例研究较之单案例研究的优势在于结论更加可靠、准确以及更有助于增加对经验世界多样性的理解。

比较研究法。本书采用比较研究的方法，从两个角度对相关研究内容进行对比，以寻求相似及差异。首先，在资料搜集与分析的过程中，借鉴扎根理论的连续比较的原则③，在资料搜集的同时进行资料分析，将搜集的资料与涌现的理论概念进行比较，由此引导开展进一步资料搜集；同时，对案例企业在不同阶段的创新进程中的互动活动和实施策略进行对比分析，发现创新过程不同阶段的企业—用户互动演化的差异性和相似性。在此过程中，实现理论与资料的持续互动，使概念扎根于现实实践，并与现有理论相衔接，从而提升构念效度。其次，案例对比分析，主要遵循 Yin 提出的"复制逻辑"④，对比五个创新产品的创意市场化进程的特点及其创新进程中呈现出的企业—用户互动事件，并在此基础上探究在迭代创新进程中的企业—用户互动的形成和演化机制，以实现对相似模式和规律的甄别和提炼。

第五节　本书架构与主要内容

一　本书框架

本书基于互联网时代迭代创新现象，剖析了迭代创新过程中的企业—用户互动形成和演化机制问题。首先，通过文献回顾明晰了已有研究

---

① Eisenhardt, K. M., Graebner, M. E., "Theory Building from Cases: Opportunities and Challenges", *Academy of Management Journal*, Vol. 50, No. 1, 2007.

② Eisenhardt, K. M., "Building Theories from Case Study Research", *Academy of Management Review*, Vol. 14, No. 4, 1989.

③ Glaser, B., Strauss, A., *The Discovery of Grounded Theory*, Chicago, IL: Aldine Press, 1967.

④ Yin, R. K., *Case Study Research: Design and Methods (3rd ed)*, Thousands Oaks, CA: Sage Publications, 2003.

进展和能够解决问题的可能路径和方式，确立了从企业和用户互动的角度剖析迭代创新现象，探索迭代创新过程中的企业—用户互动情况；其次确立案例研究方法是最合适本书情境和主题的研究方法，并基于规范的案例研究范式对创新产品的创新进程实施探索性的多案例研究；再次，通过对于创新产品迭代创新进程及其呈现的互动事件的分析和解释，提炼和总结出企业—用户互动的独特特征；最后，在明晰迭代创新过程中的企业—用户互动特征的基础上进一步探索和挖掘企业—用户互动的驱动因素和作用机制问题。本书的主要框架如图1—3所示。

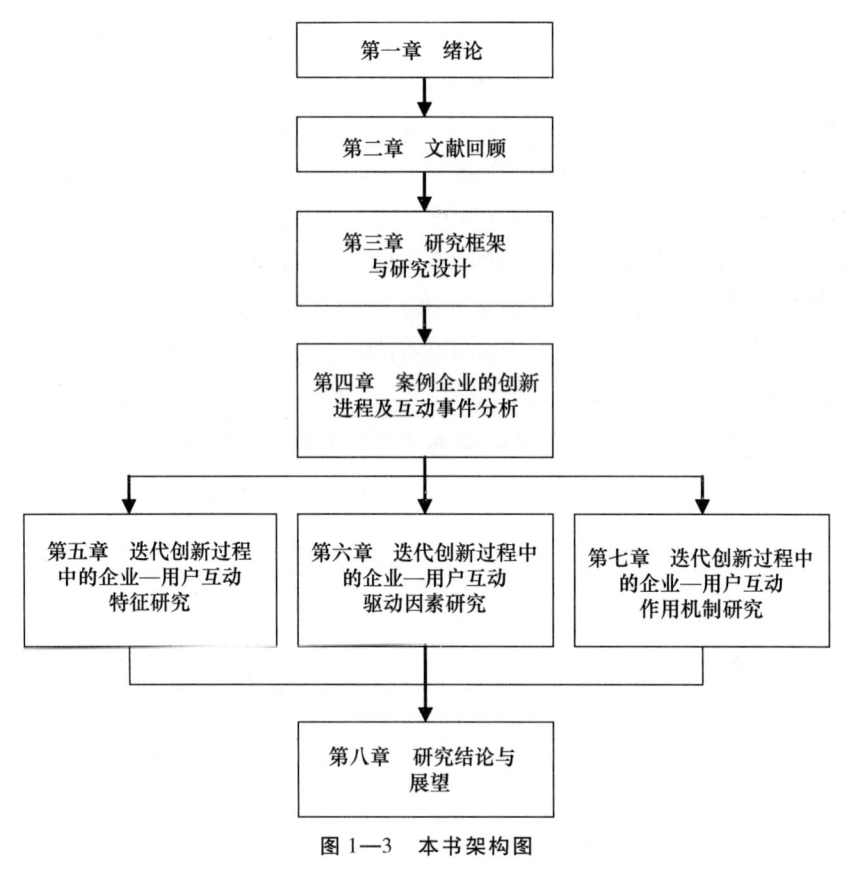

图1—3 本书架构图

资料来源：笔者整理。

二 主要内容

本书主要分为八章内容，以"提出问题—分析问题—解决问题"作为研究的逻辑链条，深入探究迭代创新过程中的企业—用户互动问题。章节的安排如下：

第一章是绪论。首先介绍了迭代创新的实践活动，指出迭代创新现象是互联网时代企业所开展的创新范式；其次阐述了本研究的研究背景，指出了研究所依托的现实和理论背景；再次提出了本研究的研究问题并探讨了研究的理论意义和实践价值；复次介绍了本研究的研究思路和研究方法；最后说明了本书的写作框架和主要内容。

第二章是文献回顾。首先，本章回顾了迭代创新的发展渊源和概念内涵，界定了本书对迭代创新概念的理解，启动了迭代创新现象的概念化研究；其次，本书梳理了新产品开发过程中的迭代创新范式，明晰了现有研究主题和已有研究的不足，确立了本书的研究契机；再次，探究了用户互动的理论渊源，明晰了用户互动的价值和意义，为后续研究视角的选择提供依据；最后，回顾了用户互动的概念内涵和发展脉络，进而为剖析迭代创新过程中的企业—用户互动问题奠定基础。

第三章是研究框架与研究设计。首先，基于研究情境和研究主题，本章界定了创新过程、迭代创新、企业—用户互动等本书的核心概念，并提出了本书的研究框架，指出研究将分为三个子研究深入探索研究问题；其次，本章阐明了研究方法的选择依据以及案例研究方案，并在此基础上着重分析了数据获取和数据分析过程以及阐述了研究的信度、效度问题。

第四章是案例企业的创新进程及互动事件分析。本章对于第三章甄选出的五个样本企业的创新进程发展情况以及呈现出的互动事件进行翔实的概述。本章的重点是：首先，基于获得的一手和二手资料，阐述了五个创新产品的创新进程，并提炼和总结出创新进程特点；其次，识别了创新进程中呈现出的互动事件，并归纳和总结出互动事件的相关主题。通过对样本企业创新进程及互动事件的全景式阐述，为后续的案例分析奠定基础。

第五、六、七章是本研究的主体章节，是探究迭代创新过程中的企业—用户互动问题的三个子研究。三个章节之间呈现出一定的逻辑关系，第五章阐述了迭代创新过程中的企业—用户互动特征，研究阐述了迭代创新过程中企业—用户互动情况，证实了企业—用户互动在迭代创新过程中的价值，同时基于迭代创新的情境，剖析了企业—用户互动呈现出的独特性；在证实了企业—用户互动在迭代创新过程中的价值和特征后，下一步将更为深入地探索如何促进企业—用户互动价值的实现以及企业—用户互动价值实现机制问题，即第六章、第七章的研究内容，第六章旨在探索迭代创新过程中的企业—用户互动驱动因素问题，第七章则探索了迭代创新过程中的企业—用户互动的作用机制问题。通过三个章节的探索，对于迭代创新过程中的企业—用户互动问题形成了全景式阐释，促进迭代创新现象的概念化和理论化的形成。

第五章阐述了迭代创新过程中的企业—用户互动特征情况。本章对23个互动事件进行分析和探索，从静态和动态两个方面探索了企业—用户互动特征问题，识别出了两个主要特征：多样性和动态性，多样性体现在互动主体构成和角色扮演上，动态性则体现在不同阶段以及相同阶段的不同互动活动中互动主体和互动范式的动态演化上。

第六章阐述了迭代创新过程中的企业—用户互动驱动因素情况。本章基于案例数据的编码分析和提炼总结，从企业方和用户方两个层面探索了迭代创新过程中的企业—用户互动驱动因素问题。企业方层面，企业的资源匮乏窘境、企业面临的不确定情境均影响了企业—用户互动范式的实施，同时识别出在迭代创新过程中的不同阶段各个前因因素的呈现方式和表现形式上具有差异性；用户方层面，用户参与动机以及企业—用户关系均影响了企业—用户互动范式的实施，同时识别出在迭代创新过程中的不同阶段各个前因因素的呈现方式和表现形式上具有差异性。

第七章阐述了迭代创新过程中的企业—用户互动作用机制情况。本章在第六章的基础上，通过对于案例数据的编码和分析，分两个层面剖析了迭代创新过程中企业—用户互动的作用机制问题。首先，本章基于案例数据的编码分析和提炼总结，识别出迭代创新过程中企业—用户互动的两个直接效应因素：迭代方式的实施和相互学习的实现。其次，在对效应因素对创新绩效影响分析的基础上，通过对五个创新产品创新进程的编码分析和提炼总结，识别出企业—用户互动对于创新绩效影响的两条关键作用路径，一是企业—用户互动通过影响迅捷行动和持续改进行为的实施进而促进创新速度的提升和创新新颖性的实现；二是企业—用户互动通过企业—用户间相互学习的实现影响企业的创新速度和创新新颖性。

第八章是研究结论与展望。本章首先归纳了本书的研究发现和主要研究理论；其次阐述了本书的理论贡献和创新点；再次凸显了本书的实践启示；最后指出了目前研究局限以及未来研究展望。

第二章

文献回顾

本章借助 EBSCO、CNKI 等数据库，运用 ENDNOTE 等文献管理软件对迭代创新和用户互动等相关研究进行了系统的梳理，明确了有待研究的具体问题以及解决问题的可能路径和方式，同时对文献的梳理便于将本书的研究成果与国内外相关研究进行比较，进而有助于提炼和展现本书的理论贡献。

第一节 迭代创新的发展渊源与概念内涵

迭代创新这一源于实业界的概念产生的基本背景是：在环境不确定性程度日益增强的情境下，大多数创业成功者没有遵循传统的商业计划流程和产品开发流程，[①] 而是选取了高度且持续迭代的创新模式以促进企业实现其绩效结果。Fitzgerald 等指出迭代创新是针对线性创新模式的弊端所提出的运用迭代的方式实现将企业创意嵌入到市场的目的的过程。[②] Furr 和 Ahlstorm 强调迭代创新是通过快速反复试错的方式以实现科学发明和市场洞见的结合。[③] Ries 则详细阐释了迭代创新具体演化过程，即先向市场推出最小化可行产品，以最小的成本和有效的方式验证产品是否符合用户需求，再基于用户反馈不断调整和修正初始产品假设。[④]

[①] Furr, N., Ahlstorm, P., *Nail it then Scale it*, Nisi Publishing, LLC, 2011.

[②] Fitzgerald, E., Wankerl, A., Schramm, C., *Inside Real Innovation: How the Right Approach can Move Ideas from R&D to Market and Get the Economy Moving*, Hackensack (NJ): World Scientific Publishing, 2011.

[③] Furr, N., Ahlstorm, P., *Nail it then Scale it*, Nisi Publishing, LLC, 2011.

[④] Ries, E., *The Lean Startup: How Constant Innovation Creates Radically Successful Businesses*, London: Penguin Group, 2011.

国内学者基于现时代中国企业的发展情境和运营实践也开始探讨迭代创新的价值。《清华管理评论》刊出专刊探索了作为网络时代创新的新途径的迭代创新问题，[1] 并基于腾讯公司微信业务的推广和小米手机成长的案例剖析了迭代创新方式对企业实现竞争优势和创新绩效的价值和作用。[2][3] 同时也有学者开始尝试从理论视角阐释迭代创新的问题，如罗仲伟等从技术范式的层面从动态能力视角分析了企业开展迭代创新策略的动力支撑机制；[4] 赵付春则基于知识管理和能力视角分别探讨了大中型企业和小微企业如何实现这一新颖创新方式；[5] 董洁林和陈娟通过对小米公司的案例探索识别出互联网环境下产品创新模式，并提出了"无缝开放式创新"的观点，指出其是互联网时代的重要创新范式。[6]

然而目前的研究现状是，学界的理论阐释明显落后于业界的运营实践，在业界人士畅谈迭代创新是互联网时代的新范式，符合时代发展需求进而推动社会经济的增长之时，学界对此问题的探索仍处于早期发展阶段，较少文献从理论视角对迭代创新现象进行分析和解构；同时业界对于迭代创新的理解也不统一，呈现出各言其志、各抒己见的发展态势，这在一定程度上阻碍了迭代创新的成功经验在其他企业中的应用和普及。本书通过对相关文献的梳理和回顾，尽可能地从数量有限的文献中汲取有用的信息，进而明晰研究定位，为研究开展提供理论借鉴。因此，下文将从迭代创新的发展渊源和概念内涵等方面回顾迭代创新的相关文献。

一　迭代创新的发展渊源

（一）迭代创新的理论渊源

国内外学者对于创新方式这一主题具有浓厚的研究兴趣，也形成了许多有价值的研究成果。随着研究的发展演化，对于创新方式存在多种分

---

[1] 孙黎、杨晓明：《迭代创新：网络时代的创新捷径》，《清华管理评论》2014年第6期。
[2] 许扬帆、孙黎、杨晓明：《迭代出来的微信》，《清华管理评论》2014年第6期。
[3] 董洁林：《迭代创新：小米能走多远?》，《清华管理评论》2014年第6期。
[4] 罗仲伟、任国良、焦豪、蔡宏波等：《动态能力、技术范式转变与创新战略——基于腾讯微信"整合"与"迭代"微创新的纵向案例分析》，《管理世界》2014年第8期。
[5] 赵付春：《企业微创新特性和能力提升策略研究》，《科学学研究》2012年第30卷第10期。
[6] 董洁林、陈娟：《无缝开放式创新：基于小米案例探讨互联网生态中的产品创新模式》，《科研管理》2014年第35卷第12期。

类：从创新主体可分为技术创新与管理创新[①][②]；从改变程度可分为渐进性创新和突破性创新/颠覆式创新[③][④]；从开放程度可分为封闭式创新和开放式创新[⑤]；从创新水平高低及知识产权持有情况可分为模仿性创新与自主性创新等[⑥]。迭代创新作为互联网时代的新兴现象，既与现有创新范式存在交叉点和共同点，也具有其独特的性质和特点[⑦]。

首先，迭代创新与渐进性/突破性创新的理论渊源。渐进性创新是指技术变化较小、产品改善简单或实施产品线延伸以最低限度地提高企业绩效的活动，而突破性创新则是指对产品技术进行新颖、独特和艺术般的创造，以显著改变市场的经营模式。[⑧] 对于整个创新过程而言，技术创新是一个间断式平衡的过程[⑨]，即一个渐进式技术变化被一个突破式的变化所打断，然后又会开启新的渐进式的变化，并形成循环。聚焦于迭代创新现象，针对每一次子迭代过程而言创新模式属于渐进式创新，即基于已有知识储备在原有产品或技术的基础上进行较小、简单的改变，并推向市场获取顾客反馈，而对于整个迭代过程而言则可能通过渐进式创新实现突破式的变化，打破了已有的市场运营模式，实现了突破性的发展。

其次，迭代创新与封闭式/开放式创新的理论渊源。针对工业经济时

[①] Han, J. K., Kim, N., Srivastava, R. K., "Market Orientation and Organizational Performance: Is Innovation a Missing Link?", *Journal of Marketing*, Vol. 162, No. 10, 1998.

[②] Damanpour, F., "Organizational Innovation: A Meta-analysis of Effects of Determinants and Moderators", *Academy of Management Journal*, Vol. 34, No. 3, 1991.

[③] Wind, J., Mahajan, V., "Issues and Opportunities in New Product Development: An Introduction to the Special Issue", *Journal of Marketing Research*, Vol. 2, 1997.

[④] Christensen, C., *The Innovator's Dilemma: When New Technologies Cause Great Firms to Fail*, Boston, MA: Harvard Business School Press, 1997.

[⑤] Chesbrough, H., *Open Innovation, the New Imperative for Creating and Profiting form Technology*, Harvard Business School Press, 2003.

[⑥] 黄兴、康毅、唐小飞：《自主性创新与模仿性创新影响因素实证研究》，《中国软科学》2011年第2期。

[⑦] 董洁林、陈娟：《无缝开放式创新：基于小米案例探讨互联网生态中的产品创新模式》，《科研管理》2014年第35卷第12期。

[⑧] Wind, J., Mahajan, V., "Issues and Opportunities in New Product Development: An Introduction to the Special Issue", *Journal of Marketing Research*, Vol. 2, 1997.

[⑨] Tushman, M. L., Philip, A., "Technological Discontinuities and Organizational Environments", *Administrative Science Quarterly*, Vol. 31, 1986.

代的封闭式创新，Chesbrough 首次明确提出了开放式创新的概念[1]，并强调开放式创新是一种从创新中获利的实践，同时也是一种创造、解释以及研究这些实践的认知模型[2]。Von Hippel 提出了"民主化创新"是网络时代的创新理念[3]，他强调了伴随互联网技术的普及，用户创新的价值更为显著，企业不仅是基于顾客需求开展创新，还可以与顾客共同甚至单独由顾客完成创新工作，这不仅实现了开放式创新所强调的利用企业外部智力资本的优势而且更为关注顾客的真实意愿，促进顾客价值的实现。迭代创新是创新开放化和民主化的结果[4]，迭代创新的目的在于更快速地获取顾客的真实需求以实现顾客价值并实现企业的产品/市场匹配[5]。为了实现这一目的，企业需要关注顾客在创新过程中的参与程度与贡献程度，不论是为用户创新、与用户共同创新还是由用户创新均为企业开展产品创新提供了重要的信息和知识，为实现企业竞争优势提供了重要的原动力。[6]

再次，迭代创新与模仿性/自主性创新的理论渊源。模仿性创新和自主性创新的选择和均衡问题是企业面临的战略抉择，模仿性创新在经营风险、投入成本等方面要优于自主性创新，但是在竞争优势等方面会次于自主性创新[7]；模仿性创新更有利于短期财务收益的获取而自主性创新更有利于长期竞争优势的塑造[8]。迭代创新是模仿性创新和自主性创新的动态均衡，企业创建之初倾向于模仿性创新基础上的创新，但随着模仿性创新形成的知识和信息成果的累积效应在一定程度上会促进企业对于自主性创新的尝试和开展。企业在迭代创新开展的子迭代阶段，会基于企业所处情境的复杂性及其资源禀赋特征倾向于选择在模仿基础上的创新，以快速地

---

[1] Chesbrough, H., *Open Innovation, the New Imperative for Creating and Profiting form Technology*, Harvard Business School Press, 2003.

[2] 陈钰芬、陈劲：《开放式创新促进创新绩效的机理研究》，《科研管理》2009 年第 4 期。

[3] Von Hippel, E., *Democratizing Innovation*, Cambridge MA, MIT Press, 2005.

[4] 赵付春：《企业微创新特性和能力提升策略研究》，《科学学研究》2012 年第 30 卷第 10 期。

[5] Ries, E., *The Lean Startup: How Constant Innovation Creates Radically Successful Businesses*, London: Penguin Group, 2011.

[6] Kaulio, M. A., "Customer, Consumer and User Involvement in Product Development: A Framework and A Review of Selected Methods", *Total Quality Management*, Vol. 9, 1998.

[7] 黄兴、康毅、唐小飞：《自主性创新与模仿性创新影响因素实证研究》，《中国软科学》2011 年第 2 期。

[8] Levinthal, D., March, J., "The Myopia of Learning", *Strategic Management Journal*, Vol. 14, No. 8, 1993.

获得顾客反馈赢得创新绩效,而随着资源的积累和信息知识的获取企业更关注于竞争优势的获取会尝试自主性创新以实现改变企业运营方式、颠覆已有商业模式的目的。

综上,迭代创新作为互联网时代被业界推崇的新范式,尽管涵盖了许多创新范式的新思想和新理念,但是它与现有的创新研究领域是一脉相承的,涵盖了现有创新模式的诸多性质和特征,因此,可以说迭代创新是创新理论在互联网时代的延伸和拓展,是带有时代烙印和情境特色的创新范式。

(二) 迭代创新的形成背景

迭代创新作为互联网时代日益获得认可并得到推崇的创新范式,其演化和发展的时代背景催生了其成长和发展,因而对于迭代创新内涵的分析和探讨,应该考虑其形成演化的时代背景。随着互联网时代的到来,互联网经济促使企业面临更多的机遇和挑战,企业想要成为互联网经济下的受惠者,需要深谙互联网之道,熟知网络化时代企业的运营模式和特点。为了应对互联网时代的挑战,现有文献中指出两种方式促进企业形成"以人为核心"的互联网思维,[1] 一是在营销研究领域指出确立市场导向的战略定位,深度理解和挖掘顾客的显性和潜在需求,基于顾客的需求及时实施应对策略[2]及引导顾客的需求方向[3];二是在创新研究领域指出将顾客纳入到企业的创新体系中,让顾客参与到实际创新执行中,实现民主化创新。[4] 上述两种方式实施的根源均在于关注顾客的需求并以顾客为核心开展创新工作,区别仅在于在创新实践中的顾客参与程度的差异,前者更多的是与顾客同时开展创新工作,顾客的作用在于提供需求以及对企业提供的原型产品/服务提出反馈意见[5];后者则更多的是强调顾客主导的创新,顾客可能基于利益诉求或仅仅是兴趣使然参与创新工作实现产品设想和原型设计,企业则需要尽快将此产品设想和原型设计转化为满足市场需求的

---

[1] 赵大伟:《互联网思维——独孤九剑》,机械工业出版社 2014 年版。

[2] Day, G., "Misconceptions about Market Orientation", *Journal of Market Focused Management*, Vol. 4, No. 1, 1999.

[3] Hills, S. B., *Market Driven vs. Market Driving Activity, Antecedents and Consequences: Evidence from High Technology Industries*, Graduate Faculty of Rensselaser Polytechnic Institute, 2004.

[4] Von Hippel, E., *Democratizing Innovation*, Cambridge MA, MIT Press, 2005.

[5] Day, G., "Misconceptions about Market Orientation", *Journal of Market Focused Management*, Vol. 4, No. 1, 1999.

新产品[1]。由上，当企业为了迎合互联网时代的特点探索发展和成长机遇时，创新方式应该关注顾客需求信息，让顾客参与到创新执行中以体现顾客价值。

同时，互联网经济的发展也促使环境呈现出越来越多的不确定性，Jansen等指出探讨环境的不确定性可以从环境的竞争程度和改变程度来衡量。[2] 随着互联网时代的到来，企业面临环境的竞争性和动态性更为强烈，一是由于互联网使得信息不对称现象消减，新企业的进入壁垒降低，促使更多具有创业意愿的人们怀揣着创意和梦想进入市场进而打造全新的竞争格局；二是因为互联网时代消费者群体拥有了更多的自主决定权，消费者产品转换成本非常低，他们放弃一项产品/服务和接受一项全新产品一样简单和快速，发展迅速的企业在3—5年后发现已无法获得顾客青睐的事例时有发生。在这一情境下，企业更倾向于通过速度来塑造其竞争力[3]，但在不确定环境下创新速度理论是否适用仍未形成定论，如Meyer和Utterback指出，在高度不确定环境下，快速创新往往会导致项目失败[4]；Griffin指出在通常情况下快速创新可以促进产品成功，但在具体的不同情境下这一影响作用也呈现差异性[5]。那么对于在不确定情境下开展创新工作的企业而言，一方面企业要利用创新速度带来的先动优势，另一方面也要避免盲目加快创新进程为企业埋下的败笔。解决之道在于"迅捷行动"、"持续改进"的策略[6][7][8]，即快速实施相应的创新活动，并快

---

[1] Von Hippel, E., *Democratizing Innovation*, Cambridge MA, MIT Press, 2005.

[2] Jansen, J. J. P., Van Den Boshch, F. A. J., Volverda, h. W., "Exploratory Innovation, Exploitative Innovation, and Performance: Effects of Organizational Antecedents and Environmental Moderators", *Management Science*, Vol. 52, No. 11, 2006.

[3] 迈克尔·乔治、詹姆士·沃克斯、凯姆波雷·沃森-汉姆菲儿：《创新引擎》，陈正芬译，中国财政经济出版社2007年版。

[4] Meyer, M. H., Utterback, J. M., "Product Development Cycle Time and Commercial Success", *IEEE Transactions on Engineering Management*, Vol. 42, 1995.

[5] Griffin, A., "Product Development Cycle Time for Business-to-Business Products", *Industrial Marketing Management*, Vol. 31, 2002.

[6] Ries, E., *The Lean Startup: How Constant Innovation Creates Radically Successful Businesses*, London: Penguin Group, 2011.

[7] Schlesinger, L. A., Kiefe, R. C. F., Brown, P. B., *Just Start*, Boston, Massachusetts, Harvard Business Review Press, 2012.

[8] Baum, J. R., Bird, B. J., "The Successful Intelligence of High-growth Entrepreneurs: Links to New Venture Growth", *Organization Science*, Vol. 21, No. 2, 2010.

速融入到用户中通过获取用户的反馈信息对既有创新活动实施不断调整和修正，在循环迭代的发展中明确产品/服务的发展方向和路径，以实现产品和市场快速契合的目的。

综上，企业为了适应互联网时代的要求，在推动创新进程时需要关注两个方面，一是关注用户，二是关注创新速度，即迭代创新过程中既要关注如何融合用户的价值作用促进创新活动的实现，又要关注在新产品开发进程中快速实现创意市场化的循环，进而促进快速、低成本地实现产品创新的目的。

二　迭代创新的概念内涵

（一）迭代创新的概念界定

基于上述对迭代创新理论渊源和形成背景的阐释，下文将回顾对迭代创新内涵的界定以及迭代创新过程展现出的独特特征。对于迭代创新的理解，从字面上看，是迭代式的创新方式，即采用循环迭代的方式实现创意市场化目的的过程。与这字面概念相对应的是线性创新方式，即创新按照"发现—发明—开发—产品—市场—利润"的线性方式开展创新进程。[①] 通过对比这两种方式，Fitzgerald 等指出线性创新方式并不能展现现时代企业实践中真正的创新过程，实践中真正的创新过程应该是高度且持续迭代的过程，是产品、市场和应用相互均衡的动态过程。[②]

同时，基于迭代创新现象形成的时代背景，为了应对互联网时代对创新进程发展的要求，迭代创新汲取了快速创新和用户创新的相关观点，并加以修正和调整，进而形成更符合互联网时代对企业创新进程开展的要求。快速创新对迭代创新的启示在于：第一，时间是企业竞争优势的重要源泉[③]，企业快速进入市场可以促进企业在产品商业化之前赢得先动优势获得利润[④]；第二，企业应采取"小而快"的创新工作，用极简的原型、

[①] Fitzgerald, E., Wankerl, A., Schramm, C., *Inside Real Innovation: How the Right Approach can Move Ideas from R & D to Market and Get the Economy Moving*, Hackensack (NJ): World Scientific Publishing, 2011.

[②] Ibid..

[③] Stalk, G., Hout, T., *Competing Against Time: How Time-based Competition is Reshaping Global Markets*, New York, Free Press, 1990.

[④] 迈克尔·乔治、詹姆士·沃克斯、凯姆波雷·沃森-汉姆菲儿：《创新引擎》，陈正芬译，中国财政经济出版社 2007 年版。

较小的更迭快速进入市场验证顾客的需求诉求，以加快顾客反馈渠道和学习周期[1][2]。用户创新对于迭代创新的启示则体现在：第一，创新过程要以满足用户的真实需求为目标，这里的需求所指并不是企业设定的需求假设而是真正在市场中通过验证的用户需求诉求[3]；第二，市场的变化造成用户需求发生变化，因此企业和用户对于需求的理解存在差异性，在企业与用户间形成信息不对称现象[4]，此时企业更需快速地开展需求验证工作以确保用户真实需求的获取和满足；第三，开启创新过程时首先应明晰市场定位[5]，即企业创新工作服务的用户群体并基于此确定创新目标和过程，这一市场定位对于企业后续创新的开展具有重要价值；第四，企业为顾客提供融入到创新工作的平台[6]，即用户可以在此平台上交流合作、信息分享，以形成合力促进创新工作的开展。

综上，对迭代创新现象的内涵分析，可以发现，一方面它是异于线性方式的新兴创新范式；二是它融合了快速创新和用户创新的相关研究观点。因此，基于上述阐述，本书对迭代创新的内涵界定如下：组织为了适应互联网时代的经济形态改变，以迅捷行动的方式获取用户的真实需求并基于信息反馈持续调整和修正实施的创新活动，进而实现快速、低成本创意市场化目的的动态、循环的创造性过程。

（二）迭代创新的特点

从上述迭代创新概念的理论渊源、形成的背景和概念界定，可以识别出迭代创新较之以往的创新方式具有独特性，回顾已有研究文献及创新实践活动，可以发现迭代创新具有如下特点：

一是开放性和互动性。在互联网时代，企业仅凭内部资源实施高成本的创新活动，已然难以适应快速发展的市场需求以及难以在日益激烈

---

[1] Ries, E., *The Lean Startup: How Constant Innovation Creates Radically Successful Businesses*, London: Penguin Group, 2011.

[2] Schlesinger, L. A., Kiefe, R. C. F., Brown, P. B., *Just Start*, Boston, Massachusetts, Harvard Business Review Press, 2012.

[3] Ries, E., *The Lean Startup: How Constant Innovation Creates Radically Successful Businesses*, London: Penguin Group, 2011.

[4] Von Hippel, E., *The Source of Innovation*, Oxford University Press, 1988.

[5] Day, G., "Misconceptions about Market Orientation", *Journal of Market Focused Management*, Vol. 4, No. 1, 1999.

[6] Von Hippel, E., *Democratizing Innovation*, Cambridge MA, MIT Press, 2005.

的企业竞争中实现创新成功。Chesbrough 指出，任何创新活动的实施和开展均不是处于一个完全封闭的系统，不涉及外界物质和信息的交换活动，就无法确保创新的实现以及对创新成果的扩散[1]。迭代创新吸收了开放式创新的理论和方法，指出在创意市场化的进程中不仅企业需要实施创新活动，也应充分利用外界的力量开展创新活动，进而提升自身创新的价值。在此过程中，迭代创新的一个重要表现是将用户融入到创新活动中，探索用户在创新实践中的价值，因此互动性也是迭代创新异于以往创新范式的重要且独特的特点，通过与用户的互动促进企业更为高效地实现创新活动。

二是动态性和循环性。迭代创新更加强调创新模式结构和创新流程的动态稳定性，以及创新系统的流畅性。Cheng 等指出创新事件间的联系和边界并不是十分清晰和严格[2]；McCarthy 等也提出创新过程总是动态的、多数是非线性的以及通常是处于混沌的状态[3]。迭代创新强调创新进程的循环性，认为产品创新由一系列大小循环圈组成以显示创新项目的开启、执行、重启和后退，企业创新实践中显示创新过程并不是线性有序的过程，而是在不断反复、循环过程中促进创新活动的开展和实施。

三是迅捷性和持续性。Baum 和 Bird 提出迭代创新强调迅捷行动和持续改进[4]，迅捷行动强调行动的速度和频率，企业并不拘泥于完美产品的形成和塑造，用户可以接受初期产品并不完美但却真正解决了用户的"痛点"问题，因而对于企业而言，与其耗费大量人力、物力、财力完善产品的研发，不如快速形成原型产品并快速将其推向用户进行验证以证实创意的可行性和价值性[5]；持续改进则是以创新结果的实现为目标导向重

---

[1] Chesbrough, H., *Open Innovation, the New Imperative for Creating and Profiting form Technology*, Harvard Business School Press, 2003.

[2] Cheng, Y. T., Van De Ven, A., "Learning the Innovation Journey: Order out of Chaos?", *Organization Science*, Vol. 7, No. 6, 1996.

[3] McCarthy, I. P., Tsinopoulos, C., Allen, P., et al., "New Product Development as a Complex Adaptive System of Decisions", *The Journal of Product Innovation Management*, Vol. 23, 2006.

[4] Baum, J. R., Bird, B. J., "The Successful Intelligence of High - growth Entrepreneurs: Links to New Venture Growth", *Organization Science*, Vol. 21, No. 2, 2010.

[5] Ries, E., *The Lean Startup: How Constant Innovation Creates Radically Successful Businesses*, London: Penguin Group, 2011.

复性的实验、改进和适应性行动①②，以全局的思想和整体的思维思考创新进程的开展，即不仅强调一次创新的流程和运行情况，而且充分思考下一轮循环中创新活动的开展状况，迭代创新促使创新流程成为一个有反馈、有调整、有修正、有提升、有学习的持续的过程③。

第二节 新产品开发过程中的迭代创新范式

一 新产品开发过程的两种演化观点

新产品开发（NPD）是指企业利用其资源和能力创造全新的产品或者改进现有产品的活动。④ 新产品开发对企业盈利能力和竞争力有重要意义，在一些实践活动中新产品开发是企业获取成功的关键驱动力。⑤ 从过程视角剖析新产品开发问题是新产品开发的关键主题⑥，是新产品开发研究未来重要的研究方向⑦。从过程视角探索新产品开发过程，既可以深入剖析产品开发本身的演化机制问题，也可以一定程度上涵盖新产品开发的其他研究主题，可以对新产品开发研究形成全景式的描述。梳理新产品开发过程的相关研究，主要包括两种核心观点：新产品开发过程的线性演化观点和循环演化观点。下文将分别基于新产品开发过程的线性演化和循环演化观点予以阐述。

线性演化观点源自传统的、逻辑性的项目管理方法，以在时间和成本

---

① Thomke, S. H., *Experiment Matter*, Boston, Massachusetts, Harvard Business School Press, 2003.

② Mullins, J., Komisar, R., *Getting to Plan B: Breaking Through to A Better Business Model*, Boston, Massachusetts, Harvard Business School Press, 2009.

③ Tidd, J., Bessant, J., *Managing Innovation*, New York, John Wiley & Sons ltd., 2009.

④ Cooper, L. P., "A Research Agenda to Reduce Risk in New Product Development Through Knowledge Management: A Practitioner Perspective", *Journal of Engineering and Technology Management*, Vol. 20, 2003.

⑤ Crawford, C. M., Di Benedetto, *New Product Management*, 9th ed., New York, Irwin/McGrawhill, 2008.

⑥ Bhattacharya, S., Krishnan, V., Mahajan, V., "Managing New Product Definition in Highly Dynamic Environments", *Management Science*, Vol. 44, No. 11, 1998.

⑦ Nakata, C., Di Benedetto, C. A., "Forward to the Future: The New Knowledge Needed to Advance NPD-Innovation Theory and Practice", *The Journal of Product Innovation Management*, Vol. 29, No. 3, 2012.

范围内产生恰当的成果。[1] 线性观点将创新的过程看作是一系列本质上序列、分散的事件和活动,Cooper 和 Kleinschmidt 指出对过程的控制和有效性依赖于新产品开发过程参与者的合作交流和沟通。[2] 通过关注过程的结构和层级间联系,线性框架尝试去解释为什么过程行为影响产品质量、关键任务的执行、产品开发成本、产品可靠性、产品多样性和管理复杂性等方面。[3][4] "门径管理"方法是新产品开发线性观点的典型框架,它将新产品开发视为需要某种结构化的阶段性过程的运作[5][6],并提出新产品开发过程是包含了四到五个阶段的行为和决策序列的、有序的简单线性过程[7]。"门径管理"方法蕴含的逻辑以及对于新产品开发的系统阐释[8],有利于组织阐释过程的复杂性以及对潜在任务和活动进行概念化处理。尽管线性研究框架清晰地阐释了产品开发过程,然而它也具有一定的局限性:其一在于线性演化观点在一定程度上忽略了新产品开发过程中创新能力的行为表现和系统特征[9];其二在于线性演化观点无法解释突破性创新的呈现和演化特征,仅趋向于解释渐进性的创新过程[10][11]。

循环演化观点则假设新产品开发事件间的联系和边界并不是十分清晰

---

[1] McCarthy, I. P., Tsinopoulos, C., Allen, P., et al., "New Product Development as a Complex Adaptive System of Decisions", *The Journal of Product Innovation Management*, Vol. 23, 2006.

[2] Cooper, R. G., Kleinschmidt, E. J., "An Investigation into the New Product Development Process: Steps, Deficiencies, and Impact", *Journal of Product Innovation Management*, Vol. 3, No. 2, 1986.

[3] Muffatto, M., Roveda, M., "Developing Product Platforms: Analysis of the Development Process", *Technovation*, Vol. 20, No. 11, 2000.

[4] Shepherd, C., Ahmed, P. K., "NPD Frameworks: A Holistic Examination", *European Journal of Innovation Management*, Vol. 3, No. 3, 2000.

[5] Cooper, R. G., "Stage Gate Systems: A New Tool for Managing New Products", *Business Horizons*, Vol. 33, No. 3, 1990.

[6] Cooper, R. G., "Doing it Right: Winning with New Products", *Ivey Business Journal*, Vol. 64, No. 4, 2000.

[7] Tidd, J., Bessant, J., *Managing Innovation*, New York, John Wiley & Sons ltd., 2009.

[8] Clift, T. B., Vandenbosch, M. B., "Project Development and Efforts to Reduce Product Development Cycle Time", *Journal of Business Research*, Vol. 45, No. 2, 1999.

[9] Bonner, J. M., Ruekert, R. W., Walker, O. C., "Upper Management Control of New Product Development Projects and Project Performance", *Journal of Product Innovation Management*, Vol. 19, No. 3, 2002.

[10] Leifer, R., Mcdermott, C. M., O'Connor, G. C., et al., *Radical Innovation*, Boston, Massachusetts, Harvard Business School Press, 2000.

[11] Mcdermott, C. M, O'Connor, G. C., "Managing Radical Innovation: An Overview of Emergent Strategy Issues", *Journal of Product Innovation Management*, Vol. 19, No. 6, 2002.

和严格的[1],因为创新作为一个过程总是动态的、多数是非线性的以及通常是处于混沌的状态[2]。连环模型是较早阐释循环演化观点的模型,它强调了反馈循环以描述研究、发明、创新和产品化间的关系和迭代。[3] Leonard-Barton 也提出了类似的观点,指出新产品开发是一系列小的、大的循环圈以阐释项目的后退和重启现象。[4] 循环演化的观点挑战了线性演化观点中关于过程有序性的研究观点,认为新产品开发阶段会存在重叠、混乱和无序的状态。[5][6][7] 循环演化观点展现了新产品开发过程的动态性,更符合动态情境下产品开发的实际状况,然而有学者指出循环演化观点未基于新产品开发过程的不同阶段予以阐释以展现不同阶段的特性[8][9],这是后续研究需要进一步探索的问题。

比较线性演化和循环演化的观点,如表2—1所示。线性演化观点将新产品开发过程界定为通过一系列相对固定、离散和序列的解决问题的阶段以实现创意市场化的渐进过程;循环演化观点将新产品开发界定为通过一系列动态、流动、混沌的问题解决阶段以实现创意市场化的过程。前者强调了结构的稳定性和流程的次序性,后者则关注反馈以及非线性特征的影响。这两种观点都是在某种假设的前提下成立,而若当企业面临的情境是不可预测的、模糊的、动荡的、不确定性的境况时,企业可能面临更为复杂和多样的情境,因此需要对演化过程进行更深层次的剖析和阐释。

---

[1] Cheng, Y. T., Van De Ven, A., "Learning the Innovation Journey: Order Out of Chaos?", *Organization Science*, Vol. 7, No. 6, 1996.

[2] McCarthy, I. P., Tsinopoulos, C., Allen, P., et al., "New Product Development as a Complex Adaptive System of Decisions", *The Journal of Product Innovation Management*, Vol. 23, 2006.

[3] Klin, J., Rosenberg, N., *An Overview of Innovation. In: the Positive Sum Strategy: Harnessing Technology for Economic Growth*, R. Landau and N. Rosenberg (eds.), Washington, DC: National Academy Press, 1986.

[4] Leonard-Barton, D., "Implementation as Mutual Adaptation of Technology and Organization", *Research Policy*, Vol. 17, No. 5, 1988.

[5] Adams, R., *Perceptions of Innovations: Exploring and Developing Innovation Classifcation*, Cranfeld, UK: Cranfeld University, 2003.

[6] Thomke, S. H., *Experiment Matter*, Boston, Massachusetts, Harvard Business School Press, 2003.

[7] Tidd, J., Bessant, J., *Managing Innovation*, New York, John Wiley & Sons ltd., 2009.

[8] Smith, R. P., Eppinger, S. D., "A Predictive Model of Sequential Iteration in Engineering Design", *Management Science*, Vol. 43, No. 8, 1997.

[9] McCarthy, I. P., Tsinopoulos, C., Allen, P., et al., "New Product Development as a Complex Adaptive System of Decisions", *The Journal of Product Innovation Management*, Vol. 23, 2006.

表 2—1　　　　　　新产品开发过程的两种演化观点

观点	线性演化	循环演化
观点描述	相对固定、离散、序列阶段；过程的联系、流动和结果相对绝对	在阶段间具有一致、多元的反馈循环以产生迭代的行为和更难以预测的结果
观点优势	对结构逻辑和流动提供简单有效的阐释；适应相对可靠市场推动或强烈市场拉动引起的渐进性创新活动	表现了过程的动态性和流动性的本质；适应于推动—拉动市场力量结合所引发的更为激进性的创新
观点局限性	未考虑动态的行为以及未考虑代理、自由和创新结果间的关系	假设在全过程中的相似行为，未表现过程的结构和行为的不稳定性
代表文献	Zaltman, et al.（1973）；Cooper（1991）；Tidd, Bodley（2002）；Bonner, et al.（2002）；Fitzgerald, et al.（2011）	Cheng, Van de Ven（1996）；Adams（2003）；Repenning（2001）；Thomke（2003）；Tidd, Bessant（2009）；Schlesinger, et al.（2012）

资料来源：笔者根据相关文献整理。

二　新产品开发过程的情境化研究

将新产品开发过程的两个演化观点嵌入到特定的研究情境中可以发现，观点本身并没有优劣之分，只是强调了在特定情境下某种演化观点更为适用。因此，对于新产品开发过程研究应该因势而为、对应思考以增加研究的"可预测性"[1]。通过文献回顾，可知新产品开发研究中主要的情境因素是企业面临的不确定性问题[2]，Thomke 指出有研究表明项目团队近80%的时间将花费在实验和相关分析上以解决企业的不确定性问题[3]。不确定性研究的深入促进了对于新产品开发过程中的迭代创新范式的思考，推动了研究的开展[4]。

---

[1] Chesbrough, H., *Open Innovation, the New Imperative for Creating and Profiting form Technology*, Harvard Business School Press, 2003.

[2] 也有学者指出是环境的动荡性、速度性（velocity）、模糊性、不可预测性等等，本文统一称之为不确定性，因为环境动荡、速度、模糊和不可预测等特性的结果是形成了企业面临环境的不确定性，因而采用不确定性阐述环境特性不仅可以更为综合体现环境特征，而且还可以缩短研究路径更为清晰阐释环境的影响作用。

[3] Thomke, S. H., *Experiment Matter*, Boston, Massachusetts, Harvard Business School Press, 2003.

[4] Thomas, E. F., "Platform-based Product Design and Environmental Turbulence", *European Journal of Innovation Management*, Vol. 17, No. 1, 2014.

(一) 不确定情境下的新产品开发过程的演化特征

对于新产品开发进程的研究需要基于研究情境评估以及衡量线性演化和循环演化的优劣，以甄选出更符合情境需求的创新演化方式，促进创新进程的高效实现。在关于新产品开发的研究中，探究了环境的不确定性是线性方式向迭代方式推演的关键。线性演化的观点阐释了新产品开发过程的组织和管理与新产品开发绩效的关系，强调了过程结构、可靠性和控制在新产品开发过程中的影响作用[1]，然而随着企业面临环境的不可预测性和模糊性的提升[2]，企业无法实现有序的、规律性的可预测的行动[3]，Fitzgerald 等指出线性开发方式无法展现不确定情境下企业实际的创意市场化进程[4]。基于线性演化观点在环境不确定性情境下的局限性，Adams 等学者提出了循环演化的观点，指出由于不确定性情境的影响新产品开发阶段会存在重叠、混乱和无序的状态。[5] 通过迭代循环，企业可以反复精炼其创意，降低其技术、进度和预算上的风险，促使创意得以演化发展并聚焦为问题的解决方案，进而带来有益的和意想不到的新产品开发绩效。[6] 然而，也有学者对不确定情境下的迭代循环提出了质疑，认为迭代循环在一定程度上也会增加企业面临的不确定性，如 Meier 等提出迭代循环会提升新产品开发前置期和成本的主要源泉[7]；Browning 和 Eppinger 指出迭代循环是进度风险的关键驱动力[8]；Luh 也认为迭代循环是在资源承

---

[1] McCarthy, I. P., Tsinopoulos, C., Allen, P., et al., "New Product Development as a Complex Adaptive System of Decisions", *The Journal of Product Innovation Management*, Vol. 23, 2006.

[2] McCarthy, I. P., Lawrence, T. B., Wixted, B., et al., "A Multidimensional Conceptualization of Environmental Velocity", *Academy of Management Review*, Vol. 35, No. 4, 2010.

[3] Bonner, J. M., Ruekert, R. W., Walker, O. C., "Upper Management Control of New Product Development Projects and Project Performance", *Journal of Product Innovation Management*, Vol. 19, No. 3, 2002.

[4] Fitzgerald, E., Wankerl, A., Schramm, C., *Inside Real Innovation: How the Right Approach can Move Ideas from R & D to Market and Get the Economy Moving*, Hackensack (NJ): World Scientific Publishing, 2011.

[5] Adams, R., *Perceptions of Innovations: Exploring and Developing Innovation Classifcation*, Cranfeld, UK: Cranfeld University, 2003.

[6] Thomke, S. H., Fujimoto, T., "The Effect of 'Front – loading' Problem – solving on Product Development Performance", *Journal of Product Innovation Management*, Vol. 17, No. 2, 2000.

[7] Meier, C., Yassine, A. A., Browning, T. R., "Design Process Sequencing with Competent Genetic algorithms", *Transactions of the ASME*, Vol. 129, 2007.

[8] Browning, T. R., Eppinger, S. D., "Modeling Impacts of Process Architecture on Cost and Schedule Risk in Product Development", *IEEE Transactions on Engineering Management*, Vol. 49, No. 4, 2002.

诺中的主要不确定性的源泉进而会延迟项目的开展[①]。因此，对于新产品开发过程演化观点而言，循环演化观点的提出并不是对线性演化观点的替代，而是对于不确定情境下新产品开发过程研究的有力补充和拓展，在实际演化过程中，企业可以评估和衡量二者的优劣，甄选出更具价值的演化方式。

（二）新产品开发过程的情境化研究为创新模式提供甄选依据

对于企业面临情境的深层次的剖析，有利于为创新模式提供更细致的甄选依据。McCarthy等指出企业面临的情境并不能简单概括为不确定性的高低[②]，而是应该探索和挖掘不确定性差异背后的深层次的成因和机理问题，进而提炼和总结出不同的研究情境。学者们探讨了不确定性的来源问题以探索适应于不确定情境的创新过程，例如Bourgeois和Eisenhardt提出需求、竞争者、技术、规制是产生环境动荡的源泉[③]；Thomas提出尽管许多来源影响了环境的不确定性但是技术和市场的不确定性尤其值得关注[④]；Thomke提出不确定性包括技术、产品、需求和市场四个方面，并指出在新产品开发过程的不同阶段所面临的不确定性的类型和程度不同[⑤]；McCarthy等则从改变的速率和方向两个方面综合阐释了企业面临的技术、产品、需求、管理和竞争的不确定性[⑥]。不确定性来源的不同方面呈现出的不确定性水平和程度会形成不同的情境，进而会影响新产品开发过程的进行。当不确定性各维度间的因果关系是相对可预测、偶然和微小时，即各维度间呈现出相对独立的态势被称为松耦合体系，在松耦合状态下一个维度的改变并不会对其他维度产生直接和重要影响，线性演化方式中的离散和有序的特征适应于此相对独立和稳定的情境[⑦]。而当环境各维

[①] Luh, P. B., Liu, F., Moser, B., "Scheduling of Design Projects with Uncertain Number of Iterations", *European Journal of Operational Research*, Vol. 113, No. 3, 1999.

[②] McCarthy, I. P., Lawrence, T. B., Wixted, B., et al., "A Multidimensional Conceptualization of Environmental Velocity", *Academy of Management Review*, Vol. 35, No. 4, 2010.

[③] Bourgeois, L. J., Eisenhardt, K., "Strategic Decision Processes in High Velocity Environments: Four Cases in the Microcomputer Industry", *Management Science*, Vol. 34, 1988.

[④] Thomas, E. F., "Platform-based Product Design and Environmental Turbulence", *European Journal of Innovation Management*, Vol. 17, No. 1, 2014.

[⑤] Thomke, S. H., *Experiment Matter*, Boston, Massachusetts, Harvard Business School Press, 2003.

[⑥] McCarthy, I. P., Lawrence, T. B., Wixted, B., et al., "A Multidimensional Conceptualization of Environmental Velocity", *Academy of Management Review*, Vol. 35, No. 4, 2010.

[⑦] Ibid..

度间关系呈现出相对持续的、变化的和显著的因果关系时，称之为紧耦合体系，在这种情境下企业倾向于选择循环开发的观点以促进即兴学习和灵活性的提升。① 综上，应深度剖析企业面临的情境问题，为新产品开发过程提供更为细致和多样的研究情境，为创新进程的开展以及迭代创新模式的选择提供依据。

三 新产品开发过程中迭代创新的战略和策略实施

（一）迭代创新实施战略

关于新产品开发过程中迭代创新所应遵循的战略实施问题，重点关注了创意市场化过程中的效率性和灵活性的均衡战略问题。对于这一战略问题的探讨，不仅为不确定情境下企业运营模式和创新方式的选取提供指导，而且为甄选和提炼创新进程的实践策略提供一定的依据。

对于组织而言，效率性意味着获得引力、创造方向以及避免失误，灵活性意味着去调整流动性以符合不可预期情境。② 聚焦于创新过程，效率性关注计划和执行的意义，与创意市场化进程中的持续性、可靠性、可预测性、低变化、规制性有密切关系；而灵活性则强调创意市场化进程中的学习和适应性的价值，与变革、适应、新知识和创新有密切关系③。Eisenhardt 等提出，随着成立年限的增长、资源的丰富，企业会潜意识地选择更多标准化和规制化的行为模式，而为了避免僵化思维的影响以及促进企业持续的运营，企业在效率—灵活均衡问题上，应更倾向于对灵活性的关注。④ Schreyogg 和 Sydow 也指出，在新企业创建初期或新产品开发初始阶段企业应该更为关注灵活性的价值和意义。⑤ 同时针对不确定情境，Buganza 和 Verganti 等学者指出，灵活性是应对不确定性的重要特征，更

---

① McCarthy, I. P., Lawrence, T. B., Wixted, B., et al., "A Multidimensional Conceptualization of Environmental Velocity", *Academy of Management Review*, Vol. 35, No. 4, 2010.

② Eisenhardt, K. M., Furr, N. R., Bingham, C. B., "Microfoundations of Performance: Balancing Efficiency and Flexibility in Dynamic Environments", *Organization Science*, Vol. 21, No. 6, 2010.

③ Farjoun, M., "Beyond Dualism: Stability and Change as Duality", *Academy of Management Review*, Vol. 35, No. 2, 2010.

④ Eisenhardt, K. M., Furr, N. R., Bingham, C. B., "Microfoundations of Performance: Balancing Efficiency and Flexibility in Dynamic Environments", *Organization Science*, Vol. 21, No. 6, 2010.

⑤ Schreyogg, G., Sydow, J., "Organizing for Fluidity? Dilemmas of New Organizational Forms", *Organizational Science*, Vol. 21, No. 6, 2010.

利于企业获得成功。[1]

综上，灵活性和效率性的均衡是组织实现成长的关键[2]，对于创意市场化进程而言，由于不确定性的存在以及处于创新模糊前段的特性，企业在均衡灵活性和效率性上更倾向于对灵活性的关注，强调创新进程的灵活性对于创新绩效的价值，因此，对于创意市场化进程而言，灵活性战略的确立是企业开展创新工作的前提和基础[3]。

(二) 迭代创新实施策略

迭代创新是互联网时代新兴的创新范式，现有研究仍处于迭代创新现象挖掘和探索的早期阶段，业界和学界人士对于迭代创新的探索仍多是基于实践层面的提炼和总结，以识别出更利于创新活动开展和创新进程实现的实践策略，在指导实践的同时凝练研究问题，实现实践和理论的对接和融合。梳理相关文献对迭代创新实施策略的探讨，可以发现三个方面的重要策略，一是关注迭代实验的开展；二是关注用户实时反馈；三是强调创新时机和创新速度。下文将基于这三个实施策略予以详细阐述。

首先，关注迭代实验的开展。Thomke 指出产品创新进程本质是迭代实验的过程[4]。Mullins 和 Komisar 认为创新是通过迭代实验的开展促进创意市场化的过程，企业创新能力的实施依赖于实验的进程进而影响新产品/服务的创造以及新事情的优化。[5] 在传统管理范式中，开展实验需要的高成本限制了创新的实施，而通过设计实验的统计方法已经帮助公司尽量在实验中获取更多的东西，致使其更为有效；同时新技术的产生，例如计算机模拟技术和模型的形成通过改变实验的经济性减轻了限制，进而降低了时间和财务成本，促使实验更为可行。[6] 在互联网时代，形成了更多

---

[1] Buganza, T., Verganti, R., "Life-cycle Flexibility: How to Measure and Improve the Innovative Capability in Turbulent Environments", *Journal of Product Innovation Management*, Vol. 23, No. 5, 2006.

[2] McCarthy, I. P., Lawrence, T. B., Wixted, B., et al., "A Multidimensional Conceptualization of Environmental Velocity", *Academy of Management Review*, Vol. 35, No. 4, 2010.

[3] Thomas, E. F., "Platform-based Product Design and Environmental Turbulence", *European Journal of Innovation Management*, Vol. 17, No. 1, 2014.

[4] Thomke, S. H., *Experiment Matter*, Boston, Massachusetts, Harvard Business School Press, 2003.

[5] Mullins, J., Komisar, R., *Getting to Plan B: Breaking Through to A Better Business Model*, Boston, Massachusetts, Harvard Business School Press, 2009.

[6] Thomke, S. H., *Experiment Matter*, Boston, Massachusetts, Harvard Business School Press, 2003.

有利于实验开展的条件，企业更倾向于实施迭代实验促进创新进程的开展。同时，在互联网时代，环境变化快并且充满未知因素，企业不可能预先设置绩效目标，也无法得知会学到什么，如果企业想要学习，就必须多做实验，不断尝试新的东西。Thomke 指出促进迭代实验形成的具体实施策略主要包含以下六个方面[1]：一是通过前置创新过程参与和开发早期信息，进而促使更多的实验尽早发生，更多的方法和概念被开发，更多的更具创造性的结果得以实现；二是频繁实验但不要使之成为组织负担，爱迪生曾经说过"成功的真正测量方式在于其在 24 小时内开展实验的数目"，重复性的实验有利于识别到不断涌现出的新问题以及及时给予问题的解决方案；三是整合新的和传统技术去促进绩效，新旧技术的融合有利于在改进现有问题同时探索新问题的解决方案；四是组织快速实验，快速实验整合了创新活动的实现，随着开发者持有充足和多样化的想法，实验提供了快速的反馈以加深、修正和补充现有知识进而建立新的想法[2]；五是快速的实验失败循环，快速的实验失败循环导致更多的反馈可以被收集且通过持有新颖和潜在风险想法嵌入到新一轮实验中[3]；六是像实验般管理项目，实验驱使方法的优势在于他们可以忍受来自于快速转移环境的不稳定以及风险，企业通过实验以引起顾客反馈以及嵌入到设计中快速改变[4]。综上，迭代创新的过程实质上是迭代实验的过程，通过基于创新结果实现的目标导向的重复性实验的开展，企业在反复实验过程中不断获取涌现出的新知识和新信息，进而促进迭代创新进程的开展。

其次，关注用户的实时反馈。Schlesinger 等提出用户需求是一个连续统一体[5]，从既有需要、新的要求到潜在期望，所有这些都必须与既有和新兴的技术有所对应。然而，许多传统的市场研究知识了解了顾客的既有需要，并将这些与既有的技术方案匹配，而迭代创新范式下，相关探讨必

---

[1] Thomke, S. H., *Experiment Matter*, Boston, Massachusetts, Harvard Business School Press, 2003.

[2] Ibid..

[3] Ries, E., *The Lean Startup: How Constant Innovation Creates Radically Successful Businesses*, London: Penguin Group, 2011.

[4] Mullins, J., Komisar, R., *Getting to Plan B: Breaking Through to A Better Business Model*, Boston, Massachusetts, Harvard Business School Press, 2009.

[5] Schlesinger, L. A., Kiefe, R. C. F., Brown, P. B., *Just Start*, Boston, Massachusetts, Harvard Business Review Press, 2012.

须拓展到新的和潜在的顾客需求的探索。探索用户需求的方式主要分为三类，一是通过头脑风暴法、形态学和其他结构化方法，依靠跨职能团队和顾客来产生新的产品概念；二是试用质量功能展开等技术，对这些概念进行修正和评估；三是进行平行原型开发和市场研究获得，进而收集内外部顾客的评价信息。[1] 在迭代创新过程中，由于用户需求的更迭，需要关注用户实时反馈的价值，企业将获取的用户实时反馈信息融入到创新过程中有利于创新进程的高效实现。创新型企业的目标是发现用户需求，并且快速用较低成本加以满足，在了解用户需求过程中，企业会有新的发现并基于此随时调整方向，维持企业运营的灵活性。Buganza 等指出用户早期融入到产品开发过程中有利于新产品开发灵活性的实现[2]；Mullins 和 Komisar 则指出通过"信仰飞跃"在实验中获取顾客反应是促进迭代创新实现的重要策略[3]。Furr 和 Ahlstorm 指出有的放矢的重要原则之一在于到用户中去，并提出在与潜在用户沟通交流中需要避免两种极端错误，一是强行向用户推销产品听不进用户意见，二是完全没有主见寄希望于用户告诉你他们需要什么，这两种方式均会影响企业创新进程的开展，企业需要尽量避免这两种错误的发生，应该通过获取用户的实时反馈信息并加以整合分析后融入到创新过程中，以促进创新进程的高效实现[4]。综上，在互联网时代，用户的选择权和话语权都有所提升[5]，用户真实需求的展现方式和涉及内容也随之变化，对于用户需求的实时关注并及时获取用户的真实需求反馈是促进创新进程高效实现的关键[6]。

再次，强调创新时机和创新速度。随着企业面临的竞争环境由静态转向动态、由相对稳定转向复杂多变，企业必须紧密把握信息流动，更快速

---

[1] Blank, S. G.:《四步创业法》, 七印部落译, 华中科技大学出版 2012 年版。

[2] Buganza, T., Gerst, M., Verganti, R., "Adoption of NPD Flexibility Practices in New Technology - based Firms", *European Journal of Innovation Management*, Vol. 13, No. 1, 2010.

[3] Mullins, J., Komisar, R., *Getting to Plan B: Breaking Through to A Better Business Model*, Boston, Massachusetts, Harvard Business School Press, 2009.

[4] Furr, N., Ahlstorm, P., *Nail it then Scale it*, Nisi Publishing, LLC, 2011.

[5] 戴夫·格雷、托马斯·范德尔·沃尔:《互联网思维的企业》, 张玳译, 人民邮电出版社 2014 年版。

[6] Day, G., "Misconceptions about Market Orientation", *Journal of Market Focused Management*, Vol. 4, No. 1, 1999.

地感知市场变化并迅速及时做出反应[1]，以减少企业从初次发现市场到实现商业化的时间跨度。乔治等指出影响创新引擎的三大因素分别为差异性、快速和破坏性创新，提出快速创新的战略是使创新程序加速进行并/或大幅提高差异的程度，并进一步探讨了实现快速创新的两个先决条件，一是减少创新工作同时进行的项目数；二是通过快速学习更快速、可靠地掌握顾客需求，并基于此制造差异性。[2] 快速创新模式阐述了企业在动态环境下快速实现创新工作且避免盲目提升创新速度的方式，即强调"小"和"快"的创新方式以应对顾客"新"需求。[3] "小"包含两层意思，一是创新开展的项目要简单可行而不是追求"大"而"全"的研发项目；二是形成单一特点或单一功能的原型以验证顾客需求，每一次的创新工作只是比上次前进一小步。"快"则是强调在创意未经润饰之前就进行检查以便近距离地观察顾客的真实反应。对于快速创新策略的实施问题，Schlesinger 等分析了不确定情境下快速实施精巧的产品开发的四项实施策略，利用手头的资源快速行动、维持在可承受损失之内、与他人一起获取更多的资源以及拓展资源并保证创意的质量。[4] Ries 提出产品开发过程核算的三项实施策略，使用最小化可行产品获取企业目前所处阶段的真实数据，尝试将增长引擎从基准线逐步调至理想状态，对于转型还是坚持策略进行均衡和取舍。[5] 综上，企业为了取得"先发优势"和"机会窗口"，强调了创新过程中的创新时机和速度的作用，企业需要采取比竞争对手更快的方式识别机会、获取资源进而取得竞争优势。

第三节　用户互动的理论渊源

一　价值共创理论

价值共创是一个较为新颖的研究理论，从价值共创概念提出到现在也

---

[1]　孙卫、崔范明、李垣：《新产品开发团队领导行为、团队效力与团队绩效关系研究》，《管理工程学报》2010 年第 4 期。

[2]　迈克尔·乔治、詹姆士·沃克斯、凯姆波雷·沃森 - 汉姆菲儿：《创新引擎》，陈正芬译，中国财政经济出版社 2007 年版。

[3]　Schlesinger, L. A., Kiefe, R. C. F., Brown, P. B., *Just Start*, Boston, Massachusetts, Harvard Business Review Press, 2012.

[4]　Ibid..

[5]　Ries, E., *The Lean Startup: How Constant Innovation Creates Radically Successful Businesses*, London: Penguin Group, 2011.

不过十几年的时间，但是价值创造的演化发展却给战略管理学领域、营销学领域带来了极大的影响，彻底改变了人们的传统管理思想和营销理念，形成了一系列具有影响力的研究观点并为实践活动的开展提供了重要的借鉴价值。

价值共创理论的演化发展中，有两个重要的里程碑事件：一是Prahalad和Ramaswamy出版了《消费者王朝：与顾客共同创造价值》一书，基于21世纪的经济形态重新审视了传统的以企业为中心的价值创造体系，提出了新的价值创造参照体系，即企业与顾客共同创造价值；[1] 二是Vargo和Lusch发表了《市场营销学演化生成的新的主导逻辑》一文，首次提出了服务主导逻辑的观点，并基于交易的主体单元、产品的角色、顾客的角色、价值的决定因素和意义、企业—顾客互动以及经济增长源泉六个方面比较了产品主导逻辑和服务主导逻辑的差异，指出了在市场营销学演化过程中呈现出的新的主导逻辑，并强调了服务主导逻辑是现时代经济交换的基础。[2]

上述两个研究的开展，突破了战略管理、营销学领域的既有研究理念和思想，形成了价值共创理论的两个重要的研究分支：基于用户体验的价值共创和基于服务主导逻辑的价值共创。[3]

具体而言，在基于用户体验的价值共创的研究中，Prahalad和Ramaswamy指出在过去的管理实践中，传统的经营思考是始于"价值是由企业创造的"的前提假设[4]，在这个假设下，企业会通过选择产品和服务，自行决定其所提供的价值，而用户代表着对企业提供物的需求。这个假设展现了工业系统中的"企业中心论"的观点与实践，然而在21世纪随着对用户体验的关注，价值创造的参照系发生了变化，如图2—1所示。在新的参照系下，提出的新的假设是"企业与用户共同创造价值"，价值创造过程是以个体及其创造体验为中心的，因此，共同创造体验成为价值

---

[1] Prahalad, C. K., Ramaswamy, V., *The Future of Competition*: *Co-creating Unique Value with Customers*, Boston, MA: Harvard Business School Press, 2004.

[2] Vargo, S. L., Lusch, R. F., "Evolving to a New Dominant Logic for Marketing", *Journal of Marketing*, Vol. 68, 2004.

[3] 武文珍、陈启杰：《价值共创理论形成路径探析与未来研究展望》，《外国经济与管理》2012年第34卷第6期。

[4] Prahalad, C. K., Ramaswamy, V., *The Future of Competition*: *Co-creating Unique Value with Customers*, Boston, MA: Harvard Business School Press, 2004.

创造的基础。价值创造的新参考系的提出为经营管理带来了新的启示[①]：一是企业与用户间的互动成为共同创造价值的场所；二是价值创造过程必须适应许多共同创造的体验；三是企业需要关注共同创造体验的质量；四是企业需要建立柔性的体验网络。

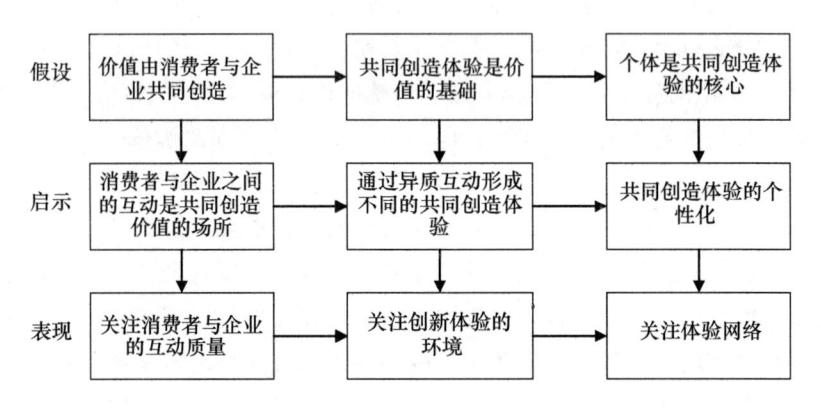

假设	价值由消费者与企业共同创造	共同创造体验是价值的基础	个体是共同创造体验的核心
启示	消费者与企业之间的互动是共同创造价值的场所	通过异质互动形成不同的共同创造体验	共同创造体验的个性化
表现	关注消费者与企业的互动质量	关注创新体验的环境	关注体验网络

图 2—1 价值创造的新参考系

资料来源：Prahalad, C. K., Ramaswamy, V., *The Future of Competition: Co - creating Unique Value with Customers*, Boston, MA: Harvard Business School Press, 2004.

在基于服务主导逻辑的价值共创研究中，学者 Vargo 和 Lusch 的系列研究为服务主导逻辑研究的开展奠定了基础。Vargo 和 Lusch 通过对营销理论发展脉络的梳理，提出了利于经济交换的新的主导逻辑——服务主导逻辑，并比较了服务主导逻辑和产品主导逻辑的异同，提出了八条服务主导逻辑的假设[②]；在此基础上，Vargo 和 Lusch 提出了第九条主导逻辑的假设[③]；而 Vargo 和 Lusch 则通过进一步探索和提炼服务主导逻辑假设，确立了服务主导逻辑的十条假设[④]：假设 1：服务是交换的根本性基础；

[①] Prahalad, C. K., Ramaswamy, V., *The Future of Competition: Co - creating Unique Value with Customers*, Boston, MA: Harvard Business School Press, 2004.

[②] Vargo, S. L., Lusch, R. F., "Evolving to a New Dominant Logic for Marketing", *Journal of Marketing*, Vol. 68, 2004.

[③] Vargo, S. L., Lusch, R. F., "Service - dominant Logic: What its, What it is not, What it might be", In R. F. Lusch, & S. L. Vargo (Eds.), *The Service - dominant Logic of Marketing: Dialog, Debate and Directions*, Armonk, NY: ME Sharpe, 2006.

[④] Vargo, S. L., Lusch, R. F., "Service - dominant Logic: Continuing the Evolution", *Journal of the Academy of Marketing Science*, Vol. 36, 2008.

假设2：间接交换掩饰了交换的根本性基础；假设3：产品是提供服务的分销机制；假设4：工具性资源是竞争优势的根本源泉；假设5：所有经济都是服务经济；假设6：顾客被当作价值的共同创造者；假设7：企业只是提供价值主张，不会传递价值；假设8：服务中心观是顾客和关系导向的；假设9：所有社会和经济主体都是资源整合者；假设10：价值总是由受益人独特地用现象学方法来决定。服务主导逻辑的十条假设对于服务是经济交换基础的观点进行了探索，确立了共同创造发生在企业和用户间，是企业提供产品/服务和用户消费产品/服务活动共同创造价值的过程。后续学者在此基础上对服务主导逻辑的内涵和外延进行了拓展，如Grönroos提出了相对于产品逻辑的服务逻辑概念的十大命题，涉及价值创造、市场提供物、营销等方面的主题[1]；Vargo和Lusch提出了服务生态系统的概念，指出服务生态系统涵盖了具有价值主张，采取互动进行生产提供物、相互提供服务和共同创造价值的时空体系[2]。服务生态系统的提出使得价值共创的参与者更为丰富，涵盖了企业、消费者、企业员工和其他合作伙伴。

综上，不论是基于用户体验的价值共创还是基于服务主导逻辑的价值共创，均强调了用户在价值创造中的作用，主要体现在以下几个方面：一是在价值创造过程中，用户不再仅扮演价值的消耗者，同时也是价值共创者[3]；二是用户在价值共创活动中，通过与企业的互动获得各种不同的体验进而促进了多维用户价值的实现[4]；三是为了促进价值共创的实现，企业方需要提供相应的支持以促进用户融入到价值创造活动中[5]；四是不论是生产领域还是消费领域，价值共创均可以发生而且均对经济交换活动产

---

[1] Grönroos, C., "Service Logic Revisited: Who Create Value? And Who Co - creates?", *Business Review*, Vol. 20, No. 4, 2008.

[2] Vargo, S. L., Lusch, R. F., "From Repeat Patronage to Value Co - creation in Serviece Ecosystems: A Transcending Conceptualization of Relationship", *Journal of Business Marketing Management*, Vol. 4, No. 4, 2010.

[3] Vargo, S. L., Lusch, R. F., "Service - dominant Logic: What its, What it is not, What it might be", In R. F. Lusch, & S. L. Vargo (Eds.), *The Service - dominant Logic of Marketing: Dialog, Debate and Directions*, Armonk, NY: ME Sharpe, 2006.

[4] Auh, S., Bellb, S. J., Mcleodc, D. S., et al., "Co - production and Customer Loyalty in Financial Services", *Journal of Retailing*, Vol. 83, No. 3, 2007.

[5] Grönroos, C., "Conceptualising Value Co - creation: A Journey to the 1970s and Back to the Future", *Journal of Marketing Management*, Vol. 28, No. 13 - 14, 2012.

生影响[1]。

二 用户创新研究

用户创新是企业创新理论中的一个重要研究领域。美国麻省理工学院的 Von Hippel 教授 1976 年发表《在科学仪器创新过程的用户主导角色》一文，首次清晰阐述出"用户作为创新者"的革命性观点，并阐述了针对不同创新项目用户创新的贡献，以此吹响了用户创新研究的号角。[2]

对用户创新的研究，首先应对用户进行界定，Von Hippel 对用户的定义为"希望从产品和服务的使用中获利的公司或个人消费者"[3]。基于此定义和已有研究文献，作为创新者的用户可以分为两类，媒介用户（intermediate user）和消费者用户（consumer user）。前者是指通过从生产商处获得设备或因素以使其进一步生产产品和服务的用户；而后者是消费物品的使用者，是典型的个体终端用户或者终端用户社群[4]。

基于对用户的界定，用户创新，顾名思义，即媒介用户或消费用户作为创新主体开展创新活动的过程。具体而言：一是基于过程视角，Tidd 和 Bessant 指出创新被视为创意转变成现实并从中获取价值的过程[5]，因此，用户创新是媒介用户或消费用户通过行为实施促使创意市场化的过程。二是基于创新的"探索—开发"的阐释，高忠义和王永贵指出用户开展的创新活动既包括通过探索方式提出新设想，也包括通过开发方式对现有状态进行改进[6]。三是基于创新的多维度观点，Francis 和 Bessant 提出用户开展创新活动基于产品（组织提供的产品和服务）、流程（产品和服务的生产和交付方式）、定位（产品和服务进入市场的环境）和范式

---

[1] Grönroos, C., "Service Logic Revisited: Who Create Value? And Who Co - creates?", *Business Review*, Vol. 20, No. 4, 2008.

[2] Von Hippel, E., "The Dominant Role of Users in the Scientific Instrument Innovation Process", *Research Policy*, Vol. 5, No. 3, 1976.

[3] Von Hippel, E., *The Source of Innovation*, Oxford University Press, 1988.

[4] Bogers, M., Afuah, A., Bastian, B., "Users as Innovators: A Review, Critique, and Future Research Directions", *Journal of Management*, Vol. 36, No. 4, 2010.

[5] Tidd, J., Bessant, J., *Managing Innovation*, New York, John Wiley & Sons ltd., 2009.

[6] 高忠义、王永贵：《用户创新及其管理研究现状与展望》，《外国经济与管理》2006 年第 28 期。

(影响组织业务的潜在思维模式）四个方面实施[1]。

梳理用户创新研究的发展脉络，Von Hippel 教授的系列论文和著作推动了用户创新研究的开展。以 Von Hippel 教授的三项重要研究成果的呈现，可以将用户创新研究划分为三个阶段，一是研究萌芽阶段，二是研究发展阶段，三是研究兴盛阶段。

研究的萌芽阶段，Von Hippel 在《在科学仪器创新过程的用户主导角色》一文中运用 111 个创新样本证实了大约 80% 的创新是由仪器的用户发明、原型化和首次测试验证的，并提出了用户而不是生产者是创新主要源泉的论断[2]。这篇论文的发表开启了用户创新的实质性研究，是用户创新研究的奠基之作。随后，陆续有研究证实了"用户作为创新者"的观点，例如，Von Hippel 探讨了在半导体和电子组件过程创新中的用户主导角色问题[3]。在用户创新的萌芽期，研究特点在于：一是研究对象基于媒介用户的探讨，描述用户企业在企业创新中的作用；二是研究较为零散和碎片化，研究未明确提及"用户作为创新者"的论断，仅是简单陈述所观察到的企业现象；三是研究描述了用户企业不仅可以影响微小的改进也可以影响突破性的创新，为后续探讨用户企业的创新活动给予了现象层面的支持[4]。可以说，这个时期的研究是对用户创新研究的现象陈述阶段，研究者仅对现象予以阐述并未涉及具体研究问题的探讨。研究发展阶段，Von Hippel 发表的《创新的源泉》一书开启了用户创新研究的新篇章，促使用户创新研究由萌芽期向发展期迈进[5]。受到《创新的源泉》的启发和推动，研究问题进一步拓展和延伸。问题主要涵盖三个方面的内容：首先，关于创新源问题，例如 Von Hippel 指出了黏性信息的存在是用户创新的重要影响因素[6]，信息黏性程度越高，用户越可能对创新绩效

---

[1] Francis, D., Bessant, J., "Targeting Innovation and Implications for Capability Development", *Technovation*, Vol. 25, No. 3, 2005.

[2] Von Hippel, E., "The Dominant Role of Users in the Scientific Instrument Innovation Process", *Research Policy*, Vol. 5, No. 3, 1976.

[3] Von Hippel, E., "Transferring Process Equipment Innovations from User – innovators to Equipment Manufacturing Firms", *R & D Management*, Vol. 8, No. 1, 1977.

[4] Bogers, M., Afuah, A., Bastian, B., "Users as Innovators: A Review, Critique, and Future Research Directions", *Journal of Management*, Vol. 36, No. 4, 2010.

[5] Von Hippel, E., *The Source of Innovation*, Oxford University Press, 1988.

[6] Von Hippel, E., "Sticky Information and the Locus of Problem Solving: Implications for Innovation", *Management Science*, Vol. 40, No. 4, 1994.

发挥作用[1];Riggs 和 Von Hippel 则基于创新期望收益角度探索了创新源问题,指出当用户期望的创新相关收益越高,其越倾向于实施创新行为[2]。其次,用户价值体现问题,Von Hippel 和 Tyre 探索了生产者如何从用户创新中获得优势以及用户在多大程度上贡献生产者创新的有效性问题,生产者通过帮助用户更好地适应其产品以满足用户需求,以利于其持续地向用户售卖相似产品[3];Lilien 等则探讨了用户在多大程度上贡献生产者创新的有效性问题,理解用户需求在成功创新活动中的重要价值[4]。最后,用户创新实施策略问题,主要包含两种主要的实施策略,一是领先用户方式的实施,二是用户工具箱的设立和运用[5]。在用户创新研究的发展期,研究的广度和深度均得到了提升。广度层面体现在研究问题的日趋多样化,学者们基于对用户创新现象的分析和阐述,循序渐进地提出了多样化的研究问题,并尝试对用户创新开展全景式的探讨;深度层面体现在学者开始采用理论视角对用户创新现象进行剖析,提升了研究结论的可信度。然而,在发展期仍然存在一定的局限:一是研究仍多是对于问题的描述性分析并未提供更深层次的解释性阐释;二是研究视角的单一和匮乏导致无法细致剖析用户创新的相关概念和运行机制;三是致力于研究用户创新的学者数量仍有限,并未形成百家齐放以促进观点碰撞和提升的局面。

研究的兴盛阶段,Chesbrough 针对封闭式创新的弊端提出了开放式创新,推动了用户创新的开展[6];而 Von Hippel《民主化创新》一书的出版则是用户创新研究的又一里程碑式事件,书中指出随着时代的变化和技术的进步用户创新将得到进一步发展,"民主化创新"思维将指导企业运营

---

[1] Ogawa, S., "Does Sticky Information Affect the Locus of Innovation? Evidence From the Japanese Convenience‐store Industry", *Research Policy*, Vol. 26, 1998.

[2] Riggs, W., Von Hippel, E., "Incentives to Innovate and the Sources of Innovation: The Case of Scientific Instruments", *Research Policy*, Vol. 23, 1994.

[3] Von Hippel, E., Tyre, M. J., "How Learning by Doing is Done: Problem Identification in Novel Process Equipment", *Research Policy*, Vol. 24, 1995.

[4] Lilien, G. L., Morrison, P. D., Searls, K., et al., "Performance Assessment of the Lead User Idea‐generation Process for New Product Development", *Management Science*, Vol. 48, 2002.

[5] 刘景江、应飚:《创新源理论与应用:国外相关领域前沿综述》,《自然辩证法通讯》2004 年第 6 期。

[6] Chesbrough, H., *Open Innovation, the New Imperative for Creating and Profiting form Technology*, Harvard Business School Press, 2003.

模式和创新方式的选择和实施[1]。伴随"开放式创新"和"民主化创新"理念的提出以及时代背景、企业运营情境的变化,学者们开始探索数量庞大的消费用户在用户创新中的显著作用,并呈现出一系列的研究成果。[2][3][4][5] 这些研究显示了用户在创新过程中的主导角色以及显示了终端用户如何在他们的社群自由开发、塑造以及分散创新想法。[6] 同时基于消费用户的特点,对消费用户创新源的阐述不仅基于经济学视角阐释的创新租金的探讨,而且还关注于消费用户更深层次的创新原因,是想要成为"用户创业者"还是仅仅是基于情感上的喜悦和享受的行动展现。学者们通过对研究对象的丰富,提炼出更符合情境需求和发展的研究对象,以更好地提炼和探索创新实践活动中展现出的模式和规律,促进研究的深化和拓展。在用户创新的兴盛期,研究特点主要表现在:一是研究对象更为情境化。研究不仅关注于媒介用户在用户创新中的作用也开始探索消费用户的价值。学者们通过对研究对象的丰富,提炼出更符合情境需求的恰当的研究对象,以更好地展现业界实际的创新行为,促进研究的深化和拓展。二是研究主题更为多样。在用户创新的发展期大多数学者均是基于一个关键主题开展研究,即为什么是用户而不是生产者作为创新者?围绕这一关键主题,学者们开展系列研究[7],致力于从不同方面对此问题进行剖析。随着研究的开展,用户创新的关键主题逐渐开始探讨"how"层面的问题,关注用户如何成为创新者?用户创新如何影响创新绩效?用户创新如何展现其独特优势?等主题,对用户创新深层次的问题进行阐释和剖

---

[1] Von Hippel, E., *Democratizing Innovation*, Cambridge MA, MIT Press, 2005.

[2] Franke, N., Shah, S., "How Communities Support Innovative Activities: An Exploration of Assistance and Sharing Among End-users", *Research Policy*, Vol. 32, No. 1, 2003.

[3] Baldwin, C., Hienerth, C., Von Hippel, E., "How User Innovations become Commercial Products: A Theoretical Investigation and Case Study", *Research Policy*, Vol. 35, 2006.

[4] Shah, S. K., Tripsas, M., "The Accidental Entrepreneur: the Emergent and Collective Process of User Entrepreneurship", *Strategic Entrepreneurship Journal*, Vol. 1, 2007.

[5] Chesbrough, H., *Open Innovation, the New Imperative for Creating and Profiting form Technology*, Harvard Business School Press, 2003.

[6] Bogers, M., Afuah, A., Bastian, B., "Users as Innovators: A Review, Critique, and Future Research Directions", *Journal of Management*, Vol. 36, No. 4, 2010.

[7] Von Hippel, E., Katz, R., "Shifting Innovation to Users Via Toolkits", *Management Science*, Vol. 48, No. 7, 2002.

析[1]。三是研究视角更为丰富。研究逐步借鉴和融入不同研究领域的理论研究视角剖析用户创新问题，例如 Mahr 等基于知识管理的视角，阐述了用户共创知识在创新管理中的价值[2]；Lundkvist 和 Yakhlef 基于心理学认知角度，剖析用户创新为用户提供了强烈的认同感和归属感[3]；Von Hippel 从经济学的社会福利效应视角，阐述在创新促进社会福利方面，用户和制造商合作创新效果要由制造商单独创新[4]。四是研究设计更为综合。以往研究学者多采用案例研究和小样本的实证研究范式探讨用户创新问题。然而，随着研究的开展，部分学者开始尝试采用大样本实证研究对用户创新进行分析，可以采用调研方式对用户创新问题进行探讨，也可以采用专利数据等二手数据对用户创新问题进行阐述。

综上，随着用户创新研究的发展脉络演进，越来越多的学者加入到用户创新研究领域，探索用户作为创新者的渊源以及如何实现用户创新问题，形成一系列的研究结论。这些研究结论为用户互动研究的开展提供了一定的启发：一是在创新过程中用户扮演了重要的角色，与传统的企业中心论观点不同，用户在创新过程中的行为实施对于创新结果的实现有重要影响；二是信息黏性、创新期望收益等因素影响了用户创新的实现，从创新的成本—收益视角分析用户为何参与到创新过程中，这里涉及了用户参与的价值诉求问题；三是民主化创新是符合现时代发展的运营思维，是迎合时代发展和经济形态变化的重要创新范式。

第四节 用户互动的概念内涵及发展脉络

一 用户互动的概念内涵

（一）用户互动的概念界定

对于用户互动的概念界定，首先需要明晰用户的定义，其次需要阐明互动的含义。对于用户的定义，聚焦于创新研究领域，Von Hippel 认为用

---

[1] Jensen, M. B., Johnson, B., Lorenz, E., et al., "Forms of Knowledge and Modes of Innovation", *Research Policy*, Vol. 36, 2007.

[2] Mahr, D., Lievens, A., Blazevic, V., "The Value of Customer Cocreated Knowledge During the Innovation Process", *Journal of Product Innovation Management*, Vol. 31, No. 3, 2014.

[3] Lundkvist, A., Yakhlef, A., "Customer Involvement in New Service Development: A Conversational Approach", *Managing Service Quality*, Vol. 14, No. 2, 2004.

[4] Von Hippel, E., *Democratizing Innovation*, Cambridge MA, MIT Press, 2005.

户是"希望从产品和服务的使用中获利的公司或个人消费者"①。基于此定义和已有研究文献,作为创新者的用户可以分为两类,② 媒介用户和消费用户,前者是指通过从生产商处获得设备或因素以使其进一步生产产品和服务的用户;而后者是消费物品的使用者,是典型的个体终端用户或者终端用户社群。③ 上述二者研究的不同点体现在二者的角色定位,作为媒介用户(例如企业)需考虑利润最大化问题,而单纯的消费用户(例如终端消费者)仅需考虑使用最大化问题,这进而影响了用户实施创新的行为表现和关注问题的不同。因此,在开展研究中,需要基于研究情境和研究主题确定研究的用户定位,而不是不加区分、一概而论地探讨用户问题。基于本书旨在探索互联网时代迭代创新过程中的企业—用户互动问题的研究情境和研究主题,本书将用户界定为消费用户,以从终端消费者层面阐述互动活动发生的驱动因素。

对于互动的含义,在《汉语大辞典》中的解释为:互相作用和互相影响。在自然科学中,互动的概念较早出现在物理学研究中,为了阐述能量守恒定律,运用互动的概念解释不同物体或不同系统之间的相互作用和影响;④ 在心理学研究领域,互动被用来阐释不同功能和心理活动的形成机制,指出由于各个因素的相互影响和作用促成了心理特质;在社会学中,互动被界定为在一定的社会情境中,人与人、人与群体、群体与群体等相互影响、相互作用的动态过程;在经济管理学领域,则融合了心理学和社会学的观点,将互动界定为在社会经济现象发生时,企业与其利益相关者在心理、行为上相互影响、相互作用的动态过程。基于研究情境,本书将企业—用户互动界定为在创新活动发生时,不同组织和消费用户在参与心理、行为实施等方面相互影响、共同作用的动态过程。

(二)用户互动的维度和分类

学者基于不同的研究情境和研究问题,从不同的理论视角和分析层面探索了用户互动的分类以及解构了用户互动的维度。在用户互动类型划分层面,学者们基于互动的具体内容的不同、互动目的的差异以及组织运营

---

① Von Hippel, E., *The Source of Innovation*, Oxford University Press, 1988.
② Bogers, M., Afuah, A., Bastian, B., "Users as Innovators: A Review, Critique, and Future Research Directions", *Journal of Management*, Vol. 36, No. 4, 2010.
③ Ibid..
④ 好搜百科(http://baike.haosou.com/doc/6075396-6288473.html)。

范式的区别作为类型划分标准,例如,Payne 等基于促使价值共创活动实现的目的指出了三种用户互动类型,即沟通型互动、使用型互动和服务型互动[①],沟通型互动是指企业为了联系用户,提供促销信息和建立对话关系而实施的互动活动;使用型互动是指用户在使用产品/服务的过程中以及支持活动中开展的互动活动;服务型互动则是用户与提供服务的人员和服务设施开展的互动活动。Vachon 等基于组织的治理类型将用户互动分为两种,即距离式互动和合作式互动[②]。距离式互动是以交易为基础,互动目的在于短期交易行为的实现,联系企业—用户双方关系的契约等关系会不断调整和更新;合作式互动则是基于长期关系建立的目的,此互动方式的互动氛围和互动环境能够激发各自的互动行为实施的能力。Martin 将用户互动划分为任务相关型和非任务相关型互动两类,[③] 前者涉及企业运营发展过程的关键事件,为了促使关键活动的实施企业需要实施相应的行为从用户方获取信息,后者则基于关系层面,互动的结果在短期而言并不会改变企业的运营发展态势,但是会影响企业—用户间的关系建立。Nicholls 则运用关键事件法[④][⑤],从互动内容角度总结了用户互动的类型,由六个类别组成,有时间、空间、言语行为、信息、援助和非客户的活动以及相应的 17 个子类。

在用户互动的维度划分方面,用户互动的维度划分旨在阐释用户互动研究分析的依据,即从哪些层面分析用户互动问题。学者们对于用户互动维度的划分也呈现出多样化的特点,学者们基于不同的理论视角和研究目的对于用户互动的维度予以探讨。例如 Hsu 提出对于用户互动的分析可

[①] Payne, A., Kaj, S., Frow, P., "Managing the Co-creation of Value", *Journal of the Academic Marketing Science*, Vol. 36, 2008.

[②] Vachon, S., Halley, A., Beaulieu, M., "Aligning Competitive Priorities in the Supply Chain: the Role of Interactions with Suppliers", *International Journal of Operations & Production Management*, Vol. 29, No. 4, 2009.

[③] Martin, C. L., "Customer-to-customer Relationships: Satisfaction with other Consumers' public Behavior", *Journal of Consumer Affairs*, Vol. 30, No. 1, 1996.

[④] Nicholls, R., "Customer-to-customer interaction in the world of E-service", *Service Management*, Vol. 3, 2003.

[⑤] Nicholls, R., *Interactions Between Service Customers: Managing on-site Customer-to-customer Interactions for Service Advantage*, Poznan, The Poznan University of Economics Publishing House, 2005.

以从互动界面一致性和信息共享两个维度予以探索;[①] Valk 等认为应从结构维和过程维两个维度剖析,结构维涉及互动的目的、互动主体双方的能力以及互动界面管理等,过程维涉及互动主体双方的情境适应和沟通交流;[②] Hughes 和 Perrons 基于社会资本视角提出可以从关系维度、社会结构维度和标准化维度予以探索,[③] 关系维度涉及权力/依赖关系等,社会结构维度涉及紧密连带、距离式连带等,标准化维度则涉及标准、期望与可接受实践等;Toni 和 Nassibeni 则基于供应链管理视角从设计、物流和质量联结三个方面阐述;[④] 而 IMP 模型的最早提出者 Hakansson 则从更一般的研究情境和更宽泛的研究进程探索用户互动问题,认为用户互动的维度可以划分为互动主体、互动过程、互动氛围和互动环境四个方面。[⑤]

综上,无论是用户互动的类型划分还是用户互动的维度划分,由于理论视角选取的不同、开展研究的研究情境的差异以及研究目的的独特性,划分的结果均呈现出多样性和差异性的发展态势,因此,对于用户互动的研究,需要嵌入到互动过程开展的实际情境,聚焦于具体的研究问题,形成更具情境化的有价值的研究结论。

(三) 用户互动概念模型

回顾现有文献,学者们对于用户互动情况给予了解释,形成了用户互动模型,本书主要回顾了 IMP 总体互动模型以及企业—用户价值共创的互动模型。

1. IMP 总体互动模型

产业营销和购买群体 (Induatiral Marketing and Purchasing Group, IMP) 互动形成总体模型如图 2—2 所示。学者对该模型的解释和拓展从

[①] Hsu, L., "SCM System Effects on Performance for Interaction between Suppliers and Buyers", *Industrial Management & Data Systems*, Vol. 105, No. 7, 2005.

[②] Valk, W. V., Wynstra, F., Axelsson, B., "Effective buyer – supplier Interaction Patterns in Ongoing Service Exchange", *International Journal of Operations & Production Management*, Vol. 29, No. 8, 2009.

[③] Hughes, M., Perrons, R. K., "Shaping and re – shaping Social Capital in Buyer – supplier Relationships", *Journal of Business Research*, Vol. 64, 2011.

[④] Toni, A. D., Nassimbeni, G., "Buyer – supplier Operational Practices, Sourcing Policies and Plant Performances: Results of an Empirical Research", *International Journal of Production Research*, Vol. 37, No. 2, 1999.

[⑤] Hakansson, H., *International Marketing and Purchasing of Industrial Goods: An Interaction Approach*, Wiley, Chi Chester, 1982.

如下三个方面进行,一是从模型形成起源方面进行剖析;二是从互动形成维度方面予以阐释;三是从互动形成内容方面进行探索。

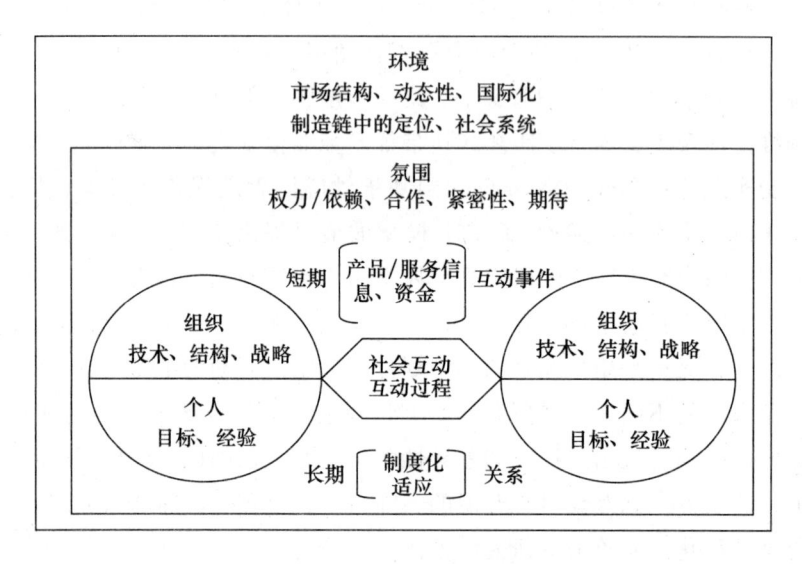

图 2—2 IMP 互动模型

资料来源:Hakansson, H., *International Marketing and Purchasing of Industrial Goods: an Interaction Approach*, Wiley, Chi Chester, 1982.

具体而言,第一,在模型的发展渊源方面,模型最初始于 20 世纪 80 年代,最初涉及的行业为制造型企业,主要通过探索产品、服务、信息、经验交换的过程进而阐述企业—用户间互动的形成和发展。随着模型的演化,形成了 IMP 总体模型并确定了互动是一种协调机制的基本观点,并基于这些观点指出企业—用户互动研究涉及以下几个方面的内容,翔实细致地阐述了企业—用户互动的全过程,个体和群体均可以成为互动的主体,互动活动开展之前确保利于互动活动开展的环境层面的支持和保障,以及在企业间形成较为强烈的用户互动氛围。

第二,将互动的维度细分为结构维和过程维两个子维度,并在这两个维度的基础上深入探索互动的全过程。如图 2—2 所示,结构维包括了互动的目的,互动主体双方的能力以及互动界面管理等,为了形成较好的结构维需要一方面明晰企业—用户双方的互动目的,进而确立双方参与互动的意愿和动机,另一方面培养和提升互动主体双方的能力以及建立较为系统全面的互动界面管理，促进互动活动的高效实施和开展。过程维涉及互动主体双方的情境适应和沟通交流，情境适应在于为了促进互动主体双方互动活动的开展，双方的努力程度、参与意愿以及营造良好的企业—用户关系，沟通交流则是对互动内容的具象化和概念化，进而促进互动目标的实现。[①]

第三，互动内容方面的丰富和发展。如图 2—2 所示，基于短期的目的，互动双方的互动内容为产品/服务、信息、资金、社会交换等方面，而基于长期的目的，互动内容则涉及制度化适应等方面。有学者在此互动内容的基础上，融入了能力视角，例如 Brito 和 Nogueira 基于 IT 企业—用户互动活动探索互动过程的分析视角以及具体分析项目，指出互动主体是 IT 企业和用户，分析视角仍然是分别基于时间层面和内容层面，时间层面探索了短期事件和长期关系，内容层面则除了 IMP 模型中涵盖的互动内容外，添加了 IT 能力，提出在互动过程中通过对互动内容和范式的不同组合能够影响能力的调整和增强。[②]

2. 企业—用户价值共创互动模型

Payne 等拓展了在服务主导逻辑情境下的价值共创的本质，开发了互动模型框架。[③] 如图 2—3 所示，图中最右方介绍了模型中主要涵盖的三个主要内容，一是用户过程，二是企业过程，三是二者之间的互动界面的管理。图中方框中显示了各个过程主要涵盖的具体内容和具体呈现方式，图中双箭头表示企业和用户方实际接触的机会，多个双箭头的存在显示了企业—用户间在互动过程中会存在多种沟通交流的机会；图中的单箭头则分别代表了用户方和企业方的学习循环过程，基于单箭头的指向可以发现三个过程是相互联系、相互影响的，形成了动态循环的发展态势。下文将具体阐述用户过程、企业过程和互动界面管理三个模型中的主要内容的内涵及呈现方式。

---

① Valk, W. V., Wynstra, F., Axelsson, B., "Effective Buyer – supplier Interaction Patterns in Ongoing Service Exchange", *International Journal of Operations & Production Management*, Vol. 29, No. 8, 2009.

② Brito, C., Nogueira, M., "Capabilities Exchange through Business Interaction: An Empirical Investigation of A Client – it Supplier Relationship", *Journal of Purchasing & Supply Management*, Vol. 15, 2009.

③ Payne, A., Kaj, S., Frow, P., "Managing the Co – creation of Value", *Journal of the Academic Marketing Science*, Vol. 36, 2008.

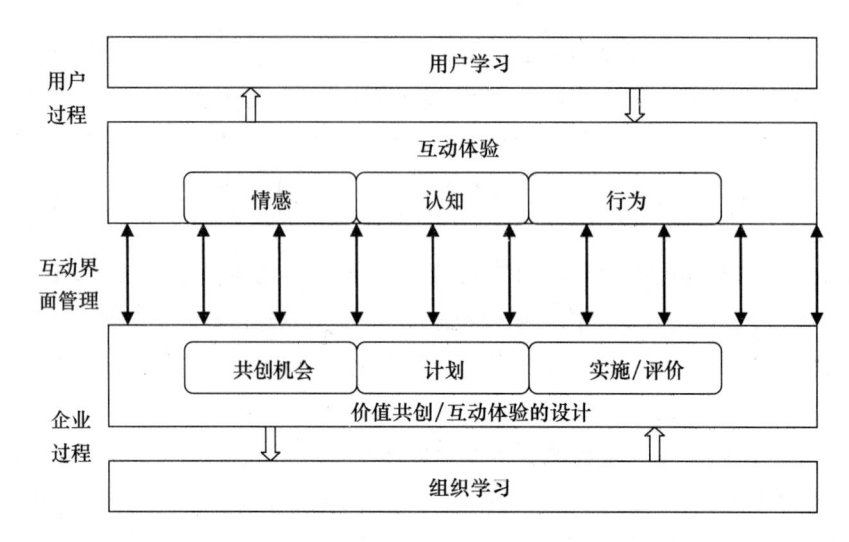

图 2—3　企业—用户价值共创互动模型

资料来源：Payne, A., Kaj, S., Frow, P., "Managing the Co-creation of Value", *Journal of the Academic Marketing Science*, Vol. 36, 2008.

第一，用户过程。用户过程，可以被界定为通过用户去实现特殊目标的一系列的行为表现，对于用户而言，一项重要的创造价值的能力在于他们可以获取和使用的信息、知识、技巧和其他运营资源。[1] 在服务主导逻辑下，用户被看作是主动行为实施者以能够共同开发产品、在与企业关系中呈现个性化以及在企业运营中扮演了不同的角色。用户可以成为购买者、消费者、信息提供者、质量控制者、共创者以及共同生产者，[2] 同时也需要通过学习以适应情境的改变对其需求形成和实现的影响。[3] 如图2—3所示，用户过程涉及两方面的重要内容，一是互动体验，二是用户学习，前者展现在情感、认知和行为上，并可以基于信息处理和顾客体验视角予以阐释；后者则服务于互动体验的实现过程，基于互动体验的不同选取学习方式实现学习效果，而学习效果的实现又会影响用户参与的态度和偏好，进一步影响互动活动的发生。

---

[1] Normann, R., *Reframing Business*, Chi Chester, New Sussex: Wiley, 2001.
[2] Storbacka, K., Lehtinen, J. R., *Customer Relationship Management: Creating Competitive Advantage Through Win-win Relationship Strategies*, Singapore: McGraw-Hill, 2001.
[3] Vargo, S. L., Lusch, R. F., "Evolving to a New Dominant Logic for Marketing", *Journal of Marketing*, Vol. 68, 2004.

第二，企业过程。企业对用户过程的关注以及深层次阐释有利于用户价值创造活动的启动，对于企业方而言，在价值共创活动中的目的在于支持用户体验过程，促使价值共创的实现。如图2—3所示，在这个过程中涉及三个主要方面，共创机会的回顾和识别，与用户一同将共创机会付诸计划、测试和形成原型，应用用户的解决方案和管理用户界面以及开发评价标准用以验证先前解释的准确性和价值性。而图中显示的组织学习和知识管理的循环过程则显示了知识作为竞争优势基础来源的价值，即通过开启用户过程，企业方能够自行设计过程去配置用户进而影响价值共创的实现。

第三，互动界面的管理过程。互动界面的管理过程包含一系列的企业—用户双方的互动和传递。图2—3中，互动界面的管理过程由一系列的双向箭头组成，组成了一系列的多样化的互动活动，在互动界面的管理过程中涵盖了基础部门和跨职能部门的实施活动，例如，营销部门实施营销活动，销售部门开展销售活动，物流运输部门运输货品、元部件，财务部门开具相关发票，用户关系中心处理用户的相关来电等，尽管上述活动看起来是单向传递的，但是实际上双方都融入到了活动中，用户的行为展现影响了互动效果的实现。有些学者指出在某些情境下，企业或者用户更倾向于单向的传递而不是互动，然而，Vargo和Lusch指出即使在某些情境企业不想建立互动关系，也并不是不关注用户的需求，即使是基于社交而不是契约关系的互动，企业仍然需要促进用户参与行为的实施进而确保互动行动的开展。[1]

二　用户互动的发展脉络

（一）用户互动研究的发展

梳理用户互动的相关文献，可以发现在用户互动的研究发展脉络中，随着共同创造理论的提出，研究出现了一个大的转折点（如表2—2）：用户由被动的受众向共同创造者改变。[2] 在传统观念中，用户是企业提供物的被动需求目标。Prahalad和Ramaswamy指出"传统管理观念中，消费者犹如猎物，而营销人员就像是瞪大双眼努力去深入了解猎物

---

[1] Vargo, S. L., Lusch, R. F., "Evolving to a New Dominant Logic for Marketing", *Journal of Marketing*, Vol. 68, 2004.

[2] Prahalad, C. K., Ramaswamy, V., *The Future of Competition: Co-creating Unique Value with Customers*, Boston, MA: Harvard Business School Press, 2004.

的猎人"。① 在传统范式下,用户是处于企业之外,被看作是被动购买者,是企业产品交易和提供供给的目标。② 在此阶段,企业为了更好地了解用户、确定发展趋势、估测用户期望和偏好并评价对手的相对竞争地位以及优劣势,开发出了一系列市场研究工具,例如焦点小组、统计模型和其他技术等。同时,企业也对用户进行了细分,以便能够更有效地确定消费者需要并提供相应的商品和服务,这一时期企业实施互动活动的目的在于接触顾客并实施营销活动。

表2—2 用户互动的演化和改变

	用户作为被动的受众			用户作为共同创造者
	劝说预先决定的消费群体	与用户交易	与用户的终身契约	与用户共同创造独特的价值
时间	1970s—1980s	1980s—1990s	1990s	2000年后
用户管理思想	用户是一般统计量	用户在交易中是个别统计量	用户是人;培养信任和关系	用户不仅必须尊重,也存在于主题社区之中
企业—用户互动	传统市场研究和调查	由卖产品给用户转变为提供服务	通过用户观察,服务于用户	用户是价值的共同创造者
目的和信息流	预设用户群;与用户群的联系;单向沟通	数据库营销;企业与用户个人联系;双向沟通	关系营销;双向接触和沟通	共同形成个人的期望并共同塑造个性化的体验,多方位接触,网络沟通

资料来源:Prahalad, C. K., Ramaswamy, V., *The Future of Competition*: *Co-creating Unique Value with Customers*, Boston, MA: Harvard Business School Press, 2004.

而随着价值共创的提出,用户被看作是共同创造者,在这一时期用户定位和市场观念为,用户是企业增强竞争网络的一部分,企业和用户共同创造并共同提取价值,他们扮演了合作者、共同开发者、竞争者的角色。③④

---

① Prahalad, C. K., Ramaswamy, V., *The Future of Competition*: *Co-creating Unique Value with Customers*, Boston, MA: Harvard Business School Press, 2004.
② Blank, S. G.:《四步创业法》,七印部落译,华中科技大学出版2012年版。
③ Prahalad, C. K., Ramaswamy, V., *The Future of Competition*: *Co-creating Unique Value with Customers*, Boston, MA: Harvard Business School Press, 2004.
④ Prahalad, C. K., Ramaswamy, V., "Co-opting Customer Competence", *Harvard Business Review*, Vol. 78, No. 1, 2000.

在这一时期，用户可以对产业价值体现进行详细的调查和评价，因而，企业不可能再单方面地把产品供应给被动的用户。在整个产业内，积极的用户可以参与到不同的社区中并从中获取充分的信息资源，并且用户可以依据自己的观点和意愿，自由地选择其旨在建立关系的企业，Prahalad 和 Ramaswamy 对此给予了形象的阐述——"猎人开始成为被捕猎的对象"[1]。

对比价值共创理论提出前后，如表 2—2 所示，从用户管理的思想、企业与用户互动方式、企业运营目的以及信息流等方面均呈现出差异性。在 20 世纪 70 年代到 80 年代初，用户购买群是企业提前设定的用户群，企业采用传统市场研究和调查的方式，接触并定位于预定的用户群与用户群建立联系，开展单向沟通；在 20 世纪 80 年代末到 90 年代初，用户无论是在数据库记录中还是单个实体中均被看作是个别统计量，在这个阶段由单纯的售卖产品向为用户提供帮助转变，此时企业与用户的沟通方式变为双向沟通模式；在 20 世纪 90 年代，企业开始关注用户信任的获取和对用户的培养进而通过观察用户、服务用户从而建立持久的企业—用户关系；而到 2000 年之后，用户被看作是合作者和共同创造者，用户存在于主题社区之中，是自然出现的社会和文化架构的一部分，企业与用户间的沟通模式成为网络化模式，为用户提供更好的个体体验进而更好地融入到企业—用户互动活动中。[2] 随着互联网时代的演进，用户逐渐意识到"在这个新时代，他们具有无限的选择，还可以发出自己的声音，他们正相互联结，他们正形成组织，他们逐渐凝聚成了一股强大的力量"。[3] 互联网技术允许更广泛的利益集团去配备特定的产品和服务，在线或者虚拟的用户社区可以促进突破性创新的开展以促进用户在产品开发过程中扮演更多样化的角色。[4][5] 此时用户不仅在创意产生阶段扮演角色，而且还与企业

---

[1] Prahalad, C. K., Ramaswamy, V., *The Future of Competition: Co-creating Unique Value with Customers*, Boston, MA: Harvard Business School Press, 2004.

[2] Payne, A., Kaj, S., Frow, P., "Managing the Co-creation of Value", *Journal of the Academic Marketing Science*, Vol. 36, 2008.

[3] 戴夫·格雷、托马斯·范德尔·沃尔：《互联网思维的企业》，张玳译，人民邮电出版社 2014 年版。

[4] Nambisan, S., "Designing Virtual Customer Environments for New Product Development: Toward a Theory", *Academy of Management Review*, Vol. 27, No. 3, 2002.

[5] Prahalad, C. K., Ramaswamy, V., "Co-opting Customer Competence", *Harvard Business Review*, Vol. 78, No. 1, 2000.

一同实施终端产品测试以及提供终端用户支持,Sawhney 和 Prandelli 指出新技术促使企业从拓展用户知识的视角向与用户共创视角的转变,用户角色的改变促进其更好地融入情境中,促进企业运营和创新进程的开展。[1]

(二) 用户互动的研究主题

梳理现有研究文献,用户互动的研究主题主要分为两个方面:一是对于用户互动的驱动因素的探讨,二是对于用户互动的效应因素的阐述。驱动因素主要从三个层面剖析:一是基于经济学视角从成本—收益层面剖析用户互动开展的驱动因素;二是基于战略管理视角从资源能力层面探索用户互动的影响因素;三是基于心理学视角从心理价值层面探究互动活动的驱动因素。效应因素则主要探讨用户互动对于创新过程和绩效两个方面的影响。

1. 用户互动的驱动因素的分析

首先,企业—用户互动活动是一种耗费时间、财力、物力、人力的活动,互动的开展会形成一系列的时间和财务成本。[2] 从成本—收益层面分析,只有互动活动带来的收益能够超过其所引发的成本时才能够为互动主体所认可并采取相应行动达成互动结果。[3] 对于企业而言,一方面由于建立互动渠道、确立互动方式、甄选互动群体等活动会形成相应的财务成本和时间成本,另一方面用户作为企业资源的决定者,挖掘用户需求是获取和激活资源价值的重要途径,[4] 因此,企业在实施互动活动之前需要衡量和比对互动带来的成本和形成的收益的差异,进而明晰其互动决策执行和行动实施的相关活动。对于用户而言,一方面参与到互动活动中会形成时间成本,参与互动活动会占用其参与其他活动的时间;另一方面用户通过向企业传达其需求信息,可以从企业提供的相关产品/服务中获取使用价值,因此,用户会通过衡量其面临的成本—收益的差异以确定其是否实施

---

[1] Sawhney, M., Prandelli, E., "Communities of Creation: Managing Distributed Innovation in Turbulent Markets", *California Management Review*, Vol. 42, No. 4, 2000.

[2] Kumar, V., Aksoy, L., Donkers, B., et al., "Undervalued or Overvalued Customers: Capturing total Customer Engagement Value", *Journal of Service Research*, Vol. 13, No. 3, 2010.

[3] Furr, N., Ahlstorm, P., *Nail it then Scale it*, Nisi Publishing, LLC, 2011.

[4] Srivastava, R. K., Fahey, L., Christensen, H. K., "The Resource - based View and Marketing: the Role of Market - based Assets in Gaining Competitive Advantage", *Journal of Management*, Vol. 27, No. 6, 2001.

相应行为参与到互动活动中。[1] 因此，基于经济学视角，企业和用户实施互动活动的原因在于其预设参与互动活动获取的收益要大于其成本支出。

其次，互动过程可以看作是互动主体双方交换信息、共享知识的过程，企业—用户双方从对方处获取信息资源以弥补其自身资源的不足是其参与互动过程的重要影响因素。[2] 异质性资源是企业获取竞争优势的重要源泉，[3] 在现时代财务资源、物质资源均不再扮演企业的异质性资源，唯有企业与利益相关者形成的独特的关系资源可以促使企业保持成长的发展态势，而在利益相关者的关系网络中，尤以与用户建立的关系资源的异质性最高，企业获取的具有独特性的用户信息资源促使其形成其他企业无法模仿和复制的核心能力。同时，在许多情境下，尤其对于市场中具有新颖性和创造性的产品而言，用户自身也无法明确表达其需求信息，这致使依赖于用户对自身需求明确理解和表达的标准市场调研活动无法实现其调研目的，而且对于用户的潜在需要仅靠一次性的调研活动也无法真正掌握，[4] 因此需要企业方和用户方基于不同的互动目的和互动内容实施多次的互动活动，在不断碰撞和调整的过程中涌现出层出不穷的信息和知识资源，促进企业运营活动和创新进程的开展。

最后，学者从微观心理层面探究企业—用户互动活动开展的驱动因素。用户互动微观心理层面的探究基于个体的内在心理特质，是其行为实施的动力来源，是促进创造性活动实现的重要的内部驱动因素。文献中涉及的内在心理特质包含以下四个方面：一是自我价值和社会认同，若用户参与到具有挑战性的活动时，例如提供问题的解决方案，会提升其参与的积极性和主动性，进而在完成任务时获取自我实现感和社会认同感；[5] 二是感知控制，感知控制是指用户在其参与的互动过程中所能

---

[1] Gassenheimer, J. B., Houston, F. S., Davis, J. C., "The Role of Economic Value, Social Value, and Perceptions of Fairness in Interorganizational Relationship Retention Decisions", *Journal of the Academy of Marketing Science*, Vol. 26, No. 4, 1998.

[2] Bartl, M., Füller, J., Mühlbacher, H., Ernst, H., "A Manager's Perspective on Virtual Customer Integration for New Product Development", *Journal of Product Innovation Management*, Vol. 29, No. 6, 2012.

[3] Barney, J. B., "Firm Resource and Sustained Competitive Advantage", *Journal of Management*, Vol. 17, No. 1, 1991.

[4] Chang, W., Park, J. E., Chaiy, S., "How Does CRM Technology Transform into Organizational Performance? A Mediating Role of Marketing Capability", *Journal of Business Research*, Vol. 63, No. 8, 2010.

[5] Rodie, A. R., Kleine, S. S., *Customer Participation in Services Production and Delivery*, Handbook of Services Marketing and Management, Sage Publications Thousand Oaks, CA, 2000.

控制的程度,[1] 在用户向企业人员所传达的行为性和情绪性反应中感知控制起到了重要作用;[2] 三是享乐体验、贡献的乐趣,用户在互动过程中获得的体验直接影响了高程度的体验利益的获取,促使用户获得愉悦感和贡献乐趣;[3] 四是关系信任度,Fukuyama 指出互动双方的关系信任度越高,则促使双方参与互动的意愿越高;[4] 同时 Akbar 等也指出了信任在互动过程中资源整合、价值共创的价值和意义。[5]

2. 用户互动的效应因素

对于用户互动价值体现问题,现有研究存在着争论,一派学者认为用户是企业运营实践的创新者,需要倾听用户的需求[6];另一派则认为过度依赖用户会造成适得其反的效果[7]。Bartl 等系统梳理了用户互动的优势和劣势,他们指出用户互动有利于降低营销风险、识别未来需求、优化多元创意、获取新的顾客、增强用户忠诚、降低决策偏见以及获取更有效的用户知识,同时用户互动也会造成用户知识不匹配、目标群体导向不均衡、知识产权争议、内部运营动荡、缺乏安全性以及渐进性创新等问题。[8] Lau 等也指出用户互动一方面可以促进用户提供需求信息产生新观点以及共同创造价值,另一方面如果仅关注用户的想法并基于此作为运营决策的依据则会由于用户观点的局限影响产品创新的开展。[9]

---

[1] Dabholkar, P. A., "How to Improve Perceived Service Quality by Increasing Customer Participation", *Developments in Marketing Science*, B. J. Dunlap. (Eds.), Cullowhee, NC: Academy of Marketing Science, Vol. 13, 1990.

[2] 范秀成、杜琰琰:《顾客参与是一把"双刃剑"——顾客参与影响价值创造的研究述评》,《管理评论》2012 年第 24 期第 12 卷。

[3] Frey, K., Lüthje, C., Haag, S., "Whom Should Firms Attract to Open Innovation Platforms? The Role of Knowledge Diversity and Motivation", *Long Range Planning*, Vol. 44, 2011.

[4] Fukuyama, F., "Social Capital, Civil Society, and Development", *Third World Quarterly*, Vol. 22, No. 1, 2001.

[5] Akbar, Z., Bill, M., Vincenzo, P., "Does Trust Matter? Exploring the Effects of Interorganizational and Interpersonal Trust on Performanc", *Organization Science*, Vol. 9, No. 2, 1998.

[6] Von Hippel, E., *Democratizing Innovation*, Cambridge MA, MIT Press, 2005.

[7] Christensen, C., *The Innovator's Dilemma: When New Technologies Cause Great Firms to Fail*, Boston, MA, Harvard Business School Press, 1997.

[8] Bartl, M., Füller, J., Mühlbacher, H., Ernst, H., "A Manager's Perspective on Virtual Customer Integration for New Product Development", *Journal of Product Innovation Management*, Vol. 29, No. 6, 2012.

[9] Lau, A. K. W., Tang, E., Yam, R. C. M., "Effects of Supplier and Customer Integration on Product Innovation and Performance: Empirical Evidence in Hong Kong Manufacturers", *Journal of Product Innovation Management*, Vol. 27, 2010.

回顾现有文献，多数学者对用户互动持支持态度，认为用户互动会影响企业绩效的提升以及创新进程的开展。前者主要探究了企业通过用户互动活动的开展和执行进而影响了其运营绩效的实现，后者则主要探究了用户互动活动的实施对于创新进程开展的作用表现。

用户互动与绩效的关系主要体现在两个方面：一是企业通过用户互动活动促进了收益—成本率、投资回报率、收益率等财务绩效的实现；二是企业通过用户互动活动促进了有效性、效率、生产率等非财务绩效的实现。

具体而言，首先，用户互动活动促进了企业获取其开展企业运营活动所需的资源，企业通过融入该资源利于其手头零散资源的整合和利用，有利于企业通过较少的资源获得意想不到的收益，[1] 进而影响其收益—成本率和收益率的提升。从企业—用户的参与动机来看，企业和用户参与到互动过程的原因在于其预设的收益高于其成本，因此在互动过程中，企业会基于实际的互动过程发生情况不断地调整和修正其企业运营发展态势，指引企业向更利于绩效实现的方向发展和运营，进而促进低成本实现企业运营活动的目的。[2] 此外，在企业—用户互动的过程中会不断碰撞出新的观点、形成新的创意，进而会拓展和延伸现有的运营发展路径，形成出人意料的发展机会，促进财务绩效的实现。

其次，用户互动影响了企业非财务绩效的实现，互动主体双方通过互动活动进行信息和知识的传递和交换，有利于改善现有的产品质量，有利于企业降低产品的缺陷率和淘汰率，[3] 进而提升企业的生产效率。同时，企业通过用户互动活动，利于其及时调整和修正运营策略和范式，提升其产品形成的速度和传递的准时性，[4] 进而促进企业获取较好的运营绩效。

---

[1] Schlesinger, L. A., Kiefe, R. C. F., Brown, P. B., *Just Start*, Boston, Massachusetts, Harvard Business Review Press, 2012.

[2] Ries, E., *The Lean Startup: How Constant Innovation Creates Radically Successful Businesses*, London: Penguin Group, 2011.

[3] Carter, J. R., Ellram, L. M., "The Impact of Inter-organizational Alliances in Improving Supplier quality", *International Journal of Physical Distribution &Logistics Management*, Vol. 24, No. 5, 1994.

[4] Salvador, F., Forza, C., Rungtusanatham, M., et al., "Supply Chain Interactions and Time-related Performances: An Operations Management Perspective", *International Journal of Operations & Production Management*, Vol. 21, No. 4, 2001.

此外，企业通过将其未能解决的问题"外包"给用户，在获得问题解决方案的同时也促使企业更聚焦于对用户真实需求的探索，促使企业关注利于其价值创造的活动，尽力挖掘这些活动的潜在有效性，[1] 促使企业运营效率提升的同时增强企业的有效性。

用户互动与创新进程的关系的探索则涉及如下三个方面，一是用户互动有利于降低企业创新进程中面临的风险和不确定性问题；二是用户互动有利于融入内外部创新资源实现创新效果；三是用户互动有利于知识的创造和分享。

具体而言，首先，在企业运营和创新进程中会面临不确定性问题，[2] 而创新实践活动的开展在一定程度上可以界定为不确定性持续下降的过程，即"创新漏斗"，表现出逐渐收缩和聚焦的发展趋势。[3] Martin 指出企业在与用户互动的过程中通过观察用户以及与用户沟通交流会在一定程度上降低用户面临的不确定性问题。[4] 原因在于，一方面通过用户互动，企业获得了其所需的信息和知识资源，致使其更为明晰用户的需求诉求和用户问题的解决方案，进而降低了其所面临的需求不确定性和技术不确定性问题，另一方面，在与用户互动的过程中甄选和识别出新涌现出的问题，并基于此问题及时调整企业创新进程的相关活动，降低市场的不确定性。

其次，创新的过程是一个具有复杂性和多样性的动态演化过程，创新的来源既有可能是来自企业内部的正式的、系统化的创新演化过程，也可能是来自于企业外部的相关创新源，各种创新源的互动共同影响创新进程的开展和实施，[5] 即创新活动的成功实现是源于创新分布网络的确立和多种渠道的利用。而在企业的创新分布网络中，用户是企业最为重要的创新思想的来源，[6] 随着企业对用户价值的重视，企业在整个创新过程的发展

---

[1] Jiang, B., "Outsourcing Effects on Firms' Operational Performance", *International Journal of Operations & Production Management*, Vol. 26, No. 12, 2006.

[2] Thomke, S. H., *Experiment Matter*, Boston, Massachusetts, Harvard Business School Press, 2003.

[3] Tidd, J., Bessant, J., *Managing Innovation*, New York, John Wiley & Sons ltd., 2009.

[4] Martin, C. L., "Customer – to – customer Relationships: Satisfaction with Other Consumers' Public Behavior", *Journal of Consumer Affairs*, Vol. 31, No. 1, 1996.

[5] Sundbo, J., "Management of Innovation in Services", *The Service Industries Journal*, Vol. 17, No. 3, 1997.

[6] Jiang, B., "Outsourcing Effects on Firms' Operational Performance", *International Journal of Operations & Production Management*, Vol. 26, No. 12, 2006.

演化进程中均关注了用户的价值体现，促成用户全流程参与的实现。企业通过融合企业和用户双方的资源不仅促成了对现有问题的改进和修正，而且还在一定程度上促进了对新问题的探索和挖掘，促使更具新颖性和创造性产品的形成。此外，通过互动活动的发生，互动双方在资源获取和整合的同时，各自的创新能力也有所提升，进而促进了互动活动的实现。[①]

第三，在对用户互动过程的探索中，许多学者基于知识管理的视角将互动过程看作是知识传递的过程，探究了用户互动对于知识传递和知识共享的作用体现。Szulanski 指出知识传递的过程包含了启动、执行、调整和整合四个阶段[②]，基于此，用户互动的过程既包含了从用户方通过"启动—执行—调整—整合"的路径将知识传递给企业方，也包含了企业方通过知识传递的路径将知识传递给用户，即企业和用户间的知识流动并不是单向而是双向的过程，在互动的过程中获得了知识，提升了自身的水平。[③] Strambach 则将知识管理划分为知识获取、知识整合、知识扩散三个阶段，将互动过程界定为一个相互交互的、互惠互利的、持续循环的过程。[④] 企业和用户双方通过互动过程有利于提升其补充性知识，有助于在性能和成本间获得平衡，有利于增强对用户行为实施的理解，有利于增加同一顾客群体在与其他企业群体互动过程中话语权的提升，进而增加用户提出问题解决方案的被接受程度。

第五节 现有研究述评及其对本书的启示

如前所述，迭代创新作为互联网时代新兴的研究主题，在创新实践活动中获得了关注并得到推崇，然而现在仍处于研究的早期发展阶段，研究仍多是基于概念层面的探讨和实践活动的提炼，仍侧重于阐述迭代创新对于互联网时代企业运营实践的价值的探讨，较少研究从理论层面

---

① Muller, E., Zenker, A., "Business Services as Actors of Knowledge Transformation: the Role of KIBS in Regional and National Innovation Systems", *Research Policy*, Vol. 30, 2001.

② Szulanski, G., "Exploring Internal Stickness: Impediments to the Transfer of Best Practice Within the firm", *Strategic Management Journal*, Vol. 17, 1996.

③ Ibid..

④ Strambach, S., "Knowledge – intensive Business Services (KIBS) as Drivers of Multilevel Knowledge Dynamics", *International Journal of Services Technology and Management*, Vol. 10, No. (2/3/4), 2008.

剖析迭代创新的内在机理问题,这为本研究的开展提供了研究契机和探索的空间。

通过文献回顾和梳理,明晰了迭代创新的发展渊源和概念内涵,迭代创新作为互联网时代的新兴研究主题,绝不是"无源之水、无本之木",它与已有的创新研究成果既一脉相承又展现出网络化时代的独特性,有学者称其为有助于拓展和延伸 Rothwell 创新五代模型[1]的互联网时代的"第六代模型"[2];并通过对创新实践活动的分析,阐述了迭代创新的概念内涵[3],提炼出迭代创新呈现出的开放互动性、动态循环性、持续迅捷性等特征,形成了对迭代创新现象的初步认识。同时聚焦于新产品开发阶段的迭代创新问题,探究在新产品开发过程中的迭代创新呈现出的独特性。在新产品开发研究领域,现有研究探索了创意市场化的两种演化观点,线性演化和循环演化观点,并指出循环演化更符合不确定环境的情境特征[4],动态、无序是企业在不确定环境下的运营常态[5],该观点对于迭代创新的研究奠定了基础,阐明了创新的真实过程并不是简单的线性发展轨迹,而是更具动态、复杂、情境化的非线性化特征[6]。为了促进新产品开发过程中的迭代创新实践活动的实施,须提炼和总结迎合时代发展需求的迭代创新实践活动的实施战略和发展策略。尽管现有研究已经呈现出些许研究成果,但仍未能摆脱理论匮乏、概念不统一的研究窘境,现有研究仍呈现出理论落后于实践活动的境况。为弥补这一现状,有学者开始尝试从理论层

---

[1] Rothwell, R., "Successful Industrial Innovation: Critical Success Factors for the 1990s", *R & D Management*, Vol. 22, No. 3, 1992.

[2] 董洁林、陈娟:《无缝开放式创新:基于小米案例探讨互联网生态中的产品创新模式》,《科研管理》2014 年第 35 卷第 12 期。

[3] Fitzgerald, E., Wankerl, A., Schramm, C., *Inside Real Innovation: How the Right Approach can Move Ideas from R & D to Market and Get the Economy Moving*, Hackensack (NJ): World Scientific Publishing, 2011.

[4] Adams, R., *Perceptions of Innovations: Exploring and Developing Innovation Classifcation*, Cranfield, UK: Cranfield University, 2003.

[5] Bonner, J. M., Ruekert, R. W., Walker, O. C., "Upper Management Control of New Product Development Projects and Project Performance", *Journal of Product Innovation Management*, Vol. 19, No. 3, 2002.

[6] Fitzgerald, E., Wankerl, A., Schramm, C., *Inside Real Innovation: How the Right Approach can Move Ideas from R & D to Market and Get the Economy Moving*, Hackensack (NJ): World Scientific Publishing, 2011.

面剖析迭代创新问题[1][2][3]，但迭代创新现象背后的机制问题仍不清晰，仍未展现出互联网时代迭代创新的独特价值，因此尝试采用恰当的研究视角深入探索迭代创新问题是现阶段研究者所应关注的研究主题。

基于上述研究事实，通过文献的梳理和回顾，本书选用了企业—用户互动视角以探索迭代创新问题，通过探索迭代创新过程中的企业—用户互动的形成和演化机制展现迭代创新的真实发展过程。选取企业—用户互动视角的原因在于：一是基于迭代创新的实践活动，互联网时代的最大特点在于对于用户的极大程度的关注，"得用户者得天下"、"无交互不产品"等成为了互联网时代企业运营实践的关键，用户思维成为了互联网思维的核心思维。[4] 二是随着价值共创理论和用户创新研究的开展，用户互动成为探究企业运营逻辑和创新思维的关键研究视角，对于企业—用户互动的探索和挖掘有助于剖析企业面临的真实发展情境，探索现象背后的运营机理问题。三是尽管文献中探索了用户互动的价值和意义，然而研究中仍存在争论，研究观点仍存在不一致的问题[5][6]，嵌入到新情境下探索互联网时代迭代创新过程中的企业—用户互动问题，有助于用户互动研究的拓展和延伸。综上，基于迭代创新这一互联网时代的新兴研究主题，本书旨在从企业—用户互动视角解构这一独特现象，通过探索迭代创新过程中的企业—用户互动的形成和演化机制问题，在推动迭代创新现象理论化的同时，促进创新研究和用户互动研究领域的演化发展。

---

[1] 罗仲伟、任国良、焦豪、蔡宏波等：《动态能力、技术范式转变与创新战略——基于腾讯微信"整合"与"迭代"微创新的纵向案例分析》，《管理世界》2014年第8期。

[2] 赵付春：《企业微创新特性和能力提升策略研究》，《科学学研究》2012年第30卷第10期。

[3] 董洁林、陈娟：《无缝开放式创新：基于小米案例探讨互联网生态中的产品创新模式》，《科研管理》2014年第35卷第12期。

[4] 戴夫·格雷、托马斯·范德尔·沃尔：《互联网思维的企业》，张玳译，人民邮电出版社2014年版。

[5] Von Hippel, E., *Democratizing Innovation*, Cambridge MA, MIT Press, 2005.

[6] Chesbrough, H., *Open Innovation, the New Imperative for Creating and Profiting form Technology*, Harvard Business School Press, 2003.

第三章

研究框架与研究设计

本章主要阐述了本书的研究框架和研究设计。首先，基于研究情境和研究主题，本章界定了创新过程、迭代创新、企业—用户互动等本研究的核心概念，在此基础上，提出了本书的研究框架，阐明了本书将以具有逻辑关系的三个子研究逐步深入地剖析研究问题；其次，本章阐明了研究方法的选择依据以及案例研究方案，并着重介绍了数据获取和数据分析过程以及探讨了确保研究质量的研究信效度问题。

第一节 研究框架

一 核心概念界定

（一）创新过程

Tidd 和 Bessant 将创新界定为将创意转变为现实并从中获取价值的过程[1]；Fitzgerald 等认为真实的创新过程是以高度且持续迭代的方式实现企业创意嵌入市场目的的过程[2]。Mariona 等则认为创新过程可以从发现、开发和商业化三个独特的子过程予以阐释。[3] Shepherd 和 Ahmed 认为创新过程可以细分为八个阶段，即创意产生、创意甄选、概念测试、商业分

---

[1] Tidd, J., Bessant, J., *Managing Innovation*, New York: John Wiley & Sons ltd, 2009.

[2] Fitzgerald, E., Wankerl, A., Schramm, C., *Inside Real Innovation: How the Right Approach Can Move Ideas from R & D to Market and Get the Economy Moving*, Hackensack (NJ): World Scientific Publishing, 2011.

[3] Mariona, T. J., Eddleston, K. A., Friar, J. H., et al., "The Evolution of Interorganizational Relationships in Emerging Ventures: An Ethnographic Study within the New Product Development Process", *Journal of Business Venturing*, Vol. 30, 2015.

析、产品研发、测试营销、商业化以及监测与评价。[①] Nambisan 将创新过程划分为产品构思、设计和开发、产品测试和支持以及产品采纳四个阶段。[②] 本书借鉴上述学者的观点,从两个层面界定创新的含义,一是创新是一个动态发展的过程,应从动态视角深入剖析创新的内涵;二是创新进程的不同演化阶段会展现出不同的特征和发展规律,为了深入探究创新的内部演化机理,本书将创新过程划分为若干子阶段予以阐述。由于创新过程是创意市场化的过程,而企业实现创意市场化主要涉及创意产品化和产品市场化两个方面,故本书将创新过程划分为创意产品化和产品市场化两个阶段,前者涵盖了从初始创意形成和验证到原型产品的设计和实现的全过程,后者涵盖了从原型的测试完善到产品营销推广的全过程。

(二)迭代创新

对于迭代创新的理解,从字面上看,是迭代式的创新方式,即采用循环迭代的方式实现创意市场化目的的过程。与这字面概念相对应的是线性创新方式,即创新按照"发现—发明—开发—产品—市场—利润"的线性方式开发创新进程。[③] 通过比对这两种方式,Fitzgerald 等指出实践活动中真正的创新过程应该是高度且持续迭代的过程,是产品、市场和应用相互均衡的过程。[④] 同时,基于迭代创新现象形成的背景,为了应对互联网时代对创新进程发展的要求,迭代创新汲取了快速创新和用户创新的相关观点,并加以修正和调整,进而形成更符合互联网时代对企业创新进程开展的要求。此外,较之以往创新方式,迭代创新展现出独特性,具有开放互动性、动态循环性、迅捷持续性等特点。因此,对迭代创新内涵进行分析,可以发现:一是它是异于线性方式的信息创新范式,是符合时代发展背景和企业运营情境的具有价值性和创新性的创新模式;二是它融合了用户创新、快速创新的相关论断,是对以往研究观点的深化和延伸,它不仅提出用户价值的实现是企业价值共创的关键,而且指出"小"而"快"

[①] Shepherd, C., Ahmed, P. K., "From Product Innovation to Solutions Innovation: A New Paradigm for Competitive Advantage", *European Journal of Innovation Management*, Vol. 3, No. 2, 2000.

[②] Nambisan, S., "Designing Virtual Customer Environments for New Product Development: Toward a Theory", *Academy of Management Review*, Vol. 27, No. 3, 2002.

[③] Fitzgerald, E., Wankerl, A., Schramm, C., *Inside Real Innovation: How the Right Approach Can Move Ideas from R & D to Market and Get the Economy Moving*, Hackensack (NJ): World Scientific Publishing, 2011.

[④] Ibid..

的创新演化模式更利于现时代企业实现创新绩效。综上，本书对迭代创新的内涵界定如下：组织为了适应互联网时代的经济形态改变，以迅捷行动的方式获取用户的真实需求并基于信息反馈持续调整和修正实施的创新活动，进而实现快速、低成本创意市场化目的的动态、循环的创造性过程。

（三）企业—用户互动

对于企业—用户互动概念的界定，首先应明确两大互动主体——企业和用户的概念。对于企业的界定，本书借鉴 Ries 的观点，将企业的含义界定为"由人组成的机构，在极端不确定情境下，开发新产品或新服务"，这里的企业并未限制企业规模、所处行业及经济性质，仅关注于生成演化的特点。[1] 对于用户的界定，本文借鉴 Von Hippel 的观点，将用户定义为"希望从产品和服务的使用中获利的公司或个人消费者"[2]；同时基于研究情境，以及 Bogers 等的观点，本书主要关注于消费用户，即典型的个体终端用户或者终端用户社群[3]。互动，在《汉语大辞典》中的解释为：相互作用和相互影响。[4] 在心理学领域，互动是各个功能系统的功能和心理活动的产生机制，即心理特征是各个因素相互作用产生的结果；在社会学领域，互动被界定为在一定的社会情境中，人与人、人与群体、群体与群体等相互影响、相互作用的动态过程；而在经济管理学领域，研究融合了心理学和社会学的观点，将互动界定为在社会经济现象发生时，企业与其利益相关者在心理、行为上相互影响、相互作用的动态过程。基于上述阐述，本书将企业—用户互动界定为在创新活动发生时，不同组织和消费用户在参与心理、行为实施等方面相互影响、共同作用的动态过程。

二 研究框架的提出

对于质性研究的开展，Mintzberg 指出，研究者在开展实地调研之前

---

[1] Ries, E., *The Lean Startup: How Constant Innovation Creates Radically Successful Businesses*, London: Penguin Group, 2011.

[2] Von Hippel, E., *The Source of Innovation*, Oxford University Press, 1988.

[3] Bogers, M., Afuah, A., Bastian, B., "Users as Innovators: A Review, Critique, and Future Research Directions", *Journal of Management*, Vol. 36, No. 4, 2010.

[4] 好搜百科（http://baike.haosou.com/doc/6075396 - 6288473.html）。

需要具有明确的研究问题[①]，以利于发现调研过程中更为有趣、更具价值的问题，有助于研究者获取更为丰富的研究资料，同时避免了研究者陷入庞大数据中无法获取有效信息的问题。本书旨在探索迭代创新过程中的企业—用户互动问题，即从企业—用户互动的视角解构迭代创新现象。为了探索这一研究问题，本书设计三个子研究，分别探索迭代创新过程中的企业—用户互动特征、驱动因素以及作用机制问题，如图3—1所示。

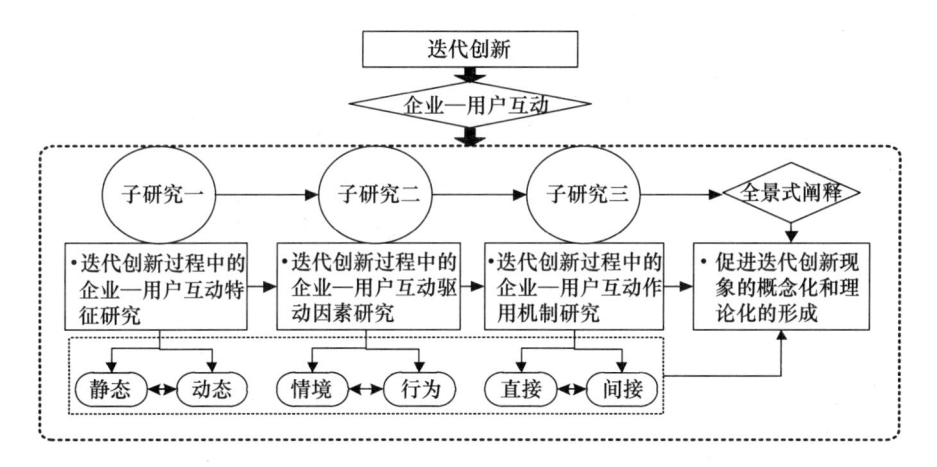

图3—1 本研究的研究框架

资料来源：笔者整理。

如图3—1所示，三个子研究之间表现出一定的逻辑关系，子研究一探索了迭代创新过程中的企业—用户互动特征，研究阐述了迭代创新进程中企业—用户互动情况，证实了企业—用户互动在迭代创新过程中的价值，同时基于迭代创新的情境，剖析了企业—用户互动呈现出的独特性；在证实了企业—用户互动在迭代创新过程中的价值以及探索了企业—用户互动的独特特征后，将研究聚焦到如何促进企业—用户互动价值的实现以及企业—用户互动价值实现机制问题，即子研究二和子研究三的主要研究内容，子研究二旨在探索迭代创新过程中的企业—用户互动驱动因素问题，子研究三则探索了迭代创新过程中的企业—用户互动的作用机制问

[①] Mintzberg, H., "An Emerging Strategy of 'Direct' Research", *Administrative Science Quarterly*, Vol. 24, 1979.

题。通过三个子研究的探索，对于迭代创新过程中的企业—用户互动问题形成了全景式阐释，促进迭代创新现象的概念化和理论化的形成。

第二节 研究设计

一 总体研究设计

(一) 研究方法的选择

Yin 指出学者在决定采用何种研究方法之前需要考虑三个前提条件，一是该研究所要回答的问题的类型是什么；二是研究者对研究对象即事件的控制程度如何，三是研究的中心是当前发生的事情，还是过去发生的事情。[①] 第一个前提条件可以用"5W"表示，即"什么人"、"什么事"、"在哪里"、"怎么样"、"为什么"；第二个前提条件则区分研究者对研究对象的控制程度的高低，即分析研究过程中是否需要对过程进行控制；第三个前提条件则区分事件发生时期，即阐述研究焦点是否集中在当前问题上。[②] 在此基础上，Yin 选取了五种研究开展过程中主要涉及的研究方法，实验法、调查法、档案分析法、历史分析法以及案例研究方法，探究哪种研究方法在哪些前提条件下更为适用。[③]

五种研究方法存在相应的适应条件，在研究问题类型方面，若研究问题涉及"什么人"、"什么事"、"在哪里"、"有多少"等相关问题时，最佳的选择是采用调查法和档案分析法，进而解决相应问题。若研究问题涉及"怎么样"和"为什么"的问题，则需要进一步在实验法、历史分析法和案例研究法三种方法中甄选：当研究者可以直接地、精确地、系统地控制事件过程时，才可以采用实验的方法；当研究者无法控制、无法实际接触研究对象时，历史分析法是最适合的研究方法；而当研究发生在当代，但无法对事件的相关因素进行控制时则采用案例研究方法，案例研究方法与历史分析法有相似的地方，但是案例研究方法可以便于研究者直接观察事件的发生过程以及可以对事件的参与者实施深度访谈，同时在参与性观察的案例研究中，案例研究法可以对研究对象进行某种程度的非正式

[①] Yin, R. K., *Case Study Research: Design and Methods* (3rd ed), Thousands Oaks, CA: Sage Publications, 2003.

[②] Ibid..

[③] Ibid..

控制。①

聚焦于本研究情境，本书的研究问题是"迭代创新过程中企业—用户互动为何发生以及它是如何演化发展的"，探索的是"WHY"和"HOW"的问题，这类问题需要按时间顺序追溯相互关联的各种事件，并找出它们之间的联系，而不仅仅是研究它们出现的频率和范围②，因此，与该问题匹配的研究方法需要在实验法、历史分析法和案例研究三种方法中选择。方法选择的依据是：（1）迭代创新是互联网时代涌现出的具有时代特征的新现象，其特征是开放互动、动态循环、迅捷持续等，这些特征导致研究者无法用准确、清晰的语句概括迭代创新现象的全貌，无法直接地、精确地、系统地控制事件演化过程，因此实验法不适用于本研究的研究情境。（2）为了探究迭代创新过程中的企业—用户互动范式，需要近距离地接触创业者/管理者及其用户，才能真正了解、理解和洞察企业开展创新活动中的具体实践及其运营逻辑和管理思维，才能剖析、分析和洞悉用户融入到创新活动中的动机和价值，在这种情境中采用对过程参与者实施访谈以及近距离的参与性观察等方式利于获取研究所需数据信息，因此历史分析法无法实现这一目标，并不适用于本研究情境。（3）反观案例研究方法，它利于实现对于"为什么"和"怎么样"问题的探索，它不需要严格控制研究过程，且它将研究问题聚焦于当前问题③；同时案例研究法适用于新颖的研究领域，迭代创新研究作为新兴的研究主题，通过案例研究获取的研究结论会更具新意和有趣④。综上，基于本书的研究情境和研究问题，本书适用于选取案例研究方式开展研究工作。

在案例研究的具体开展和实施上，本研究呈现如下特点：（1）定位于探索性案例研究。对于探索性案例研究的选择，超越了现有的研究体系，运用新的视角和论断解释新的社会经济现象⑤。迭代创新作为互联网时代新兴的研究主题，从理论层面对于该问题分析和探索的研究文献较

---

① Yin, R. K., *Case Study Research: Design and Methods* (3rd ed), Thousands Oaks, CA: Sage Publications, 2003.

② Ibid..

③ Ibid..

④ Eisenhardt, K. M., Graebner, M. E., "Theory Building from Cases: Opportunities and Challenges", *Academy of Management Journal*, Vol. 50, No. 1, 2007.

⑤ Yin, R. K., *Case Study Research: Design and Methods* (3rd ed), Thousands Oaks, CA: Sage Publications, 2003.

少，然而在业界却受到普遍关注和广泛推崇，基于此，本书聚焦于迭代创新过程中的企业—用户互动事件，深入探索和挖掘迭代创新过程中的企业—用户互动的形成和演化问题。（2）旨在发现新的理论观点。本书的案例研究目的在于通过系统的探索和分析案例事件，提炼和总结出有利于企业迭代创新进程的有价值的研究观点，进而拓展研究视角，丰富研究理论。（3）选取多重案例范式。本研究探索的问题并不是极端现象或个别现象，而是在现时代企业发展过程中成功的企业所呈现出的一种新现象，因此选择多案例研究基于研究主题开展案例内分析和跨案例探索，旨在形成更为全面、丰富的研究结论。（4）依据 Yin、Eisenhardt 等学者的案例研究实施逻辑，开展严谨的案例研究工作。[1][2] 在这个过程中，需要关注的是：尽管基于现有文献，案例研究的实施逻辑具有一定的时序性，然而在实际的实施过程中却并不是一成不变的，会在各个步骤之间不断重叠和反复，在循环迭代中形成研究结果。[3]

（二）研究方案的确定

本书的研究目的在于通过对五个创新产品的创新进程的纵向案例研究，探究迭代创新过程中企业—用户互动的演化发展。为实现此研究目的，基于 Yin 的观点首先应设计案例研究方案，进而确立从"需要探索和回答的问题"到"通过问题剖析获取解决方案"间的逻辑步骤。[4] 在总体研究设计中需重点解决三个问题，一是研究分析单位的确立，二是案例选择标准的确立，三是案例研究过程的实施步骤。

首先，在分析单位确立方面，分析单位事实上就是案例研究的对象，是案例研究中的一个关键因素，是确保案例研究实施开展效果的前提条件。[5] 若案例研究的对象是个体，则个体就是案例研究分析的最基本单

---

[1] Yin, R. K., *Case Study Research: Design and Methods* (3rd ed), Thousands Oaks, CA: Sage Publications, 2003.

[2] Eisenhardt, K. M., "Building Theories from Case Study Research", *Academy of Management Review*, Vol. 14, No. 4, 1989.

[3] Yin, R. K., *Case Study Research: Design and Methods* (3rd ed), Thousands Oaks, CA: Sage Publications, 2003.

[4] Eisenhardt, K. M., "Building Theories from Case Study Research", *Academy of Management Review*, Vol. 14, No. 4, 1989.

[5] Yin, R. K., *Case Study Research: Design and Methods* (3rd ed), Thousands Oaks, CA: Sage Publications, 2003.

位，而以往研究中也曾将案例分析单位界定为更复杂的"事件"或"实体"，运用案例研究方式探究了决策事件、方案事件、实施过程以及组织变革事件等。[1] 对于分析单位的界定需要与研究的问题类型界定相联系，对于分析单位的不同界定会导致采用不同的研究方法或者不同的资料收集方式[2]。聚焦于本研究情境，本书探讨迭代创新过程中的企业—用户互动问题，因此本书将创新产品的创新过程作为主分析单位，而嵌套在创新过程中呈现出的互动事件作为子分析单位，探究在迭代创新过程中企业—用户互动事件发生演化的规律和特点。

其次，在案例选择标准方面，案例选择是案例研究中的重要环节，恰当地选择能控制外部变化，利于聚焦研究问题，深入研究探索。[3] 案例选择样本的方式比较特殊，案例研究采用的是理论抽样的方法，随机选择既不必要甚至不可取[4]，若研究情境涉及的案例数目较为有限则可以选取具有极端性质或符合极端情境的案例。[5] 所选案例的标准在于能够复制先前案例的发现，或者能够拓展新兴的研究理论，或者能够补充现有理论分类等方面的不足。[6] 基于上述论断以及探测性调研，本书确定了如下案例选择标准：（1）案例选择具有典型性。选取的案例应该呈现出互联网时代创新发展的新范式，可以展现出与传统管理范式相异的运营发展规律；同时所选案例提供的产品具有新颖性和创造性，在行业内具有一定的影响力甚至具有颠覆性，进而利于提炼和总结新情境下成功企业的独特发展规律。（2）案例选择具有时效性。由于本书涉及的是互联网时代迭代创新这一新兴主题，展现迭代创新过程中的企业—用户互动的形成和演化机制，因此发生时间较为久远的创新产品的创新进程不被本书采用，而是选择企业过去两年内形成的创新产品的创新进程作为研究对象。（3）案例

---

[1] Yin, R. K., *Case Study Research: Design and Methods* (3rd ed), Thousands Oaks, CA: Sage Publications, 2003.

[2] Ibid..

[3] Ibid..

[4] Eisenhardt, K. M., "Building Theories from Case Study Research", *Academy of Management Review*, Vol. 14, No. 4, 1989.

[5] Pettigrew, A., *Longitudinal Field Research on Change: Theory and Practice*, Paper Presented at the National Science Foundation Conference on Longitudianl Research Methods in Organization, Austin, 1988.

[6] Eisenhardt, K. M., "Building Theories from Case Study Research", *Academy of Management Review*, Vol. 14, No. 4, 1989.

选择具有完整性。由于探究案例企业的创新产品在不同阶段的企业—用户互动的演化和发展,因此本书选择的案例需要满足企业过程演化的需求,确保创新产品的创新过程具有完整性,以提供更为细致、完善的数据支持;同时,选择的案例企业不仅可以提供研究者访谈机会,而且还可以提供参与性观察的机会以及愿意提供更为丰富的内部资料,进而确保三角验证的实现。(4)案例选择具有可行性。在案例选择上,并不是越多的案例可以形成越佳的研究效果,有学者指出多案例研究中最佳的案例数目为3—7个,因此本书确立了5个案例样本;同时,与受访者的关系也决定了受访质量,因此本书选择了具有长期合作,且近期授权探究其网络化战略的海尔创客公地上演化生成的5个小微企业作为本书的研究对象。

最后,在研究过程阐述方面,依据 Eisenhardt,Yin 等学者的案例研究实施逻辑[1][2],需要开展严谨的案例研究工作,如图3—2所示,第一,需要基于社会经济活动中呈现出的现象确定本书的研究问题和目的;第二,围绕研究问题对相关文献进行梳理,确立本书的理论视角和进一步探索的研究突破口;第三,通过访谈、参与观察和内部文档等从研究对象处收集相关研究数据;第四,实施每个案例内的深层次剖析以及跨案例的对

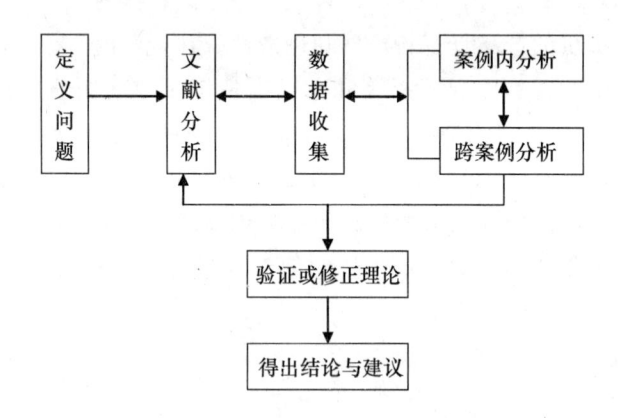

图3—2 探索性案例研究实施步骤

资料来源:笔者整理。

---

[1] Eisenhardt, K. M., "Building Theories from Case Study Research", *Academy of Management Review*, Vol. 14, No. 4, 1989.

[2] Yin, R. K., *Case Study Research: Design and Methods* (3rd ed), Thousands Oaks, CA: Sage Publications, 2003.

比分析形成研究结果；第五，比较案例研究结论与已有文献的异同，以验证或修正研究论断；第六，基于对比结果得出研究结论并提出相应的意见建议。下文将选择案例研究过程中两个核心过程——数据获取和数据分析过程进行进一步的阐述。

二 数据获取过程

（一）探测性调研

本书的数据收集区域为山东省青岛市。2013年11月，研究者与研究团队其他成员到达目标企业，选取了三家案例企业，对其进行探测性访谈。根据探测性调研的结果，与团队成员进一步讨论，一方面更为明晰调研及后续研究的分析单位，以及明确了目标调研案例企业的甄选标准；另一方面，团队成员基于探测性调研的数据结果进一步优化了正式调研的访谈提纲，使其更聚焦于研究问题，使得研究问题更具代表性和针对性，修改后的访谈提纲如表3—1所示。

表3—1　　　　　　半结构化访谈提纲的主要问题

半结构化访谈问题
主题一：公司基础情况介绍 ■ 公司的发展历程 ■ 创业/管理团队组成情况 ■ 公司的核心创新产品定位和品类等 ■ 公司最新推出的创新产品概况
主题二：公司创新产品的创新进程 在互联网时代，公司如何开展创新活动？ 公司采用的创新模式较之以往有何区别和联系？ 现阶段，公司采用何种运营逻辑？ 公司创新产品的创新进程经历了哪些发展阶段？ 公司的创新进程具有哪种特点？以及具有何种独特性？
主题三：公司企业—用户互动情况 公司产品的创新过程中，哪些创新活动涉及了企业—用户互动活动？ 企业—用户互动活动为企业带来了怎样的结果？ 公司为何选取实施企业—用户互动活动？ 公司采用的企业—用户互动的方式有哪些？ 公司为何能够吸引用户参与到企业—用户互动活动中？ 现阶段，用户参与到创新过程中的方式有哪些？

续表

半结构化访谈问题
主题四：企业创新绩效和竞争优势 公司的核心竞争优势是什么？ 公司的竞争优势的来源是什么？ 现阶段，公司的行业地位如何？ 与同行业相比，公司的创意市场化的速度如何？ 与同行业相比，公司创新产品的新颖性如何？

资料来源：笔者整理。

（二）案例选择的依据

基于上述案例研究方案确定的案例选择标准，本书选取了海尔"创客公地"上演化生成的五家小微企业作为本研究的研究对象。具体原因如下：（1）选取的案例具有典型性，海尔集团作为传统的家电企业具有较高的影响力，而其从2012年制定网络化战略以来推动平台化建设，促成了169家小微企业的演化和生成，观察小微企业的生成轨迹发现其并未受到海尔集团的约束而是呈现出更具灵活性的动态创新轨迹，运营逻辑和创新思维均异于传统的管理思想和理念，更具时代化发展的意义和价值，对于海尔"创客公地"上演化生成的小微企业的探索，可以避免外部情境的差异进而促进深度探索内在机制问题，研究结论更为客观、真实，且对其他行业和企业更具借鉴价值和指导意义。（2）选取的案例具有时效性，为了避免回溯性误差的产生，本书探索的迭代创新进程是企业最新产品形成的创新过程，五个案例企业的最新产品上市时间均处于2013年、2014年，因而受访者对于创新运营过程中的具体细节仍可以给出清晰的阐述，有助于研究者获取更为全面的数据资料以提升研究质量。（3）选取的案例具有完整性，本书选取的案例企业可以提供创新进程的翔实资料，同时愿意提供完整的内部资料，便于企业获取更为丰富的原始素材；而且每个受访对象均同意参与多轮次访谈，并留下私人和公共的联系方式便于进一步核实资料，进而确保三角验证的实现。（4）选取的案例具有可行性，可行性体现在两个方面，一是可以获得访谈机会，研究者参与到海尔集团文化中心授权学院开展的研究项目，集团文化中心会帮助联系小微企业，并集中在一个时间段进行密集性的访谈；二是案例分析的可行性，案例研究的特点在于并不是案例企业越多研究结论就越准确，而是基于对每个案例的深度挖掘的剖析，提炼和总结出企业运营的规律和特点，因而，最终确定的五个案例企业作为分析和探索的样本，在研究者力所能及的情况下最大限度地剖析案例企业呈现出的特征和规律。

案例选择的具体过程如下：(1) 研究者参与到海尔集团文化中心授权学院的研究项目，获得了对海尔创客公地上演化生成的小微企业进行访谈的机会；(2) 通过电话和邮件的形式与文化中心负责人反复沟通交流，对海尔集团交互平台演化发展的169家小微企业进行逐个研究和探讨，基于小微企业的发展情况及其代表性和典型性，与文化中心负责人共同商定了对于15家小微企业访谈的计划；(3) 通过与小微企业负责人联系，有6家企业基于各种原因拒绝接受访谈，因此研究团队最终确立了9家小微企业作为访谈对象；(4) 研究团队与9家小微企业进行了深层次、多轮次的访谈工作，通过理论抽样，选取了其中最具代表性的5家企业作为本研究的案例样本。由于本书的分析单元为创新进程中的互动事件，因此本书选用创新产品的名称替代小微企业的名称，进而更为突出案例企业呈现的创新产品的特征，五个研究样本分别为：雷神、免清洗、空气盒子、空气魔方和水盒子。

样本企业概况如表3—2所示。其中，在隶属产业层面，雷神隶属于游戏笔记本电脑产业；免清洗隶属于洗衣机产业；空气盒子和空气魔方隶属于空气新产业；水盒子则隶属于净水产业。在产品正式上市时间层面，五类创新产品上市时间均在2013年、2014年。在创业机会层面，雷神致力于推出高性能的游戏笔记本电脑，免清洗致力于推出全球首个免清洗洗衣机，空气盒子致力于推出国内首款空气管理智能硬件，空气魔方致力于推出全球首款组合式智能空气产品，水盒子致力于推出全球首款智能水管家。在产品创新层面，以Schumpeter对于创新的分类[①]为依据，雷神是针对小众市场的创新，即开辟了新的市场；免清洗则是引进了新技术，改变了产品品类；空气盒子和水盒子是基于互联网的发展，融入了新的产品组合方式；空气魔方则是在市场引进了全新的产品，颠覆了市场中的已有产品。在初始创意源泉方面，空气盒子来源于创业团队的想法，而另外四款产品均来自于用户的抱怨。在产品形成的支持条件方面，均获得了海尔集团内外部资源的支持。在产品销售情况方面，均快速地实现了销售目标。综上，样本选择符合理论抽样的要求，存在异质性的样本有利于保障研究结论的外部效度。

---

① Schumpeter, J., *Theory of Economic Development*, Cambridge：Harvard University Press, 1934.

表 3—2　　　　　　　　　　研究样本企业概况

	雷神	免清洗	空气盒子	空气魔方	水盒子
隶属产业	笔记本产业	洗衣机产业	空气新产业	空气新产业	净水产业
产品正式上市时间	2013年12月	2014年8月	2014年4月	2014年12月	2014年4月
创业机会	推出高性能的游戏笔记本电脑	推出全球首个免清洗洗衣机	推出国内首款空气管理智能硬件	推出全球首款组合式智能空气产品	推出全球首款智能水管家
产品创新	针对小众市场，开辟新的市场	引进了新技术，改变了产品品类	融入新的产品组合方式	引进全新产品，颠覆市场中已有产品	融入新的产品组合方式
初始创意源泉	用户抱怨	用户抱怨	创业者	用户抱怨	用户抱怨
产品形成支持条件	上下游企业的支持	多方研发资源支持	海尔的"U+"系统支持	多方研发资源支持	海尔的"U+"系统支持
产品销售情况	上市当天2500台产品抢购一空	上市三个月，供不应求，市场份额为10%	三个月内已售卖五万余台	上市当天14小时售卖3万余台	上市两批产品，售卖8万余台

资料来源：笔者整理。

（三）数据收集

Yin 指出案例研究的数据来源主要包含文献、档案记录、访谈、直接观察、参与性观察和实物证据[①]。他指出，六种主要的证据来源均呈现出其优缺点（如表 3—3 所示），每种来源各有优劣，不同种类的证据相互补充，成功的案例研究应该是尽力通过各种来源获取资料。

表 3—3　　　　　　六种证据来源渠道的优点与缺点

证据来源	优点	缺点
文献	稳定；自然、真实；确切；覆盖面广	检索性低；报道误差；人为因素影响
档案记录	稳定；自然、真实；确切；覆盖面广；精确；量化	检索性低；报道误差；人为因素影响；档案的隐私性和保密性

---

① Yin, R. K., *Case Study Research: Design and Methods* (3rd ed), Thousands Oaks, CA: Sage Publications, 2003.

续表

证据来源	优点	缺点
采访	针对性；见解深刻	存在误差；内省
直接观察	真实性；联系性	费时耗力；误差；内省；费用高
参与性观察	真实性；联系性；能深入理解个人行为与动机	费时耗力；误差；内省；费用高
实物证据	对文化特征、技术操作的见证	选择误差；获取的困难

资料来源：Yin, R. K., *Case Study Research: Design and Methods* (3rd ed), Thousands Oaks, CA: Sage Publications, 2003.

聚焦于本研究，基于学院与海尔集团签署的合作协议，研究团队分别于 2014 年 10 月 29 日—11 月 1 日和 11 月 26 日—11 月 29 日两个时间段到达青岛开展密集性访谈，其中，正式访谈 15 次（即在会议室的访谈），每次访谈时间 1.5—2 小时；非正式访谈 4 次（即在午餐期间的访谈），每次访谈时间 0.5—1.5 小时；研究团队三人将录音转化为文字稿，共 10 万余字。除了深度访谈外，研究团队还通过以下方式获取企业的相关信息资料。一是通过电子邮件就相关问题与企业负责人联系和探讨，就访谈中不清晰的问题进行进一步沟通交流，研究团队往来邮件共 36 封，获取资料共 4 万余字；二是研究团队获取文化交互平台的内部登录账号，在 2014 年 10 月—2015 年 3 月不间断地登录平台，查询与样本企业相关的新闻报道和介绍，获取资料 15 万余字；三是研究团队在百度搜索引擎输入样本企业的相关信息，补充获取新闻媒体对于样本企业的新闻报道，获取资料 6 万余字。通过上述资料收集方式，共获取文字资料 35 万余字。除了文字资料的获取，研究者还参观了企业的办公场所等地，以更全面地了解企业的实际运营模式。

表 3—4　　　　　　　　样本企业的数据收集情况

企业	访谈对象	访谈次数/时长	档案资料	其他
雷神	LYB[①]、ZZL、JYQ	4 次/7.5 小时	邮件往来信息、内部资料、外部媒体报道	观看产品
免清洗	SCB	2 次/3.5 小时	内部资料、外部媒体报道	观看产品

① 为保护受访者隐私，所有受访者的姓名均由大写字母代替。

续表

企业	访谈对象	访谈次数/时长	档案资料	其他
空气盒子	FJX、XZT	3次/5小时	内部资料、外部媒体报道	观看企业
空气魔方	ZZX、XZT	2次/4小时	邮件往来信息、内部资料、外部媒体报道	参与媒体宣传活动
水盒子	ZH、XBZ	3次/5.5小时	邮件往来信息、内部资料、外部媒体报道	参与媒体宣传互动

资料来源：笔者整理。

综上，样本企业的数据收集情况如表3—4所示，研究遵循了三角验证的原则，基于不同的数据来源，访谈、内部资料、媒体报道、邮件信息等，通过对一手数据来源和二手数据来源的反复比对验证，以保障获取的访谈信息具有客观真实性；同时针对同一企业访谈多位受访者或者对一位受访者进行多次访谈，以验证信息的真实客观性；此外，在收集数据的过程中，还基于不同来源的数据建立了案例库，以便于后续研究问题的拓展和延伸。

三　数据分析过程

经过数据收集过程，本书通过各种收集方法获取文字资料35万余字。因此，如何从大量的文字资料中聚焦问题、提炼信息，是决定研究质量的关键。Miles和Huberman也指出一个研究者从长达3600页的调查笔记中提炼出结论是个困难的事情，基于此他们给出一些有用的解决方案，包括把信息整理成不同序列；构造一个类别矩阵，把资料归档到不同类别中；确定资源的呈现方式，如流程图等图表以检验资料；编制不同事件出现的频率图；计算二阶资料，检验图表以及不同图表间的关系；按照时间顺序或其他顺序对信息资料进行排序等。[1] 本书借鉴Miles和Huberman、Eisenhardt、Yin等学者的观点[2][3][4]，将数据分析过程设计

---

[1] Miles, M., Huberman, A. A. M., *Qualitative Data Analysis*, Beverly Hills, CA: Sage Publications, 1984.

[2] Ibid..

[3] Eisenhardt, K. M., "Building Theories from Case Study Research", *Academy of Management Review*, Vol. 14, No. 4, 1989.

[4] Yin, R. K., *Case Study Research: Design and Methods* (3rd ed), Thousands Oaks, CA: Sage Publications, 2003.

如下：

1. 基于 Eisenhardt 等学者的观点[①]，多案例分析的开展将结合案例内分析和跨案例分析

案例内分析是案例研究中的关键一步，它可以帮助研究者从庞大的数据群中凝练信息、展现信息的价值。案例内分析通常包括针对每个案例的详细描述，尽管仅是简单的描述案例，但它可以帮助研究者提早处理数据，对新见解的产生有重要意义。[②] 案例内分析并没有明确的标准的范式，研究者会基于研究情境和研究问题的不同选用最适合的分析方式。总的来说，案例内研究就是将每个案例看作是独立的个体予以阐释，这不仅帮助研究者在寻找跨案例的普适性模式之前，能使每个案例展现独有的模式，而且能够帮助研究者充分了解每个案例，为后续跨案例分析奠定基础。[③] 跨案例分析隐含的思想是，促使研究者突破最初的印象，尤其适用结构化和多样化的视角来分析数据。这些方法不仅增加了研究发现准确、可靠理论的可能性，而且也增加了研究者发现新机会的可能性。[④] 研究者运用跨案例分析，探索案例之间呈现出的相同点和不同点，提炼和总结新的研究构念，获取有意思的以及出人意料的研究发现，促进研究理论建构的实现。此外，跨案例分析还有利于研究者确立理论建构的饱和点问题，以明晰开展案例分析的案例数目。

2. 基于 Yin 的观点，选取恰当的分析工具有助于获取所需要的分析结果[⑤]

分析软件的应用能够帮助研究者对大量陈述性文本进行编码和归类，对编码技巧和技术进行指导也能使分析水平有所提高。本研究运用质性分析软件 NVivo 10.0 来提高案例分析过程中的系统性和效率。基于 NVivo

---

[①] Eisenhardt, K. M., "Building Theories from Case Study Research", *Academy of Management Review*, Vol. 14, No. 4, 1989.

[②] Pettigrew, A., *Longitudinal Field Research on Change: Theory and Practice*, Paper Presented at the National Science Foundation Conference on Longitudianl Research Methods in Organization, Austin, 1988.

[③] Eisenhardt, K. M., "Building Theories from Case Study Research", *Academy of Management Review*, Vol. 14, No. 4, 1989.

[④] Ibid..

[⑤] Yin, R. K., *Case Study Research: Design and Methods* (3rd ed), Thousands Oaks, CA: Sage Publications, 2003.

10.0 的运用，本文将 35 万余字的原始材料导入软件，对每个材料的来源和特征予以命名，并随时查看和调用数据；在数据编码阶段，可以允许不同研究者同时对数据开展编码工作，并且其呈现方法优势利于研究者快速开展编码工作；在跨案例分析时，建立树形节点以帮助探索不同概念间的关系。因此，本书采用 NVivo 10.0 软件，对收集来的数据进行整理，进而将零散的数据资料反复归纳、提炼，逐级抽取，形成学术概念，为后续案例分析的开展奠定基础。

四 研究质量检验

判别某一案例研究设计的质量，常常需要使用四种检验工具，包括：构念效度、内部效度、外部效度和信度。[1][2] 本书采取的具体策略如表 3—5 所示。

表 3—5　　保证案例研究质量的检验标准及实施策略

检验	案例研究策略	策略发生阶段
构念效度	采用多重证据来源：一、二手数据相结合；多个受访对象 形成证据链：关键词—引用语—命题—模型 报告核实：交由企业相关人员阅读和审核	资料搜集 资料搜集 撰写报告
内部效度	模式匹配：概念模型与研究结论相匹配 尝试进行某种解释	数据分析 数据分析
外部效度	用理论指导单案例研究 通过重复、复制的方法进行多案例研究	研究设计 研究设计
信度	采用案例研究草案 建立案例研究数据库	资料搜集 资料搜集

资料来源：笔者根据 Yin, Eisenhardt 等学者的观点整理。

（一）构念效度

构念效度指对所要研究的概念形成一套正确的、可操作性的测量。[3]

---

[1] Eisenhardt, K. M., "Building Theories from Case Study Research", *Academy of Management Review*, Vol. 14, No. 4, 1989.

[2] Yin, R. K., *Case Study Research: Design and Methods (3rd ed)*, Thousands Oaks, CA: Sage Publications, 2003.

[3] Ibid..

案例研究中的构念效度检验尤其具有争议性，那些对案例研究持批判态度的人认为，案例研究者没能研发出一套完善的、具有可操作性的指标体系，因此在收集数据过程中常常出现个人主观的判断。[1] 基于此，本书采取如下三种策略予以应对：一是采用多重数据来源；二是形成证据链；三是实施报告核实工作。具体而言，首先，企业应采用多重数据来源。在案例研究中，使用多种来源的资料有利于研究者全方位地考察问题——历史的、态度的、行为的，但其最大的优点在于相互印证，形成证据三角形，进而促进研究结果和结论更准确，更具有说服力和解释力。[2] 其次，企业应关注证据链的形成。根据 Yin 提出的分析推广逻辑[3]，首先应该通过结合一、二手数据，建立"关键词—引用语—命题—模型"的证据链。最后，企业应该核实报告。为了提升构念效度，研究团队应该将案例研究报告草案交于企业相关人员进行检查和核实。

（二）内部效度

内部效度是指从各种纷乱的现象中找出因果关系，即证明某一特定的条件将引起另一特定的效果。[4] 案例研究的内在效度检验可以扩展到推论过程这一更为广泛的问题上，只要运用案例研究方法，无法直接观察某一事件，就需要进行一次推论，研究者将依据访谈、文件档案等推论出先前发生的某一事件导致了某一特定结果的产生。[5] 为了保证内部效度的实现，本研究采用两种策略，一是模式匹配，二是尝试某种解释。在模式匹配方面，通过将实证观察模式与理论模式比对，能够有效提高案例研究的内部效度；在尝试某种解释方面，本研究在资料分析过程中，采用了分析式归纳的思路，不断经由资料分析指引资料搜集和假设验证、修订，从而总结、提炼出与案例资料相符的观点。

（三）外部效度

外部效度是指建立一个范畴，把研究结果归纳于该类项下，即明晰某一案例研究的成功是否具备可归纳性，是否可以归纳成为理论并推广到其

---

[1] Yin, R. K., *Case Study Research: Design and Methods* (3rd ed), Thousands Oaks, CA: Sage Publications, 2003.

[2] Ibid..

[3] Ibid..

[4] Ibid..

[5] Ibid..

他案例研究中。[1] 为了保证研究的外部效度，本研究实施的应对策略为：一是用理论指导单案例研究，二是通过重复、复制的方法进行多案例研究。具体而言，首先，运用理论指导单案例研究以避免漫无目的地对海量数据进行整理，进而影响再次研究时是否可以得出相同的结论；其次，复制逻辑的使用是多案例研究中的关键，每一个案例都要经过仔细甄选，以促使甄选出的案例要么能产生相同结果（逐项复制），要么能因可预知的原因产生与前一研究不同的结果（差别复制）。

（四）信度

信度指案例研究的每一步骤都具有可重复性，并且如果重复这一研究，就能得到相同的结果，总结出相同的结论。[2] 为确保本研究信度，采用两种应对策略，一是采用案例研究草案，二是建立案例研究数据库。具体而言，首先，案例研究草案要比调查量表复杂得多。案例研究草案包含的内容更广泛，案例研究草案面向的对象与调查量表面向的对象完全不同，不论在什么情况下，制定研究草案都有助于进行案例研究，尤其是进行多案例研究时，帮助会更大；此外，制定案例研究草案将迫使研究者对相关问题包括案例研究报告的撰写方式等进行深入思考，以避免在接下来的研究过程中出现重大失误。其次，本书建立了案例研究数据库。本书对于样本选择的五家企业建立了翔实的数据库，包含了录音原稿、录音文字稿、内部资料整理稿、外部媒体宣传稿等，并基于此开展数据编码工作，进而确保再次探究该案例时会得到一致的结论。

---

[1] Yin, R. K., *Case Study Research: Design and Methods* (3rd ed), Thousands Oaks, CA: Sage Publications, 2003.

[2] Ibid..

第四章

案例企业的创新进程及互动事件分析

本章对于甄选出的五个样本企业的创新进程发展情况以及呈现出的互动事件进行翔实的介绍。本章的重点是：首先，基于获得的一手和二手资料，阐述了五个创新产品的创新进程，并提炼和总结出创新进程特点，确定迭代创新进程的研究单位；其次，识别了创新进程中呈现出的互动事件，确定分析单位为企业—用户间的互动事件，并归纳和总结出互动事件的相关主题，为后续案例分析奠定基础。

第一节 五个创新产品的创新进程及其特点

Tidd 和 Bessant 将创新界定为将创意转变成现实并从中获取价值的过程[①]；Fitzgerald 等认为真实的创新过程是以高度且持续的迭代方式实现将企业创意嵌入到市场目的的过程。[②] Mariona 等则认为创新过程可以从发现、开发和商业化三个独特过程予以阐释。[③] Nambisan 将创新过程划分为产品构思、设计和开发、产品测试和支持以及产品采纳四个阶段。[④] 基于

---

① Tidd, J., Bessant, J., *Managing Innovation*, New York: John Wiley & Sons ltd, 2009.

② Fitzgerald, E., Wankerl, A., Schramm, C., *Inside Real Innovation: How the Right Approach Can Move Ideas from R & D to Market and Get the Economy Moving*, Hackensack (NJ): World Scientific Publishing, 2011.

③ Mariona, T. J., Eddleston, K. A., Friar, J. H., et al., "The Evolution of Interorganizational Relationships in Emerging Ventures: An Ethnographic Study within the New Product Development Process", *Journal of Business Venturing*, Vol. 30, 2015.

④ Nambisan, S., "Designing Virtual Customer Environments for New Product Development: Toward A Theory", *Academy of Management Review*, Vol. 27, No. 3, 2002.

以往学者对于创新的过程观点以及分阶段分析的设计理念,本书将对五个创新产品的创新进程从创意产品化和产品市场化两个阶段进行描述,前者涵盖了从初始创意形成和验证到原型产品的设计和实现等内容,后者涵盖了对于原型的测试和完善以及产品的营销和推广等内容。下文将分别从创意产品化和产品市场化两个阶段对产品的创新进程予以阐述,并在此基础上提炼和总结出创新进程中呈现出的特点。

一 创新产品的创新进程概述

(一)雷神游戏笔记本电脑的创新进程

1. 创意产品化阶段

三名初始团队成员在创办"雷神"之前均供职于海尔集团,LYB在海尔笔记本研发中心负责笔记本电脑研发工作;LX在电脑平台销售部负责渠道,与经销商打交道,包括实体的销售和网络的营销新渠道;LN在笔记本电脑产业部门负责品质管控。三人拥有共同的兴趣爱好,都喜好打游戏,且玩游戏年限均超过10年,同时三人在工作中均遇到了瓶颈,LYB所在的产品研发部,主流产品定位出现了问题;而LX和LN从事对接新模式的工作,发现虽然互联网快速发展,但是并没有带动主流产品的销售,同时他们发现用渠道区隔竞争对手的传统做法在互联网时代已不适用,现在的发展态势是产品和用户直接对接,不再存在某个企业的"保护区域"。再加上海尔集团制定了新的战略规划——网络化战略,营造了更为开放的创新创业氛围。在此背景下,三人决定组成团队开启创业项目。

组成团队后,团队成员基于自身热爱游戏的兴趣爱好以及其在笔记本电脑平台上的工作经验,他们想了解游戏爱好者人群的笔记本需求情况,于是在京东商城等购物网站全面搜集了游戏玩家对于笔记本电脑的使用反馈和意见建议,一共汇总了目标用户群3万余条的相关差评,团队成员将收集来的数据整理、归档和分析,形成有关显卡、内存、屏幕等几大类问题,放到百度贴吧中让用户针对自己最关注的问题进行选择和投票,收集投票结果形成围绕13个主要问题的条目汇总单,基于收集来的用户反馈确立了"做高性能的游戏笔记本电脑"的初始创意。

团队成员基于用户反馈在游戏笔记本电脑配置的各个子项上预设了相关规格和条目,并在百度贴吧创立了专门的互动贴吧——"雷神吧",以此作为与游戏玩家沟通交流的平台。团队成员将创意发布到雷神吧，探索用户对创意的建议及其购买意愿，用户表示该创意在一定程度上会解决其玩游戏过程中遇到的问题，但是对于游戏笔记本的性能方面提出了相关的修正建议，团队成员对于收集到的意见重新整合，并针对用户反馈意见进一步探索用户的真实需求，例如用户提出希望游戏笔记本电脑可以更"炫"，团队成员认为用户群的潜在需求是希望产品可以彰显其独特性及个性特征，因此企业需要解决的问题不仅涵盖了产品的高性能，还应在形状、颜色等方面彰显游戏笔记本电脑的特征。基于电脑行业的发展态势，即整个笔记本行业的分模块分工式发展，团队成员将雷神定位于做产品定义和用户开发工作，企业通过与用户互动获得了经证实的顾客需求以后，找到笔记本加工企业促使其将创意产品化，形成了企业的原型产品——雷神游戏笔记本电脑。如图4—1所示，是将雷神游戏笔记本电脑的创意产品化阶段的概略图。

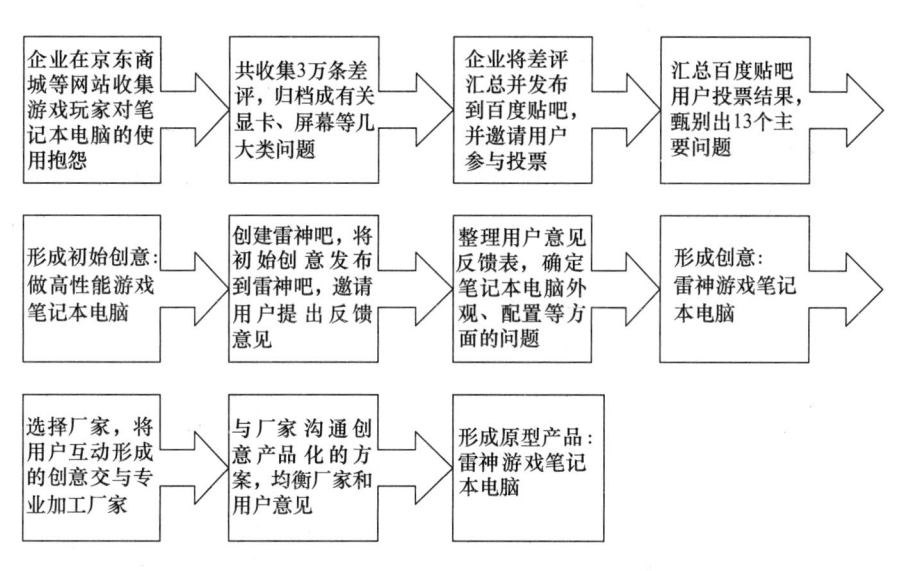

图4—1　雷神的创意产品化阶段概略图

资料来源：笔者整理。

2. 产品市场化阶段

当雷神通过创意产品化阶段形成原型产品后，企业决定采用开放式公测。对于游戏和手机行业，公测已经是司空见惯的事情，但是在游戏笔记本电脑行业中，还没有哪个品牌尝试采用公测的方式。行业中比较普遍的方式是将新产品交给专业媒体进行测试，这样可以对新产品进行一定的宣传，但是雷神认为这种媒体测评并不是真正的开放，用户对媒体提供的测评文章的信任度和认可度有限。雷神参考小米公司的经验，决定实施开放公测的方式。雷神拿出 30 台样机，其中 10 台交给雷神吧的小吧主，10 台交给专业媒体进行测评，10 台交给在百度笔记本贴吧、显卡吧、键盘吧等相关专业贴吧中筛选出的中立用户进行评测。这三类人群组成了雷神游戏笔记本电脑的公测用户，是检验原型产品可行性的关键。图 4—2 显示了雷神游戏笔记本电脑开放公测的流程图。

百度贴吧产生的中立用户对雷神产生了巨大的压力，这些 PK 出来的"大神"，身份完全独立，他们发布的测试报告只对自己的声誉负责，他们在测评时要求尤其严格。例如，一位绰号"火鸟"的用户是一名同时管理着多个笔记本电脑贴吧的资深吧主，他采用了一种极限的"死循环超频"测试方法，将各部件功能参数同时拉到"峰值"。当企业将"火鸟"的反馈信息提供给上游生产商时，生产商认为过于极端不予采纳；而用户"火鸟"将测评报告公开发布到网上，并提出"不符合超频测试的笔记本电脑就不可称之为游戏本"的见解，他的意见得到了网友们的拥护。雷神当时是"骑虎难下"，听从"火鸟"的意见就需要修改研发方案进而延迟上市时间，且需要追加成本费用；不听从则难得民意，最后在团队人员的反复讨论下，决定为了实现"做真正游戏本"的初衷，接受了用户的意见并对产品进行修改。

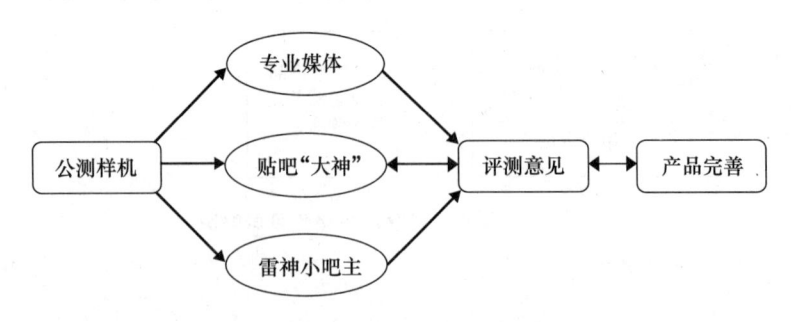

图 4—2 雷神的开放公测流程图

资料来源：笔者整理。

同时公测结果将雷神原定的产品推出顺序完全打乱，按照原定计划，产品是按照"由高向低"的打法，首先推出 10000 元以上的机型，之后再逐步推出更低价位的机型，然而公测结果是中高端机型都需要重新修改，只有低端机型没有问题。此时，雷神征询了公测用户的意见，推翻了既定方案，决定改为"由低向高"的打法，首先推出低价位机型，但是采用这样的做法，在行业内并未有先例，"当时我们心里也没底，心里的一点底儿就来自这是用户真实意见的体现。"LYB 如是说。

通过产品的公测，不仅帮助雷神改进了产品，而且起到了售前传播的作用，尤其是中立用户发布的测评报告，其专业性和可信度均得到了网友们的认可，在贴吧中引起了很大的反响。第一批"911"产品在京东上市后不到 1 秒的时间，全部 500 台被抢购一空，甚至有用户在贴吧里发起了"晒购买时间"的活动。有人说用了 0.25 秒完成的付款，马上就有人晒出 0.2 秒的成绩。这是游戏人群的一个"情结"，就是比谁"手快"。第二批产品，雷神采用在京东商城上预售的形式，即需要先缴纳 99 元订金，在上市当天再交齐全款。这种预售形式在游戏本行业只有另外一家厂商曾经尝试过，结果只预订出 50 余台。然而雷神认为预售是互联网时代实现快速反馈的重要方式，是企业必须加以关注的范式。结果是，雷神原计划第二批上市 2000 台，然而由于预订人数增加迅速，京东商城要求增加订单，最终确定为 2500 台。

（二）免清洗洗衣机的创新进程

1. 创意产品化阶段

企业研发免清洗洗衣机的渊源是 1988 年用户给张瑞敏写了一封信，指出"就如流脏水的下水道会脏，洗衣机的夹层就像走脏水的下水道，时间长了对衣服的二次污染就很严重"。从那时起，研发团队就开始研究这个课题，但是一直没有找出好的解决方案，尝试过多种方案，例如清洗、干燥、用化学洗涤剂等，但都无法完全解决这一问题，这一问题成为了行业中的难题，大家都在探索但仍然未能形成好的创意。

在 2008 年的时候，企业将这一难题放到互联网上，利用外部用户资源的力量让大家来提创意。当时网上有一个专门的用户交互平台，吸引了 800 多万用户，当时参与投票选择方案的用户就有 100 多万，用户提出创意方案并"晒"在交互平台上，其他用户对这些方案进行评价。企业负责收集方案，当时第一轮收集的方案有 800 多个创意，再将创意分析、整合后进行评比筛选。企业将整合分析后的创意放到交互平台,用户以参与网上直播投票的方式选出其认为最佳的十个创意;企业将网友投票选出的创意进行排序,确立排名前十的创意;企业邀请前十名创意的提出者到企业与研发人员一同将其创意转化成样机进行模拟测试,并再由专家团队、专家评论员评价,最终形成免清洗洗衣机的创意。

当确立了免清洗洗衣机创意的时候,又遇到了技术上的难题,为了解决这些技术难题,企业整合了各种研发资源,例如技术中心、中科院理化研究所等。免清洗的方案对于"智慧球"的要求比较高,智慧球需要耐磨、抗菌、不能损伤衣服,因此在智慧球的物理性质和化学性质上要加以衡量,企业借力于中科院理化所的研发能力,对智慧球的物化性质加以界定;同时智慧球结构上的设计则融合了美国和德国等设计团队的设计理念,完成了原型产品——免清洗洗衣机。如图4—3所示是免清洗洗衣机的创意产品化阶段的概略图。

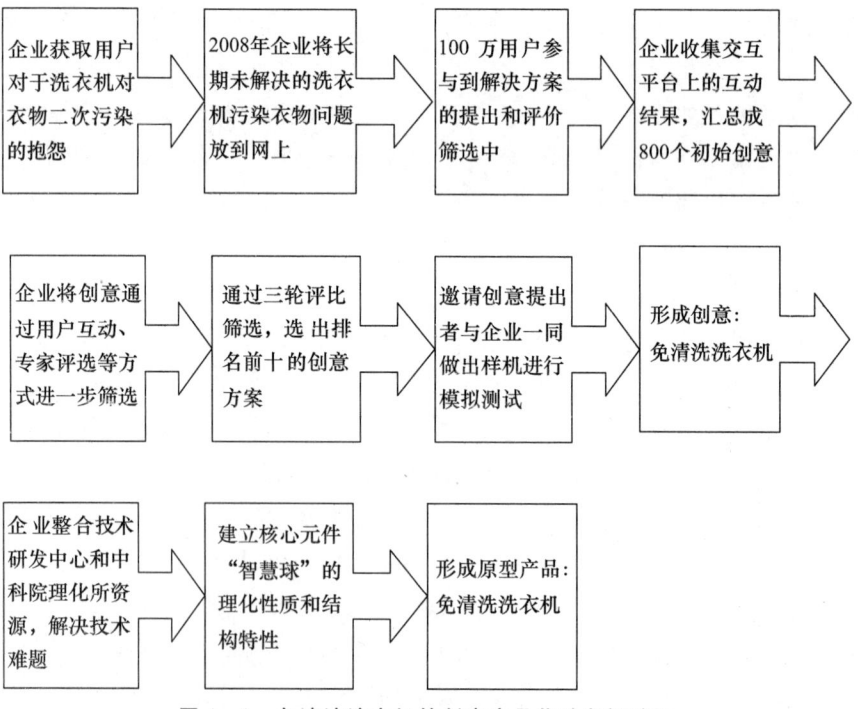

图4—3 免清洗洗衣机的创意产品化阶段概略图

资料来源:笔者整理。

2. 产品市场化阶段

当免清洗洗衣机通过创意产品化阶段确立了初始创意,并融合中科院理化所的研发能力和美、德设计团队的设计理念,形成"智慧球"的免清洗技术解决方案,形成免清洗洗衣机的原型产品后,企业开始对实际模型进行测试。测试方式主要分为三个方面:一是在企业内部举办拆机体验活动,有 500 名员工参与此次体验活动,真实比较传统洗衣机和免清洗洗衣机在清洗衣物后的洗衣机内壁残留物,现场人群对比较结果十分惊讶并纷纷表达看法;二是在大卖场举行产品性能介绍宣传活动,研发团队和营销团队向卖场人群宣讲免清洗洗衣机的工作原理及其优势和作用,现场听取用户的意见反馈;同时将免清洗洗衣机与其他几家竞争对手的洗衣机放到一起,隐去厂商品牌让用户选取其青睐的洗衣机,并基于此填写调查问卷,获取用户购买产品的一手数据;三是通过互联网的交互平台,企业将产品的原型图片及运行机理发布到洗衣机相关论坛、海尔的交互平台以及专门针对免清洗方案的交互平台,广泛收集用户意见。企业方通过"线上+线下"的原型测试的方式,对用户提供的意见反馈进行收集和整理,不断完善产品。图 4—4 显示了免清洗洗衣机的原型测试流程图。

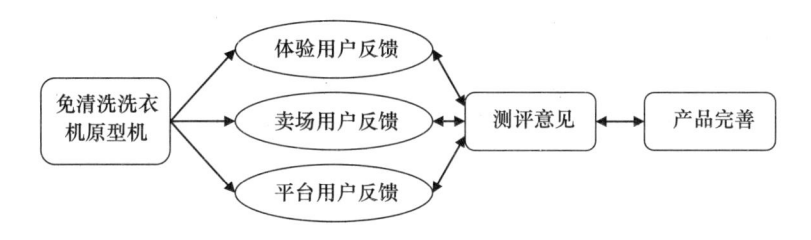

图 4—4 免清洗洗衣机的原型测试流程图

资料来源:笔者整理。

在产品的市场推广阶段,企业将免清洗洗衣机定位于全新品类,同时将产品的竞争优势定位于技术领先型产品。免清洗洗衣机属于白色家电行业,白色家电行业较为成熟,具有颠覆性或突破性创新的产品很少,SCB 说"免清洗洗衣机作为全新品类,它在发展过程中会把其他的品类挤掉,但同时会产生一个增量,产品的上市会带来产品品类和白电行业的变化"。免清洗洗衣机的推广,提出了现有洗衣机洗衣的弊端,对洗衣机品类有重要的影响。同时,在免清洗洗衣机推广上市时,竞争对手也感到很大压力，SCB 说"由于我们的基础比别人要雄厚，方案研发周期较长，且我们申请了 56 项专利保护，竞争对手想要超越我们有很大的困难"。

企业在推广免清洗方案的同时，也在不断地甄选和测试其他解决方案。企业筛选得出了 10 个解决方案，尽管当时基于技术和用户反馈信息，选取免清洗的方案，但是其余 9 个解决方案也是通过用户互动实现的，通过进一步在互动平台上与用户进行互动交流以及融入其他研发资源，挖掘用户深层次的痛点，在与竞争对手的抗衡过程中提升创新速度，形成具有颠覆意义的产品品类，促进整个行业的发展。

对于免清洗洗衣机的产品定价方面，企业在用户交互平台上与用户进行了沟通交流，收集用户实际的购买意愿和接受的价格定位，最终产品的定价与原有同性能产品基本持平。免清洗洗衣机上市三个月，已经出现供不应求的发展态势，应用免清洗技术的三款产品的市场份额均接近了 10%。企业的目标是将免清洗技术应用在所有洗衣机机型上，真正做到影响整个行业的发展。

（三）空气盒子的创新进程

1. 创意产品化阶段

空气盒子是一个智能硬件的探索，是企业基于海尔的"U+"系统的实践产物，它不仅能够检测室内空气的质量，还能智能地将家中的空调、空气净化器等多款家电进行互联，将智能家居与健康的生活理念相结合。空气盒子初始创意的缘由是因为近年空气污染事件频发，全国人民深受其害，空气健康问题成为人们关注的焦点。空气盒子的初始创意提出者 FJX 指出，"面对时不时的空气污染，我们该如何应对？是花费大笔的金钱购置检测仪器，还是花费资金请空气监测站进行检测？对于大多数用户而言，这些都不是解决之道"。基于此，FJX 提出了初始创意，做一款灵巧方便、性能优良、涵盖软硬件的产品。

当 FJX 有了初始创意后，在海尔社区平台展示了其初始创意，并将目标用户定位于对空气敏感的人群，收集用户对空气问题的关注内容和层次，通过对收集信息的整理和分析，获取了对现有空气检测手段和方式存在问题的抱怨，以及用户对于 PM2.5、家装污染、温度和湿度等空气相关方面的关注信息，基于这些信息企业抓住了用户需求和痛点，明晰了产品需要解决和探索的问题，确立了"你的智能小管家"的空气盒子的创意。

确立创意后，团队基于海尔的"U+"系统的理念，将空气盒子的理念界定为两个方面，一是检测室内空气质量，即基于用户对于空气问题的关注设定检测功能；二是智能家居的连接器，即企业运用空气盒子连接室内的智能电器，促成室内小生态圈的生成。空气盒子的研发不仅设置实体检测设备，而且还包含了空气盒子的 App 软件，以保障盒子软硬件的融合。在研发的过程中，对于盒子的颜色、形状，以及 App 软件的参数、指数等问题，团队不断与用户互动迭代逐步完善和实现，依靠用户数据的收集，并外包给研发小微形成了原型产品——空气盒子。图 4—5 所示为空气盒子的创意产品化阶段概略图。

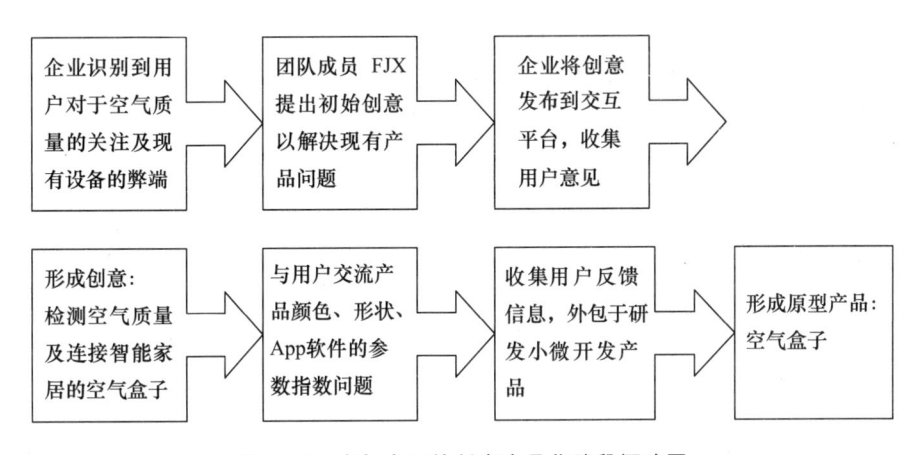

```
企业识别到用户对于空气质 → 团队成员 FJX → 企业将创意
量的关注及现   提出初始创意   发布到交互
有设备的弊端   以解决现有产   平台，收集
              品问题          用户意见

形成创意：    → 与用户交流产 → 收集用户反馈 → 形成原型产品：
检测空气质量   品颜色、形状、  信息，外包于研   空气盒子
及连接智能家   App软件的参    发小微开发产
居的空气盒子   数指数问题      品
```

图 4—5　空气盒子的创意产品化阶段概略图

资料来源：笔者整理。

2. 产品市场化阶段

当空气盒子经过创意产品化阶段，形成了原型产品。企业在首批量试制时，在交互平台上征集用户使用和体验产品，企业中各个部门的人员均参与到用户互动中，收集用户就产品的外观设计和功能卖点的意见反馈；同时，企业基于海尔"U+"系统，在软件方面与用户加强互动，收集交互平台上用户对于 App 软件下载和提供服务的意见反馈，更新和完善软件功能。图 4—6 显示了空气盒子的原型产品测试流程图。

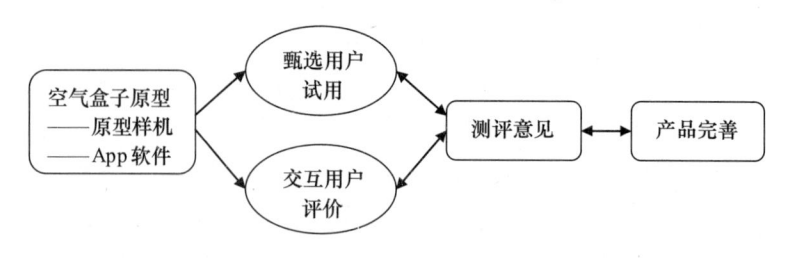

```
空气盒子原型        甄选用户
——原型样机        试用           测评意见 ←→ 产品完善
——App 软件        交互用户
                  评价
```

图4—6 空气盒子的原型产品测试流程图

资料来源：笔者整理。

企业开始向用户人群推广产品。基于产品的新颖性和创新性，企业开始设定的用户群是极客用户，即新锐人群，但后来发现这些用户乐意尝试新产品，是企业的早期用户群体，但是却没有良好的宣传作用，并不是企业关注的真正的痛点人群，所以早期产品推广规模不理想。基于这一问题，企业将原型产品发布到交互平台上，对用户进行进一步聚焦和筛选。将原型产品发布到交互平台后，企业甄选到一批活跃用户，大约7000人，他们会下载和登录空气盒子的App，并且在讨论区的活跃度较高。企业对于活跃用户的数据信息进行分析，识别出两类人群为企业的目标用户群，一类是母婴人群，一类是有呼吸疾病的人群，这两类人群是空气盒子的强需求人群，他们使用产品是针对其痛点开展的。企业重新定位目标用户群体后，产品推广范围和程度得以延展和加深。

在确定用户后，企业又把攸关方的数据拉进来，比如中国气象局、环保局等，旨在打造中国空气质量地图；同时与"宝宝树"等母婴社区合作，探索用户需求。随着攸关方的进入，攸关方的用户资源也进来了，比如与大型育儿网站社区——宝宝树的合作，社区的用户群也开始关注空气盒子，并成为空气盒子的用户群体。企业目前在与新浪气象洽谈合作，企业的用户群体和攸关方的用户群都是开放的，是互联互通的。XZT阐述了他对产品更新迭代的理解："迭代首先是用户的迭代，通过用户流量、用户资源的迭代，得到我们解决方案的迭代，而这个迭代可能不是一个产品，可能仅仅是一个解决方案，也可能是产品的集合。"企业预计其App软件每周进行更新，而硬件的更新速度约为一个月。

企业通过对于强需求人群的确立，产品的销售情况得到了改观，在定位于极客人群时，销售了三四百台，而在定位于母婴群体和有呼吸疾病群体后，在9—11月不足三个月销售了五万余台。原来一天的销售量为10

台左右，而在重新聚焦用户群体确定强需求后，"双十一"单日成交量为500台。

（四）空气魔方的创新进程

1. 创意产品化阶段

空气魔方和空气盒子同属于空气圈的新产业部门延伸出来的小微项目，空气魔方在一定程度上是空气盒子的延伸，在空气盒子的发展过程中，用户提出了意见，"空气盒子帮我们检测了空气质量，当发现室内空气存在问题时，我们应该如何针对检测出的空气问题提供相应的解决方案呢？"在空调研发部门从事研发工作20多年的高级工程师ZZX在获得用户购买体验反馈意见后认为，应该开发出一款产品与空气盒子对接，以形成一条持续发展的产业链条。此时，ZZX的研发团队认为要想与空气盒子对接，就必须解决空气盒子检测出的空气问题，但是不同的用户使用空气盒子有不同情境，在不同的情境下检测出的空气问题也会呈现差异性，如果将所有空气问题的解决功能整合在一个产品中，则会导致随着产品功能的增加进而影响产品的体积和价格，同时用户或许并不需要全功能的产品，功能的冗余会造成制作的难度和价位的提升，因此团队致力于解决"如何才能生产出基于不同情境提供定制化服务的产品呢？"

ZZX团队将该想法放到了交互平台上，阐明了团队将要解决的问题，以及解决这一问题需要的方案诉求。在交互平台上，用户对其想法给予了反馈，证实了针对用户需求的个性化定制的产品是用户需要的产品；同时对于如何实现产品定制化需求的问题，用户群各抒己见形成了不同方案。企业收集并分析用户所提方案的可行性和价值性，甄别出一个有价值的解决方案——积木插拼，即企业可以呈现出的产品态势是，将解决空气问题的不同功能在各个部件上呈现，这些部件可以单独运行，当用户需要更多功能时，可以再购买其他功能的部件，组合使用即可。当企业将空气魔方的初始创意放到交互平台上征求用户意见时，用户认为这是比较酷炫且实用的产品。

但当空气魔方的创意产品化的时候，团队又遇到了技术上的问题，如何解决电流在不同模块间的交换和流动问题，团队做成了十几个方案，历时一个多月仍未解决这一技术难题。团队成员都很苦恼，大家加班加点地想法子出方案。一天凌晨0点多了，团队成员一个人都没走，大家都在电脑前迅速浏览信息以及重新思考用户的反馈意见。当时 ZZX 忽然想到了电热水壶的原理，运用耦合的方式实现水壶与底座的契合，认为这个方案应该可以解决空气魔方的技术问题，团队成员立即上网查找耦合器的生产商，找到三家主要生产商。第二天一早就联系厂家，与厂家洽谈合作。通过与生产商的沟通交流，提出企业需求，厂家提供设计图，将厂家设计图融入到空气魔方的设计中，实现了原型产品——空气魔方。如图 4—7 所示，是空气魔方的创意产品化阶段的概略图。

企业识别到用户对于空气问题解决方案的需求 → 企业提出基于不同情境提供定制化服务的产品的想法 → 企业将初始想法发布到交互平台，收集用户建议和反馈 → 企业将初始创意发布到交互平台，探索用户反馈意见

形成创意：基于不同情境解决空气问题的空气魔方 → 企业借鉴电热水壶的耦合原理，攻克空气魔方的技术难题 → 形成原型产品：空气魔方

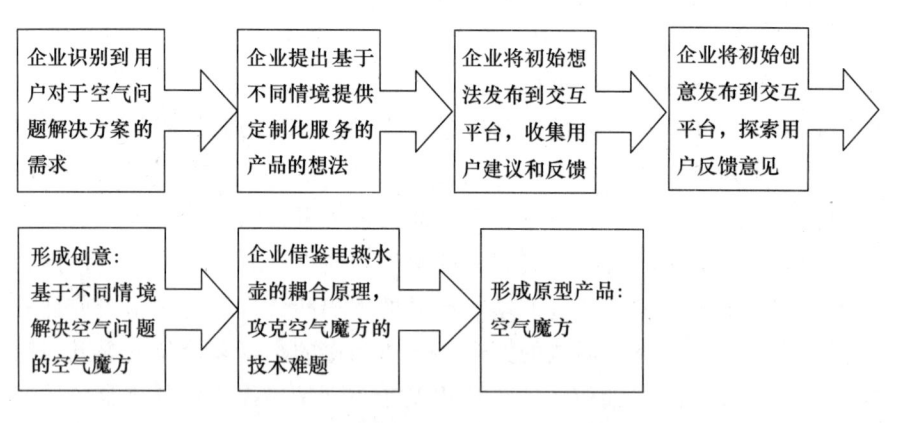

图 4—7 空气魔方的创意产品化阶段概略图

资料来源：笔者整理。

2. 产品市场化阶段

空气魔方经过创意产品化阶段，形成了空气魔方的创意，并完成原型产品。从 2014 年 3 月到 9 月，产品经历了外观定案、功能模块制作测试、产品初评、功能验证调试、产品修改、产品评审确定、开模首试、功能及体验等系列项目，实现了对原型产品的调整和完善工作。

在该阶段，企业采用不同方式与用户互动，并通过融入不同研发资源，对产品不断修改和完善，其中企业邀请极客用户试用产品并汇总其试用报告，同时在交互平台上对通过大数据甄选出的 81 万相关用户征集产品的功能卖点以及设计理念的反馈意见，最终形成了涵盖加湿、净化、香熏、除湿等四项功能，具有八种不同组合的模块化产品，在产品外观上结合了罗马柱和竹子的设计，高度设定为一米左右，并设定为白、金、玫红等颜色。图 4—8 显示了空气魔方的原型产品的测试流程。

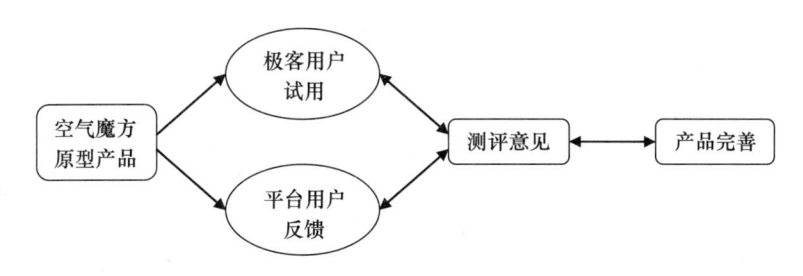

图 4—8　空气魔方的原型产品测试流程图

资料来源：笔者整理。

2014 年 9 月 19 日，企业在北京召开新品发布会，向媒体朋友和极客用户推出了空气魔方，并邀请大家现场体验空气魔方的产品，在圆盘控制区可以控制空气魔方的风量和模式，四个模块间可以定制化选择和组合，手机端可以下载专业 App 软件对产品进行远程控制。初次接触空气魔方的人群，对于魔方持有强烈的好奇感，许多人拍下空气魔方的照片发布在微信、微博以及论坛上，以推广这一新颖产品。10 月 29 日夜，空气魔方登录到京东的众筹平台，引起业内的广泛关注，并在一个月内，获得 7562 名支持者，同时获得了 1195 万元募集资金，促进了空气魔方产品的量化和优化。12 月 19 日 10 点，空气魔方在包括海尔商城、苏宁易购、天猫、京东商城等电商平台正式开售，截至 19 日 24 点，14 小时内共售出 3 万台，按销售速度来算，空气魔方平均不到两秒就售出一台产品。

（五）水盒子的创新进程

1. 创意产品化阶段

水盒子具有水质监测和滤芯寿命预警功能，可以连接净水机，通过手机 App，用户可以随时获取水质数据，并对水盒子进行远程操控。水盒子的创意源自于用户互动，正如水盒子创意提出者 ZH 所言，"无交互不产品，在互联网时代任何产品都是交互出来的"。ZH 在成立小微之前，一直从事净水技术的研发工作，对净水的相关事宜比较了解。通过对净水设备敏感性的了解以及周围亲戚朋友的反馈，他意识到用户对于净水设备的抱怨较多。他在交互平台上发帖收集用户目前的抱怨，识别出三类问题：一是目前市面上的净水机太多，且同质化严重，用户不知晓净水机选择标准；二是尽管用户意识到更换滤芯是保证净水机净水质量的关键，但是用户不知晓更换滤芯的时间；三是在净水机方面，国家标准不统一，整个净水行业较为混乱，某市还出现了严重漏水事件。

通过用户信息的收集和分析，团队意识到对于同质化的净水设备，用户更看重的是净水功能以及滤芯寿命的预警功能。基于海尔的"U+"系统，ZH将其产品定位为"饮用水智慧解决方案"，提出利用硬件和软件的结合，实网和虚网的融合，建立具有互联网性质的净水产品。ZH将初始创意放到交互平台，征求用户的意见，用户对于产品的性能指标和软件诉求给了反馈，企业最终形成了水盒子的创意。当确立水盒子创意后，团队成员进一步就产品的外观、功能卖点等方面在交互平台上与用户进行深入互动，获取大量的真实用户数据，在大数据平台深度调研的支持下开展产品的设计工作，实现软硬件的融合和发展，形成原型产品——水盒子。图4—9所示为水盒子的创意产品化阶段的概略图。

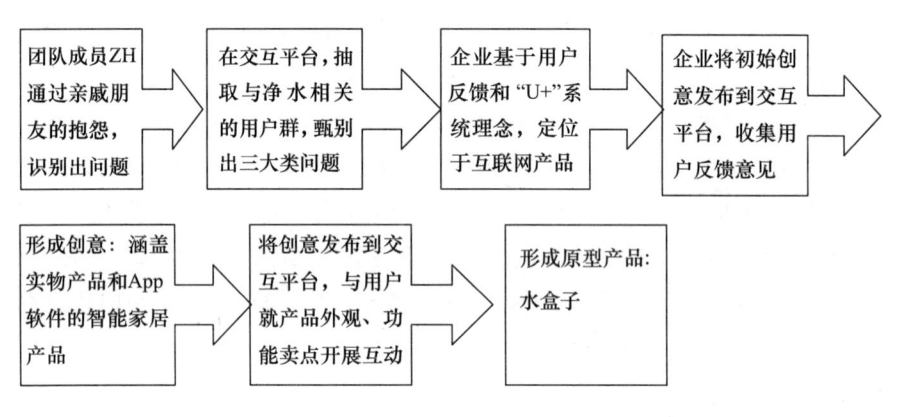

图4—9 水盒子的产品创意化阶段概略图

资料来源：笔者整理。

2. 产品市场化阶段

水盒子创新产品通过创意产品化阶段，验证了"水盒子"创意的价值性，该创意在网络社区吸引了大批粉丝，于是在粉丝的拥护下，水盒子的原型产品应运而生。企业在网络社区征集试用产品的用户群体，通过甄选的方式确立试用极客群体，极客群体提供了体验报告，同时企业与大批粉丝群就极客提出的产品体积太大、工艺待提升以及WiFi效果差等问题进行了互动，基于用户的意见反馈，完善了产品外观设计和App软件的更新和调整。图4—10是水盒子的原型产品测试的流程图。

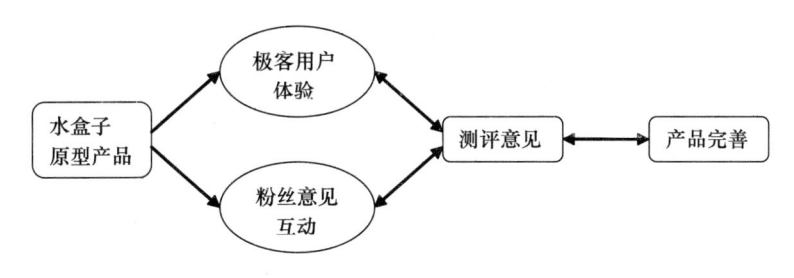

图 4—10　水盒子的原型产品测试流程图

资料来源：笔者整理。

基于用户的反馈意见，企业 2014 年 6 月推出了经修正的第二代产品，尽管对第一代产品的问题有所改善，但仍未完全解决用户提出的问题。企业具有的优势在于水盒子必须由专业人士安装，用户无法自行安装，因此企业具有高度的用户黏性，用户需要时刻与企业互动。由于这种特殊性，满足了企业实时与用户互动的目的，也可以基于用户的反馈进行产品的迭代升级。基于用户互动获取的用户需求数据，企业在产品的迭代中将水盒子与净水机绑定，进行两种产品的二合一销售。在 ZH 的眼中，水盒子始终是自己的销售核心，让水盒子被更多的用户认可，这才是根本的迭代升级出路。他表示，第三代水盒子是一款全新的产品，各项技术和以往都完全不同，其体型仅是过去的 1/3，用户体验也更加细腻、智能。同时许多专业网络和论坛对水盒子进行了比较测试，证实了水盒子在水质监测方面的价值，同时证实了对净水机的各级滤芯寿命检测价值，证明了水盒子在家用水质监测领域绝对处于领先地位。

2014 年 4 月 21 日，全球首创的水盒子正式启动预售，在日日顺净水商城展开预订，统一价格为 299 元，4 月 21 日至 5 月 7 日预售期间，每天限量发售 5 元认筹券 100 张，持券用户可在售价基础上再减免 50 元。作为全球首款智能水管家，水盒子的出现填补了家庭水质监测空白，一经推出便引发媒体、IT 发烧友以及极客用户群体的追捧。在 5 月 8 日上市当天 2 万台水盒子即被抢空，许多盒粉们错失了此次购买机会。水盒子遭网友热抢，使得企业证实了网友们对健康饮水的关注，同时也使得创业团队成员倍感压力。

6 月 23 日水盒子开启第二轮预售，在 23—26 日的 4 天时间里，消费者可以登录日日顺商城进行抢单预订，并随机送出精美的测水质礼包。并提出抢先下手、率先晒单的铁杆粉丝，可以依次拿到三重好礼；当天下单前 1000 名用户随机抽取 50 名给予世界杯吉祥物；在日日顺商城爱家社区晒单分享使用经验，有机会赢取名牌净水机。在 6 月 27 日，水盒子正式上线发售当天，6 万台产品售罄，而根据之前预售阶段的订单量显示，至少 4 成预约用户未能如愿购得水盒子。

二　创新产品的创新进程特点

通过对案例数据的整理和归纳，提炼和总结出五个创新产品的创新进程所呈现出的四个特点，一是选取的案例企业所涉及的创新产品均具有新颖性和创新性；二是在创新全流程中均呈现出企业—用户互动活动；三是创新进程呈现出动态、循环的发展态势；四是快速高效地实现了创新进程中的创新绩效。

具体而言，第一，案例中涉及的创新产品在目标市场具有新颖性和创新性。雷神游戏笔记本电脑，针对游戏玩家这一小众市场，将游戏特性和笔记本电脑优势相结合，提供高性能的产品，并以此作为游戏产业链条的切入点；免清洗洗衣机则是全球首款免清洗机型，建构了行业内的新品类；空气盒子是全国首款空气管理智能硬件，将大数据分析和云服务融入到产品的设计理念中，虚实网的结合促使提供更好的用户体验；空气魔方是全球首款组合式智能空气产品，突破了原有设计理念和产品品类，以一种全新的组合超越了现有行业内的同类产品；水盒子则是全球首款智能水管家，利用 U+智慧家居平台、U+云服务平台以及 U+大数据分析平台提供了智能硬件，在提供产品服务的同时随时监控水质情况获取实时数据。新颖的产品开拓了市场，同时也为创新进程的开展注入了更多未知元素，在此过程中企业展现出更具独特性的运营逻辑和创新思维。

第二，强调了创新全流程的用户体验。在创新全流程中均涉及了企业—用户互动活动。识别出的创新产品创新进程中的互动事件，涉及创意市场化进程中不同阶段的创新活动，展现了企业对互动活动的重视。同时受访人员均提出了互联网时代对其运营逻辑和创新思维的影响，在访谈中"重视用户的全流程体验"、"全员参与用户互动"以及"构建'线上＋线下'的多渠道互动方式"等方面被多次提及，诸如雷神的 LYB 和 ZZL、免清洗的 SCB、空气盒子的 XZT、空气魔方的 ZZX、水盒子的 ZH 和 XBZ 均强调了企业竞争优势源于企业对用户的熟知和把握，全流程的用户体验是促进企业创新成功的重要保障。

第三，展现出动态、循环的创新轨迹。五个创新产品的创新进程均呈现出动态、循环的发展态势，即企业创新进程并不是基于企业既定计划所设定的创新轨迹运行，而是会基于不同情境调整和修正其发展轨迹。例如，当雷神面对开放式公测结果时，不得不重新修正产品的上市计划以及更改产品上市顺序，基于用户的反馈意见不断调整和修正产品的设计理念、功能卖点和推广方式等方面，在动态调整过程中实现创意市场化进程的开展；当空气盒子意识到用户群体定位不合理时，重新明确用户群体，通过与用户的沟通交流挖掘强需求用户群体；当水盒子面对原型测试结果时，不得不重新实施产品设计和研发，提供更为美观的外观设计以及更高效的 App 下载服务，并进行新一轮的原型测试。其余两个创新产品的创新进程也呈现出了动态、循环的发展态势，企业会根据创新过程中涌现出的新问题和获取的新信息，及时快速地调整其创新发展轨迹，在不断调整和尝试的过程中确立适合企业发展情境的创新轨迹。

第四，快速高效地实现创新进程。五个创新产品均快速高效地实现了创新进程，并在产品市场化后较快速地实现了财务绩效。在创新产品的创新进程中，当企业面临不断涌现出的新问题时，并不是拘泥于问题的探索和解决，而是及时将问题通过互动渠道传递给用户，及时获取问题的意见反馈，并对反馈信息进行整合加工进而快速确立问题的解决方案，保证了快速高效地实现创新进程，同时由于在创新的全流程中企业—用户间均实施了互动活动，促使企业在将产品推向市场之前就已经了解用户的真实需求并基于真实需求提供针对性产品，进而在产品上市后会快速获取用户的青睐并实现财务绩效。例如雷神游戏笔记本第一批"911"产品在上市一秒内 500 台被抢购一空；免清洗洗衣机上市不到三个月已经供不应求，涵盖免清洗技术的三款洗衣机市场份额均占 10% 左右；空气盒子 9—11 月销售 5 万余台产品，"双十一"单日成交量超 500 台；空气魔方 14 小时内售卖 3 万台，按照销售速度看平均不到两秒就销售一台；水盒子第一批产品上市当天 2 万台产品售罄，第二批产品上市当天 6 万台产品售罄。

通过上述对创新特点的阐述，可知当企业致力于形成具有新颖性和创新性的产品并促使其实现高效市场化时，企业在创新的全流程中关注了用户的价值并采取了相应的企业—用户互动活动，促进创新的发展轨迹呈现出动态、循环的发展态势。五个创新产品的创新进程符合迭代创新的内涵，即在互联网时代，为了应对时代的发展要求和经济形态的特点，企业并未采用传统的管理范式开展创新，而是采用了迭代创新范式，关注了用户需求信息并基于信息反馈调整和修正了其创新轨迹，实现了快速、低成本市场化的目的。

具体而言，企业在实施创新活动的过程中，并不会按照预定计划实施循序渐进的阶段推演，而是呈现出动态无序、循环反复的发展轨迹。企业在实现创意市场化的过程中，会采用立即行动的范式，即采取相应措施开启行动并在行动中不断调整和修正企业的运营和创新的轨迹，进而快速、低成本地实现创新结果。企业对于迭代循环方式的选择，是对于互联网时代背景下对企业发展需求的应对，同时也是企业在互联网时代自行演化形成的结果。在互联网时代，随着互联网经济、体验经济、创客经济的演化发展，企业的运营逻辑和创新思维都随之发生了变化，迭代创新作为互联网时代新范式，较之传统范式而言一个关键特征在于更为关注用户的价值。与传统管理范式下的企业—用户互动情况不同，在互联网时代，用户在企业创新的全流程中均参与到企业—用户互动活动中，企业为提供用户的全流程体验会基于创新活动中不断涌现出的新问题及其获取的新信息而调整其创新发展轨迹，进而形成动态、混沌、无序、重叠的创新发展方式。

综上，企业为了迎合时代发展的需求，选取了更具耦合性和互动性特征的迭代循环发展模式，而促成这一模式实现的重要影响因素在于创新过程中对于互动式因素的关注，即企业实施企业—用户互动活动，关注用户在其创新进程中的价值体现，快速获取用户的相关信息，并及时对于用户信息给予相应的反馈。因此，对于用户全流程的关注以及基于企业—用户互动活动实施创新活动，促进了企业创新发展轨迹所呈现出的重叠、无序、混沌、动态的发展态势。

第二节 迭代创新过程中的互动事件

一 五个创新产品迭代创新过程中的互动事件

基于上文阐述，在创新产品的迭代创新过程中，不论是创意产品化阶段还是产品市场化阶段均呈现出一种发展态势，创新活动的实施和开展均受到用户的影响，即实现了用户的全流程参与。具体而言，在创意的生成和产品的设计过程中，企业并未采取传统的市场调研的范式，而是更为积极和全面地聆听用户的声音，利用互联网信息传播的优势，建设和运用涵盖更广范围用户群体的互动平台，以深度的用户互动获取用户的真实需求，同时基于用户的反馈意见挖掘用户的潜在需求以形成更具新颖性和个性化的产品。在原型测试和产品推广过程中，企业在形成原型产品后并未立即量产，而是通过甄选不同用户群体体验原型产品以及与平台用户就原型产品问题进行深层次互动，并基于用户群体的意见反馈对原型产品进行修正和完善。同时，企业在创新产品的营销推广阶段，采用了"线上+线下"的方式，不仅运用诸如大卖场宣传、主题体验活动等方式让用户了解产品性能，而且采用在网络社区、网站论坛大范围地宣传产品以及采用网站预售/预订的方式在产品未量产前先获取用户的真实购买意愿。

基于五个创新产品的创新进程演化，本书识别出企业和用户间呈现出23个互动事件，分别编码为 I_1—I_{23}，表4—1分别展现了五个创新产品创新进程中呈现出的互动事件发生的背景、实施的过程以及产生的互动结果。

表4—1　　　　　　　　　　创新进程中的互动事件

编码	互动事件
I_1	企业将从京东商城等购物网站收集到的3万条笔记本电脑购买差评，归档为几大类问题，企业将汇总表发布到百度贴吧，并邀请用户对所关注的问题进行排序和投票，用户登录百度贴吧参与互动和投票，企业汇总用户投票结果，共甄别出13个主要问题
I_2	企业将形成的"高性能游戏笔记本电脑"的初始想法发布到百度贴吧，寻求用户的意见，用户登录百度贴吧基于自己的需求诉求和先验知识对游戏笔记本电脑的外观、配置等方面提出反馈意见，企业汇总用户意见反馈表，确立创意的可行性和价值性
I_3	企业拿出30台样机，其中10台交给雷神吧小吧主进行试用，10台交给专业媒体进行测评，10台交给在百度笔记本贴吧、显卡吧、键盘吧等百度贴吧中筛选出的中立用户进行测评，企业汇总测评意见，对产品进行修正和完善
I_4	企业采用在京东商城预订的形式，第一批"911"产品在京东上市不到1秒，全部500台被抢购一空，甚至有用户在贴吧里发起了晒购买时间的活动；第二批产品原计划上市2000台，但由于预订人数增加迅速，京东商城要求增加订单，最终确定为2500台
I_5	2008年企业将长期未能解决的洗衣机对衣物二次污染的问题发布到互联网上，寻求解决方案，有800万人参与关注了此次活动，并有100万人参与到解决方案的提出和评价筛选上，企业收集了互动平台的互动结果，汇总出800个初始方案

续表

编码	互动事件
I_6	企业对800个初始方案进行评比筛选，然后将创意发布到交互平台，并采取网上直播投票的方式，让用户评选出其认可的十个最佳创意，企业基于投票结果甄选出排名前十的创意
I_7	企业将前十名创意的提出者邀请到企业，与企业一起将创意形成样机并进行模拟测试，以检测技术的可行性，然后由专家团队、专家评论员评价，最终确定免清洗方案为企业首要选取的方案
I_8	企业对真实模型进行测试，测试分为三个方面，一是企业内部举办拆机体验活动，二是在大卖场举办产品性能介绍宣传活动，三是在交互平台征集用户意见，企业汇总各方面的测评意见，对产品进行修正和完善
I_9	企业就产品定价问题，在交互平台上与用户进行了沟通交流，收集用户实际的购买意愿和愿意接受的价格定位，最终产品的定价与原有性能产品基本持平，产品上市三个月，已经出现供不应求的发展态势，三款免清洗产品的市场份额均接近了10%
I_{10}	团队成员FJX基于其对用户日趋关注空气污染问题的假设，以及现有空气检测设备存在的弊端，认为形成性价比高的检测设备是可行创意，他将创意发布到交互平台征集用户意见，用户参与到交互平台反映其关注的主要问题，企业汇总用户反馈
I_{11}	基于海尔"U+"系统，产品定位于智能家居的连接器，形成室内空气小生态的概念，企业将该解决方案发布到交互平台获取用户意见和购买意愿，用户给予了积极反馈，企业形成了空气盒子的创意
I_{12}	企业就空气盒子的颜色、形状，App软件的参数、指数等问题发布到交互平台收集用户的反馈信息，用户登录到交互平台，以参与投票等方式对企业所提问题给予解答，同时在讨论区发表意见，企业收集信息，并将信息反馈给研发部门，形成原型产品
I_{13}	企业在首批量试制时，筛选部分用户使其体验产品，企业中各部门人员均参与到互动过程中，获取用户关于产品外观设计和功能卖点方面的意见；同时，企业在交互平台上收集用户对于App软件下载及提供服务的意见反馈，更新和完善软件功能
I_{14}	企业开始向极客人群推广产品，但是极客并不是痛点人群，基于此，企业将产品发布到交互平台进一步聚焦用户，通过大数据分析，识别出母婴和有呼吸疾病的人群为企业强需求人群，通过目标人群的聚焦，企业三个月内销售产品五万余台
I_{15}	企业识别到用户对于空气问题解决方案的需求，提出基于不同情境提供定制化产品的初始想法，后将其发布到交互平台，用户基于初始想法提出意见和建议，企业收集用户反馈意见，形成初始创意，借鉴积木插拼原理，将产品定位于不同组件的组合
I_{16}	企业将初始创意发布到交互平台上，并命名为"空气魔方"，用户积极参与到交互平台的讨论中，认为空气魔方的创意更便于用户基于不同情境选择更适用的组件，凸显了用户对于定制化和个性化的需求
I_{17}	企业完成原型产品后，采用两种方法与用户互动，一是邀请极客用户试用产品并提供使用报告，二是在交互平台上向平台用户征集针对原型产品功能卖点及设计理念的反馈意见，企业基于测评意见及融入不同的研发资源，对产品进行完善

续表

编码	互动事件
I_{18}	企业召开新品发布会，向媒体朋友和极客用户推广空气魔方，邀请大家现场体验空气魔方的产品；企业将空气魔方登录到京东的众筹平台，在一个月内，产品获得7562名支持者，并募集资金1195万元；当企业在线上平台开始销售时，14小时内共售出3万台产品，按销售速度算，空气魔方平均不到两秒售出一台
I_{19}	创意提出者ZH基于亲戚朋友的抱怨，觉察出现有净水设备的问题，他将净水问题发布到交互平台上，抽取净水相关用户群，通过用户参与和反馈，甄别出三大类问题，企业基于用户反馈和海尔的"U+"系统理念，将产品定位于互联网产品，形成初始创意
I_{20}	企业将涵盖实物产品和App软件的智能家居产品——水盒子的初始创意发布到交互平台上，探索和验证用户对该新颖创意的反馈意见，企业通过与用户在交互平台上的讨论，整理和汇总用户的反馈意见，证实了初始创意的价值性和可行性
I_{21}	企业将产品设计阶段涉及的产品外观和功能卖点等软硬件问题发布到交互平台上，用户与企业在交互平台上进行多轮讨论和争辩，企业整理和汇总用户意见，形成产品的初始设计方案
I_{22}	企业在网络社区甄选极客群体试用产品，同时企业与网络社区的大批粉丝群就极客群体提出的产品问题进行互动，基于用户的意见反馈，完善了产品的外观设计和App软件的更新和调整
I_{23}	企业采用预售的方式，第一批产品在2014年4月21日正式启动预售，在日日顺净水商城展开预订，产品一经推出便引发追捧，在5月8日上市当天2万台产品售罄；第二轮预售在6月23日开启，27日正式上线发售当天，6万台产品售罄

资料来源：笔者整理。

（一）雷神游戏笔记本电脑创新进程中的互动事件

雷神游戏笔记本电脑的创新进程中涉及互动事件 I_1—I_4，I_1、I_2 探讨了创意产品化阶段展现出的关键互动事件，I_3、I_4 则关注了产品市场化阶段发生的关键互动事件。互动事件的具体内容呈现如下。

互动事件 I_1，企业将从京东商城等网上购物网站收集到的3万条笔记本电脑购买差评，归档为有关显卡、屏幕等几大类问题，企业汇总信息后将其发布到百度贴吧；游戏爱好者登录百度贴吧基于其自身使用体验和需求诉求对游戏笔记本电脑提出意见并参与投票；企业汇总用户投票结果，形成了涵盖13个主要问题的初始想法。在该互动事件中，互动主体双方——企业和游戏玩家，分别扮演需求探索者和信息资源提供者的角色，围绕用户需求的探索，双方在百度贴吧上进行沟通交流，企业获得用户需求信息，用户则展现其个性化需求诉求。

互动事件 I_2，企业将"高性能游戏笔记本电脑"的初始想法发布到百度贴吧——雷神吧，寻求用户的意见和建议；用户登录百度贴吧基于自身的需求诉求和先验知识对游戏笔记本电脑的外观、配置等方面提出反馈意见；企业汇总用户意见反馈信息，确立创意的可行性和价值性。在该互动事件中，互动主体双方——企业和游戏发烧友，分别扮演了初始创意发布者和初始创意验证者的角色，围绕初始想法的可行性和价值性进行探索和分析，双方在百度贴吧上进行沟通交流，企业形成了经顾客证实的创意，用户则展现了其需求诉求以及体现了其专业知识。

互动事件 I_3，在经过创意产品化阶段形成原型产品后，企业采用开放公测的方式对原型产品进行测试；企业选择三类人群作为公测用户，一是雷神吧小吧主、二是专业媒体、三是各相关贴吧筛选出的中立用户，企业交给三类人群各 10 台样机进行测试；公测用户在不同情境下使用、测试样机，并提供了测评报告；企业汇总测评意见反馈给生产商，对产品进行修正和完善。在该互动事件中，互动主体包含了企业方和三类用户群体，企业方和用户方在互动事件中分别扮演了产品提供者和产品使用者的角色，用户使用产品后基于其使用体验向企业方反馈使用信息，企业方基于信息完善产品，用户方则在此过程中获得了产品的使用价值以及体验利益。

互动事件 I_4，企业在京东商城采用预售的形式售卖产品，用户在产品预售期交付预付款，在产品上市当天付清价款。企业在第一批"911"产品上市不到 1 秒，全部 500 台产品售罄，第二批产品原计划上市 2000 台，但由于预订人数增加迅速，最终定为上市 2500 台。在该互动事件中，互动主体包含了企业方和购买用户，企业方和用户方在互动事件中分别扮演了产品营销者和产品购买者的角色，企业方通过京东商城发布产品预售信息，用户参与到预售活动中并通过交付预付款提供其购买信息，企业获取有效信息确立上市产品量，实现售卖目的，用户则在此过程中知晓了企业的营销信息，提升了购买意愿，完成了购买行为。

（二）免清洗洗衣机创新进程中的互动事件

免清洗洗衣机的创新进程中涉及互动事件 I_5—I_9，I_5—I_7 探讨了创意产品化阶段展现出的关键互动事件，I_8、I_9 则关注了产品市场化阶段发生的关键互动事件。互动事件的具体内容呈现如下：

互动事件 I_5，企业将长期未能解决的难题发布到互联网上，借助各界力量获取问题的解决方案，有 800 万网友参与了此次活动，并有 100 万左右的网友参与到解决方案的提出和方案的评价筛选上,企业通过收集网友在网上交互平台讨论区的意见,汇总出800个初始创意。在该互动事件中,互动主体双方——企业和平台用户,分别扮演了问题探索者和方案提供者的角色,围绕问题解决方案的探索和显现,双方在互联网上进行沟通交流,企业获得了问题的初步解决方案,用户则展现了其先验知识和专业知识。

互动事件 I_6,企业将800个初始创意整合后进行评比筛选,并将创意发布到交互平台,在线用户通过网上直播方式投票选出十个最佳创意,企业基于投票结果确立排名前十的创意。在该互动事件中,互动主体双方——企业和用户,分别扮演了信息发布者和创意验证者的角色,围绕初始创意的聚焦和融合问题,双方在互联网上进行信息和知识的传递和共享,企业实现了创意的筛选和评比,用户则展现其需求诉求以及获得情感体验。

互动事件 I_7,企业将前十名创意的提出者邀请到企业,与企业一同将创意转化为样机进行模拟测试,以检测技术的可行性,然后由专家团队、专家评论员评价,最终确定免清洗方案为企业首要选取的方案。在该互动事件中,互动主体双方——企业和创意提出者,分别扮演了资源整合者和研发合作者的角色,围绕创意产品化的技术可行性问题,双方在面对面互动交流中进行信息和知识的传递和共享,企业完成了最终方案的选择,用户则体现其知识及获得情感体验。

互动事件 I_8,经过创意产品化阶段形成免清洗洗衣机样机后,企业开始对实际模型进行测试;企业内部员工参与拆机体验活动、卖场用户参与到产品性能介绍宣传活动、交互平台用户基于功能卖点提供意见反馈;企业汇总各方的测评意见,并基于反馈信息修正和完善产品。在该互动事件中,互动主体是企业方和三类测评用户群体,企业方在互动事件中扮演了产品提供者和需求探索者的角色,用户方在互动事件中扮演了产品使用者和信息提供者的角色,用户一方面通过试用产品并基于试用体验向企业提供试用报告,另一方面通过交互平台基于其需求诉求提供相关信息,企业方通过汇总各方信息,完成对产品的修正和完善,用户则在此过程中知晓了产品信息,获得了使用价值和体验利益。

互动事件 I_9,企业在产品推广阶段,决定通过与用户互动确定产品的定价;用户在交互平台上与企业就产品功能卖点和定价问题进行了讨论;

企业收集用户实际的购买意愿和接受的价格定位,确定产品的价位;产品在上市三个月内,出现供不应求的发展态势,产品市场份额均接近10%。在该互动事件中,互动主体是企业方和有购买意愿的用户,企业方在互动事件中扮演了问题探索者和产品营销者的角色,用户方在互动事件中扮演了信息提供者和产品购买者的角色,企业方将售卖信息发布到交互平台并与用户就价格定位方面进行互动,用户提供自身购买意愿和接受的价格定位,进而实施购买行为。

(三) 空气盒子创新进程中的互动事件

空气盒子的创新进程中涉及互动事件 I_{10}—I_{14},I_{10}—I_{12} 探讨了创意产品化阶段展现出的关键互动事件,I_{13}、I_{14} 则关注了产品市场化阶段发生的关键互动事件。互动事件的具体内容呈现如下:

互动事件 I_{10},研发团队成员 FJX 基于其对用户日趋关注空气污染问题的假设,以及现有空气检测设备的财务、时间成本高的弊端,认为形成性能价格比高的空气检测设备是可行创意,他将创意发布到交互平台征集用户意见,用户参与到交互平台提供其需求信息,企业汇总用户反馈,证实了该创意的可行性和价值性。在该互动事件中,互动主体双方——企业和用户,分别扮演了初始创意发布者和初始创意验证者的角色,围绕初始创意的可行性和价值性的探索和分析,双方在交互平台上进行信息和知识的传递和共享,企业证实了其初始创意的可行性,用户展现了其需求诉求及其专业知识。

互动事件 I_{11},企业基于海尔"U+"系统,将产品定位于智能家居的连接器,企业将该解决方案发布到交互平台获取用户反馈意见,通过收集用户意见和建议,企业形成了空气盒子的创意。在该互动事件中,互动主体双方——企业和用户,分别扮演了方案发布者和方案验证者的角色,围绕用户新颖方案的探索和验证,双方在海尔用户交互平台进行信息和知识的传递和共享,企业证实了其新颖方案的可行性,用户则显现了其需求诉求。

互动事件 I_{12},企业将空气盒子的颜色、形状,App 软件的参数、指数等问题发布到交互平台收集用户的反馈信息,用户以参与投票以及讨论区留言等方式对企业所提问题给予解答并提出问题的新见解和意见,企业收集信息并将信息反馈给研发部门,形成原型产品。在该互动事件中,互动主体双方——企业和用户,分别扮演了问题提出者和信息提供者的角色，围绕产品的外观和功能卖点等问题，双方在交互平台上进行信息和知识的传递和共享，企业获得了产品设计理念及专业知识，用户则展现了其专业知识，提供了问题解决方案。

互动事件 I_{13}，企业通过创意产品化阶段，确定企业产品定位于互联网式产品，即涵盖了实体盒子和 App 软件功能的实网、虚网结合的产品；企业在首批量试制时，在交互平台上征集用户体验产品，同时通过交互平台收集企业对于 App 软件相关问题的意见反馈；用户试用产品并提供体验报告，同时参与到交互平台提供其对 App 软件下载和提供服务的反馈；企业收集用户意见反馈，完善产品设计以及更新和完善软件功能。在该互动事件中，互动主体是企业方和两类用户群体，企业方在互动事件中扮演了产品提供者和问题探索者的角色，用户方在互动事件中扮演了产品使用者和信息提供者角色，企业通过采用企业—用户互动活动，完成了对产品的修正和完善，在此过程中，用户方则提前知晓产品信息，获得了使用价值和体验利益。

互动事件 I_{14}，企业在推广产品时，意识到极客群体并不是企业的强需求人群；企业将原型产品发布到交互平台上，甄选对于产品感兴趣的用户群体；用户群体参与到交互平台中，并就产品的相关事宜进行意见发表；企业对活跃用户群体进行大数据分析，识别出母婴人群和有呼吸疾病人群为强需求人群；通过用户群体的重新聚焦，产品销售情况得到改观。在该互动事件中，互动主体双方是企业方和有购买需求的用户，企业方和用户方在互动事件中分别扮演了产品营销者和产品购买者的角色，企业通过互动确立了目标用户群体，完成了产品售卖活动，用户则通过知晓产品定位信息，实现了购买行为。

（四）空气魔方创新进程中的互动事件

空气魔方的创新进程中涉及互动事件 I_{15}—I_{18}，I_{15}、I_{16} 探讨了创意产品化阶段展现出的关键互动事件，I_{17}、I_{18} 则关注了产品市场化阶段发生的关键互动事件。互动事件的具体内容呈现如下：

互动事件 I_{15}，企业识别到用户对于空气问题解决方案的需求，提出基于不同情境提供定制化服务产品的初始想法，企业将初始想法发布到交互平台，用户基于初始想法提出意见和建议，企业收集用户反馈意见，形成初始创意，借鉴积木插拼的原理，将产品定位于不同组件的组合。在该互动事件中，互动主体双方——企业和用户，分别扮演了问题提出者和方案提供者的角色,围绕情境化的空气质量解决方案的探索和显现,双方在海尔交互平台上进行信息和知识的传递和共享,企业形成了有价值的初始创意,用户则体现其专业知识。

互动事件 I_{16},企业将初始创意发布到交互平台上,并命名为"空气魔方",用户积极参与到交互平台的讨论中,认为空气魔方凸显了用户对于定制化和个性化的需求诉求。在该互动事件中,互动主体双方——企业和用户,分别扮演了初始创意发布者和初始创意验证者的角色,围绕初始创意的可行性问题,双方在海尔交互平台上进行信息和知识的传递和共享,企业形成了经顾客证实的创意,用户则实现了其对定制化和个性化需求的诉求。

互动事件 I_{17},企业通过创意产品化阶段形成原型产品后,决定采用两种方式与用户进行互动,一是邀请极客用户试用产品,二是交互平台深层次互动。极客用户试用产品并提供使用体验,平台用户参与到互动中提供意见反馈;企业收集两类用户的意见信息,并融入不同的研发资源,对产品进行了修正和完善。在该互动事件中,互动主体双方为企业方和两类用户群体,企业方在互动事件中扮演了产品提供者和问题探索者的角色,用户方在互动事件中扮演了产品使用者和信息提供者的角色,企业通过采用企业—用户互动活动,实现了产品的修正和完善,用户则在此过程中提前知晓了产品信息,获得了使用价值和体验利益。

互动事件 I_{18},在企业宣传和推广产品时,企业选择了两种方式,一是在北京召开新品发布会,二是登录京东的众筹平台;媒体和极客用户在新品发布会现场体验产品并发表意见,用户参与到京东众筹平台支持产品推广;企业在产品上市当天,14 小时内售出 3 万台产品。在该互动事件中,互动主体双方为企业方和两类用户群体,企业方在互动事件中扮演了问题探索者和产品营销者的角色,用户方在互动事件中扮演了信息提供者和产品购买者的角色,企业通过新品发布会和京东众筹平台获取用户的购买信息,并基于此在网上商城发布信息实现快速售卖的目的,用户则在此过程中知晓了产品的营销信息,实现了购买行为,获得了使用价值。

(五)水盒子创新进程中的互动事件

水盒子的创新进程中涉及互动事件 I_{19}—I_{23},I_{19}—I_{21} 探讨了创意产品化阶段展现出的关键互动事件,I_{22}、I_{23} 则关注了产品市场化阶段发生的关键互动事件。互动事件的具体内容呈现如下:

互动事件 I_{19}，创意提出者 ZH 基于亲戚朋友的抱怨，觉察出现有净水设备的问题，他将净水问题发布到交互平台上，抽取与净水相关用户群，通过用户参与和反馈，甄别出三大类问题，企业基于用户反馈和海尔的"U+"系统理念，将产品定位于互联网产品，形成初始创意"实网和虚网结合的'饮用水解决方案'"。在该互动事件中，互动主体双方——企业和用户，分别扮演了需求探索者和信息提供者的角色，围绕用户需求的探索和展现，双方在交互平台上进行信息和知识的传递和共享，企业确立了初始创意，用户则展现了其需求诉求。

互动事件 I_{20}，企业将涵盖实物产品和 App 软件的智能家居产品——水盒子的初始创意发布到交互平台上，探索和验证用户对该新颖创意的反馈意见，企业通过与用户在交互平台上的讨论，整理和汇总用户的反馈意见，证实了该初始创意的价值性和可行性。在该互动事件中，互动主体双方——企业和用户分别扮演了创意发布者和创意验证者的角色，围绕初始创意可行性和价值性问题，在交互平台上进行沟通交流，企业形成了新颖的创意，用户则展现了需求诉求。

互动事件 I_{21}，企业将产品设计阶段涉及的产品外观和功能卖点等软硬件问题发布到交互平台上，用户与企业在交互平台上进行多轮讨论和争辩，企业整理和汇总用户意见，形成产品的初始设计方案。在该互动事件中，互动主体双方——企业和用户分别扮演了问题提出者和信息提供者的角色，围绕产品外观设计和对卖点的探索，在交互平台上进行信息和知识的传递和共享，企业获得了产品的初始设计方案，用户则展现了其需求诉求和专业知识。

互动事件 I_{22}，企业通过创意产品化阶段，确立了水盒子的创意并形成了水盒子的原型产品；企业在网络社区甄选极客群体试用产品，同时在网络社区与大批粉丝群就极客群体提出的产品存在的问题进行互动；极客群体试用产品并提供使用体验反馈，平台用户就企业提出的问题进行讨论并提供意见反馈；企业收集汇总意见反馈，完善了产品的外观设计和 App 软件的更新和调整。在该互动事件中，互动主体双方为企业方和两类用户群体，企业方在互动事件中扮演了产品提供者和问题探索者的角色，用户方在互动事件中扮演了产品使用者和信息提供者的角色，企业通过采用企业—用户互动活动，完成了对原型产品的修正和完善，用户则在此过程中提前知晓产品信息，获得了使用价值和体验利益。

互动事件 I_{23}，企业在产品的推广营销阶段，决定采用预售的方式；企业确定在日日顺净水商城展开产品的预订活动，并在预订期间给用户提供相应的优惠；用户参与到预售活动中，购买预售认筹券，同时参与到"抢单、晒单赢礼包"的活动；企业在第一批产品上市当天 2 万台产品售罄，在第二批产品上市当天 6 万台产品售罄，并基于数据反馈有 4 成预约用户未能实现购买。在该互动事件中，互动主体双方为企业方和购买用户，企业方和用户方在互动事件中分别扮演了产品营销者和产品购买者的角色，企业方通过日日顺净水商城发布产品预售信息，用户参与到预售活动中并通过购买认筹券为企业提供了购买信息同时实现购买行为，企业获取信息确立上市产品量，实现了产品售卖目的。

二　创新产品互动事件的相关主题分析

通过对上述 23 个互动事件的概述和分析，可以发现互动内容和互动范式主要包含四个方面，创意的形成和验证、初始方案的设计和实现、原型产品的测试和完善、产品的推广和营销。为了实现这四个方面的互动，互动主体双方扮演了不同的角色，并基于特定的互动目的和互动情境，实施相应的互动行为以实现预期的互动结果。表 4—2 呈现出 23 个互动事件的互动内容、互动主体角色扮演、互动范式和互动结果。

表 4—2　　　　　　　　　互动事件相关主题概述

互动事件	互动内容	互动主体角色扮演 企业方	互动主体角色扮演 用户方	互动范式	互动结果 企业方	互动结果 用户方
I_1	基于用户需求的互动	需求探索者	信息提供者	雷神吧互动：用户提供信息，企业收集信息	对用户需求的甄别把握	需求诉求得以展现
I_2	基于对创意可行性验证的互动	初始创意发布者	初始创意验证者	雷神吧互动：平台用户提供反馈意见，企业整理信息	形成了经顾客证实的创意	展现需求诉求、先验知识
I_3	基于原型产品测试完善的互动	产品提供者	产品使用者	开放式公测：公测用户提供试用体验测评信息，企业收集信息	企业收集信息，修正完善原型产品	获得使用价值和情感体验
I_4	基于产品营销推广的互动	产品营销者	产品购买者	网上预售：企业网上发布预售消息，用户参与预售活动	企业基于购买信息，实现产品售卖	获得营销信息和使用价值

续表

互动事件	互动内容	互动主体角色扮演 企业方	互动主体角色扮演 用户方	互动范式	互动结果 企业方	互动结果 用户方
I_5	利用顾客获得解决方案的互动	问题探索者	方案提供者	网上平台互动：企业发布问题寻求解决方案，用户参与互动提供方案	获得了问题的初步解决方案	体现先验知识、专业知识
I_6	基于对创意可行性验证的互动	信息发布者	创意验证者	网上平台互动：评比筛选解决方案；在线投票：用户投票提供信息	实现了对创意的筛选和评比	展现需求诉求、情感体验
I_7	围绕产品设计相关事宜的互动	资源整合者	研发合作者	面对面交流：企业与用户一同将创意产品化，形成原型产品	实现了对最终方案的抉择	体现专业知识、情感体验
I_8	基于原型产品测试完善的互动	产品提供者；需求探索者	产品使用者；信息提供者	体验活动和卖场宣传，用户体验产品；平台互动：征集用户信息	企业收集信息，修正完善原型产品	知晓企业产品信息，获得体验利益
I_9	基于产品营销推广的互动	问题探索者；产品营销者	信息提供者；产品购买者	平台互动：用户提供产品定价意见，用户收集信息，促成产品售卖	企业确立产品定价，市场产品售卖	知晓产品定位信息，获得使用价值
I_{10}	基于对创意可行性验证的互动	初始创意发布者	初始创意验证者	平台互动：企业将初始创意发布到平台，用户对此提出意见反馈	证实了其初始创意的可行性	体现需求诉求、专业知识
I_{11}	基于对方案可行性验证的互动	方案发布者	方案验证者	平台互动：企业将空气盒子的初始方案发布到平台上，用户提出意见反馈	证实了其新颖方案的可行性	需求诉求得以展现
I_{12}	利用顾客获得解决方案的互动	问题探索者	信息提供者	平台互动：企业就产品研发相关事宜征集用户意见，用户参与投票	获得了设计产品的知识储备	专业知识得以体现
I_{13}	基于原型产品测试完善的互动	产品提供者；问题探索者	产品使用者；信息提供者	产品试用：甄选用户体验产品；平台互动：App软件情况反馈	企业收集信息，修正完善原型产品	知晓企业产品信息，获得体验利益
I_{14}	基于产品营销推广的互动	产品营销者	产品购买者	平台互动：企业将产品信息发布到交互平台，重新筛选强需求人群	企业确立用户人群，实现产品售卖	获得定位信息和使用价值
I_{15}	利用顾客获得解决方案的互动	问题探索者	方案提供者	平台互动：企业将初始想法、问题发布到平台，用户提供解决方案	获得了问题的解决方案	专业知识得以体现

续表

互动事件	互动内容	互动主体角色扮演		互动范式	互动结果	
		企业方	用户方		企业方	用户方
I_{16}	基于对创意可行性验证的互动	初始创意发布者	初始创意验证者	平台互动：企业将"空气魔方"创意发布到平台，用户提供意见反馈	形成了经顾客证实的创意	需求诉求得以展现
I_{17}	基于原型产品测试完善的互动	产品提供者；问题探索者	产品使用者；信息提供者	产品试用：邀请极客体验产品；平台互动：获取用户产品信息反馈	企业收集信息，修正完善原型产品	知晓企业产品信息，获得体验利益
I_{18}	基于产品营销推广的互动	问题探索者；产品营销者	信息提供者；产品购买者	新品发布会：推广及现场体验产品；京东众筹平台：宣传及募集资金	企业获取信息反馈，实现产品售卖	知晓产品营销信息，获得使用价值
I_{19}	基于用户需求的互动	需求探索者	信息提供者	平台互动：用户提供需求诉求，企业收集信息	确立了初始创意	需求诉求得以展现
I_{20}	基于对创意可行性验证的互动	初始创意发布者	初始创意验证者	平台互动：企业将初始创意发布到平台，用户提供意见反馈	形成了经顾客证实的创意	需求诉求得以展现
I_{21}	围绕产品设计相关事宜的互动	问题提出者	信息提供者	平台互动：企业将产品研发设计理念发布到平台，用户提供意见反馈	获得了产品的初始设计方案	体现需求诉求、专业知识
I_{22}	基于原型产品测试完善的互动	产品提供者；问题探索者	产品使用者；信息提供者	产品试用：甄选极客群体试用产品；平台互动：针对产品问题进行互动	企业收集信息，修正完善原型产品	知晓企业产品信息，获得体验利益
I_{23}	基于产品营销推广的互动	产品营销者	产品购买者	网上预售：企业在网上商城展开预订，用户参与预售活动	企业基于购买信息，实现产品售卖	知晓产品营销信息

资料来源：笔者整理。

（一）互动内容

互动事件在互动内容方面，主要体现在，互动事件 I_1、I_2、I_5、I_6、I_{10}、I_{11}、I_{15}、I_{16}、I_{19}、I_{20} 是基于创意形成和验证目的的互动；I_7、I_{12}、I_{21} 是基于初始方案设计目的的互动；I_3、I_8、I_{13}、I_{17}、I_{22} 是基于原型产品测试完善目的的互动，I_4、I_9、I_{14}、I_{18}、I_{23} 是基于产品推广营销目的的互动。

同时，基于相同内容的互动也呈现出差异，例如，在基于创意形成和验证目的的互动事件中，I_1、I_{19}是基于用户需求开展的互动事件，I_5、I_{15}是利用顾客知识获得解决方案开展的互动事件，I_2、I_6、I_{10}、I_{11}、I_{16}、I_{20}是基于对创意/方案可行性验证开展的互动事件；在基于原型测试和完善目的的互动事件中，I_8通过举办主题体验活动和卖场宣传活动，收集用户信息改善产品，I_3、I_{13}、I_{17}、I_{22}则是基于用户试用和公测的方式获取用户信息进而完善产品。

（二）互动主体角色扮演

基于互动内容和互动方式的不同，互动角色扮演呈现出差异性。在创意产品化阶段，在基于创意形成和验证目的的互动事件中，由于具体的互动范式不同，即使是同样解决创意形成和验证的目的，企业和用户方角色也呈现差异性，在基于用户需求开展的互动事件中，企业方扮演需求探索者角色，用户方扮演需求信息提供者角色；在利用顾客知识获得解决方案开展的互动事件中，企业方扮演问题探索者角色，用户方扮演信息和知识提供者的角色；在对创意/方案可行性验证开展的互动事件中，企业方扮演初始创意/方案的发布者，用户方扮演初始创意/方案可行性和价值性的验证者。而基于初始方案设计目的的用户，企业方则扮演了问题的提出者角色，用户方扮演了信息和知识提供者的角色。

同样，在产品市场化阶段，基于对原型产品的测试完善的互动，企业方扮演的角色是产品提供者，与之相应，用户方扮演的角色是产品使用者；基于对产品营销推广的互动，企业方扮演的角色是产品营销者，与之相应，用户方扮演的角色是产品购买者。此外，对于相同互动内容下，由于互动方式的差异，用户方也呈现出扮演多重角色的情况，在企业基于原型产品测试完善的互动中，不仅选取了产品试用测试的方式，还选取了交互平台信息深层次互动的方式，因此企业方和用户方扮演多重角色，企业方不仅扮演产品提供者，还扮演了需求/问题探索者角色，与之相应，用户方不仅扮演产品使用者，还扮演了信息提供者角色；在企业基于产品推广营销的互动中，采用了多重互动方式，导致企业方和用户方角色扮演呈现差异性，企业方不仅扮演产品营销者，还扮演问题探索者角色，与之相应，用户方不仅扮演产品购买者，还扮演信息提供者角色。

（三）互动范式

互动范式指的是企业通过何种渠道采用何种方式实现互动的目的。在创意产品化阶段，除了互动事件I_7之外，其余互动事件的互动渠道均是利用线上交互平台，互动事件 I_7 是线下面对面的互动范式。在具体的互动渠道上，有些企业选择了自己建立的交互平台，并形成了粉丝社区，如雷神选择了在百度贴吧设立雷神吧，并以此作为其与用户沟通交流、收集信息的渠道；有些企业利用互联网的优势，将问题直接发布到互联网上，利用各方的资源和能力提升互动结果的有效性，例如免清洗洗衣机将问题发布到互联网上，融合各方资源提炼出免清洗的解决方案；有些企业运用了现有的平台，探索其目标群体并获取相应的信息反馈，如空气盒子、空气魔方和水盒子均是运用了现有交互平台的优势，并逐步形成自己的网络社区，开展持续的互动活动。

在产品市场化阶段，互动的渠道则更为多样化，全部的互动事件中均采用了线上的互动渠道，也包含了线下的互动渠道。同时，线上的互动渠道不仅包含了交互平台，而且还涉及了预售网站、众筹平台等其他互动渠道，而线下的互动渠道同样也呈现出多样化，例如用户方试用产品并提供试用报告，企业方举办主题体验活动、卖场宣传活动以及新品发布会等。基于互动渠道的差异，互动范式也相应地呈现出不同。基于原型产品测试完善的互动，多是采用了用户体验试用的互动方式，如互动事件 I_3，企业通过收集用户的体验数据和信息进而修正和完善原型产品；同时基于数据收集范围和程度的差异性，企业在采用产品体验方式的同时也会采用平台互动的方式，以基于大数据的信息反馈提升信息的有效性，如互动事件 I_{13}、I_{17}、I_{22}；此外企业会通过开展体验活动或宣传活动，在活动参与人群中获取信息，进而完善产品，如互动事件 I_8。基于产品营销推广的互动，互动方式也呈现出多样性的特征，有的企业采用网上预售方式，通过用户预订信息确定产品产量，促进快速有效的售卖活动，如互动事件 I_4、I_{23}；有的采用平台的深层次互动，聚焦用户群体以及获取用户购买信息，如互动事件 I_9、I_{14}；有的采用新品发布会及众筹模式宣传推广产品，如互动事件 I_{18}。

（四）互动结果

创意产品化阶段，在基于用户需求开展的互动事件中，企业方实现了对需求的甄别把握形成了初始创意，用户方则基于其使用抱怨提出了需求诉求；在利用顾客知识获得解决方案开展的互动事件中，企业方实现了对用户知识的融合获取了问题的解决方案，用户则展现了其需求诉求、体现了其专业知识；在对创意/方案可行性验证开展的互动事件中，企业方形成了经顾客证实的创意，用户则展现了其需求信息和专业知识；在围绕产品设计相关问题开展的互动事件中，企业获得了产品的初始设计方案，用户则展现了其需求诉求和体现了其专业知识储备。

产品市场化阶段，基于原型产品测试完善的互动产生的互动结果，对于企业方而言是通过互动范式获取了产品修正和完善的信息进而达成了产品的完善，对于用户方而言则是获得企业产品信息，提前获得使用价值以及用户体验；基于产品营销推广的互动产生的互动结果，对于企业方而言，是通过互动范式获取用户的产品购买信息进而达成产品售卖的目的，对于用户而言则是通过参与到互动活动中明晰产品定位信息或营销信息，进而获得使用价值。

第三节 本章小结

本章概述了五个创新产品的创新进程及其互动事件。首先，基于一手和二手数据资料，细致梳理了雷神、免清洗、空气盒子、空气魔方和水盒子五个创新产品的创新进程，通过梳理创意产品化阶段和产品市场化阶段的创新进程，为后续不同阶段的对比研究奠定基础；其次，基于对案例数据的分析和整理，总结和提炼出创新进程的四个特点，创新产品具有新颖性和创新性，注重全流程用户体验，呈现动态、循环的创新轨迹以及展现快速高效实现创新进程，并在此基础上确立了本书的研究情境为迭代创新过程；再次，基于对迭代创新进程的探索，识别出23个互动事件，其中创意产品化阶段具有13个互动事件，产品市场化阶段具有10个互动事件，并对每个互动事件的发生条件、过程和结果进行了阐述；最后，总结了互动事件的相关主题，对于互动事件中呈现出的互动内容、互动主体双方的角色扮演、互动范式和互动结果进行了系统的描述。通过本章的探索，为后续章节开展迭代创新过程中的企业—用户互动的案例分析工作奠定了基础。

第五章

迭代创新过程中的企业—用户互动特征研究

上一章阐述了五个创新产品的创新进程确立了迭代创新的研究情境,同时识别出了创新进程中展现的23个互动事件,本章在此基础上开启迭代创新过程中的企业—用户互动研究,探索企业—用户互动在迭代创新过程中呈现的特征,为后续深入探索互动活动的驱动因素和作用机制研究奠定基础。基于对案例数据的提炼和总结,本章拟从静态和动态两个方面探索企业—用户互动的特征:静态方面,将探索在迭代创新过程中的互动主体双方的构成及其角色扮演情况;动态方面,将探索在迭代创新过程中互动主体和互动范式的动态演化问题。

第一节 迭代创新过程中的互动主体构成和角色扮演

基于本书的研究情境和研究主题,本书将互动界定为,在经济活动发生时,组织与用户、组织与用户群、组织群与用户群在参与心理、实施行为等方面相互影响、相互作用的动态过程。在创新进程的演化发展过程中,会有不同的组织和用户融入到创新进程中并扮演特定的角色[1],促进了创新进程的开展和创新结果的实现。基于两阶段创新过程的研究设计,将分别探索创意产品化和产品市场化阶段的互动主体构成和互动双方角色扮演,并在此基础上对比不同阶段所呈现的特征,进而总结和提炼出创新进程中互动主体的构成和角色扮演情况。

---

[1] Nambisan, S., "Designing Virtual Customer Environments for New Product Development: Toward A Theory", *Academy of Management Review*, Vol. 27, No. 3, 2002.

一 创意产品化阶段的互动主体的构成和角色扮演

传统的创新实践显示,在创意和原型产品的形成阶段,普遍存在"企业中心论"的观点,企业在创新进程中往往处于首要甚至是完全主导的地位,忽略了用户在创意和原型形成阶段的价值。[1][2]而伴随 Von Hippel 等学者的系列论文的发表[3][4][5],验证了用户在创新实践中的价值,同时企业采取的运营逻辑也逐渐由产品主导逻辑向服务主导逻辑进而向用户主导逻辑演化[6],企业的创新实践也从"闭门造车"式的创新实践模式向更具灵活性的用户互动范式转变[7],在创意和原型形成的过程中,通过与用户不断的沟通交流,探索以及挖掘其显性和隐性需求[8]。

基于本书的研究情境,促进互动范式形成的互动主体主要涉及两个方面:一是企业方,企业方基于其创新活动开展过程中的不同运营目的开启互动范式,例如互动事件中呈现出的对用户需求的挖掘、对问题解决方案的探索、对初始创意可行性的验证以及为了获取产品设计方案等目的实施用户互动活动以实现企业方的特定目的进而促进创新的实现。二是用户方,随着互联网时代的到来,信息不对称问题得以解决,用户不再只是产品的被动接受者[9],而是会提出更具个性化和定制化要求的主动行为实施者[10][11],

---

[1] Prahalad, C. K., Ramaswamy, V., *The Future of Competition*: *Co-creating Unique Value with Customers*, Boston, MA: Harvard Business School Press, 2004.

[2] Von Hippel, E., *The Source of Innovation*, Oxford University Press, 1988.

[3] Von Hippel, E., "Sticky Information and the Locus of Problem Solving: Implications for Innovation", *Management Science*, Vol. 40, No. 4, 1994.

[4] Von Hippel, E., "Perspective: User Toolkits for Innovation", *Journal of Product Innovation Management*, Vol. 18, 2001.

[5] Von Hippel, E., *Democratizing Innovation*, Cambridge MA: MIT Press, 2005.

[6] 李耀、王新新:《价值的共同创造与单独创造及顾客主导逻辑下的价值创造研究评介》,《外国经济与管理》2011 年第 9 期。

[7] Ries, E., *The Lean Startup*: *How Constant Innovation Creates Radically Successful Businesses*, London: Penguin Group, 2011.

[8] Day, G., "Misconceptions about Market Orientation", *Journal of Market Focused Management*, Vol. 4, No. 1, 1999.

[9] Nambisan, S., "Designing Virtual Customer Environments for New Product Development: Toward A Theory", *Academy of Management Review*, Vol. 27, No. 3, 2002.

[10] Von Hippel, E., *Democratizing Innovation*, Cambridge MA: MIT Press, 2005.

[11] Rodie, A. R., Kleine, S. S., "Customer Participation in Services Production and Delivery", Handbook of Services Marketing and Management, Sage Publications Thousand Oaks, CA, 2000, pp. 111–125.

例如互动事件中呈现的用户登录到交互平台（如百度贴吧、海尔的交互平台），基于企业提出的问题积极地提出解决方案以及基于自身的需求诉求提出新的需求诉求信息。

(一) 创意产品化阶段的互动主体构成

在创意产品化阶段，对于互动主体构成的阐述，企业层面指不同职能部门以及企业不同层级人员（如管理团队、研发团队、创意团队）所参与的互动，用户层面指企业的不同用户群体（如领先用户、现有用户、潜在用户；普通用户、专家用户）参与的互动。在上一章节识别出的创意产品化阶段的 13 个互动事件中，互动主体的构成双方均由企业方和用户方组成，但具体呈现方式却呈现差异性。

如表 5—1 所示，是 13 个互动事件中呈现出的互动主体构成的概况。在案例企业呈现的互动事件中，互动主体的构成双方为企业方和用户方：企业方包含管理团队（包含创业团队）、研发团队以及创意团队（创意提出者），即企业方为了实施创意的开发与探索、产品的设计与研发、企业的运营与发展而由组织或个体实施的互动活动；而用户方则包括了三类用户群体，目标用户群、专家用户群和参与用户群，目标用户群是指提供企业所需需求信息的用户群体，专家用户群是指用户利用其知识提供问题解决方案的用户群体，参与用户群体则指用户在交互平台上参与沟通交流的用户群体。

表 5—1　　　　　　　创意产品化阶段的互动主体构成

互动事件	互动主体		互动事件	互动主体	
	企业方	用户方		企业方	用户方
I_1	创业团队	目标用户群	I_{12}	管理团队	专家用户群
I_2	管理团队	参与用户群	I_{15}	研发团队	参与用户群
I_5	研发团队	专家用户群	I_{16}	创意团队	参与用户群
I_6	管理团队	参与用户群	I_{19}	创意团队	目标用户群
I_7	管理团队	专家用户群	I_{20}	管理团队	参与用户群
I_{10}	创意团队	目标用户群	I_{21}	研发团队	专家用户群
I_{11}	管理团队	参与用户群			

资料来源：笔者根据案例企业数据整理。

雷神涉及互动事件 I_1、I_2，在互动事件 I_1 中，互动主体的构成双方分别为，创业团队和目标用户群（游戏爱好者群体），即由三名成员 LYB、LN、LX 三人组成的初始团队，启动互动范式，在游戏爱好者群体组成的百度贴吧中收集游戏用户关于游戏笔记本电脑的需求诉求信息，以甄别具有价值的初始想法。互动事件 I_2 中，互动主体的构成双方分别为，管理团队和专家用户群（专业玩家），即由企业的管理团队成员，将初始创意发布到百度贴吧，在专业游戏玩家群体中寻求更为专业的意见进而明确创意。

免清洗涉及互动事件 I_5—I_7，互动事件 I_5，互动主体的构成双方分别为，研发团队与专家用户群（互联网专家用户），即企业将长期未解决的问题发布到互联网，融入各方智慧获取该问题的解决方案。互动事件 I_6，互动主体的构成双方分别为，管理团队与参与用户群（交互平台用户），即企业通过将整合汇总的初始创意发布到交互平台上，在平台社区中获取用户的意见反馈（包括讨论区留言和投票方式），聚焦创意。互动事件 I_7，互动主体的构成双方分别为，管理团队与专家用户群（提出解决方案的专家用户群），即企业邀请投票排名前十位的创意提出者进入企业，与企业一同将创意转化为产品原型进行模拟测试，甄选切实可行的创意。

空气盒子涉及互动事件 I_{10}—I_{12}，互动事件 I_{10}，互动主体的构成双方分别为，创意团队（初始创意提出者）与目标用户群（关注空气质量用户群），即创意提出者 FJX 将其初始创意发布到交互平台上，吸引和挖掘空气质量关注人群，验证初始创意的可行性和价值性。互动事件 I_{11}，互动主体的构成双方分别为，管理团队和参与用户群（交互平台用户），即团队成员基于海尔的"U+"系统将产品融入到智能家居系统，将此想法发布到交互平台，在平台社区获取用户的反馈。互动事件 I_{12}，互动主体的构成双方分别为，管理团队与专家用户群，即团队成员将产品硬件的颜色、形状，软件的参数、指数等问题发布到交互平台，收集专家用户的反馈信息，形成原型产品。

空气魔方涉及互动事件 I_{15}、I_{16}，互动事件 I_{15}，互动主体的构成双方分别为，研发团队与参与用户群（交互平台用户），即团队成员觉察到用户对于空气盒子检测出的空气质量问题解决的迫切需求，将情境化解决空气质量的问题发布到交互平台，利用网民实时登录后的反馈获得问题的解决方案。互动事件 I_{16}，互动主体的构成双方分别为，创意团队（创意提出者）和参与用户群（平台登录用户），即企业将"空气魔方"的初始想法发布到交互平台，在平台社区获取用户的意见反馈，验证初始创意的可行性和价值性。

水盒子涉及互动事件 I_{19}—I_{21}，互动事件 I_{19}，互动主体的构成双方分别为，创意团队（初始创意提出者）与目标用户群（关注水质量问题的用户群），即创业团队成员 ZH 觉察到用户对净水设备的抱怨问题，将该问题发布到交互平台收集关注水质量的用户对于净水问题的意见反馈。互动事件 I_{20}，互动主体的构成双方分别为，管理团队与参与用户群（平台登录用户），即企业将水盒子的初始创意发布到交互平台上，探索和验证用户对该新颖创意的反馈意见。互动事件 I_{21}，互动主体的构成双方分别为研发团队与专家用户群，即企业将产品外观和功能等软、硬件问题发布到交互平台上，企业通过整理和汇总用户意见，形成产品的初始设计方案。

（二）创意产品化阶段的互动主体的角色扮演

在战略管理和质量管理的相关研究文献中，研究者识别出用户在价值创造中的五种角色，资源提供者、共同创造者、购买者、使用者和产品[1]，前两种角色处于组织行为的上游或者输入方层面，后三种角色处于组织系统的下游或者输出方层面。Fang 指出在新产品开发过程中，用户具有两种重要角色，一是用户作为信息资源提供者（CPI），二是用户作为共同开发者（CPC）[2]。Bogers 等指出用户作为创新者的两种角色，一是后续应用采取者（adapter），二是作为创新相关知识的来源者（source）。[3] Fuchs 和 Schreier 指出用户被赋予两种角色，创造者（create）和投票者（vote），前者指用户被赋予角色以为企业产品研发提供建议，后者则指用户会决定最终何种产品可以上市。[4] Nambisan 将用户的角色聚焦于三种，

---

[1] Fich, B. J., "Internet Discussions as A Source for Consumer Product Customer Involvement and Quality Information", *Journal of Operations Management*, Vol. 17, 1999.

[2] Fang, E., "Customer Participation and the Trade-off Between New Product Innovativeness and Speed to Market", *Journal of Marketing*, Vol. 72, No. 7, 2008.

[3] Bogers, M., Afuah, A., Bastian, B., "Users as Innovators: A Review, Critique, and Future Research Directions", *Journal of Management*, Vol. 36, No. 4, 2010.

[4] Fuchs, C., Schreier, M., "Customer Empowerment in New Product Development", *Journal Product Innovation Management*, Vol. 28, 2011.

资源提供者、共同创造者和使用者,并指出资源提供者角色涉及了用户作为创新的源泉,共同创造者角色涉及用户参与到产品设计和开发中,而使用者角色则涉及产品测试和产品支持,并指出这三种角色发生在产品形成的不同阶段。[①]

上述研究观点为本书提供了很好的借鉴,在创新进程中用户在不同阶段可能会扮演不同的角色、发挥相异的价值。聚焦于研究情境和研究主题,本书认为创新是企业方和用户方相互融合和交互的过程,强调了创新的交互本质。[②] 因此对于创新过程中互动特征的阐述,不仅探索创新进程中用户角色扮演情况,而且还描述创新过程中企业角色的扮演情况,进而实现对互动主体角色扮演的全景式阐述。

下文将聚焦于创意产品化阶段,探索创意产品化阶段形成的13个互动事件中呈现出的互动主体角色扮演情况。

基于互动主体构成的不同,企业和用户双方在互动事件中扮演不同的角色:

(1) 当互动主体构成为管理团队和目标用户群时,企业—用户互动双方的角色扮演分别为需求探索者和信息提供者。在企业的创新分布网络中用户是企业最为重要的创新思想来源[③],对于用户需求的探索和挖掘是企业开启创新活动的关键点。当管理团队面临其目标用户群体时,他们致力于从目标用户群体中探索利于其发展的信息和资源,进而使其更准确地定位企业产品,形成更具价值性和创新性的想法。如互动事件 I_1,雷神的创业团队,通过与游戏玩家的互动,明确了游戏玩家对于游戏笔记本电脑的需求诉求,在获得有价值的用户信息后,调整和修正初始想法,进而形成更为贴近用户需求的创意。

(2) 当互动主体构成为管理团队和专家用户群时,企业—用户双方的角色扮演分别为问题探索者和方案提供者。在产品创新过程中,有的用户扮演了共同创造者的角色,用户会参与到产品设计和开发过程中,与企

---

① Nambisan, S., "Designing Virtual Customer Environments for New Product Development: Toward A Theory", *Academy of Management Review*, Vol. 27, No. 3, 2002.

② Jensen, M. B., Johnson, B., Lorenz, E., et al., "Forms of Knowledge and Modes of Innovation", *Research Policy*, Vol. 36, 2009.

③ Jiang, B., "Outsourcing Effects on Firms' Operational Performance", *International Journal of Operations & Production Management*, Vol. 26, No. 12, 2006.

业方共同完成原型产品的形成过程。[1] 当管理团队致力于完成原型产品时，会通过与用户的互动促使用户利用其知识和信息储备实现创新过程。如互动事件 I_7，免清洗管理团队邀请初始想法的提出者到企业与企业共同完成原型产品的设计和制作。

（3）当互动主体构成为管理团队和参与用户群时，企业—用户双方的角色扮演为信息发布者和想法验证者。Von Hippel 指出用户创新者普遍愿意公开他们的信息，但是分布广泛，单个个体持有的信息和知识有限，因此需要建立"创新社团（innovation communities）以提高用户整体提供的'无偿公开创新公地'的价值"[2]。对于企业而言，为用户提供了参与创新的平台，用户可以通过在平台上发布信息及参与企业相关事宜进而参与到企业的创新活动中。如互动事件 I_{20}，水盒子的管理团队将初始创意发布到交互平台上，收集用户的意见反馈进而验证初始想法的价值性。

（4）当互动主体构成为研发团队和专家用户群时，企业—用户双方的角色扮演分别为问题探索者和方案/信息提供者。企业在新产品的开发过程中会遇到许多困难，他们需要去寻找更为合适的问题解决方案，一方面企业可以利用现有的知识储备重新组合进而解决问题，另一方面企业需要获取新知识去探索新领域。[3] 当研发团队成员发觉自己的知识储备无法得出问题解决方案时，可以通过与用户互动的方式获取用户的专业知识和信息，进而形成切实可行的问题解决方案。如互动事件 I_5，当免清洗的研发团队无法实现用户需求诉求时，将这一难题发布到网络平台上，利用专家用户群体的专业知识提供解决问题的方案。

（5）当互动主体构成为创意团队和目标用户群时，企业—用户双方的角色扮演为创意发布者和创意验证者。Maurya 认为创业的成功并不一定是拥有了一个好的初始想法，而更重要的是在其资源耗尽之前寻找到真正有价值的可行方案[4]；Mullins 和 Komisar 也指出即使是那些创业成功的

---

[1] Nambisan, S., "Designing Virtual Customer Environments for New Product Development: Toward A Theory", *Academy of Management Review*, Vol. 27, No. 3, 2002.

[2] Von Hippel, E., *Democratizing Innovation*, Cambridge MA: MIT Press, 2005.

[3] Katta, R., Ahuja, G., "Something Old, Something New: A Longitudinal Study of Search Behavior and New Product Introduction", *Academy of Management Journal*, Vol. 45, No. 6, 2002.

[4] Maurya, A., *Running Lean: Iterate from Plan A to A Plan that Works*, O'Reilly Media, Inc., 2012.

企业，也有超过 60% 的创业者在创业过程中改变了初始方案。① 当企业的创意团队提出初始创意时，不知晓自己的价值假设是否吻合用户的需求诉求，因此需要通过与用户互动以验证创意是否具有价值性和可行性。如互动事件 I_{10}，当空气盒子的创意团队提出初始创意时，为了验证用户是否也同样关注空气质量问题，积极挖掘潜在的目标用户，开展互动活动验证创意的价值性。

（6）当互动主体构成为创意团队和参与用户群时，企业—用户双方的角色扮演为创意发布者和创意验证者角色。企业的创意团队提出初始创意后，为了验证该创意是否能够吸引广大用户的关注，将初始创意发布到交互平台上，在具有足够数量的用户群体中验证创意的可行性。如互动事件 I_{19}，当水盒子的创意团队提出"水盒子"的设想时，不知晓团队是否真正识别到了用户的真实需求，因此需要通过与平台用户的互动以明确创意的价值性。

图 5—1 展现的是创意产品化阶段基于互动主体构成的角色扮演问题。如图所示，在创意产品化阶段，企业方主要扮演了三种角色，需求探索者、问题探索者、创意发布者；用户方主要扮演了三种角色，信息提供者、方案提供者和创意验证者。具体而言，一方面，企业扮演需求探索者、问题探索者和创意发布者角色，分别是基于企业对于用户需求诉求的探索、对于问题解决方案的探索以及对于其初始创意可行性和价值性的探索，即企业由于相关信息和知识的匮乏，无法依靠自身现有的信息量和知识储备完成创意产品化阶段的企业运营任务，故需采用用户互动的方式利用用户提供的新信息和新知识完成相应任务。② 另一方面，用户扮演信息提供者、方案提供者和创意验证者角色，即用户扮演了企业关键资源提供方的角色，用户的参与提供了企业运营所需但其匮乏的关键资源——信息资源，促使企业得以良性运营和健康有序地发展。③

---

① Mullins, J., Komisar, R., *Getting to Plan B: Breaking Through to A Better Business Model*, Boston, Massachusetts: Harvard Business School Press, 2009.

② Von Hippel, E., *Democratizing Innovation*, Cambridge MA: MIT Press, 2005.

③ Lengnich-Hall, C. A., "Customer Contributions to Quality: A Different View of the Customer-oriented Firm", *Academy of Management Review*, Vol. 21, 1996.

	目标用户	专家用户	参与用户
创意提出者	企业：创意发布者 用户：创意验证者	—	企业：创意发布者 用户：创意验证者
研发团队	—	企业：问题探索者 用户：方案提供者	—
管理团队	企业：需求探索者 用户：信息提供者	企业：问题探索者 用户：方案提供者	企业：创意发布者 用户：创意验证者

纵轴：企业方　横轴：用户方

注："—"指互动事件中未呈现出该项内容。

图 5—1　创意产品化阶段互动主体双方的角色扮演

资料来源：笔者整理。

综上，在创意产品化阶段，企业—用户互动的目的在于信息/知识资源的传递和共享，即企业需要用户的需求诉求信息、问题解决方案知识以及验证创意可行性的信息，为了实现信息/知识的获取，企业采用用户互动的范式从用户处获取所需信息/知识，进而促使了企业—用户互动范式的实施和开展。

二　迭代产品市场化阶段互动主体的构成和角色扮演

在产品市场化阶段，企业—用户互动范式主要涵盖两方面的内容，一是基于原型产品测试完善的互动，二是基于产品营销推广的互动。在对原型产品的测试方面，现有文献探讨了用户价值体现问题，指出了用户在原型测试过程中所扮演的高度创造性的角色：用户参与到产品测试中可以在产品研发周期内更早地发现产品缺陷进而最低成本地实现重新设计和重新研发工作；在产品测试中融入多样化的用户，企业可以获得充足的知识和信息以在多样化的用户情境中运营企业。[1] 然而,现有文献对于从企业和用户互动过程中呈现出的具体用户类型及其角色扮演探索的研究较少,而不同的互动主体在原型测试中扮演的角色不同,进而形成差异较大的绩效体现。而在产品的营销推广方面,作为创新产品实现商业化的最后一步,历来得到企业的重视和关注,研究结果也显示企业会采取不同的营销手段和方式以促使产品的商业化进程[2],然而,随着互联网经济和体验经济的发展,在产品的营销推广方面呈现出多样性和独特性的发展态势,"线上+线下"的多渠道、多层面的营销推广方式促进了企业—用户间的深层次的互动[3]。企业在与用户互动的过程中,可以获得用户的实时信息并及时将这一信息在其他用户群体中传播,这可以进一步促进其他用户融入到互动过程中成为企业产品的使用者。[4] 为了深入探究在原型产品测试完善和产品营销推广阶段的企业—用户的互动情况,本书将首先探索产品市场化阶段互动主体构成和角色扮演情况,从静态层面阐述企业—用户互动范式。

(一) 产品市场化阶段的互动主体构成

在产品市场化阶段的互动主体涵盖了企业方和用户方两类。企业方包含了产品市场化阶段参与到企业—用户互动活动中的组织,例如研发团队、创业/管理团队、营销团队等,这些组织在产品市场化的过程中通过与用户互动实现原型产品测试完善和产品营销推广的目的。而用户方则包含了产品市场化阶段参与到企业—用户互动活动中的用户群体,例如领先用户、专家用户、参与用户等,其中领先用户指具有两个重要特征的用户群,一是他们处于重要市场潮流的前端,二是他们预计可以从自己需求的解决方案中获得相对较高的收益[5];专家用户则是在创新过程中为企业提

---

[1] Nambisan, S., "Designing Virtual Customer Environments for New Product Development: Toward A Theory", *Academy of Management Review*, Vol. 27, No. 3, 2002.

[2] Mariona, T. J., Eddleston, K. A., Friar, J. H., et al., "The Evolution of Interorganizational Relationships in Emerging Ventures: An Ethnographic Study within the New Product Development Process", *Journal of Business Venturing*, Vol. 30, 2015.

[3] 詹姆斯·H. 吉尔摩、B. 约瑟夫·派恩二世:《真实经济:消费者真正渴望的是什么》,陈劲译,中信出版社2010年版。

[4] Nambisan, S., "Designing Virtual Customer Environments for New Product Development: Toward A Theory", *Academy of Management Review*, Vol. 27, No. 3, 2002.

[5] Von Hippel, E., *Democratizing Innovation*, Cambridge MA: MIT Press, 2005.

供信息和知识资源,通过共同创造的方式实现创新流程的用户群体[1];而参与用户多是基于个人的偏好和认知加入到实际或虚拟的创新社团中,并通过在创新社团中的角色扮演影响企业创新过程的用户群体。[2][3] 表5—2显示了产品市场化阶段10个互动事件呈现出的互动主体构成情况。

表5—2　　　　　　　　产品市场化阶段的互动主体构成

互动事件	互动主体构成	
	企业方	用户方
I_3	创业团队;交互团队[4]	专家用户(专业媒体、吧主、中立用户)
I_4	营销团队;交互团队	参与用户(参与产品预售)
I_8	研发团队;管理团队	参与用户(卖场顾客、员工、平台用户)
I_9	管理团队;营销团队	参与用户(平台用户)
I_{13}	研发团队;管理团队	专家用户(试用用户);参与用户
I_{14}	管理团队;营销团队	参与用户(平台用户)
I_{17}	研发团队;管理团队	领先用户;参与用户(平台用户)
I_{18}	管理团队;营销团队	领先用户(极客、众筹用户);专家用户
I_{22}	创业团队;研发团队	领先用户;参与用户(平台用户)
I_{23}	管理团队;营销团队	参与用户(参与产品预售)

资料来源:笔者根据案例数据整理。

由表5—2可以发现,互动主体构成双方均呈现出多样性的特征,即互动事件的开展并不是局限于单个组织和单一用户群之间,而是发生在多个组织和多个用户群之间,通过促进不同互动主体互动活动的发生以实现互动结果的目的。

具体而言,雷神游戏笔记本电脑涉及互动事件 I_3、I_4,互动事件 I_3 呈现出的互动主体构成情况为,企业方为创业团队和交互团队,用户方为专家

---

[1] Mahr, D., Lievens, A., Blazevic, V., "The Value of Customer Cocreated Knowledge During the Innovation Process", *Journal of Product Innovation Management*, Vol. 31, No. 3, 2014.

[2] Nambisan, N., "Designing Virtual Customer Environments for New Product Development: Toward A Theory", *Academy of Management Review*, Vol. 27, No. 3, 2002.

[3] Von Hippel, E., *Democratizing Innovation*, Cambridge MA: MIT Press, 2005.

[4] 在访谈雷神的创业团队时,团队成员指出为了促进企业—用户互动活动的开展,特别设置了交互团队,致力于在产品市场化阶段更为深入地促进用户互动活动的开展。

用户（包括专业媒体、雷神吧小吧主和中立用户）。在企业方，雷神的组织构成的独特之处在于其成立了用户交互部门，这一部门独立于营销、财务等职能部门而单独存在，旨在与用户进行更专业和更深入的互动活动；在用户方，雷神甄别了多样化的具有代表性的用户群体作为产品体验群体，以确保用户的专业性和宣传效果。互动事件 I_4 呈现出的互动主体构成情况为，企业方为营销团队和交互团队，用户方为参与用户。与传统的仅由营销团队开展产品营销推广活动不同，雷神选用了营销团队和交互团队合作的方式以便更深入地获取用户互动信息进而利于产品更广范围和更大程度的营销推广；用户方则是参与企业组织的预售活动的用户人群，该群体具有强烈的购买意愿和真实的购买信息，对于该群体信息的整合和分析有利于企业确立产品的上市数量进而向生产商提供明确的产品生产和需求信息。

免清洗洗衣机涉及互动事件 I_8、I_9，互动事件 I_8 呈现出的互动主体构成情况为，企业方为研发团队和管理团队，用户方为参与用户（包括企业员工、卖场顾客以及平台用户）。在企业方，为了实现原型产品的测试和完善，企业采用了多种方式进行产品试测和信息的收集，与传统方式不同之处在于企业将研发团队和管理团队一并作为用户互动的企业行为实施方，便于研发人员更快速和更深入地了解用户信息；用户方则选取了潜在的用户群体和平台用户群体，让潜在用户群体体验到产品并促使其客观做出产品评价利于企业获取真实的信息反馈，同时平台用户的互动则在更大范围获取反馈信息。互动事件 I_9 呈现出的互动主体构成情况为管理团队和营销团队，用户方为参与用户。该事件凸显了产品营销推广阶段的产品定价问题，企业在交互平台甄选有需求也有购买意愿的用户，与其讨论分析企业产品定价问题，并基于沟通交流的结果，确立了合适的价位诉求，实现了产品售卖的目的。

空气盒子涉及互动事件 I_{13}、I_{14}，互动事件 I_{13} 呈现出的互动主体构成情况为，企业方为研发团队和管理团队，用户方为专家用户和参与用户。企业在实施原型产品测试时，不仅管理团队参与到测试的设计和实施中，研发团队也参与到互动过程中，并及时获取用户信息；用户方在涉及专家用户的同时还涵盖了参与用户，通过专家用户对于产品的试用获取专业的、及时的体验数据进而优化产品，同时由于产品包括了 App 软件的下载和服务情况，通过具有更广泛用户群体基数的交互平台获取的信息则更具可信度和普适价值。互动事件 I_{14} 呈现出的互动主体构成情况为，企业方为管理团队和营销团队,用户方为参与用户。在该互动事件中,企业在产品营销推广过程中意识到极客用户并不是企业的强需求人群,并不具备好的传播作用,因此企业将原型产品发布到交互平台,重新聚焦和筛选用户,确立了母婴和有呼吸疾病人群作为企业强需求用户。

空气魔方涉及互动事件 I_{17}、I_{18},互动事件 I_{17} 呈现出的互动主体构成情况为,企业方为研发团队和管理团队,用户方为领先用户和参与用户。在企业方,与互动事件 I_8、I_{13} 情况相似,研发团队和管理团队一同实施企业—用户互动行为进而实现产品的修正和完善的目的;在用户方,领先用户体验产品并提供了体验报告和测评报告为企业提供了重要的产品修正信息,而涵盖了 81 万人群的平台参与用户群体则对于产品的外观设计和功能卖点提供更广范围和更深程度的信息。互动事件 I_{18} 呈现出的互动主体构成情况为,企业方为管理团队和营销团队,用户方为领先用户(包括极客用户和众筹用户)和专家用户(专业媒体)。企业采取异于传统营销方式的独特的营销手段,一是召开新品发布会增强产品的宣传效果,二是选择京东众筹平台,获取资金支持和关键信息资源,通过这两种宣传营销方式促使用户快速了解并认可企业的产品功能卖点;领先用户和专家用户则基于其参与渠道和方式的差异为企业提供了多样性的市场信息和需求信息,促进产品快速、低成本地实现售卖的目的。

水盒子涉及互动事件 I_{22}、I_{23},互动事件 I_{22} 呈现出的互动主体构成情况为,企业方为创业团队和研发团队,用户方为领先用户和参与用户。在企业方,管理/创业团队和研发团队选取领先用户作为产品体验用户,同时与平台用户基于体验报告反馈沟通交流产品外观设计和 App 软件更新及调整。互动事件 I_{23} 呈现出的互动主体构成情况为,企业方为管理团队和营销团队,用户方为参与用户。与互动事件 I_4 相似,管理团队和营销团队一同策划、设计和实施产品的预售活动,实施企业—用户互动,用户参与到预售活动中表达实际的购买意愿、提供真实的购买信息,企业基于参与用户的信息收集确立上市产品量。

由上述互动事件可知,在产品市场化阶段,互动主体的构成情况存在一定的异同。不同之处体现在:(1)基于不同互动内容的企业—用户互动活动,企业互动主体构成呈现出差异性。在基于原型产品测试完善的互动活动中,企业为了实现产品研发工作,参与互动的组织多为研发团队和管理团队的组合;而在基于产品的营销推广的互动活动中,企业方的主体构成多为管理团队和营销团队的组合。(2) 在基于相同互动内容的互动活动中，由于互动方式和创新产品本身的特性，企业的互动主体构成也呈现出差异性。如采用预售方式和新产品发布会，尽管都属于产品的营销推广，但是由于互动活动的方式不同，用户参与的群体呈现不同。再如，当创新产品同时涵盖了实体和虚拟产品性质时，实施产品测试和完善的互动活动则会涵盖更广泛的用户群体，提供更全面的反馈信息。相同之处体现在：(1) 在原型产品测试完善的互动活动中，互动事件 I_8、I_{13}、I_{17}、I_{22} 的互动主体构成中，企业方均由管理团队和研发团队组成，互动事件 I_3 由于其采用的是生产外包的形式，其企业方构成为创业团队和交互团队，因此，与传统管理方式不同，在互联网时代对于大多数产品而言，在原型产品测试完善的过程中，研发团队融入到企业—用户互动活动中利于企业快速获取信息，利于产品的更迭和调整。①② (2) 在产品的营销推广的互动活动中，互动事件呈现出的互动主体构成中，企业方均是管理团队和营销团队的结合，在传统的市场营销的范式中，实施营销互动的主体仅为营销团队，而为了更好地实施企业—用户互动活动，管理团队也融入到互动过程中，一方面为互动的开展提供了支持，另一方面可以基于互动情况协调整体管理活动。③

(二) 产品市场化阶段的互动主体的角色扮演

基于互动内容的不同，导致了互动主体构成的不同，进而影响了互动主体双方的角色扮演。与创意产品化阶段不同，在产品市场化阶段，由于互动主体双方构成的复杂性和多样性，在同一互动事件中，企业和用户方并不仅扮演一种角色，会基于互动主体构成的多样性而扮演多重角色。

如表 5—3 所示，展现了产品市场化阶段的互动主体双方的角色扮演情况，表格左端展现的是原型产品测试阶段的角色扮演情况，表格右端展现的是产品营销推广阶段的角色扮演情况。如表所示，在原型产品的测试完善阶段，企业方和用户方为了实现互动目的，分别扮演了产品提供者和产品使用者的角色，即企业方经过创意产品化阶段形成了原型产品，而用

---

① Blank, S. G.：《四步创业法》，七印部落译，华中科技大学出版社 2012 年版。
② Mullins, J., Komisar, R., *Getting to Plan B*: *Breaking Through to A Better Business Model*, Boston, Massachusetts: Harvard Business School Press, 2009.
③ Brown, S. L., Eisenhardt, K. M., "Product Development: Past Research, Present Findings, and Future Directions", *Academy of Management Review*, Vol. 20, No. 2, 1995.

户使用产品，提供使用体验信息以促进产品的修正和完善；同时由于互动主体构成的多样性和差异性，企业方还扮演了需求/问题探索者的角色，与之相应，用户扮演了信息提供者的角色。在产品的营销推广阶段，企业方和用户方为了实现互动的目的，分别扮演了产品营销者和产品购买者的角色，即企业方实施营销推广手段和范式促进产品的宣传和营销，而用户方则参与到营销活动中提供购买信息并实施购买行为；同时由于互动主体构成的多样性和差异性，企业方还扮演了问题探索者的角色，与之相应，用户则扮演了信息提供者的角色。

表5—3　　产品市场化阶段的互动主体双方的角色扮演

互动事件	原型产品测试阶段角色扮演		互动事件	产品营销推广阶段角色扮演	
	企业方	用户方		企业方	用户方
I_3	产品提供者	产品使用者	I_4	产品营销者	产品购买者
I_8	产品提供者 需求探索者	产品使用者 信息提供者	I_9	问题探索者 产品营销者	信息提供者 产品购买者
I_{13}	产品提供者 问题探索者	产品使用者 信息提供者	I_{14}	产品营销者	产品购买者
I_{17}	产品提供者 问题探索者	产品使用者 信息提供者	I_{18}	问题探索者 产品营销者	信息提供者 产品购买者
I_{22}	产品提供者 问题探索者	产品使用者 信息提供者	I_{23}	产品营销者	产品购买者

资料来源：笔者整理。

综上，在产品市场化阶段，企业为了完成原型产品测试和实现产品营销的目的，实施了相应的企业—用户互动活动。在企业—用户的互动活动中，互动主体双方的角色扮演存在相同点和不同点。相同点表现在，对于相同内容的企业—用户互动活动，企业方和用户方扮演相同的角色，以实现相应的互动目的和互动效果；不同点表现在，由于互动主体构成的不同，企业方和用户方在完成基本互动活动角色扮演的同时，还围绕需求/问题的探索等方面开展了互动活动，在该互动活动中，企业方和用户方分别扮演了需求/问题探索者和信息提供者的角色，以实现企业—用户间的更深层次、更广范围的互动活动，实现更佳的互动效果。

三 迭代创新过程中的企业—用户互动的多样性特征

基于本节上述两部分的阐述，可以发现：在创意产品化阶段，互动主体由企业方和用户方组成，企业方主要涵盖了管理团队、研发团队和创意团队，在互动过程中扮演了需求探索者、问题探索者和创意发布者角色；用户方则主要由目标用户、专家用户和参与用户组成，在互动过程中扮演了信息提供者、方案提出者和创意验证者角色。在产品市场化阶段，互动主体由企业方和用户方组成，企业方主要涵盖了研发团队、管理团队、营销团队和交互团队，在互动过程中扮演了产品提供者、问题/需求探索者和产品营销者角色；用户方则主要由领先用户、专家用户和参与用户组成，在互动过程中扮演了产品使用者、信息提供者和产品购买者角色。

通过案例分析和探索可知，在创新进程中的创意产品化阶段和产品市场化阶段均展现出了多样性的特征，多样性主要体现在：在互动活动中互动主体基于不同的互动目的和互动内容实施互动行为、扮演相应的互动角色进而实现互动结果。在创新进程的两个重要阶段，互动主体双方均是不同群体的集合，互动过程的实现情境是由不同群体共同作用体现的，在这种情境下互动主体双方均可以获取数量相对丰富、内容相对完善的信息和知识资源，进而促成更佳互动效果的出现。

多样性特征还体现在，在两个不同阶段，由于企业完成的创新活动的差异性导致互动主体构成和角色扮演上呈现差异性。在创意产品化阶段，企业旨在形成具有价值性和可行性的创意和原型产品，因此双方互动围绕着创意和原型产品的形成过程展开，互动双方的角色扮演也与之相匹配；而在产品市场化阶段，企业旨在实现原型产品的测试完善和产品的营销推广活动，因此双方互动围绕着促成原型测试和产品营销活动的实现展开，互动双方的角色作用也体现在相应活动中。因此，在创意产品化阶段和产品市场化阶段，互动主体双方构成呈现出差异性，同时在创新进程中互动主体双方的角色扮演也基于阶段中互动内容的不同而呈现出差异。这一观点，与 Nambisan 的观点[1]一致，他指出用户在不同阶段分别扮演了资源、

---

[1] Nambisan, S., "Designing Virtual Customer Environments for New Product Development: Toward A Theory", *Academy of Management Review*, Vol. 27, No. 3, 2002.

共创者和使用者的角色，本书案例探索的结论也显示了在不同阶段，用户的角色扮演呈现差异性。而本书与 Nambisan 研究[①]的不同之处在于，本书不仅验证了用户在不同阶段的角色扮演问题，而且基于互动的视角探究了互动主体的另一方——企业方在不同阶段的角色扮演问题；同时，本书将创新进程划分为创意产品化和产品市场化两个子过程，探索出创意的形成、原型产品的形成、原型产品的测试完善以及产品的营销推广四个方面作为企业—用户互动活动的实施情境，并基于此提炼和总结出相应的互动主体构成和角色扮演，因而本书得出的研究结论更为丰富、更具情境化的特征。

综上，企业—用户互动的多样性特征在创意产品化阶段和产品市场化阶段呈现出相同点，同时具有差异性。相同点体现在，互动主体双方均是不同群体的集合；而不同点则体现在，由于不同阶段的互动内容、互动目的不同，互动主体双方的构成和角色扮演也随之呈现出差异性。因此，对于创新过程中企业—用户互动范式多样性特征的研究，既要凸显全面性又要彰显情境化，前者体现在由于互动主体构成可能是涵盖了不同群体的集合，因此需要细致甄选参与互动的相关主体；而情境化则体现在不同的创新进程实现活动中企业方和用户方呈现差异，因此需要基于具体的研究情境给予个性化的阐释。

第二节　迭代创新过程中的企业—用户互动的动态演化

上一节探究了创新进程中企业—用户互动主体的构成和角色扮演问题，彰显了创新进程中企业—用户互动的多样性特征；然而上文的阐述视角仍然是静态层面的探讨，并没有深入探究互动主体和互动范式的动态演化问题。而互动被界定为不同群体间相互作用和相互影响的动态过程，互动主体会在互动活动的开展过程中不断调整和更新其关系定位。[②] 以往学

[①] Nambisan, S., "Designing Virtual Customer Environments for New Product Development: Toward A Theory", *Academy of Management Review*, Vol. 27, No. 3, 2002.

[②] Vachon, S., Halley, A., Beaulieu, M., "Aligning Competitive Priorities in the Supply Chain: the Role of Interactions with Suppliers", *International Journal of Operations & Production Management*, Vol. 29, No. 4, 2009.

者对于互动的动态演化过程予以阐述，如 Von Hippel 的系列研究中[①②]，指出企业和用户间会采用反复的、试错的问题解决方法来解决安排给他们的任务；Ries 指出企业采用的反复循环的低成本、快速的问题解决方案是应对现时代企业发展的关键实践[③]；Furr 和 Ahlstrom 也指出及时地获取用户的实时信息并加以整合利用融入到创新过程中以促进创新绩效的高效实现[④]。上述学者的观点显示，企业实施的用户互动的范式是一个不断调整和修正的动态演化发展的过程，若仅从静态的角度剖析互动范式难以展现真实的互动过程。因此，首先本节基于案例数据分别探索和分析创意产品化和产品市场化阶段的企业—用户互动的动态演化，即在阶段内比较互动范式的动态演化问题；然后对比两个阶段的企业—用户互动的动态演化，即跨阶段地探究互动范式的动态演化问题，进而更全面、系统、深入地展现企业—用户互动的动态演化过程。

一 创意产品化阶段企业—用户互动的动态演化

在创新产品的创意产品化阶段，企业和用户会基于不同的目的扮演不同的角色，实施相异的互动事件以实现不同的互动结果。如图 5—2 所示，是创意产品化阶段五个创新产品的互动主体角色的演化情况。在每个创新产品的创意产品化阶段，实施了 2—3 个互动事件，在每个互动事件中互动主体双方的角色扮演呈现出差异性，在开展一个互动事件实现了一个互动结果后将转入实施下一个互动事件以实现下一个互动目的，即在创新产品的创意产品化阶段，互动方式呈现出动态演化的发展范式。

如图 5—2 所示，随着创意产品化进程的开展，互动主体双方构成呈现出差异性，进而互动主体双方扮演的角色也基于互动目的和互动主体构成的不同呈现出差异性。以水盒子的创意产品化阶段为例，首先，为了获取用户对现有净水问题的反馈意见，创意提出者在交互平台上收集用户的需求诉求以融合实虚网的建议进而形成饮用水解决方案的初始创意；其

---

① Von Hippel, E., *Democratizing Innovation*, Cambridge MA: MIT Press, 2005.
② Von Hippel, E., "Perspective: User Toolkits for Innovation", *Journal of Product Innovation Management*, Vol.18, 2001.
③ Ries, E., *The Lean Startup: How Constant Innovation Creates Radically Successful Businesses*, London: Penguin Group, 2011.
④ Furr, N., Ahlstrom, P., *Nail it then Scale it*, Nisi Publishing, LLC, 2011.

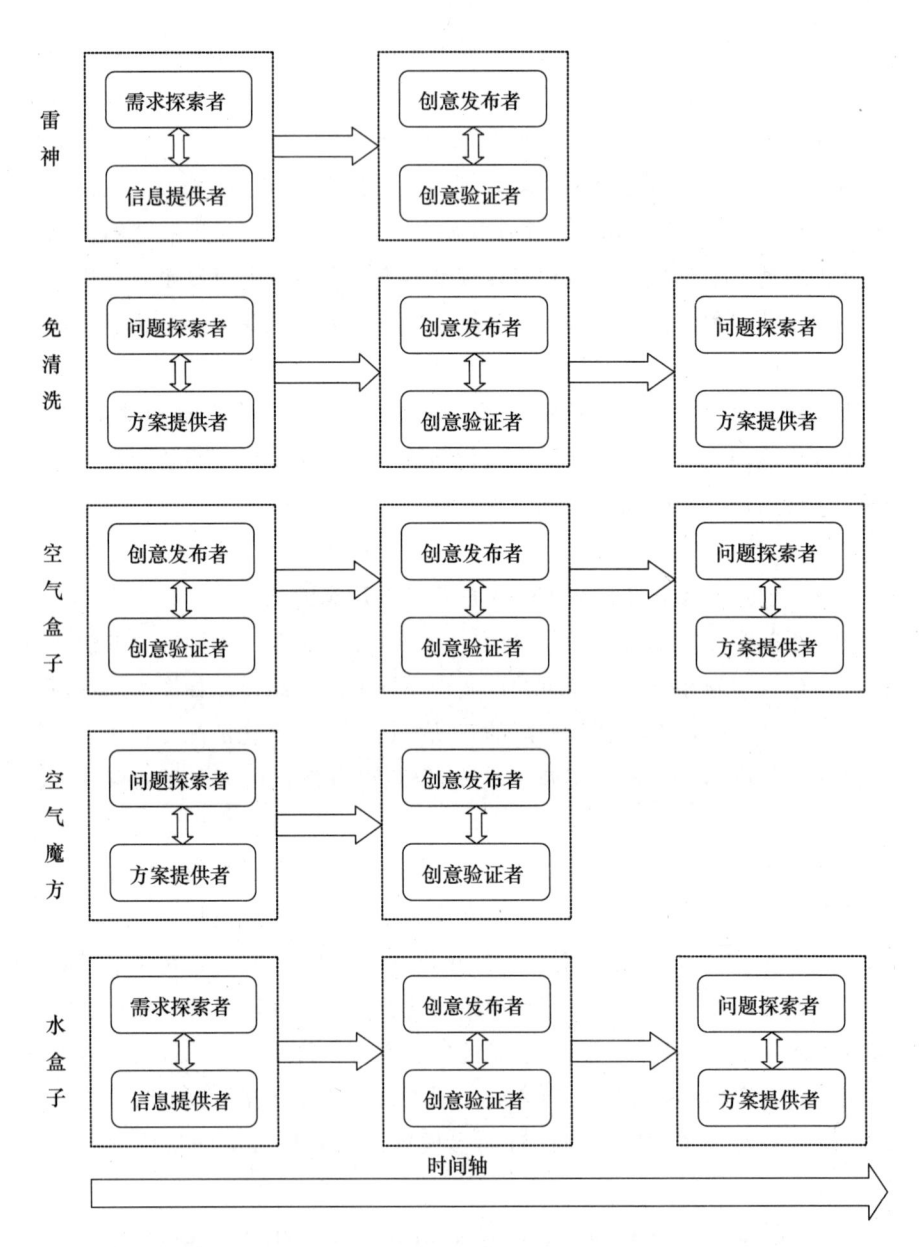

图 5—2　创意产品化阶段五个创新产品互动主体角色演化示意图

资料来源：笔者整理。

次，将初始创意发布到交互平台上，收集用户对该初始创意的意见反馈，以验证该初始创意的可行性和价值性；再次，为了形成产品的初始设计方案，管理团队产品外观和功能卖点等软、硬件问题发布到交互平台上，收集用户有关产品设计的意见反馈，形成产品的初始设计方案。在这个过程中，共涉及三个互动事件，三个互动事件的目的依次是：获取用户需求诉求、验证初始创意的可行性、形成经证实的初始设计方案；企业扮演的角色依次为：需求探索者、问题探索者、创意发布者；用户扮演的角色依次为：信息提供者、方案提供者、创意验证者。

通过案例数据分析，五个创新产品的互动主体角色演化则呈现出如下特点：（1）首次互动事件开展的目的呈现出多样化，进而首次互动事件中互动主体双方的角色扮演也呈现出差异性，有的企业目的在于探究用户的需求诉求，例如，雷神和水盒子；有的企业目的在于利用用户知识获取问题的解决方案，例如，免清洗洗衣机和空气魔方；有的企业目的在于验证其初始创意的可行性，例如，空气盒子。（2）基于创意产品化阶段的特点，在首次互动事件后五个创新产品均实施了"创意发布—创意验证"的互动事件，以获取经用户证实的具有可行性和价值性的创意，即通过与用户的互动交流实施了对初始创意的调整和修正进而确立了可行性的创意。（3）当形成了经用户证实的创意后，企业则致力于将该创意产品化，形成原型产品，故在该阶段企业就产品的设计、研发相关的产品外观、功能等问题与用户互动，从用户处获得设计、研发产品所需的知识和信息进而形成原型产品。

综上，在创意产品化阶段，企业—用户间的互动主体会随着时间的演化发生更迭，互动主体双方在互动事件中的角色扮演也基于互动目的的不同呈现出差异性。在创新产品的创意和原型产品形成的过程中，会呈现出具有先后次序性的互动事件，创新产品的互动活动会呈现出差异性，而其演化路径趋势是完成首次互动事件后，会致力于初始创意的验证和设计方案的研发工作。

二 产品市场化阶段企业—用户互动的动态演化

行为的实施及其效果体现具有情境性的特征，在不同的情境下企业—用户互动行为会呈现出差异性，进而基于不同情境间的转化呈现出动态发展的演化路径。在产品市场化阶段，企业—用户互动活动主要发生在原型产品的测试完善和产品的营销推广两个事件中。上述两个事件的发生具有时间层面的更迭和空间层面的变化。基于时间层面，在产品市场化阶段，企业实施原型测试和产品推广活动并不总是呈现出顺序的发展情境。尽管在行文阐述中显示产品推广活动的实施发生在原型测试之后，然而在实际情境下企业在实施了产品营销推广活动后，收集到了新的有价值的用户信息，可能需要返回到原型测试阶段以修正和完善产品。即在时间层面，企业—用户互动的实施并不总是呈现出顺序的发展态势，在一定情境下，也会呈现出倒序甚至混沌的发展趋势。基于空间层面，企业—用户互动的实施需要在一定的空间和地理概念上才更具价值，例如，企业实施产品体验和宣传活动，企业面临的用户群体是出现在企业行为实施地的用户，而其他用户群体则无法获取企业行为实施传递的信息。为了突破空间情境的约束，在互联网时代，企业选取了"线上＋线下"的方式，即不仅通过线下的体验获取一手数据，而且通过线上的用户群体获取更广范围的信息反馈。

  基于五个创新产品的产品市场化阶段的10个互动事件，从中可以发现，随着时间和空间的变化，企业—用户互动主体双方的构成和角色扮演呈现出差异性。图5—3和图5—4分别显示了基于时间和空间维度的互动主体双方的角色扮演情况。

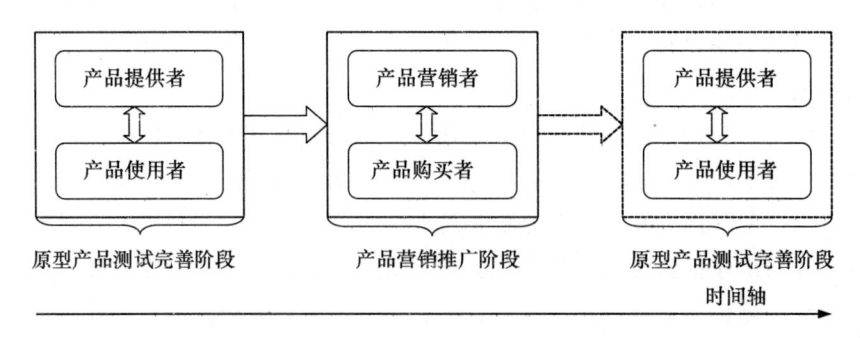

注：虚线箭头和虚线框显示在产品市场化阶段两个互动活动的反复呈现和推演。

图5—3　产品市场化阶段基于时间层面的互动主体角色演化示意图

资料来源：笔者整理。

  如图5—3所示，随着时间的演化，互动主体双方的角色作用呈现出差异性，当企业完成原型产品的测试完善，开启产品的营销推广的互动活动时，企业和用户方的角色由"产品提供者—产品使用者"向"产品营销者—产品购买者"转变，以促进实现互动目的和互动结果；同时当企业实施营销推广活动时，企业方和用户方同样扮演了问题探索者和信息提供者的角色，由于企业获取了用户的信息反馈，使其更深层次地理解用户信息和产品的功能卖点等知识，进而重新开启对原型产品的测试和完善活动以提供更符合市场需求的产品。因此，在图5—3中，随着时间的演化，企业可能会沿着"原型产品测试—产品营销推广—原型产品测试……"的路径循环反复下去，进而不断地修正和完善产品提供更佳的产品体验。

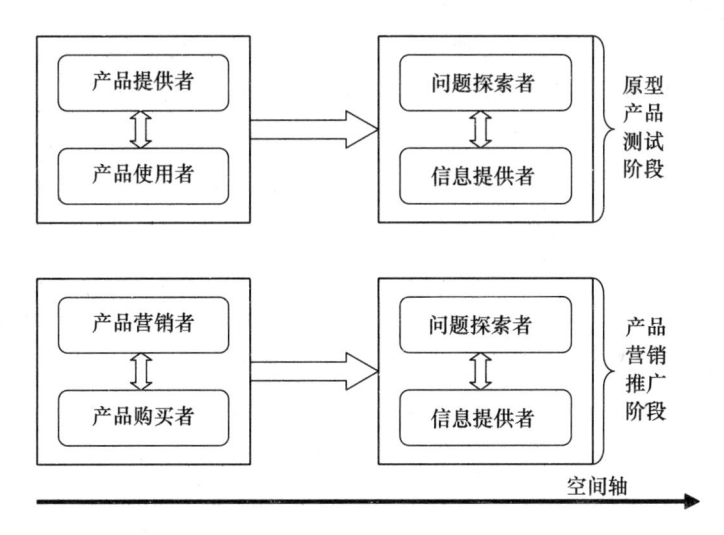

图 5—4 产品市场化阶段基于空间层面的互动主体角色演化示意图

资料来源：笔者整理。

如图 5—4 所示，当互动发生的空间情境发生更迭时，企业—用户互动主体双方的角色扮演也呈现出差异性。当企业在原型产品测试阶段，开展产品体验和试用的互动活动时，企业和用户双方扮演的角色为产品提供者和产品使用者；但同时企业为了获取更广范围的用户反馈信息时，企业选择在线上交互平台的方式开展互动活动，在此情境下，企业和用户双方扮演的角色为问题探索者和信息提供者。当企业在产品营销推广阶段开展产品宣传和营销互动时，企业和用户双方扮演的角色为产品营销者和产品购买者；但同时为了更深层次和更广范围的营销活动的开展，企业会通过其他范式宣传产品，在此过程中，企业的目的更多的是获取用户的购买信息，进而确立更明晰和准确的产品定位，因此企业和用户方的角色扮演为问题探索者和信息提供者的角色。

综上，在产品市场化阶段，企业—用户互动的互动主体构成和角色作用不仅体现出多样性特征，同时也展现出动态性的特征。即在不同的时间和空间的情境下，互动主体的角色扮演呈现出动态演化的特性，通过角色作用的动态演化，促进企业实施更符合情境化的企业—用户互动行为，获取更佳的互动结果。

三 创新进程中的企业—用户互动的动态性特征

通过上述阐述可知，企业—用户互动主体双方均会随着时间发生更迭，同时基于互动活动中互动内容的不同，互动主体角色扮演也呈现出演化的特性，即伴随企业—用户互动范式发生的时间和空间情境的差异，互动主体双方构成和角色扮演均随之发生变化。企业—用户互动范式的动态性变化，促使企业实施更符合情境需求和发展需要的企业—用户互动活动，进而形成更佳的互动结果。

综合分析创新进程中的企业—用户互动情况，即在探索阶段内企业—用户互动演化的基础上，探索跨阶段的企业—用户互动演化情况，图5—5显示了迭代创新进程中的企业—用户互动的动态演化情况。其中横轴代表了时间轴，即显示了企业—用户互动主体角色随着时间发展的演化情况，基于创新进程中的四个方面的关键活动，将时间轴划分为创意形成阶段、原型产品形成阶段、原型测试完善阶段以及产品营销推广阶段四个部分，探究互动主体角色在这四个阶段的演化发展情况。纵轴代表了互动内容，即显示了企业—用户互动主体随着互动内容的变化情况，基于案例的分析和探索，围绕创新进程的关键活动识别出四项主要的互动内容，即围绕创意形成的互动、围绕原型形成的互动、围绕原型测试的互动以及围绕产品营销推广的互动，探究互动主体角色在不同互动内容上的演化发展。

由横纵轴交叉形成了方格A、B、C、D，四个方格分别显示在不同阶段为了达成互动内容而实施的互动活动。从A—B—C—D来看，在不同的创新过程中，基于不同的企业—用户互动活动的实施，企业—用户互动主体的角色会发生变化，如在方格A中，为了实现具有价值性和可行性的创意形成，互动主体双方分别扮演了"需求探索者—信息提供者"和"创意发布者—创意验证者"的角色；而在方格C中，为了实现原型产品

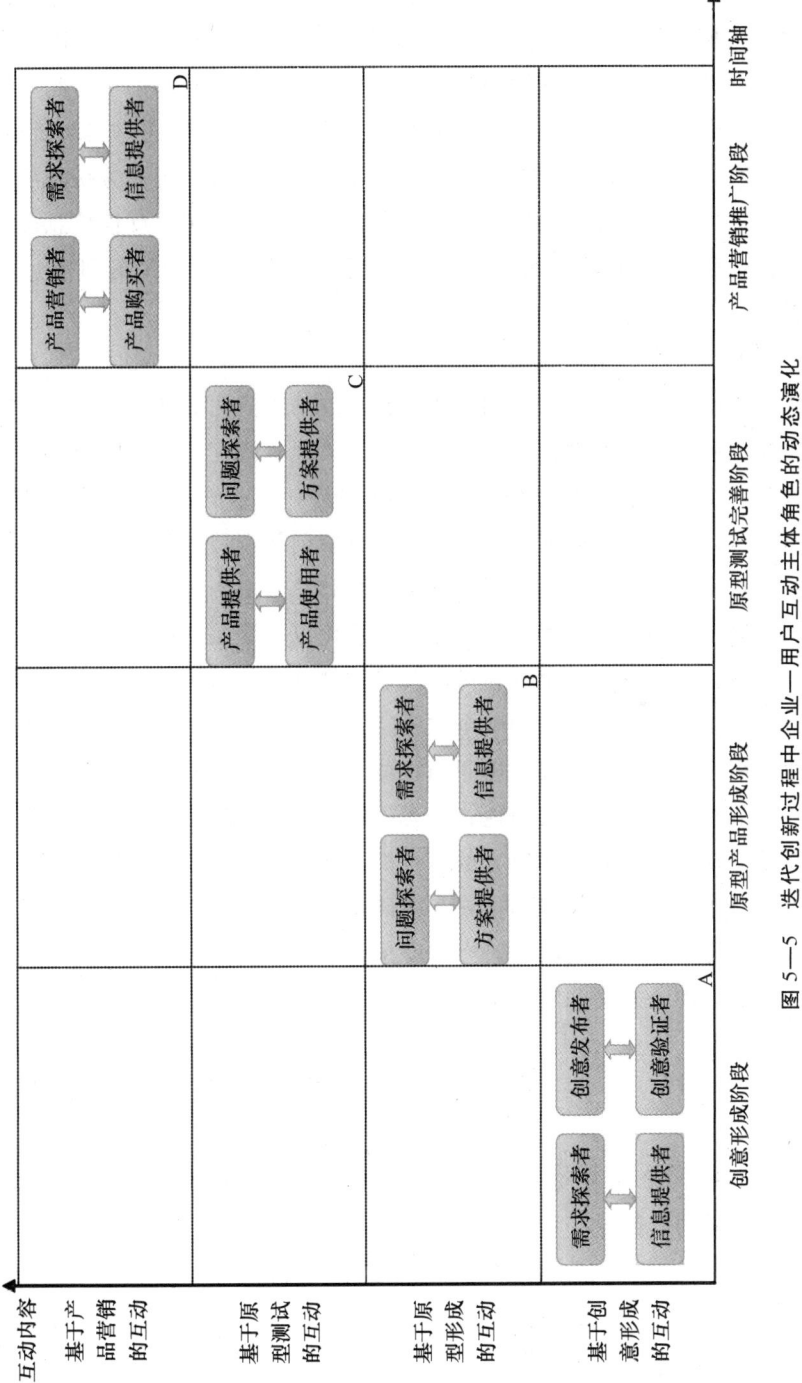

第五章 迭代创新过程中的企业—用户互动特征研究　　141

图 5—5　迭代创新过程中企业—用户互动主体角色的动态演化

的测试和完善，互动主体双方则分别扮演了"产品提供者—产品使用者"和"问题探索者—方案提供者"的角色。而单独看A、B、C、D四个方格，可以发现，当企业—用户间实施相同的互动活动时，由于时间的演化也会呈现出不同的角色，如在方格C中，在实施原型测试的互动活动中，当实施产品体验活动时，企业方扮演了原型的提供者，用户方扮演了产品的使用者，而当企业收集用户反馈信息，并进一步就用户反馈信息进行互动时，企业方扮演了问题的探索者，用户方则扮演了方案和信息的提供者。

综上，企业—用户互动不仅在相同阶段由于时间的演化发展，互动的具体内容呈现出差异性，互动主体角色展现动态演化的特征，而且不同阶段比较企业—用户互动情况可以发现由于不同阶段互动内容实施的差异性导致互动主体角色呈现动态演化发展的态势。本书的研究观点是对Nambisan观点[1]的深化和拓展，本书通过对五个创新产品的创新进程的分析和探索，从企业—用户互动的视角分别提炼和总结出企业扮演的五种角色和用户扮演的五种角色，研究观点更具情境化以及涵盖了更为丰富的研究论断。同时，本书基于五个创新产品创新进程中互动主体的角色扮演情况，识别出了企业—用户互动的两个主要特征：多样性和动态性，前者体现在企业—用户互动主体构成是不同用户群体和组织群体的组合以及不同组合在互动活动中扮演不同的角色；后者则体现在不同阶段以及相同阶段的不同互动活动中，互动主体双方的角色扮演呈现出动态演化的特征，这一论断也是对Nambisan观点[2]的拓展，即研究证实了互动主体在不同阶段角色扮演的差异性，而且阐明了时空情境是其改变的重要因素，研究论点更为全面，更具理论意义和实践价值。

第三节 本章小结

本章基于23个互动事件，探索了创新进程中的企业—用户互动活动呈现出怎样的特征这一主导问题。围绕这一问题，本书对23个互动事件

---

[1] Nambisan, S., "Designing Virtual Customer Environments for New Product Development: Toward A Theory", *Academy of Management Review*, Vol. 27, No. 3, 2002.

[2] Ibid..

进行分析和探索，从静态和动态两个方面探索了企业—用户互动特征问题，识别出了两个主要特征：多样性和动态性，多样性体现在互动主体构成和角色扮演上，动态性则体现在不同阶段以及相同阶段的不同互动活动中互动主体的动态演化上。

具体而言，对比创意产品化阶段和产品市场化阶段互动特征体现，可以发现，企业—用户互动的多样性特征在两个阶段的相同点体现在互动主体双方均是不同类群体的集合，而不同点则体现在由于不同阶段的互动内容、互动目的不同，互动主体双方的构成和角色扮演也随之呈现出差异性。企业—用户互动的动态性特征则体现在两个阶段的企业—用户互动主体双方均会随着时间演化发生更迭，同时基于互动内容的不同，互动主体角色扮演也呈现出演化的特性，即基于企业—用户互动范式发生的时间和空间情境的差异，互动主体双方构成和角色扮演均随之发生变化。

第六章

迭代创新过程中的企业—用户
互动驱动因素研究

互动行为的实现是互动主体双方互动意愿和互动动机的体现，同时是互动主体双方关系依赖程度和密切程度的体现。基于创新研究中的用户创新研究和关系营销学中的用户参与理论，用户在产品创新的不同阶段的参与程度呈现差异性[1]，同时已有文献探讨了参与动机和参与关系对于用户参与程度的影响[2][3]。基于社会网络理论，网络结构和网络行为影响了网络中不同群体间的行为实施[4]，网络规模和密度的不同影响了企业—用户互动行为的实施[5][6]。同时基于利益相关者理论，用户作为企业关键的利益相关者，在创意市场化进程中具有重要价值，用户与企业间力量的均衡以及相互间的依赖程度会影响二者之间的关系进而会影响互动事件的发生。[7] 本章在上述理论观点的基础上，通过对创新进程中的23个互动事件的探索性研究，拟从企业和用户两个层面对案例企业的数据进行分析和

---

[1] Nambisan, S., "Designing Virtual Customer Environments for New Product Development: Toward A Theory", *Academy of Management Review*, Vol. 27, No. 3, 2002.

[2] Lloyd, C., King, R., "Consumer and Carer Participation in Mental Health Services", *Australasian Psychiatry*, Vol. 11, No. 2, 2003.

[3] Akbab, Z., Bill, M., Vincenzo, P., "Does Trust Matter? Exploring the Effects of Interorganizational and Interpersonal Trust on Performance", *Organization Science*, Vol. 9, No. 2, 1998.

[4] Baum, J. R., Bird, B. J., "The Successful Intelligence of High-growth Entrepreneurs: Links to New Venture Growth", *Organization Science*, Vol. 21, No. 2, 2010.

[5] Hansen, E. L., "Entrepreneurial Network and New Organization Growth", *Entrepreneurship Theory and Practice*, Vol. 19, No. 4, 1995.

[6] Schilling, M., Phelps, C. C., "Interfirm Collaboration Networks: The Impact of Large-scale Network Structure on Firm Innovation", *Management Science*, Vol. 53, No. 7, 2007.

[7] Freeman, R. E., *Strategic Management: A Stakeholder Approach*, Boston: Pitman, 1984.

阐述，提炼和总结出企业和用户实施互动活动的驱动因素。

第一节　企业实施互动活动的驱动因素

　　管理学领域的研究演进和实践发展的例证显示，管理学的发展旨在将商业操作模式化并提高生产效率，它们推崇计划、组织、领导、控制等管理职能以促进管理的标准化和流程化的实现。[①] 由管理学演化和发展形成的战略和工具促进了企业管理的规范化，并促进了许多卓越企业的产生，提升了企业的价值并对社会经济的发展有重要的影响。[②] 然而，随着经济、技术、社会和环境等因素的发展变化，企业进入了数字化时代并推崇互联网经济的发展，传统的运营逻辑和创新思维可能导致形成的产品/服务无人问津的窘境。[③] 究其原因在于，在数字化时代用户具有更广泛的信息获取渠道，信息的相对充裕促使用户对于产品/服务的需求诉求更具个性化和定制化[④]，因此对于企业而言，更难以依据计划或以往数据获取创新进程中的关键信息和知识资源，对企业运营发展趋势的预测更模糊和具不确定性。[⑤]

　　在此情境下，企业如果运用开发产品、发布产品、维护产品的传统的理论和方法，制定细致的规划、设置严格的目的和检验标准、撰写标准的市场需求文档、预估市场规模和销售额，得到的或许并不是企业预判的结果而是生产出的产品不被市场接受的尴尬窘境。[⑥] 企业需要做的是重新审视其产品创新流程，不能故步自封，而是尽早接触潜在用户并邀请其融入到创新过程中[⑦]，在与用户互动的过程中实现创新的目的，即企业—用户互动是企业应对时代发展要求和其自身发展情境以实现创新目的的重要解决之道。因此，从企业层面剖析其实施互动活动的驱动因素需要思考企业

---

　　① Ries, E., *The Lean Startup: How Constant Innovation Creates Radically Successful Businesses*, London: Penguin Group, 2011.
　　② 张玉利：《管理学》（第三版），南开大学出版社 2013 年版。
　　③ 戴夫·格雷、托马斯·范德尔·沃尔：《互联网思维的企业》，张玳译，人民邮电出版社 2014 年版。
　　④ 同上。
　　⑤ Tidd, J., Bessant, J., *Managing Innovation*, New York: John Wiley & Sons ltd, 2009.
　　⑥ Blank, S. G.：《四步创业法》，七印部落译，华中科技大学出版社 2012 年版。
　　⑦ 同上。

开始创新进程的背景，从企业所处情境层面深入挖掘企业参与互动活动的影响因素问题。基于23个互动事件展现的数据，识别出影响企业实施互动行为的两个重要的情境因素，一是资源的相对匮乏，二是企业所处的不确定情境。下文具体阐述这两个关键情境因素对于企业实施互动活动的影响方式和作用路径。

一 迭代创新过程中企业面临的资源匮乏

通过对五个创新产品创新进程中所呈现的23个互动事件的编码分析，可知企业在实施互动事件前均面临着信息/知识等资源的匮乏。如表6—1所示，在创新过程中，不论是在创意产品化阶段还是产品市场化阶段，企业均面临着资源匮乏的问题，而为了解决该问题，企业实施了互动活动，通过与用户的沟通交流以及邀请其参与到创新进程中，从用户方获取了企业创新发展过程中所需的信息/知识等资源，进而影响了创新进程的实施和开展。通过对表6—1所示的23个互动事件呈现出的资源境况的分析，可知：

（一）获取信息和知识资源是创新进程中互动活动的目的

在企业的产品创新过程中，企业经历了两个重要阶段，创意产品化阶段和产品市场化阶段。在创意产品化阶段，企业旨在实现两个重要目的，一是形成经用户证实的具有可行性和价值性的创意，二是形成融合用户知识和需求诉求的原型产品，即在该阶段企业实现"从无到有"的过程[1]，从最初的创意想法，到对初始想法的调整修正，再到研发设计理念的确立以及原型产品的形成[2][3]，企业的创意产品化过程的实现融合了用户的因素。在产品市场化阶段，企业同样需要实现两个重要目的，一是实现对原型产品的测试完善，二是实现对产品的营销推广，即在该阶段完成了产品从企业方到用户方的传递，在这个过程中用户方实现了对产品的试用体验进而促进其购买行为的实现。

---

[1] Baker, T., Nelson, R. E., "Creating Something from Nothing: Resource Construction Through Entrepreneurial Bricolage", *Administrative Science Quarterly*, Vol. 50, No. 3, 2005.

[2] Ries, E., *The Lean Startup: How Constant Innovation Creates Radically Successful Businesses*, London: Penguin Group, 2011.

[3] Mullins, J., Komisar, R., *Getting to Plan B: Breaking Through to A Better Business Model*, Boston, Massachusetts: Harvard Business School Press, 2009.

不论是创意产品化阶段还是产品市场化阶段,资源在创新进程中均扮演了重要的角色。资源是促进新企业成长和新产品创新的重要影响因素[1],学者们关于如何识别、获取和整合资源的研究对于创业和创新领域的发展有重要价值,诸如资源拼凑、步步为营等资源整合方式的探究利于企业突破资源的束缚[2][3],在资源相对匮乏的情境下实现企业成长。这里探讨的资源相对比较宽泛,涉及影响企业成长的所有关键资源,如财务资源、物质资源、关系资源、知识/信息资源等。然而,聚焦于本书的研究情境,在创新产品进程中,企业与用户的互动活动并未涉及财务资源、物质资源等实体资源的获取,发生在企业—用户互动活动中的资源更多的是信息和知识资源。企业在发展过程中,对于特定信息和知识的缺乏,导致减缓甚至阻碍了创新发展进程,而当感知到更多关于顾客产品需求的信息和知识时则更可能发觉潜在的机会,促进创新创业活动的开展[4]。因此,企业需要在用户群体间实施互动行为,通过企业和用户间信息和知识资源的相互传递、互通有无,实现创新实施和持续的目的。[5]

聚焦于创意产品化阶段,企业需要形成可行性的创意和产品设计,需要掌握用户的需求信息以及产品/方案设计的知识,这里所指的资源是需求信息和知识资源。例如,互动事件 I_1 中,雷神创业团队将从京东商城等收集到的有关游戏笔记本电脑 3 万条差评,发布到百度贴吧游戏发烧友中,收集游戏群体最为关注的电脑性能,即企业由于用户真实需求信息匮乏的问题需要与用户互动以甄别用户需求;互动事件 I_2 中,企业基于生成"高性能游戏笔记本电脑"的初始想法,将想法发布到百度贴吧,针对游戏笔记本电脑的外观、配置等方面收集用户的反馈意见,即企业为了形成可行设计,在缺乏需求信息和相应知识储备的基础上与用户进行互动以实现原型产品设计。通过数据分析在创意产品化阶段所涉及的 13 个互动事件中,I_1、I_{10}、I_{11}、I_{16}、I_{19}、I_{20} 是企业由于缺乏需求信息资源进而开展用户互动

---

[1] Barney, J. B., "Firm Resource and Sustained Competitive Advantage", *Journal of Management*, Vol. 17, No. 1, 1991.

[2] Baker, T., Nelson, R. E., "Creating Something from Nothing: Resource Construction Through Entrepreneurial Bricolage", *Administrative Science Quarterly*, Vol. 50, No. 3, 2005.

[3] 康沃尔:《步步为营:白手起家之道》,陈寒松等译,机械工业出版社 2009 年版。

[4] Choi, Y. R., Shepherd, D. A., "Entrepreneurs' Decisions to Exploit Opportunities", *Journal of Management*, Vol. 30, 2004.

[5] Von Hippel, E., *Democratizing Innovation*, Cambridge MA: MIT Press, 2005.

活动以甄别和把握用户需求；I_5、I_7、I_{12}、I_{21}是企业在缺乏技术知识资源的前提下开展企业—用户互动以获得问题解决方案并进行产品设计；I_2、I_6、I_{15}是企业在创意产品化过程中既缺乏需求信息又缺乏知识资源的基础上开展用户互动活动以在甄别需求信息的同时获取可行的问题解决方案。综合上述数据分析，由于企业在创新产品的创意产品化阶段，缺乏相应的用户需求信息和形成问题解决方案的先验知识，致使企业无法按照预定的经营模式和创新思维开展创意的产品化进程，因而企业在创新进程的创意产品化阶段需要开展企业—用户的互动活动。通过企业—用户互动活动的开展，信息和知识从用户处向企业方传递，企业方通过对信息和知识的接收调整和整合吸收，促进创新产品的创意产品化进程的实施和开展。

聚焦于产品市场化阶段，企业需要完成原型测试和产品推广两项工作。在原型产品的测试完善方面，传统的企业运营范式中，原型产品的测试发生在企业内部，并未涉及企业外部用户群体的作用体现。而随着进入互联网时代，互联网经济和体验经济模式的发展和普及，企业将用户群体纳入到原型产品测试活动中，以弥补企业单独实施产品试制未能解决问题的不足。例如，互动事件I_{13}中，企业在设计出原型产品后，通过两种方式对产品的特性进行测试，一是在交互平台征集用户参与产品体验活动，二是针对App软件的下载和服务问题与平台用户进行深度交流，通过获取用户方的知识资源和需求信息资源，对实体产品的外观和软件服务提供等方面进行修正和完善；互动事件I_{14}中，当企业发现现在企业聚焦的用户群并非企业的强需求用户群时，进一步聚焦用户群，由于企业缺乏知识资源和市场信息资源，通过与交互平台上活跃用户深度交流，促进了强需求人群的确定，进而改观了销售情况。通过数据分析，在产品市场化阶段所涉及的10个互动事件中，I_3、I_8、I_{13}、I_{17}、I_{22}是由于企业想要利用用户的技术知识资源和需求信息资源以开展原型测试活动，企业需要开展互动活动；I_4、I_9、I_{14}、I_{18}、I_{23}是由于企业想要完成产品的营销推广，需要利用知识资源和市场信息资源，为此企业开展了互动活动以实现互动目的。综合上述数据分析，在产品市场化阶段，企业实施企业—用户互动的原因在于其自身信息和知识资源的匮乏，而实施原型产品的测试完善和产品的营销推广活动却需要相关信息和知识资源，因此企业需要实施相应的企业—用户活动范式促成信息和知识资源的获取，以弥补其资源匮乏的劣势。即在产品市场化阶段，企业所持资源的匮乏是企业实施互动活动的关键驱动因素。

综上，在企业的创新进程中，企业为了顺利实现创意产品化和产品市场化需要资源的支持，而通过互动活动从用户处获取的信息和知识资源则有利于突破资源匮乏的桎梏，以更好地甄别和把握用户的真实需求以及借力于用户方实现企业资源的融合和拓展，进而顺利实现"从无到有"、"从有到优"的过程。

（二）创新进程中不同阶段所需信息和知识资源存在差异性

如表6—1所示，在创意产品化阶段，从资源层面，企业实施互动活动的缘由，主要有三个方面，一是为了获取用户的需求信息，如互动事件 I_1、I_{10}、I_{11}、I_{16}、I_{19}、I_{20}；二是为了借力于用户的知识储备完成企业原型设计及完善，如互动事件 I_5、I_7、I_{12}、I_{21}；三是在获取用户需求信息的同时也借助于用户的知识资源实现创意产品化进程，如互动事件 I_2、I_6、I_{15}。具体而言，例如雷神涉及的互动事件 I_1、I_2，互动事件 I_1 企业无从知晓游戏玩家对于笔记本电脑的真实需求诉求，尽管企业收集了笔记本电脑的使用差评，但是聚焦于游戏发烧友群体的真实需求信息企业仍需通过用户互动的方式获取，因而企业将问题发布到百度贴吧等互动平台收集用户的一手数据；互动事件 I_2 企业确定了用户对于游戏笔记本电脑的需求诉求，但是对于笔记本电脑的具体配置和外观等问题仍处于未知状态，尽管初始团队成员以前均从事笔记本电脑的相关工作，然而聚焦于游戏笔记本电脑的情境中，成员均未具备充足的先前知识/经验，因而企业将问题发布到百度贴吧等互动平台，利用用户方的知识储备完成企业的创意验证和产品设计活动。

而在产品市场化阶段，基于不同的互动活动，企业所需资源呈现出差异性。互动事件 I_3、I_8、I_{13}、I_{17}、I_{22} 均为基于原型产品测试完善的互动，在这些互动事件中企业实施企业—用户互动的目的凸显为两个方面，一是企业想利用用户方的知识资源测试产品以甄别企业未能觉察的产品问题；二是企业想通过用户试用和平台互动等方式进一步获取用户的需求资源以确保产品的功能卖点符合用户的需求诉求。例如，互动事件 I_{22}，当企业形成水盒子原型产品后，企业在其网络社区中征集用户参与产品体验活动，企业为极客用户寄送产品并附上体验反馈表，收集反馈表得知用户认为产品的外观、WiFi 等方面需要进一步修正；随后企业将这一问题发布到交互平台上，与社区的粉丝群体探讨用户的需求偏好和产品的修正问题，企业汇总信息，对于产品的外观设计和 App 软件等问题进行了修正和完善。互动事件 I_4、I_9、I_{14}、I_{18}、I_{23} 则为基于产品营销推广的互动，在这些互动事件中企业实施企业—用户互动活动的原因主要在于，第一，企业缺乏洞察市场的知识资源，需要通过与用户的互动获取行业的相关知识；第二，企业缺乏售卖产品的市场信息，需要通过与用户的互动明确产品的定位。例如，互动事件 I_6，企业向极客用户推广产品时，发现该用户群体并不是企业的目标用户群体，在该群体中的产品推广力度较弱，企业通过将产品发布到交互平台，探索产品的强需求人群，通过强需求人群的确立，实现了产品售卖的目的。

图 6—1 总结了在创新过程的不同阶段企业从用户方获取的资源情况，在创意产品化阶段企业从用户方获取了用户需求信息和产品研发知识等资源；在产品市场化阶段企业从用户方获取了用户需求偏好、用户购买偏好、产品研发知识以及市场洞察知识等资源。企业通过在用户方获取相关信息和知识资源解决了其资源匮乏问题，进而促进其创新进程的开展。

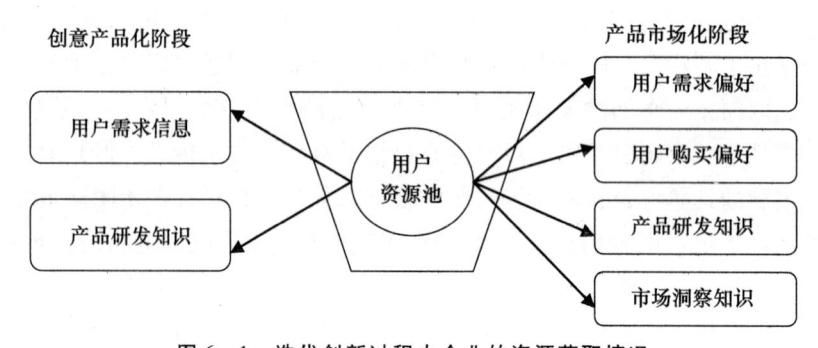

图 6—1　迭代创新过程中企业的资源获取情况

资料来源：笔者整理。

综上，资源匮乏是许多企业面临的窘境，对于创新型企业而言尤为突出，它们致力于提供具有新颖性、独特性和个性化的产品/服务，在产品/服务的实现过程中需要不断地实验、试错和学习①②③，因此亟须大量信息和知识资源的支持。企业为了冲破资源匮乏的桎梏，需要与用户开展互动

---

① Tidd, J., Bessant, J., *Managing Innovation*, New York: John Wiley & Sons ltd, 2009.
② Ries, E., *The Lean Startup: How Constant Innovation Creates Radically Successful Businesses*, London: Penguin Group, 2011.
③ Thomke, S. H., *Experiment Matter*, Boston, Massachusetts: Harvard Business School Press, 2003.

活动获取相关的资源支持进而促进创新进程的开展。同时，通过对于创意产品化阶段和产品市场化阶段企业所需资源情况的分析和探索，发现企业在不同的创新进程实施不同创新活动的过程中，为了实现不同的创新目的，所需的资源会呈现出差异性，在创意产品化阶段需要的资源涵盖用户需求信息和产品研发知识，在产品市场化阶段需要的资源包括用户需求偏好、用户购买偏好、产品研发知识和市场洞察知识等。因此在对于资源匮乏影响企业—用户互动范式的研究中，需要基于企业所处的不同创新阶段甄别出实施不同创新活动所需的关键资源，进而有的放矢地探究特定企业—用户互动活动的影响因素。

表 6—1　　　　　　创新进程中企业面临的资源匮乏情况

事件	典型证据	资源匮乏	互动目的
I_1	我们在网上购物网站收集了约 3 万条笔记本电脑的使用差评，然后将收集的使用差评信息发布到百度贴吧的游戏群体中，让用户甄选其认为最核心的笔记本电脑的功能卖点（雷神，LYB；内部材料）	需求信息匮乏	甄别用户需求
I_2	我们汇总用户提供的反馈信息，共涵盖 13 个主要问题；基于此，我们形成生产"高性能游戏笔记本电脑"的初始想法；我们将初始想法发布到百度贴吧，针对游戏笔记本电脑的外观、配置等方面收集用户的反馈意见（同上）	需求信息、设计知识匮乏	形成可行设计
I_3	我们确立了雷神吧小吧主、专业媒体和百度相关贴吧中的中立用户三类公测用户，交于他们各 10 台产品进行开放式公测；我们收集并整理公测用户的测评意见，并将他们的意见反馈给生产商对产品的性能配置等方面进行修正和完善（同上）	洞察产品的知识资源	原型产品测试完善
I_4	我们在京东商城采用产品预售的形式，参与预售的用户需要先交预付金，并在产品上市当天付清产品全款；我们第一批"911"产品上市不到一秒，全部 500 台产品售罄；第二批产品原计划上市 2000 台，但由于预订人数增加，最终上市 2500 台（同上）	产品售卖的市场信息	产品营销推广
I_5	我们将长期未能解决的洗衣机对衣物二次污染的问题发布到互联网上，寻求解决方案；不同群体的人群关注了我们的问题，并约有 100 万人参与到了解决方案的提出和评价筛选上，我们共收集了约 800 个解决方案（免清洗，SCB；内部资料）	技术知识和信息资源匮乏	获得问题的初步解决方案
I_6	我们将收集到的 800 个初始解决方案进行归类整理，然后将方案发布到交互平台邀请用户对此方案进行投票；我们邀请专家团队、专家评论员对方案进一步聚焦；然后我们通过举办网上直播投票的方式让在线网友评出 10 个最佳解决方案（同上）	需求信息、专业知识匮乏	实现了对初始创意的筛选

续表

事件	典型证据	资源匮乏	互动目的
I_7	我们邀请前十名解决方案的提出者到企业，邀请其与我们一起将解决方案形成样机并进行模拟测试，以检测技术的可行性，然后由专家团队、专家评论员评价，最终确定免清洗方案为企业现阶段首选方案（免清洗，SCB；内部资料）	技术知识资源匮乏	确立了经用户证实的创意
I_8	我们在企业内部举办了拆机体验活动；在大卖场举办产品性能介绍宣传活动；在交互平台上发布原型产品信息收集信息；然后汇总各方面测评意见，对产品功能进行完善（同上）	知识资源；需求信息	原型产品测试
I_9	我们在用户交互平台上发布产品功能卖点及产品优势等信息，探索用户的实际购买意愿和接受的价格定位。最终确定产品的市场推广定位；我们产品上市三个月，已经出现供不应求的情况，应用免清洗技术的三款产品市场份额均接近10%（同上）	知识资源；市场信息匮乏	产品营销推广
I_{10}	觉察到越来越多的人开始关注空气污染问题，认为高性价比的空气质量检测设备是人们迫切需要的产品，我们将该想法发布到交互平台上，搜集用户对于空气污染问题的意见，识别到用户最为关注的问题（空气盒子，XZT；内部材料）	需求信息资源匮乏	甄别和把握用户需求
I_{11}	基于海尔的"U+"系统，将产品定位于智能家居的连接器，以实现空气圈小生态的概念；我们将产品理念发布到海尔交互平台上，收集用户的反馈意见（同上）	需求信息资源匮乏	验证初始创意可行性
I_{12}	我们通过收集用户反馈意见，形成空气盒子的初始创意，并就空气盒子的颜色、形状、App软件的参数、指数等问题发布到交互平台收集用户的反馈意见，为空气盒子的设计和研发提供信息（同上）	技术知识资源匮乏	获得可行的产品设计理念
I_{13}	我们基于产品的特性，选择两种方式，一是在互动平台征集用户参与产品体验活动，二是针对App软件的下载和服务问题与平台用户讨论；通过信息的汇总和分析，我们对实体产品的外观和软件服务提供等方面进行修正和完善（同上）	知识资源和需求信息匮乏	原型产品测试
I_{14}	我们重新聚焦用户群，通过对交互平台上活跃用户的大数据分析，我们重新确立了母婴人群和有呼吸疾病的人群为我们的强需求人群；通过用户群体的聚焦，产品销售情况得到改观，三个月内销售五万余台（同上）	知识资源、市场信息匮乏	基于产品营销推广的互动
I_{15}	基于现有产品问题我们致力于提供定制化的产品；我们将该想法发布到交互平台上，收集用户对于定制化产品方案的意见，最后借鉴积木插拼的原理，将产品定位于不同组件的结合（空气魔方、ZZX、XZT；内部资料）	需求信息和技术知识资源匮乏	获得可行性的解决方案
I_{16}	我们将产品命名为"空气魔方"，就像魔方一样，基于不同的情境选取不同的组件解决不同的问题，我们将该创意发布到交互平台，探索和验证用户对该新颖创意的反馈意见（同上）	需求信息资源匮乏	形成经证实的创意

第六章　迭代创新过程中的企业—用户互动驱动因素研究　153

续表

事件	典型证据	资源匮乏	互动目的
I$_{17}$	我们采用两种互动方式，一是邀请极客用户试用产品并收集其反馈的试用报告，二是在交互平台上对通过大数据甄选出的 81 万相关用户征集原型反馈意见；通过测评意见及融入企业内外的研发资源，对产品进行了修正和完善（空气魔方，ZZX、XZT；内部资料）	知识资源、需求信息匮乏	原型产品测试完善
I$_{18}$	我们采用了不同的方式，一是在北京召开了新品发布会，邀请大家亲身体验产品；二是选择登录京东的众筹平台，一个月内，获得 7562 名支持者，并募集资金 1195 万元；三是我们选择网上售卖方式，上市当天 14 小时内售出 3 万台产品（同上）	知识资源、市场信息	产品营销推广
I$_{19}$	我们从用户交互平台上收集用户对现有净水设备存在问题的看法，汇总用户的意见反馈形成了包含净水机同质化问题严重、净水机滤芯更换时间以及净水机行业标准混乱等三大主要问题（水盒子，ZH、XBZ；内部资料）	需求信息资源匮乏	甄别和把握用户需求
I$_{20}$	我们基于用户反馈和海尔的"U+"系统，将产品定位于互联网产品，形成初始创意"实网和虚网结合的饮用水解决方案"，我们将初始创意发布到交互平台上，探索和验证用户对该新颖创意的反馈意见（同上）	需求信息资源匮乏	形成经证实的创意
I$_{21}$	通过收集用户的反馈意见，我们确立了企业提供的将涵盖实物硬件和 App 软件的智能家居产品的创意；进一步我们就产品的外观和功能卖点等软硬件问题发布到用户交互平台上，收集用户对产品设计和研发的反馈意见（同上）	知识资源匮乏	获得可行的产品设计理念
I$_{22}$	我们在网络社区甄选极客群体试用产品，我们收集极客用户的意见反馈；我们将反馈信息发布到交互平台上，与粉丝群讨论极客用户提出的产品问题；我们汇总讨论的信息，完善了产品的外观设计和 App 软件的更新和调整（同上）	知识资源、需求信息匮乏	原型产品测试完善
I$_{23}$	我们采用预售的方式营销推广产品，我们在日日顺净水商城实施预订活动，在预售期内售卖认筹券，并给予预售用户以价位上的优惠和提供相关礼品；用户参与到预售活动中，并积极晒单；前两批产品共 8 万台均是上市当天售罄（同上）	产品售卖的市场信息	产品营销推广

注：典型证据一栏中，括号内部显示了证据来源，大写字母是企业接受访谈人员的代码，内部资料指数据不仅获得了直接访谈数据的支持，同时在企业提供的内部宣传资料和学习资料中得以体现。

资料来源：笔者整理。

二 迭代创新过程中企业面临的不确定情境

不确定性是创新过程的本质[1],尤其当团队致力于开发较为新颖和复杂的产品和服务时,他们并不能提前知晓他们正在从事工作的独特概念和理念,他们只能尽快在众多想法中剔除无发展潜力而保留具有成长价值的想法[2],因此企业能够做的是通过开展实验以及相关活动以解决不确定性问题[3][4]。Thomke 基于企业创新过程不同阶段面临的不确定性问题,将企业面临的不确定性划分为四类,技术不确定性、产品不确定性、需求不确定性和市场不确定性,并进一步指出了企业可以通过尝试的、学习的、重试的迭代过程来定位其市场。[5] 通过对五个创新产品创新进程中所呈现的 23 个互动事件的编码分析,可知企业在实施创新活动时均面临了不确定性问题,如表 6—2 所示。通过对如表 6—2 所示的 23 个互动事件呈现出的不确定情境的分析,可知:

(一) 企业在创新进程的不同阶段会面临不同的不确定性问题

在创意产品化阶段,企业面临的是需求不确定性和技术不确定性问题。[6] 在创意和原型产品形成的过程中,企业的创新行为的实施是以需求和技术为衡量标准,以验证创意和原型产品的可行性。由于在创意产品化阶段,需求不确定性和技术不确定性的存在,企业无法按照既有的知识和经验储备事前确定精巧的创新模式。[7] Schlesinger 等指出存在企业创新信息可知度的连续统一体,当企业面临的不确定性程度增加时,企业越发倾向于向连续统一体的右端倾斜,即企业持有的创新信息的可知程度越发降

---

[1] Thomke, S. H., *Experiment Matter*, Boston, Massachusetts: Harvard Business School Press, 2003.

[2] Tidd, J., Bessant, J., *Managing Innovation*, New York: John Wiley & Sons ltd, 2009.

[3] Thomke, S. H., *Experiment Matter*, Boston, Massachusetts: Harvard Business School Press, 2003.

[4] Maurya, A., *Running Lean: Iterate from Plan A to A Plan that Works*, O'Reilly Media, Inc., 2012.

[5] Thomke, S. H., *Experiment Matter*, Boston, Massachusetts: Harvard Business School Press, 2003.

[6] Ibid..

[7] Schlesinger, L. A., Kiefer, C. F., Brown, P. B., *Just Start*, Boston, Massachusetts: Harvard Business Review Press, 2012.

低,企业将面临完全不可预测的情境。[1] 在这种情况下,传统方式所使用的分析方法、模式识别等预测方式皆不可行,必须选取更具灵活性和创新性的方式以实现创新目的。在此情境下,企业采用用户互动的范式,不以假设的方式预测用户的需求诉求情况[2],而是融入到用户的互动过程中,获取创新过程中的关键信息和知识进而促进创新产品的创意产品化阶段的进行[3]。

在产品市场化阶段,基于企业运营内容和实施目的的不同,企业面临的不确定性也呈现出差异性。在原型产品的测试阶段,企业面临的是产品的不确定性和需求的不确定性[4],一方面,企业面临的产品的不确定性导致企业无从知晓其产品是否实现了其设定的功能卖点,同时导致企业无从设定产品测试工作的计划进度,进而致使企业无法以低成本和高创新速度实现产品测试的阶段目标[5][6];另一方面,企业面临的需求的不确定性导致企业形成的原型产品或者未能充分体现用户的需求诉求,或者未能实现对潜在用户需求的探索和挖掘,导致原型产品的功能卖点并不是用户真实需求的体现,即由于产品和需求不确定性的存在导致原型产品的测试的计划性和准确性受阻[7],因此企业需要通过与用户的互动进一步探索用户的真实需求以促使企业以低成本和高创新速度完成产品的研发工作[8]。在产品的营销推广阶段,企业面临的是市场的不确定性和需求的不确定性[9],

---

[1] Schlesinger, L. A., Kiefer, C. F., Brown, P. B., *Just Start*, Boston, Massachusetts: Harvard Business Review Press, 2012.

[2] Ries, E., *The Lean Startup: How Constant Innovation Creates Radically Successful Businesses*, London: Penguin Group, 2011.

[3] Von Hippel, E., *Democratizing Innovation*, Cambridge MA: MIT Press, 2005.

[4] Thomke, S. H., *Experiment Matter*, Boston, Massachusetts: Harvard Business School Press, 2003.

[5] Ries, E., *The Lean Startup: How Constant Innovation Creates Radically Successful Businesses*, London: Penguin Group, 2011.

[6] Schlesinger, L. A., Kiefer, C. F., Brown, P. B., *Just Start*, Boston, Massachusetts: Harvard Business Review Press, 2012.

[7] Thomke, S. H., *Experiment Matter*, Boston, Massachusetts: Harvard Business School Press, 2003.

[8] Ries, E., *The Lean Startup: How Constant Innovation Creates Radically Successful Businesses*, London: Penguin Group, 2011.

[9] Thomke, S. H., *Experiment Matter*, Boston, Massachusetts: Harvard Business School Press, 2003.

一方面，市场的不确定性导致企业经过极客群体或小众市场验证的产品在向大众市场推广时可能遇到不被认可及营销不畅的情况[1]；另一方面，需求的不确定性导致已经过用户验证的产品/服务或许由于其他新产品/新服务的出现而无法满足用户的需求诉求的情况[2]，即由于市场和需求不确定性的存在导致企业无法按照预测的发展态势运营企业，若一味地强调标准化和规制化的行为模式反而会导致僵化思维的产生，影响企业的持续经营。[3] 在此情境下，企业为了应对不确定性的挑战应选择更具灵活性的方式[4]，即选择用户互动的方式，从用户方获取及时、有用的信息对于企业的进一步演化发展具有重要价值。

通过对案例企业的 23 个互动事件的数据分析可知，在创意产品化阶段涉及的 13 个互动事件（即互动事件 I_1、I_2、I_5、I_6、I_7、I_{10}、I_{11}、I_{12}、I_{15}、I_{16}、I_{19}、I_{20}、I_{21}）中，除了互动事件 I_7 外，所有创新进程的创意产品化阶段均面临了需求的不确定问题，即阐述了需求的不确定性是企业实施企业—用户互动行为的关键影响因素；而互动事件 I_5、I_7、I_{15} 则在一定程度上显示了技术不确定问题对于企业—用户互动行为的影响，对于突破性产品的创新问题，由于产品的创意产品化阶段会涉及新技术范式的实施和发展，故对于企业而言采用何种技术以及如何运用技术实现创意的产品化问题则需进一步探索[5]，因此企业倾向于采用用户互动范式，广泛获取和测试适用和可行的技术范式，以实现创新产品的创意产品化进程。例如水盒子的创意产品化阶段形成的三个互动事件 I_{19}、I_{20}、I_{21}：互动事件 I_{19}，创意提出者 ZH 基于其先前工作经验和对身边朋友的观察，认为目前的净水设备存在一定的问题，然而他不知晓净水设备的哪些问题会成为用户的关注重点，即他面临着需求不确定性问题，为了应对这一不确定性，他选

---

[1] Thomke, S. H., *Experiment Matter*, Boston, Massachusetts: Harvard Business School Press, 2003.

[2] Ries, E., *The Lean Startup: How Constant Innovation Creates Radically Successful Businesses*, London: Penguin Group, 2011.

[3] Eisenhardt, K. M., Furr, N. R., Bingham, C. B., "Microfoundations of Performance: Balancing Efficiency and Flexibility in Dynamic Environments", *Organization Science*, Vol. 21, No. 6, 2010.

[4] Buganza, T., Verganti, R., "Life-cycle Flexibility: How to Measure and Improve the Innovative Capability in Turbulent Environments", *Journal of Product Innovation Management*, Vol. 23, No. 5, 2006.

[5] Thomke, S. H., *Experiment Matter*, Boston, Massachusetts: Harvard Business School Press, 2003.

择在交互平台发布信息,进而获取了用户的真实需求信息;互动事件 I_{20},企业基于用户的反馈和海尔的 U+系统,将产品定位于互联网产品,形成初始创意"实网和虚网结合的饮用水解决方案",但企业不知晓这一新颖创意是否可以获得用户的认可,用户是否愿意将这一智能化的产品代替其传统的净水设备,即此时企业面临了需求不确定性问题,为了解决这一问题,企业选择将初始创意发布到交互平台以探索和验证用户的反馈意见;互动事件 I_{21},当企业形成了经用户证实的创意后,企业进一步考虑将创意产品化,在企业的研发设计中,企业无法确定何种技术范式符合用户的需求,即企业面临了技术不确定性问题,为了获得有价值的技术问题解决方案,企业将产品的外观设计和功能卖点等软硬件问题发布到交互平台,收集用户的反馈意见。

而在产品市场化阶段涉及的 10 个互动事件中,互动事件 I_3、I_8、I_{13}、I_{17}、I_{22} 涉及原型产品测试完善的互动活动,互动事件 I_4、I_9、I_{14}、I_{18}、I_{23} 则涉及产品营销推广的互动活动。在基于原型产品测试完善的互动事件中,例如互动事件 I_{13},企业完成空气盒子的设计理念形成原型产品后,为了确保通过验证的创意形成的原型产品能够真正符合用户的需求诉求,故在交互平台甄选用户参与产品的真实体验活动,同时在交互平台上讨论软件下载服务问题,企业收集体验用户和平台用户的反馈信息,进而修正和完善产品的软硬件问题。在其余的互动事件中,I_3 和 I_{17} 显示了企业面临产品不确定性问题,为了应对该不确定性问题,在 I_3 中创业团队选择三类用户对产品进行公测以确保原型产品会吻合用户的需求诉求,而在 I_{17} 中企业选择了极客用户进行产品体验以及平台用户收集反馈意见。I_8、I_{22} 显示了企业面临的产品和需求不确定性问题,在 I_8 中,一方面通过宣传体验活动和平台用户交流确保用户需求诉求的体现,另一方面通过收集用户测评信息优化产品功能;在 I_{22} 中,一方面甄选极客用户使用产品,另一方面与粉丝群体讨论产品优化方案,进而对原型产品的设计理念和性能进行了优化。在基于产品营销推广的互动事件中,例如互动事件 I_{14},企业在产品推广过程中,发现先前确定的乐于尝试新事物的极客群体,在产品的营销推广过程中出现了瓶颈,无法快速有效地完成营销推广的目的;基于此情况,企业将产品发布到交互平台上,重新聚焦用户群体并获取用户的实时购买意愿和信息,进而打开了产品营销的局面。在其余的互动事件中,I_4、I_{23} 显示了企业面临的市场不确定性问题,在 I_4 中,为了应对市场不确定性问题，企业采取产品预售方式，进而明确用户真实的产品需求量；在 I_{23} 中，企业同样采用预售方式进行营销推广，通过价格优惠、提供礼品等方式获取一手的用户购买数据。而 I_9、I_{18} 则显示了企业面临的市场和需求不确定性问题，在 I_9 中，企业为了更为明确产品的价格定位和功能卖点等问题，与平台用户沟通交流明确用户的实际购买意愿和接受的价格定位；在 I_{18} 中，企业通过召开新品发布会、京东众筹等多种营销推广方式，明确用户的需求诉求和实际购买人数进而确保企业提供相应的产品量。

综上，在创新进程中，企业在不同阶段面临的不确定性问题相异，在创意产品化阶段，企业面临的不确定性是需求不确定和技术不确定问题，企业采用用户互动的范式，不以假设的方式预测用户的需求诉求情况，而是融入到与用户的互动过程中，获取创新过程中的关键信息和知识进而促进创新产品的创意产品化阶段的进行。而在产品市场化阶段，基于原型测试完善的活动中涉及产品不确定和需求不确定问题，企业实施企业—用户互动活动旨在通过用户方提供的需求信息和修正知识降低企业面临的不确定性，进而以低成本和高创新速度实现产品的研发工作；基于产品营销推广的活动中涉及市场不确定和需求不确定问题，企业实施企业—用户互动活动旨在通过用户方提供的需求信息和市场知识降低企业面临的不确定性，进而促进售卖活动快速高效。

（二）不确定情境是迭代创新过程中企业开展互动活动的重要驱动因素

由上文阐述可知，在创意产品化和产品市场化阶段，企业均面临不确定情境问题，且不确定情境是其实施企业—用户互动的关键影响因素。具体而言，在创意产品化阶段，企业旨在实现具有价值性和可行性的创意和原型产品，但是对于何种创意可以满足用户的需求进而通过用户的验证、何种技术实施和技术轨迹利于企业形成可行性的原型产品等问题企业方都无法预测，即企业在创意和原型产品形成的过程中面临着需求不确定性和技术不确定性问题[1]，在这种情境下企业无法按照预定的范式和发展轨迹运营企业[2]，而是需要通过互动的方式在与用户互动的发展过程中，逐步

---

[1] Thomke, S. H., *Experiment Matter*, Boston, Massachusetts: Harvard Business School Press, 2003.

[2] Ries, E., *The Lean Startup: How Constant Innovation Creates Radically Successful Businesses*, London: Penguin Group, 2011.

明晰和调整企业的创新进程①。

在产品市场化阶段，企业旨在完成原型产品的测试完善以及产品的营销推广活动，但是对于原型产品是否能够以较低成本和高的创新速度实现产品化、用户是否能够接受原型产品涵盖的产品功能卖点、产品是否能够满足目标市场需求并在市场竞争中获得成功、产品是否获得用户认可进而实施购买行为等问题企业方都无从解答，即企业在原型测试和产品营销的过程中面临了产品不确定性、市场不确定性和需求不确定性问题，在这种情境下按照既定计划实施创新过程则可能导致企业发展越来越偏离正确的运营轨道②，而是需要通过实施企业—用户互动范式，在互动过程中逐步涌现出明确的运营范式，进而影响创新活动的实施③。

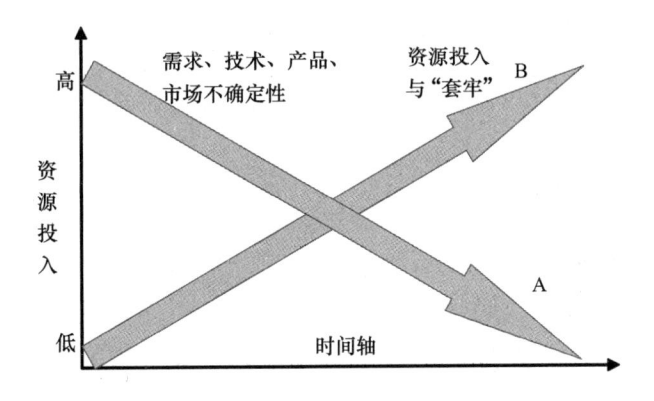

图 6—2　创新、不确定性和资源投入的关系图

资料来源：Tidd, J., Bessant, J., *Managing Innovation*, New York: John Wiley & Sons ltd, 2009.

图 6—2 显示了创新、不确定性和资源投入情况④，如图所示，箭头 A 代表了当企业创新过程中面临不确定性情境时，在早期资源投入高，则企业的不确定性会随着时间推演而逐渐降低，且伴随不确定程度的降低，企

---

① Mullins, J., Komisar, R., *Getting to Plan B: Breaking Through to A Better Business Model*, Boston, Massachusetts: Harvard Business School Press, 2009.
② Ries, E., *The Lean Startup: How Constant Innovation Creates Radically Successful Businesses*, London: Penguin Group, 2011.
③ Von Hippel, E., *Democratizing Innovation*, Cambridge MA: MIT Press, 2005.
④ Tidd, J., Bessant, J., *Managing Innovation*, New York: John Wiley & Sons ltd, 2009.

业投入的资源也相应减少；而箭头 B 则代表了当企业面临不确定性情境时，企业不实施相应的资源投入活动，则随着时间的演化企业的不确定性程度会越来越高，此时企业不得不加以应对并提升资源的投入量，但是由于不确定性程度高，导致企业陷入资源投入怪圈中进而被"套牢"[1]。由图可知，在企业应对不确定性的过程中，应该及时投入相应的资源支持，而如上文所述企业面临资源匮乏窘境，则企业需要通过与用户互动获取相应资源，并快速地实施创新活动进而降低了企业面临的不确定情境，促进创新活动的开展。

综上，不确定性情境是许多企业面临的情境[2]，Ries 将新创企业界定为"在极端不确定性情境下开展新产品或新服务的机构"[3]。而随着时代的更迭，企业在互联网时代将面临互联网经济和体验经济的发展，在此经济形态下，用户获取了更多的话语权和选择权，与之相应，致力于满足用户需求并为之提供相应产品/服务的企业则会面临更多的未知局面[4]，因此企业创新活动的实施是在"非稳定状态"条件下开展的[5]，即企业将面临更多的不确定性问题。为了应对这种不确定性问题，许多学者指出灵活性是应对不确定性的重要特征，创意市场化进程的灵活性更利于企业获得成功[6]。企业如何保证这种灵活性进而应对不确定性的挑战，一种有效方式是"立即行动"[7]，即与其猜想用户的想法不如立即行动融入到用户中[8]，通过企业—用户的互动活动快速高效实现创新活动。

---

[1] Tidd, J., Bessant, J., *Managing Innovation*, New York: John Wiley & Sons ltd, 2009.

[2] Thomke, S. H., *Experiment Matter*, Boston, Massachusetts: Harvard Business School Press, 2003.

[3] Ries, E., *The Lean Startup: How Constant Innovation Creates Radically Successful Businesses*, London: Penguin Group, 2011.

[4] Thomke, S. H., *Experiment Matter*, Boston, Massachusetts: Harvard Business School Press, 2003.

[5] Ibid..

[6] Buganza, T., Verganti, R., "Life‑cycle Flexibility: How to Measure and Improve the Innovative Capability in Turbulent Environments", *Journal of Product Innovation Management*, Vol. 23, No. 5, 2006.

[7] Schlesinger, L. A., Kiefer, C. F., Brown, P. B., *Just Start*, Boston, Massachusetts: Harvard Business Review Press, 2012.

[8] Ibid..

表6—2　　　　　　创新进程中企业面临的不确定性情境

事件	典型证据	不确定性	互动目的
I_1	我们将笔记本电脑使用差评发布到百度贴吧游戏群中，收集游戏群体最关注的电脑功能（雷神、LYB、ZZM；内部资料）	需求	甄别用户需求
I_2	我们确立了生产"高性能游戏笔记本电脑"的初始想法，然后发布到百度贴吧，收集用户对于配置、外观等方面的意见（同上）	需求	形成可行设计
I_3	我们识别了三类公测用户，我们将形成的原型产品进行开放式公测，然后收集反馈意见，修正和完善原型产品（同上）	产品	原型产品测试
I_4	我们采取产品预售方式，通过预售获取用户真实购买信息，然后我们与生产厂家联系制造产品，两批产品都快速售罄（同上）	市场	产品营销推广
I_5	我们将洗衣机二次污染衣服的问题发布到互联网，一方面我们获取用户对于此问题的关注程度，另一方面我们获取该问题的初步解决方案（免清洗，SCB；内部资料）	需求技术	识别需求，获得方案
I_6	我们归档获取初始解决方案，由专家团队筛选聚焦方案，然后以网上直播方式让网友评选出10个最佳解决方案（同上）	需求	初始创意筛选
I_7	我们邀请前十名解决方案提出者与我们一起将方案形成样机，并进行模拟测试，由专家团队评价，确立免清洗技术（同上）	技术	形成创意
I_8	我们在企业内部举办拆机体验活动；在大卖场举办产品性能介绍宣传活动；在交互平台上发布原型产品情况收集用户反馈信息；然后汇总各方面测评意见，对产品功能进行完善（同上）	产品需求	原型产品测试
I_9	我们在交互平台发布产品功能卖点及产品优势等信息，以探索用户的实际购买意愿和接受的价格定位（同上）	市场需求	产品营销推广
I_{10}	我们觉察到越来越多的人关注空气污染问题，认为高性价比的空气质量检测设备是人们迫切需要的产品，我们将该想法发布到交互平台，收集用户意见（空气盒子，XZT；内部材料）	需求	甄别用户需求
I_{11}	基于海尔的"U+"系统，将产品定位于智能家居的连接器，以实现空气圈小生态的概念；我们将产品理念发布到海尔交互平台上，收集用户的反馈意见（同上）	需求	验证初始创意
I_{12}	我们收集用户反馈意见，形成空气盒子的初始创意，并将产品软、硬件设计问题发布到交互平台收集用户的反馈意见（同上）	需求	获得设计理念

续表

事件	典型证据	不确定性	互动目的
I_{13}	我们在互动平台征集用户参与产品体验活动，同时针对App软件的下载和服务问题与平台用户讨论，收集用户意见（空气盒子，XZT；内部材料）	产品需求	原型产品测试
I_{14}	我们重新甄别用户群和用户需求，通过收集在交互平台上活跃用户的数据，确认母婴和有呼吸疾病人群为强需求人群（同上）	市场需求	产品营销推广
I_{15}	我们确立定制化产品的想法，我们将该想法发布到交互平台，收集用户意见，最后确定借鉴积木插拼原理，将产品定位于不同组件的自由组合（空气魔方，ZZX、XZT；内部资料）	需求技术	获得解决方案
I_{16}	我们将产品命名为"空气魔方"，就像魔方一样，基于不同的情境选取不同的组件解决不同的问题，我们将该创意发布到交互平台，探索和验证用户对该新颖创意的反馈意见（同上）	需求	形成经证实的创意
I_{17}	我们邀请极客用户试用产品并收集其反馈的试用报告，同时在交互平台上收集用户对原型的反馈意见，以完善产品（同上）	产品需求	原型产品测试
I_{18}	在营销推广上，我们召开了新品发布会，选择登录京东的众筹平台，以及确定网上售卖方式（同上）	市场需求	产品营销推广
I_{19}	从交互平台收集用户对现有净水设备存在问题的看法，汇总用户的意见反馈（水盒子，ZH、XBZ；内部资料）	需求	甄别用户需求
I_{20}	我们基于用户反馈和海尔的"U+"系统，将产品定位于互联网产品，形成初始创意"实网和虚网结合的饮用水解决方案"，然后将其发布到交互平台上，收集用户对该创意的反馈意见（同上）	需求	形成经证实的创意
I_{21}	我们确立了企业将提供涵盖实物硬件和App软件的智能家居产品的创意；然后我们将产品的软硬件问题发布到用户交互平台上，收集用户对产品设计和研发的反馈意见（同上）	需求	获得设计理念
I_{22}	我们在网络社区甄选极客群体试用产品，收集极客用户的意见反馈，同时我们将反馈信息发布到交互平台上，与粉丝群讨论极客用户提出的产品问题（同上）	产品需求	原型产品测试
I_{23}	我们采用预售的方式营销推广产品，在日日顺净水商城实施预订活动，在预售期内售卖认筹券，并给予预售用户以价位上的优惠和提供相关礼品（同上）	市场	产品营销推广

注：典型证据一栏中，括号内部显示了证据来源，大写字母是企业接受访谈人员的代码，内部资料指数据不仅获得了直接访谈数据的支持，同时在企业提供的内部宣传资料和学习资料中得以体现。

资料来源：笔者整理。

第二节 用户参与互动活动的驱动因素

在企业—用户的互动过程中,用户参与是互动过程得以实施以及实现互动结果的关键。在互联网时代,用户参与的方式发生了改变,主要体现在以下三点:第一,用户由被动式参与向主动式参与转变。[1] 在传统的管理模式下,企业市场调研人员通过调查问卷、电话随机访谈等方式对其选择的受访群体进行信息收集,用户在此过程中处于被动式参与的状况,而在现时代的产品/服务的创新过程中,用户更为积极地主动分享信息以实现信息源和生产商间的桥梁作用,同时在一定情境下加入到研发设计活动中以提供相关知识和信息共同解决问题。[2] 第二,用户融入到互动过程的渠道更为多样化。随着信息通信技术的进步,企业—用户间的互动不仅局限于市场问卷、面对面访谈等信息收集方式,非正式交流、用户工具箱、企业网站论坛、用户社区及第三方运营的问题解决平台等均可以成为用户参与的渠道,渠道的多样化促使参与用户的规模和范围均得以提升,收集信息和知识更为全面。[3][4] 第三,用户的全流程参与。在传统的管理模式下,企业对于用户的关注仅体现在创新过程的前后端,即仅在初始创意产生之前通过市场调研的方式获取需求信息,在产品形成之后通过营销手段售卖产品;在现时代推崇用户的全流程参与方式,即用户融入到创新产品实现的进程中,通过在不同阶段的角色扮演促进创新进程推演[5]。

上述三点阐述了企业—用户互动过程中用户参与方式的改变,体现了互联网时代用户参与互动过程的特点和范式。互联网时代,用户参与互动过程更具主动性,参与渠道更具多样性以及用户参与阶段更具全面性。这里涵盖了一个根源性问题:用户为什么会通过各种渠道在各个阶段主动参与到企业—用户互动活动中?围绕此问题,基于对五个创新产品创新进程

---

[1] Blank, S. G.:《四步创业法》,七印部落译,华中科技大学出版社 2012 年版。
[2] Von Hippel, E., *Democratizing Innovation*, Cambridge MA: MIT Press, 2005.
[3] Nambisan, S., "Designing Virtual Customer Environments for New Product Development: Toward A Theory", *Academy of Management Review*, Vol. 27, No. 3, 2002.
[4] 戴夫·格雷、托马斯·范德尔·沃尔:《互联网思维的企业》,张玳译,人民邮电出版社 2014 年版。
[5] 张超群:《用户互动对新创企业成长绩效的作用机制研究》,博士学位论文,浙江大学,2013 年。

中呈现的23个互动事件的编码分析,下文将分别从用户参与动机和企业—用户间关系两个方面予以阐述,进而从用户层面深入挖掘互动活动产生的驱动因素问题。

一 迭代创新过程中的用户参与动机

从用户参与动机层面分析,用户参与动机是用户参与到企业—用户互动活动的内在驱动力,用户为了实现其对于互动效果的心理预期实施相应的行为表现,以达到其内在的预设结果。用户参与动机具有多样性的特点,如Alam等指出用户参与互动活动的目的在于用户需要卓越的和定制化的服务、降低循环时间、用户教育、创新的快速扩散、提升公共关系以及长期关系的建立等方面。[①] Van Doorn等指出可以从认知维度、情感维度和行为维度三个方面阐释用户参与问题[②],认知维度是指用户对于企业的关心与专注的程度,情感维度是指用户对参与互动所引发的灵感与自豪的程度,而行为维度则指用户参与互动所实际付出的努力。Gassenheimer等、朱俊和廖英、Kimmy等学者[③④⑤]则从经济价值、心理价值、关系价值等用户价值体现方面阐述用户参与问题,经济价值涉及用户参与的原因在于其为了节省时间和金钱等财务刺激,心理价值则是用户基于情感体验等方面实施参与行为,而关系价值则从关系发展影响关系价值提升等方面探索用户参与行为的实施。借鉴已有学者的研究观点,本书旨在从经济价值、心理价值和关系价值方面探索用户参与问题,这三个方面的探讨既涵盖了对用户认知和情感层面的探讨,又涉及了行为层面的分析。

通过对创新进程中23个互动事件的编码分析,获取了五个创新产品

[①] Alam, I., Perry, C. A., "Customer Oriented New Service Development Process", *Journal of Services Marketing*, Vol. 16, No. 4, 2002.

[②] Van Doorn, J., Lemoe, K. E., Mittal, V., et al., "Customer Engagement Behavior: Theoretical Foundations and Research Directions", *Journal of Service Research*, Vol. 13, No. 3, 2010.

[③] Gassenheimer, J. B., Houston, F. S., Davis, J. C., "The Role of Economic Value, Social Value, and Perceptions of Fairness in Interorganizational Relationship Retention Decisions", *Journal of the Academy of Marketing Science*, Vol. 26, No. 4, 1998.

[④] 朱俊、廖英:《顾客参与下的顾客价值:体验经济的观点》,《价值工程》2007年第4期。

[⑤] Kimmy, W. C., Bennett, Y., Simon, S. K. L., "Is Customer Participation in Value Creation A Double-edged Sword? Evidence from Professional Financial Services Across Cultures", *Journal of Marketing*, Vol. 74, No. 5, 2010.

迭代创新过程中的用户参与动机问题。如表6—3所示，分别从经济价值、心理价值、关系价值层面列示了23个互动事件中用户参与到互动活动中的动机问题。

表6—3　　　　　　　　创新进程中的用户参与动机

互动事件	经济价值	心理价值	关系价值
I_1	—	游戏爱好者和"发烧友"聚集雷神吧，为了分享游戏心得、结交志同道合的游戏挚友	用户参与到雷神吧及QQ群中，自演化为"粉丝领袖"，进而与雷神团队开展频繁、深入的交流
I_2	—	用户参与到雷神吧、QQ群、微信群等交互平台，为了与其他用户沟通交流，获得认同感和归属感	用户参与到交互平台，自荐为小吧主、QQ群主，进而与企业建立较为密切的关系，及时获取相关信息
I_3	社区中的高级粉丝，已经成为了无薪酬、无职位的雷神工作人员；雷神的粉丝自觉自愿为雷神宣传	粉丝间日渐熟稔，他们在交流产品的同时也开展粉丝间情感的交流	通过不同交互手段的组合帮助雷神和用户建立高效的互动渠道，获得更佳互动效果
I_4	粉丝参与预售活动以确保可以第一时间获取使用产品的机会	游戏人群中具有一个"情结"，就是比谁"手快"，因此有"晒单"活动	同时小吧主和雷神两个群体利用微信群交流，获得最新动态
I_5	—	用户在互联网上提供问题解决方案，希望提供的解决方案被认可	—
I_6	—	用户参与到投票和讨论中，希望其需求得到满足，同时融入到用户社区中，与其他用户群沟通交流	用户在交互平台上发表自己的意见，并自演化为领先用户，提升沟通交流范围和深度，获取更多信息
I_7	—	用户与企业一起将创意形成样机并进行测试，得到了企业对其创意的认可，以及较为强烈的归属感	用户参与研发和测试中，与企业建立了更为密切的关系，为后续进一步沟通交流奠定基础
I_8	用户参与试用产品和平台互动完全基于其自身对免清洗洗衣机产品的兴趣	用户参与产品体验和产品宣传活动以满足其对新颖产品的好奇心	用户运用先验知识对产品原型提出意见，被接纳的用户演化为产品领先用户
I_9	用户寄希望于企业对于产品定价合理，利于自己以适当价位购买产品	当用户意见获得其他用户认可和支持时，用户获得归属感等情感体验	用户发表对产品定价看法的同时阐述自身购买意愿，促进交易关系的形成

续表

互动事件	经济价值	心理价值	关系价值
I_{10}	—	用户基于对新颖产品的好奇心参与到交互平台中	—
I_{11}	—	用户基于对新颖创意的好奇参与到交互平台,同时希望其需求得以满足	用户参与互动活动,建立较为密切的关系,进而促进其及时获取相关信息
I_{12}	—	用户对产品设计给予反馈,确认其提供的知识可以满足企业发展的需求	用户通过与企业进行深度互动,提升了企业—用户间关系,自演化为领先用户
I_{13}	用户可以较快速地体验到产品,但企业并未给其提供相应的物质层面奖励	用户自身知识背景被企业认可,同时满足了其对新产品的好奇心	企业与用户进行沟通交流,用户的黏度增强,与用户建立了密切关系
I_{14}	用户参与到互动过程中,并表达其购买兴致和购买意愿,以促进其更快速地获得满足其需求的产品	在平台上获得了其他相同用户群体的意见呼应,形成共识,在讨论区用户群感受到了归属感	通过用户群的积极参与,企业甄选到了大约7000人的活跃用户,并与强需求人群建立稳固的关系
I_{15}	—	用户基于对新颖问题的好奇参与到交互平台,希望提供的解决方案被认可	—
I_{16}	—	用户对于空气魔方具有较高的好奇度,兴趣爱好促使其参与到交互平台,提出自己对产品的看法	用户参与互动平台对于空气魔方的创意予以关注,与企业建立关系以及时获取相关信息
I_{17}	极客用户追求比其他用户更早的获得产品使用的机会	极客用户作为先锐人群,对于新鲜事物具有强烈好奇心和尝试愿望	极客用户通过互动增加其依赖度,成为早期购买用户,与企业建立关系
I_{18}	用户希望产品快速市场化进而获得使用价值;同时参与到众筹活动有机会以较低价格购买产品	用户参与新品发布会及现场体验,满足了其好奇心,并获得了向他人炫耀的经历	用户通过参与活动加深了其对企业的依赖感,促进了与企业稳固关系的建立
I_{19}	—	用户希望其需求能够得到网络社区用户的支持,进而被企业认可和采用	—
I_{20}	—	用户基于对新颖创意的好奇参与到交互平台,并寄希望于其提供的意见可以被采纳	用户参与到交互平台与企业进行沟通交流,自演化为企业极客用户,在早期与企业建立密切关系

续表

互动事件	经济价值	心理价值	关系价值
I_{21}	—	用户对产品设计问题给予反馈,希望其设计理念可以被企业认可和采纳	随着用户对企业信息的获取和积累,增加了对企业的依赖度
I_{22}	极客用户追求比其他用户更早地获得产品使用的机会	极客用户获得了企业的认同,进而促成其情感体验的产生	网络社区的大批粉丝通过交流自演化为网络社区的领先用户,进而与企业建立更为密切的关系
I_{23}	参与预售的用户可以获得产品上市当天的购买权以及可获得优惠政策	用户参与预售活动,获取已预售产品数量,促进其进一步提升购买意愿	参与预售的用户,为企业提供了真实购买信息,与企业建立密切交易关系

注:"—"代表互动事件中不涉及此项内容。

资料来源:笔者整理

如表6—3所示,由五个创新产品的创新进程中呈现出的用户参与动机可知:一是用户参与动机对用户互动行为的实施具有影响;二是在创新进程的创意产品化和产品市场化两个阶段的用户参与动机呈现出差异性,同时在各个阶段内由于实施创新活动的不同用户参与动机表现出不同。下文将给予具体阐述。

(一) 迭代创新进程中用户参与动机对互动行为实施的影响

基于对现有文献阐述观点的归纳总结,本书将从心理价值、关系价值和经济价值三个层面,剖析用户参与动机问题。通过案例数据编码分析,在心理价值层面,互动事件显示好奇心、归属感、认同感等情感体验的获取是用户参与到企业—用户互动活动的重要驱动因素。如表6—3所示,在心理价值层面,用户参与动机主要包含如下四个方面,一是由于用户面临的产品具有新颖性和创新性,因此用户的好奇心驱使其参与到企业—用户互动活动中,进而满足其好奇的愿望,例如在互动事件I_{17}中显示,空气魔方的用户群体参与互动是基于其对于新鲜事物具有强烈好奇心和尝试愿望;二是用户提供的需求信息或者问题的解决方案可以被企业认可并融入到后续创新活动中,互动事件I_{12}显示,空气盒子用户对产品设计给予反馈,确认其提供的知识可以满足企业发展的需求;三是用户参与到企业—用户互动活动中是基于其在形成的网络社区中能够被认同进而对社区产生归属感,例如互动事件I_2显示,用户参与到雷神吧、QQ群、微信群等互动平台,与平台中其他参与用户群体沟通交流,是为了获取认同感以及获得归属感;四是用户参与互动活动不仅满足了其好奇心同时寄希望其知识/信息贡献可以被企业认可并应用到后续创新活动中,例如互动事件I_{20}显示,水盒子用户基于对新颖创意的好奇参与到交互平台,并寄希望于其提供的意见可以被采纳。在对于23个互动事件的分析总结中,可以发现,各个互动事件的产生均涵盖了用户心理价值的诉求,强烈的心理价值诉求是用户参与到企业—用户互动活动的关键驱动力,是用户实施参与行为的重要参考层面,是用户参与互动活动的必要因素。

在关系价值层面,互动事件显示,用户参与到企业—用户互动活动中,会寄希望于通过互动活动成为企业的领先用户,与企业建立密切的关系,进而与企业开展更为深入和广泛的互动活动,获取更多实时信息,建立稳固的企业—用户关系。例如,互动事件I_1显示,用户参与到雷神吧及QQ群中,自演化为"粉丝领袖",进而与雷神团队开展频繁、深入的交流;互动事件I_2显示用户参与到互动平台,自荐为小吧主、QQ群主,进而与企业建立较为密切的关系,及时获取企业相关信息;互动事件I_3显示,用户通过与企业多互动渠道的沟通交流实现稳固的互动关系,形成更佳的互动结果;互动事件I_4显示,用户通过广泛的互动,与企业方建立紧密关系,已经可以替代企业实施相应的客户服务。在其余互动事件中,互动事件I_6、I_8、I_{12}、I_{13}、I_{17}、I_{20}、I_{22}显示,参与到互动活动中的用户,寄希望于通过互动被企业接纳其反馈的信息,并进而演化为具有话语权的产品领先用户;互动事件I_7、I_{11}、I_{16}、I_{21}显示,用户参与到互动活动的原因在于其通过互动的实现与企业建立联系,促进其及时获取企业后续创新活动信息,进而促进企业—用户间较为长久关系的建立;互动事件I_9、I_{14}、I_{18}、I_{23}显示,用户通过参与到互动活动中,帮助企业明确产品定位进而促进企业和用户间交易关系的形成;而互动事件I_5、I_{10}、I_{15}、I_{19}则未能体现关系价值的驱动因素问题。通过上述分析可知,基于关系价值层面,用户参与动机主要涵盖三个方面,一是用户通过与企业建立密切关系,致力于成为具有话语权和决策权的领先用户,进而可以影响产品的创新进程;二是用户通过与企业建立密切关系,可以及时或超前地获取企业产品的后续创新信息,与企业建立持续、长久的关系;三是用户通过与企业建立密切关系,进而获取更为准确及时的产品营销推广信息以促进交易关系的形成。

在经济价值方面，互动事件显示，用户参与到互动活动中基于其能更快速地获取产品的使用权（如，互动事件 I_{13}、I_{17}、I_{22}）以及能以相对合理的价位实现购买产品的目的（如，互动事件 I_9、I_{14}、I_{18}、I_{23}）；但也有用户在参与互动活动中并未涉及经济层面，甚至有用户明确提出不需要物质层面的奖励，单纯想要参与到互动活动（如，互动事件 I_3、I_4、I_8）中。由案例数据分析可知，在 23 个互动事件中，有 13 个互动事件中并未涉及经济价值诉求，而仅强调了心理价值和关系价值诉求，即尽管基于经济价值的考量用户会参与到企业—用户互动过程中，然而经济价值却并不是用户参与互动活动的必要因素，用户的参与动机仅可能是为了实现其好奇心、归属感、认同感等心理价值诉求以及建立依赖度和长久密切关系等关系价值诉求。

综上，在创新产品的创新进程中，用户的参与动机会影响用户参与到企业—用户互动活动中。具体到用户参与动机的三个维度，心理价值、关系价值和经济价值。在心理价值层面，用户参与动机主要包含如下四个方面，一是用户的好奇心驱使其参与到企业—用户互动活动中进而满足其好奇的愿望；二是用户希望其提供的需求信息或者问题的解决方案可以被企业认可并融入到后续创新活动中；三是用户参与到企业—用户互动活动中是基于其在形成的网络社区中能够被认同进而对社区产生归属感；四是用户参与互动活动不仅满足了其好奇心同时寄希望其知识/信息贡献可以被企业认可并应用到后续创新活动中。在关系价值层面，用户参与动机主要涵盖三个方面，一是用户致力于成为具有话语权和决策权的领先用户进而可以影响产品的创新进程；二是用户希望可以及时或超前获取企业产品的后续创新信息进而与企业建立持续、长久的关系；三是用户获取更为准确及时的产品营销推广信息以促进交易关系的形成。在经济价值层面，用户参与动机包括两个方面，一是用户参与到互动活动中基于其能更快速地获取产品的使用权；二是能以相对合理的价位实现购买产品的目的。此外，通过对 23 个互动事件的分析，所有互动事件均涵盖了用户心理价值诉求，19 个互动事件涵盖了关系价值诉求，10 个互动事件涵盖了经济价值诉求，这在一定程度上显示，用户心理价值诉求是用户参与到企业—用户互动活动中的关键动机。

（二）两个阶段的用户参与动机的异同

在创意产品化阶段，用户参与到企业—用户互动范式是基于用户心理价值和关系价值等用户价值的体现，在心理价值层面，用户希望其提供的需求信息和知识资源被认可并运用于创意和原型产品形成的过程中，同时其参与到互动活动中并与其他用户群体集聚成虚拟社区，用户在社区中就产品问题或者其感兴趣的其他问题进行讨论和分析，并在社区中形成自演化的发展态势，建立对社区的强烈认同感和归属感；在关系价值层面，用户参与到信息/方案提供和创意验证等活动是因为他们希望通过与企业的互动活动，与企业建立良好稳固的关系，进而及时从企业方获取其所需的相关信息以及参与到企业的后续相关活动中，以促进用户学习的实现。

在产品市场化阶段，用户参与动机则基于经济价值、心理价值和关系价值等方面，在经济价值方面，用户参与到互动活动中基于其能更快速地获取产品的使用权以及能以相对合理的价位实现购买产品的目的；在心理价值方面，体验利益、归属感、认同感等情感体验的获取是用户参与到企业—用户互动活动的重要驱动因素；在关系价值方面，用户参与到企业—用户互动活动中，会寄希望于通过互动活动，获得企业的认可，进而建立稳固的企业—用户关系。

通过对创意产品化阶段和产品市场化阶段用户参与动机的比较，可知：（1）心理价值和关系价值的体现在两个阶段均影响了用户参与到企业—用户互动活动，心理价值层面，重点探讨了认同感、归属感、体验利益等方面，关系价值层面，则主要关注了企业为建立稳固的企业—用户关系所实施的行为方面；尽管在两个不同阶段，企业—用户互动活动的互动内容和互动目的不同，但对于心理价值和关系价值体现的追求则都是用户参与互动活动的出发点。（2）通过对案例的分析和阐述，发现在创意市场化阶段，用户参与的动机并未涉及经济价值层面，而在产品市场化阶段，互动事件中用户参与则体现了其对时间、金钱等方面的关注；对于这一区别的解释在于，在原型产品形成之前，用户多是基于其情感体验参与到互动活动中，因为他们对于创意是否能够原型化、原型是否能够产品化、产品是否能够大量上市等问题都无从知晓，因此也就无从在经济价值层面进行分析，而当原型产品形成之后或当产品推向市场后，用户则会考虑如何以较快速度和相对优惠价格获取产品，因此会涉及经济价值问题；然而案例分析中还有一个发现，即在产品市场化阶段，经济价值不是用户主要的价值诉求，而是更为关注心理价值诉求的实现。

如图 6—3 所示，直观地展示了创意产品化阶段和产品市场化阶段的用户参与动机情况，各个对话框的大小代表了其在用户参与动机方面的影响力的大小。即在创意产品化阶段，主要涵盖两种参与动机，用户会基于心理价值诉求和关系价值诉求参与到互动活动中，比较这两种价值诉求，用户基于心理价值诉求的欲望更为强烈；在产品市场化阶段，主要包括三种参与动机，用户会基于心理价值诉求、关系价值诉求和经济价值诉求参与到互动活动中，比较这三种价值诉求，在产品市场化过程中，用户的主要参与动机仍为心理价值诉求，而关系价值诉求和经济价值诉求为辅助的参与动机。由上，用户在参与到企业—用户互动活动中会具有不同的参与动机，基于此，企业在开启企业—用户互动范式时，一是需要基于互动内容和互动目的的差异性，为用户提供实现其价值诉求的机会和渠道，进而促进其参与到企业—用户互动活动中；二是基于用户的参与动机，首先满足其最为强烈的价值诉求，在此基础上再满足其他价值诉求，这可以吸引用户更为积极地参与到互动活动中并扮演好相应的角色。

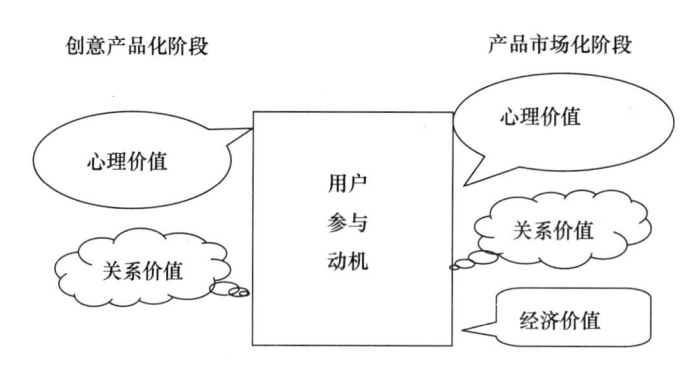

图 6—3　迭代创新过程中用户参与动机情况

资料来源：笔者整理。

二　迭代创新过程中的企业—用户关系

在现有文献对于用户参与的研究中，多是单独从企业或者用户层面分析用户参与的价值体现，而对于通过关系、伙伴、联盟的角度来分析企业—用户互动的研究仍较少，但是探究企业—用户间关系的形成和发展，进而促进企业和用户互动以达成双赢局面的探索性研究是现有研究的重点，在学界受到学者们的关注。企业和用户关系的建立具有双重价值，对于企业而言，可以利用与用户方的关系实施相应的手段和措施以获取用户的认可和信任,进而利于企业创新进程的开展和企业生产率的提升;而对于用户而言,企业—用户关系则是其基于对企业的认可和信任选择参与到企业—用户互动活动中的重要前提因素。学者们在关注二者关系建立价值的基础上,阐述了关系的密切程度对于互动活动开展的影响,例如Fukuyama指出互动双方的关系信任度越高,则促使双方参与互动的意愿越高[1];Akbab等指出信任在互动过程中的资源整合、价值共创的价值和意义[2];Hughes和Perrons也指出依赖关系的存在会促进互动活动的发生,而且越紧密的连带越促进互动的产生[3]。

通过对案例数据的编码分析可知,在创新进程中,企业—用户间关系的密切程度会影响用户的参与意愿。企业—用户间关系密切程度的建立受到企业和用户双方相互依赖的影响。对于企业方而言,(1)为了明确具有可行性和价值性的创意需要找寻用户"痛点"及挖掘用户"痒点"以确定初始创意,例如互动事件I_1,雷神创业团队为了探索游戏玩家对于笔记本电脑的真实需求,需要将收集来的差评信息发布到百度贴吧获取用户的真实需求信息,互动事件I_{19},企业从交互平台收集用户对现有净水设备存在问题的看法,汇总用户的意见反馈以形成初始创意;(2)为了获取可行性的问题解决方案需要求助于用户从用户处获得灵感,例如互动事件I_5,企业将久未解决的问题发布到互联网平台,收集用户关于此问题的解决方案建议,互动事件I_{15},当企业确定定制化想法后,将想法发布到用户平台确定具体的解决方案,最终确定借鉴积木插拼原理形成初始产品设计理念;(3)为了验证原型产品是否实用和适用需要甄选恰当的用户作为体验用户以获取用户反馈信息,例如互动事件I_{13},企业在用户交互平台征集愿意参与产品体验的用户并通过获得体验的反馈信息以进一步优化和完善原型产品,互动事件I_{22},企业在网络社区甄选极客群体试用产品并收集意见以验证产品是否满足用户需求诉求;(4)为了快速和低成本地营销推广产品需要获取目标用户的购买意愿信息以明确营销方式和渠

---

[1] Fukuyama, F., "Social Capital, Civil Society, and Development", *Third World Quarterly*, Vol. 22, No. 1, 2001.

[2] Akbab, Z., Bill, M., Vincenzo, P., "Does Trust Matter? Exploring the Effects of Interorganizational and Interpersonal Trust on Performance", *Organization Science*, Vol. 9, No. 2, 1998.

[3] Hughes, M., Perrons, R. K., "Shaping and Re-shaping Social Capital in Buyer-supplier Relationships", *Journal of Business Research*, Vol. 64, 2011.

道，例如互动事件 I_4，基于百度雷神吧用户的意见反馈，企业开创性地采用产品预售方式销售游戏笔记本电脑，以快速、低成本地实现产品创新全过程，互动事件 I_{23}，企业基于获取的用户反馈信息，采用预售的方式营销推广产品以明确需要提供的产品量。综上，企业为了实现高效创新进程不得不关注用户的需求、不得不依赖用户的智慧、不得不倾听用户的意见，上述信息对于企业运营发展的影响程度会影响企业对用户的依赖程度，即企业对于用户信息和知识资源的需求程度影响了其建立关系的密切程度。

而对于用户方而言，企业—用户间关系的密切程度是伴随其自演进发展演化的，与用户的参与深度有密切关系。Kaulio 指出用户参与创新的程度可以分为为用户创新、与用户创新和由用户创新[1]，用户参与程度在此情境下逐步加深；Ives 和 Olson 基于用户参与程度的差异，分为了不参与、象征性参与、通过建议参与、弱控制参与、共同参与、强控制参与六类[2]。根据案例数据分析可知，（1）用户在不同阶段的参与程度呈现差异性。例如对于雷神涉及的四个互动事件 I_1—I_4，在创意产品化阶段，用户参与了两项互动活动，一是登录到百度贴吧参与游戏群体最关注的电脑性能的投票活动，进而验证初始想法的可行性和价值性，二是为了企业形成可行设计，为企业提供设计理念和思路，提供关于配置、外观等方面的建议，在上述过程中用户采用的是通过建议参与或弱控制参与，即用户方通过提供相应的信息以满足企业互动的目的；而在产品市场化阶段，用户参与的互动活动包括，一是三类用户参与到产品公测活动中，为企业提供真实的使用体验；二是用户参与到产品预售活动中，为企业提供真实购买信息，在此过程中，用户采用的是共同参与或强控制参与方式，通过与企业的合作对创新进程的开展起到重要作用。（2）采用不同互动方式的用户参与程度具有差异性。通过五个创新产品的互动事件可知，用户主要采取了三种互动方式，有些用户是通过在用户交互平台上发表意见和建议以融入到创新过程中，例如互动事件 I_{11}，用户参与到海尔的交互平台发表对空气盒子这一智能家居的看法；有些用户是参与到早期产品的试用体验过

---

[1] Kaulio, M. A., "Customer, Consumer and User Involvement in Product Development: A Framework and a Review of Selected Methods", *Total Quality Management*, Vol. 9, 1998.

[2] Ives, B., Olson, M. H., "User Involvement and MIS Success: A Review of Research", *Management Science*, Vol. 30, No. 5, 1984.

程中以实现原型产品测试的目的,例如互动事件 I_{22},被甄选为极客用户的用户群试用产品并及时提供反馈信息;有些用户参与到产品预售或众筹方式中并提供了真实购买意愿信息,例如互动事件 I_{18},用户登录到京东众筹平台参与产品的众筹活动为企业提供真实的市场信息,在上述三种互动方式中,用户参与的程度即用户对企业的依赖程度随之加深,用户与企业间关系的密切程度也随之增加。(3)同一用户伴随创新进程的演化其参与程度会逐渐增加。从案例数据分析中可以看到,在产品创新进程中,企业所面临的用户会逐渐增加,在后一阶段参与互动活动的用户往往是前一阶段已经参与过互动并提供反馈信息的用户。例如,雷神团队在创意形成阶段与百度贴吧中的游戏玩家互动以甄别用户需求;在确定初始想法后,将信息发布到百度贴吧中,进一步在游戏玩家群体中收集关于电脑笔记本配置、外观等方面的信息;在原型产品测试阶段,企业邀请参加公测的用户则是百度雷神吧活跃用户、百度贴吧专业用户,即在前期互动活动中提供信息反馈的高活跃用户;而在企业产品营销过程中也是将京东商城产品预售信息发布到百度雷神吧,一直参与产品创新过程且具有真实购买意愿的人则参与到预售活动中。综上,伴随创新进程的开展,用户群不断演化发展,企业和用户间关系也不断加深,进而增加了用户对于企业的依赖度和认同感,促进了用户参与程度的深化,影响了企业—用户互动活动的开展。

如图6—4所示,是基于案例数据分析得到的创新过程中企业—用户关系与用户参与程度的演化示意图。横轴是时间轴,代表了创新进程演化中的不同阶段;纵轴是用户参与程度轴,纵轴越往上延伸代表用户参与程度越高。由案例数据可知:当用户提供了相应的需求信息及问题解决方案帮助企业进一步开展创新活动时,他们更乐于参与到后期的互动活动以验证自己提供的信息是否得到了应用;当用户参与了产品试用活动并提供反馈信息后他们更倾向于关注最终产品的形成并乐于成为"尝鲜者"。因此实线 A 显示了该趋势,即伴随创新进程的开展,用户的参与程度会逐渐提高。此外,由案例数据可知,在创新进程发展过程中,用户参与到互动活动中与企业建立了关系,在此关系上会进一步参与到后续互动活动中,如企业在原型产品测试阶段所选择的试用用户多是基于前期互动过程中所甄选的活跃用户及提出问题解决方案的用户,即企业—用户间关系的建立也会促进用户参与程度。因此实线 A 和虚线 B 的对比示意图显示了该趋势，即当企业—用户关系的密切程度相对较高时，用户的参与程度也随之提升，即企业—用户关系是用户实施企业—用户互动范式的重要影响因素。因此，企业为了促使用户更好地融入到企业—用户互动活动中，应在互动渠道建立和互动范式选取上更为多样化，以此为用户提供更多的参与方式和途径进而影响其参与行为；同时，基于企业—用户关系的演化发展趋势，企业需要在企业—用户互动活动实施早期就关注用户的意见反馈等信息以确保企业—用户关系的确立，进而影响用户的自演化进程，促进后续企业—用户互动活动的开展。

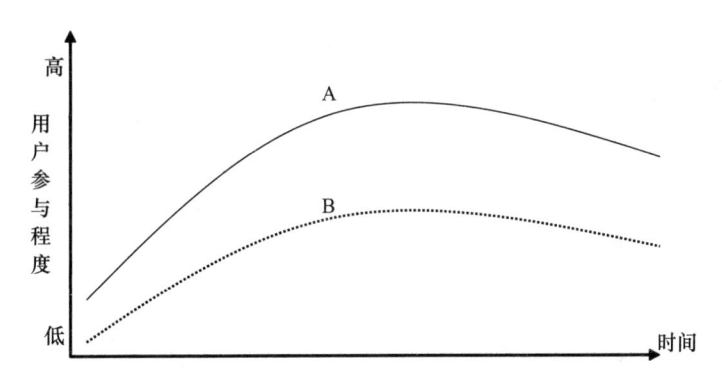

注：实线 A 代表：企业—用户关系密切程度高；虚线 B 代表：企业—用户关系密切程度低。图形仅是基于案例绘出的演化示意图，并不显示各变量间的数量关系。

图 6—4 迭代创新过程中企业—用户关系与用户参与程度的演化示意图
资料来源：笔者整理。

第三节 本章小结

本章基于案例数据编码分析，从企业和用户两个层面探索了迭代创新过程中的企业—用户互动驱动因素问题，提炼和总结出如下结论：

企业方层面，企业面临的资源匮乏和不确定性情境是其实施互动活动的驱动因素。具体而言，在企业创新进程中，企业会面临知识/信息资源的匮乏，而知识/信息资源却是促进创新进程实现的关键，因此企业需要实施互动活动，从用户方获取其所需的资源进而促进创新的高效实现。同时，在创新进程中，企业会面临需求、技术、产品和市场不确定性问题，为了降低企业面临的不确定性，企业实施互动活动促进创新进程的开展。比对创新进程的不同阶段，在创意产品化和产品市场化两个阶段，企业面临的知识/信息资源的种类以及面临不确定性问题的种类均显示出不同。

用户方层面，用户参与动机和企业—用户关系是影响用户参与互动活动的关键因素。具体而言，在用户参与动机层面，基于心理价值、关系价值和经济价值的参与动机会促进用户参与到互动活动中；在企业—用户关系层面，企业—用户关系越密切，用户越倾向于参与到互动活动中。比对创新进程的不同阶段，在创意产品化和产品市场化两个阶段，用户参与动机呈现出差异性，经济价值并不是用户在创意产品化阶段主要的参与动机；用户参与程度也呈现出差异性，伴随创新进程的开展，用户的参与程度会呈现逐步提升的发展趋势。

第七章

迭代创新过程中的企业—用户互动作用机制研究

本章在探索企业—用户互动驱动因素的基础上，进一步深化研究问题，探究迭代创新过程中的企业—用户互动的发生会带来哪些影响，即探究企业—用户互动的作用机制问题。为了阐述企业—用户互动的作用机制，一方面本章探索更具情境化的互动产生的效应因素，以丰富和完善现有研究观点；另一方面，本章将研究问题的关注点聚焦在创新绩效上，探究企业—用户互动对于创新绩效实现的影响机制和作用路径。

第一节 迭代创新过程中的企业—用户互动效应因素

现有文献阐述了创新进程中用户发挥的价值和意义[1][2][3][4]，但研究仍是泛泛之谈，并未嵌入到企业运营发展的特定情境中探索其产生的具体效应；同时现有文献的探索仍多是基于新企业成长和新产品创新的全过程的分析，较少文献涉及创新过程中的不同阶段所表现出的特定情境。基于此，本书聚焦于迭代创新进程并挖掘在创新进程开展的不同阶段呈现出的情境，以提炼和总结出更具情境价值的企业—用户互动的效应因素。

通过对五个创新产品创新进程的分析可知，与传统的管理范式相异，

---

[1] Jiang, B., "Outsourcing Effects on Firms' Operational Performance", *International Journal of Operations & Production Management*, Vol. 26, No. 12, 2006.

[2] Martin, C. L., "Customer-to-customer Relationships: Satisfaction with Other Consumers' public Behavior", *Journal of Consumer Affairs*, Vol. 30, No. 1, 1996.

[3] Fang, E., "Customer Participation and the Trade-off Between New Product Innovativeness and Speed to Market", *Journal of Marketing*, Vol. 72, No. 7, 2008.

[4] Von Hippel, E., *Democratizing Innovation*, Cambridge MA: MIT Press, 2005.

在这五个创新产品的演化发展过程中,企业更为关注用户的参与,并倡导"用户的全流程参与"。如图 7—1 所示,显示了五个创新产品展现出的企业—用户互动情况与传统管理范式下用户互动情况的差异性。虚线 B 代表了传统管理范式下的企业—用户互动情况,在传统管理范式下多数企业是在初始创意形成前阶段和产品形成后的营销和服务阶段关注用户的价值体现,而在创意和原型产品形成以及原型测试阶段则较少涉及用户的影响,在这些阶段企业会基于既定计划和预期实施创新活动进而确保创新进程的线性发展态势[①];而实线 A 则显示了五个创新产品创新进程展现的企业—用户互动情况,企业为了迎合互联网时代的发展要求,更为关注用户的全流程参与,因此由实线 A 可知,企业不仅在初始创意形成前以及营销和售后阶段关注用户的价值,而且在创意形成、原型形成和原型测试阶段也通过与用户互动促进创新进程的实现。

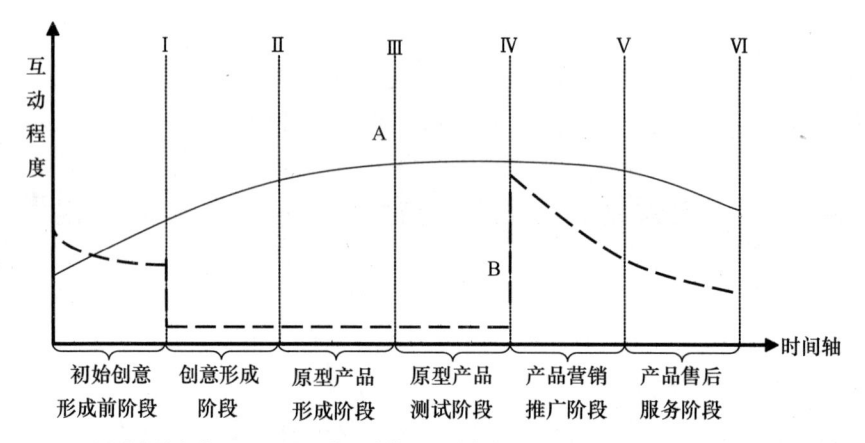

注:图形中的实线 A 显示:互联网时代企业的创新过程中的企业—用户互动情况;虚线 B 显示:传统管理理念下企业创新过程中的企业—用户互动情况。图形仅代表两种范式下企业—用户互动情况的趋势示意图,不显示具体数量上的关系。

图 7—1　不同范式下企业—用户互动情况趋势示意图

资料来源:笔者整理。

---

① Fitzgerald, E., Wankerl, A., Schramm, C., *Inside Real Innovation: How the Right Approach Can Move Ideas from R & D to Market and Get the Economy Moving*, Hackensack (NJ): World Scientific Publishing, 2011.

通过对实线 A 和虚线 B 的比较，可以识别出：（1）在互联网时代，企业更为关注用户的价值。[1] 由于思维方式的改变，企业不再追求"闭门造车"式的线性创新模式[2]，而是更为强调具有灵活性、动态性、开放性的非线性创新方式的价值[3]，运营逻辑和理念的改变促进企业以更为开放和包容的心态接受用户的意见反馈，并确立多样化的反馈渠道和方式，为用户提供更多的机会融入到企业的运营发展和创新过程中[4]。（2）在互联网时代，用户更为主动、积极地参与到互动活动中。用户参与的主动性和积极性的提升，可以从两个方面予以解释：一方面是企业建立了交互平台[5]，为用户提供了更为便利和快速的参与渠道和方式；另一方面则是由于上一章节探索的用户参与动机和企业—用户关系的影响，现阶段用户的参与动机更具多样化[6]且其与企业的关系更为密切[7]，这促使企业—用户间关系不仅是简单的"交易关系"，而是更为密切的"整合关系"，即在创新实施的全过程中，企业通过与用户整合产品开发活动以实现由用户设计的目的[8]。

综上，在互联网时代，为了促进创新活动的高效实现，企业更为关注用户的价值，用户也更为主动地参与到互动活动中。那么，企业—用户互动到底为企业和用户带来了什么样的影响，即用户互动的价值是如何体现的呢？为了解决这一根本性的问题，本书通过对五个创新产品涉及的23个互动事件的编码分析，提炼和总结出了创新进程中企业—用户互动的两个独特的效应因素，一是促使企业迭代方式的选取和实施；二是影响企业—用户间相互学习的实现。

---

[1] 赵大伟：《互联网思维——独孤九剑》，机械工业出版社2014年版。

[2] Schlesinger, L. A., Kiefer, C. F., Brown, P. B., *Just Start*, Boston, Massachusetts: Harvard Business Review Press, 2012.

[3] Ries, E., *The Lean Startup: How Constant Innovation Creates Radically Successful Businesses*, London: Penguin Group, 2011.

[4] Fang, E., "Customer Participation and the Trade-off Between New Product Innovativeness and Speed to Market", *Journal of Marketing*, Vol. 72, No. 7, 2008.

[5] Von Hippel, E., *Democratizing Innovation*, Cambridge MA: MIT Press, 2005.

[6] Van Doorn, J., Lemon, K. E., Mittal, V., et al., "Customer Engagement Behavior: Theoretical Foundations and Research Directions", *Journal of Service Research*, Vol. 13, No. 3, 2010.

[7] Hughes, M., Perrons, R. K., "Shaping and Re-shaping Social Capital in Buyer-supplier Relationships", *Journal of Business Research*, Vol. 64, 2011.

[8] Lagrosen, S., "Effect of the Internet on the Marketing Communication of Service Companies", *Journal of Services Marketing*, Vol. 19, No. 2, 2005.

一 企业—用户互动与迭代方式

从迭代方式实施层面,企业—用户互动活动的实施,促使企业对于迭代方式的选取:一方面,促使企业快速行动,Schlesinger等指出若仅有思考和分析却没有行动的创造性活动无法建立新事物,他们提出企业应该尽可能利用手头的资源快速开始卓越行动[1];另一方面,促使企业实施持续改进和调整行为,企业通过与用户的沟通交流,更为明晰其需求诉求及需求偏好变化以对其初始创意实施不断调整、完善和修正的过程[2]。迭代方式所强调的持续改进和迅捷行动[3],可以促进企业基于互动结果产生的用户有效的信息反馈以最快的速度更新和调整已有产品/服务版本进而促成新版本的实现。在互联网时代,速度比质量更应得到关注[4],企业并不追求产品立即实现用户的需求诉求,而是及时将企业提供的产品推向用户,在用户体验产品及了解产品信息的过程中收集用户的反馈信息,进而不断调整和修正产品以促进产品功能的丰富和完善[5]。

有研究指出迭代方式的实施具有行业的差异性,互联网企业对于实施迭代方式具有优越性,而致力于研发、生产产品的企业在实施迭代方式上却存在阻碍。Gustafsson和Qvillberg指出生产型企业无法生产最小可行化产品,同时无法快速地获得顾客反馈,因此在实现产品市场化的过程中无法实现快速迭代的目的。[6] 两位学者的研究观点具有合理性,同时也呈现出一定的局限性和片面性。观点的合理性表现在:不同行业的企业在实施迭代方式上存在一定的差异性,由于行业的差异性,迭代方式发生的背景和迭代程度均呈现出不同,Thomke通过对48个项目原型进行分析得出,项目技术导致一个想法发生了14次软件迭代,而传统的ASIC技术导致了

---

[1] Schlesinger, L. A., Kiefer, C. F., Brown, P. B., *Just Start*, Boston, Massachusetts: Harvard Business Review Press, 2012.

[2] Mullins, J., Komisar, R., *Getting to Plan B: Breaking Through to A Better Business Model*, Boston, Massachusetts: Harvard Business School Press, 2009.

[3] Baum, J. R., Bird, B. J., "The Successful Intelligence of High-growth Entrepreneurs: Links to New Venture Growth", *Organization Science*, Vol. 21, No. 2, 2010.

[4] 赵大伟:《互联网思维——独孤九剑》,机械工业出版社2014年版。

[5] Ries, E., *The Lean Startup: How Constant Innovation Creates Radically Successful Businesses*, London: Penguin Group, 2011.

[6] Gustafsson, A., Qvillberg, J., *Implementing Lean Startup Methodology—An Evaluation*, Gothenbrug, Sweden: Chalmers University of Technology, 2012.

1.5 次迭代的发生[1]。因此,在不同行业中产品创新运用的技术方式的差异性对于迭代方式实施存在影响。观点的局限性则表现在:在互联网时代,企业嵌入到互联网情境下,为了获取竞争优势实现企业的持续发展,传统企业实施了产品升级,以开放的心态融入互联网式思维[2],并对以往的运营范式和创新方式进行改进[3],进而促进企业符合时代的发展需求,成为具有时代烙印的企业。因此,不仅 IT 行业可以通过获取用户信息反馈促进企业快速迭代,其他行业也逐渐接纳和融入互联网式思维,通过企业—用户互动范式促进企业在行动中前行、在改进中发展。

通过前文对案例数据的分析可知,本书涉及的五个创新产品的创新进程均表现出迭代创新的范式,即进一步证明了在不同行业开展不同业务的企业同样可以采用迭代方式以促进企业的发展。基于此,本书对五个创新产品所涉及的 23 个互动事件进行分析总结,探索和总结创新进程中企业—用户互动对迭代方式实施的影响。基于 Baum 和 Bird 的观点[4],可以从迅捷行动和持续改进两个方面衡量企业采取的迭代方式,前者强调企业行动的速度和频率,即关注速度在企业创新过程中的重要价值,后者则关注重复性实验、改进和适应性活动,即关注调整(pivot)在创新过程中的意义。如表 7—1 所示,即创新进程中五个创新产品的企业—用户互动对于企业实施迅捷行动和持续改进活动的影响。

表 7—1　　　　　　　　企业—用户互动与迭代方式

互动事件	典型证据	互动内容	迭代方式
I_1	我们收集到笔记本电脑使用的 3 万条差评后,想了解游戏群体对于笔记本电脑使用体验,我们立即将差评信息汇总发布到百度贴吧,收集游戏玩家的一手数据(雷神、LYB、ZZL;内部资料)	基于用户需求的互动	迅捷行动
I_2	当基于用户反馈意见形成初始创意后,我们立即将初始创意发布到百度贴吧中,收集用户对于初始创意的意见反馈,并基于意见反馈对初始创意进行调整和修正,然后开展新一轮的互动,最终确立创意和产品设计方案(同上)	基于创意验证的互动	迅捷行动 持续改进

---

[1] Thomke, S. H., *Experiment Matter*, Boston, Massachusetts: Harvard Business School Press, 2003.
[2] 赵大伟:《互联网思维——独孤九剑》,机械工业出版社 2014 年版。
[3] Ries, E., *The Lean Startup: How Constant Innovation Creates Radically Successful Businesses*, London: Penguin Group, 2011.
[4] Baum, J. R., Bird, B. J., "The Successful Intelligence of High-growth Entrepreneurs: Links to New Venture Growth", *Organization Science*, Vol. 21, No. 2, 2010.

续表

互动事件	典型证据	互动内容	迭代方式
I_3	我们完成原型产品后，立即决定拿出30台样机实施开放式公测，我们选取三类用户作为公测用户以获取用户产品体验信息，基于用户反馈信息对原型的外观和配置等方面进行改进（雷神、LYB、ZZL；内部资料）	基于原型测试的互动	迅捷行动 持续改进
I_4	我们选择在京东商城开展商品预售，在预订期内用户需要交预订款，基于产品预订数量，我们与生产商商讨首批上市数量，两批产品上市当天均售罄（同上）	基于产品营销的互动	迅捷行动
I_5	我们将未解决的洗衣机二次污染衣物的问题发布到互联网上，在获取用户需求信息的同时获取可行的解决方案，有100万网友参加，企业短期内收集800个方案（免清洗，SCB；内部资料）	基于解决方案的互动	迅捷行动
I_6	我们立即归档获取的800个方案，由专家团队和专家评论员进行筛选和聚焦方案，然后以网上直播投票方式让网友评选出10个最佳解决方案（同上）	基于创意验证的互动	迅捷行动
I_7	我们邀请排名前十解决方案的提出者到企业，共同将解决方案形成样机并进行模拟测试，检测技术的可行性，然后由专家团队、专家评论员评价，最终确定免清洗方案为企业现阶段首选方案（同上）	基于解决方案的互动	迅捷行动 持续改进
I_8	我们完成原型产品后，对原型的需求和性能进行测试：我们在企业内部举办拆机体验活动，在大卖场举办产品性能介绍宣传活动，在交互平台上就原型性能征集用户意见；然后我们汇总各类用户的意见，对产品进行改进（同上）	基于原型产品测试的互动	持续改进 迅捷行动
I_9	我们在进行产品营销推广时，就产品定价问题与用户进行了沟通交流，我们把产品信息发布到交互平台获取用户的购买意愿和预期价位，我们基于用户意见及时给予反馈，并最终确立产品定价与其他性能产品基本持平（同上）	基于产品营销推广的互动	持续改进 迅捷行动
I_{10}	我们觉察到越来越多的人开始关注空气污染问题，并设定高性能比的空气质量检测设备是人们迫切需要的产品，形成初始想法后我们立即将该想法发布到互动平台上，搜集用户对于空气质量检测设备的需求信息（空气盒子，FJX、XZT；内部材料）	基于用户需求的互动	迅捷行动
I_{11}	我们基于用户反馈收集的需求信息，利用海尔的"U+"系统平台，将产品的初始创意定位于"智能家居的连接器"，并确立为海尔"U+"系统第一款互联网式的家居产品，我们立即将该新颖创意发布到交互平台上，收集用户意见反馈（同上）	基于创意可行性验证的互动	迅捷行动

续表

互动事件	典型证据	互动内容	迭代方式
I_{12}	为了明晰空气盒子的设计理念，我们将产品外观和性能等方面的方案设计问题发布到交互平台上，我们与平台上的用户就产品外观、App软件参数、指数等问题进行探讨，最终确立可行的设计方案（空气盒子，FJX、XZT；内部材料）	基于解决方案的互动	迅捷行动 持续改进
I_{13}	我们完成原型后实施首批量试制，我们在平台用户中征集产品体验用户并获取其体验信息，同时我们将App软件的相关问题发布到交互平台上，与用户讨论产品的下载体验和应用问题，然后我们汇总各类信息，对产品的软硬件进行改进（同上）	基于原型产品测试的互动	持续改进 迅捷行动
I_{14}	我们意识到极客用户并不是我们目标用户群后，立即重新聚焦用户群体；我们将原型产品的相关信息发布到交互平台上，获取对原型具有需求诉求和购买意愿的用户群，重新定位母婴和有呼吸疾病两类用户群为企业的强需求用户群（同上）	基于产品营销推广的互动	持续改进 迅捷行动
I_{15}	我们确立定制化产品的想法后，立即将其发布到交互平台，收集用户意见，通过反复讨论，确定借鉴积木插拼原理，将产品定位于不同组件的自由组合（空气魔方，ZZX、XZT；内部资料）	基于解决方案的互动	迅捷行动
I_{16}	我们将定制化产品命名为"空气魔方"，我们立即将该初始创意发布到企业的交互平台上，探索和验证用户对该新颖创意的反馈意见，通过对交互平台讨论社区数据的收集，确立了经用户证实的具有价值性的可行创意（同上）	基于创意可行性验证的互动	迅捷行动 持续改进
I_{17}	我们形成原型后，选择极客用户试用产品，同时选择在交互平台上与用户进行深度互动；我们从极客用户处获取产品体验信息，从平台用户处获取产品功能卖点和设计理念等信息；然后我们汇总意见并融入企业内外部研发资源，对产品进行改进（同上）	基于原型产品测试的互动	持续改进 迅捷行动
I_{18}	我们实施三种不同的营销方式，一是召开新品发布会，邀请用户现场体验产品；二是登录京东的众筹平台，获取产品支持者和募集资金；三是选择网上售卖方式，加强宣传力度（同上）	基于产品营销的互动	迅捷行动
I_{19}	我身边的亲戚朋友都在抱怨饮水安全问题，我也一直从事净水相关工作，一直关注水安全问题，感知到目前净水设备存在一定的问题，我们立即将问题发布到交互平台，收集用户对现有净水问题的意见建议（水盒子，ZH、XBZ；内部资料）	基于用户需求的互动	迅捷行动
I_{20}	我们基于用户反馈和海尔"U+"系统，将产品定位于互联网产品，形成"实网和虚网结合的饮用水解决方案"的初始创意；然后我们立即将其发布到交互平台上，收集用户反馈意见（同上）	基于创意验证的互动	迅捷行动

续表

互动事件	典型证据	互动内容	迭代方式
I_{21}	通过收集用户的反馈意见,我们确立了企业将提供涵盖实物硬件和App软件的智能家居产品的创意;进一步我们将产品的外观和功能卖点等软硬件问题发布到用户交互平台上,收集用户对产品设计和研发的反馈意见(水盒子、ZH、XBZ;内部资料)	围绕创意价值性验证的互动	迅捷行动 持续改进
I_{22}	我们在建立的用户网络社区中甄选极客用户群体试用产品,收集其产品体验信息;然后我们将收集到的产品体验反馈问题发布到交互平台上,在获取平台用户需求信息的基础上利用平台用户的知识储备获取问题的解决方案,进而改进产品性能(同上)	基于原型产品测试的互动	持续改进 迅捷行动
I_{23}	我们确立在日日顺净水商城开展产品预售活动;用户获取预售相关信息,在企业设定的预售期内参与到预售活动中,购买产品认筹券,提供了用户的真实购买意愿等信息;企业基于产品认筹券的销售情况与生产商讨产品的正式上市数量(同上)	基于产品营销的互动	迅捷行动

注:典型证据一栏中,括号内部显示了证据来源,大写字母是企业接受访谈人员的代码,内部资料指数据不仅获得了直接访谈数据的支持,同时在企业提供的内部宣传资料和学习资料中得以体现。

资料来源:笔者整理。

如表7—1所示,在创新产品的创新进程中,企业—用户互动活动的开展促进企业实施迅捷行动和持续改进的迭代方式。在创新进程的创意产品化和产品市场化阶段,企业—用户互动均促使企业选取了迭代方式。具体而言,在创意产品化阶段,无论企业—用户互动活动涉及何种互动内容,企业采取互动范式均促进其迅捷行动的开展,即不论企业面临的是用户需求诉求或问题解决方案的探索,还是面临初始创意可行性和价值性的验证,企业方均选择立即参与到用户交互平台,通过与用户的沟通交流实现信息/知识的获取进而实现创意产品化进程。此外,在利用用户知识验证创意可行性和获得用户提供的问题解决方案时,企业采用互动范式利于其快速获取相关信息/知识进而利于其对初始创意/设计方案的调整和修正,进而促进创意产品化进程的开展。

在产品市场化阶段,基于案例数据的编码分析,同样发现在该阶段企业—用户互动活动影响了迭代方式的选择和实施。在企业实施原型测试完善的活动中,企业不仅通过甄选用户体验产品、快速融入用户群体获取用户反馈的真实数据进而促进原型产品的不断调整和完善,而且企业通过将问题发布到交互平台,与平台用户沟通交流相关问题的解决方案,进而促成原型测试的高效完成;而在企业实施产品营销推广的活动中,企业不仅通过将产品定位等问题发布到交互平台与用户进行沟通交流,以实现快速、低成本的产品营销活动,而且企业通过实施独特的企业—用户互动方式,快速获取用户的真实购买信息明确产品市场化数量,进而促进企业以较快速度和较低成本实现产品售卖目的。

通过对创意产品化和产品市场化阶段 23 个互动事件的分析和探索,提炼和总结出企业—用户互动会影响企业迭代方式的选择。下文将分别阐述在创新过程中,企业—用户互动对于实施迅捷行动和实现持续改进的影响。

(一) 企业—用户互动影响了迅捷行动的实施

Schlesinger 等指出若仅有思考和分析却没有行动的创造性活动无法建立新事物,他们提出企业应该尽可能利用手头的资源快速开始卓越行动。[①] 乔治等也指出"以充分的差异性和速度,创造新的产品、服务、商业模式、处理程序和市场,使公司的股东回报能数十年高于平均",简言之即差异性可以成功地创新事物,而快速进入市场则为企业带来高利润。[②] 因此,迅捷行动的实施是保证创新高效实现的关键,而企业—用户互动则会影响企业迅捷行动的实现。通过互动活动促使企业不再拘泥于对于预设假设的分析和阐释,而是在与用户的沟通交流中及时制定相关决策解决不断涌现出的新问题[③],同时在互联网时代,互动渠道和范式的多样化也促使企业通过互动活动及时获取多样化的信息,进而促进企业快速实施创新活动。

通过对案例数据中的 23 个互动事件的分析,在不同的创新阶段,尽管企业和用户的互动内容不同,互动目的存在差异性,但是企业—用户互动均促使企业采用了迅捷行动的方式。在创意产品化阶段,(1) 企业为了获取用户的真实需求,需要快速整合信息形成初始创意,通过互动活动促进了企业快速融入用户市场,获取用户真实需求信息并促进创新活动的实现,如互动事件 I_1、I_{10}、I_{19};(2) 企业为了利用用户的知识获取问题的解决方案,由于互动活动的开展促进企业不再拘泥于"闭门造车"式

[①] Schlesinger, L. A., Kiefer, C. F., Brown, P. B., *Just Start*, Boston, Massachusetts: Harvard Business Review Press, 2012.

[②] 迈克尔·乔治、詹姆士·沃克斯、凯姆波雷·沃森 - 汉姆菲儿:《创新引擎》,陈正芬译,中国财政经济出版社 2007 年版。

[③] Blank, S. G.:《四步创业法》,七印部落译,华中科技大学出版社 2012 年版。

的研发工作,而是可以更有针对性、更快速地配置资源实现创新目的,如互动事件 I_5、I_7、I_{12}、I_{15};(3)企业在形成初始想法后,通过将初始想法发布到用户交互平台以快速获取用户对于初始想法价值性和可行性的评估进而最终确定创意和设计理念,如互动事件 I_2、I_6、I_{11}、I_{16}、I_{20}、I_{21}。在产品市场化阶段,(1)企业采用产品公测、产品试用、产品宣传等方式进行原型产品测试,以快速获取反馈信息用于产品的进一步优化和完善,如互动事件 I_3、I_8、I_{13}、I_{17}、I_{22};(2)企业选择以产品预售、产品众筹、大卖场宣传等方式开展营销推广活动,并基于获取的信息确定实际上市的产品量,企业在营销推广阶段实施企业—用户互动活动以获取用户的真实购买信息,进而快速确立企业上市产品数量,以快速、低成本地实现产品售卖目的,如互动事件 I_4、I_9、I_{14}、I_{18}、I_{23}。

由上,在创新进程中,不论企业采取基于需求的互动、基于问题解决方案的互动、基于创意可行性验证的互动,还是采取基于原型测试的互动、基于产品营销推广的互动,互动的结果均是促进企业及时获取了创新发展所需的资源并在互动过程中获取和验证了用户的真实需求信息,进而审视和比较现有创新发展轨迹和产品预期发展轨迹是否存在差异,以及时修正和明晰企业恰当和准确的发展路径。企业—用户互动活动的发生,加快了创新进程,促进了创新速度的提升,这不仅符合互联网思维中所倡导的"唯快不破"的理念[1],而且满足精益创业思想所提出的快速、低成本实现创意市场化目的的要求[2]。

(二)企业—用户互动影响了持续改进的实现

在传统模式下,企业—用户互动活动仅发生在初始创意形成之前,且互动方式较为单一、互动深度和广度不足,这一范式对企业后续产品商业化进程造成了阻碍甚至是埋下了失败的种子[3],因为在创新产品创意产品化的过程中,有超过60%的人员改变了其初始创意[4],莫瑞亚也指出新企业创建的成功以及新产品创新的实现并不一定是拥有了一个好的初始创

---

[1] 赵大伟:《互联网思维——独孤九剑》,机械工业出版社2014年版。
[2] Ries, E., *The Lean Startup: How Constant Innovation Creates Radically Successful Businesses*, London: Penguin Group, 2011.
[3] Mullins, J., Komisar, R., *Getting to Plan B: Breaking Through to A Better Business Model*, Boston, Massachusetts: Harvard Business School Press, 2009.
[4] Ibid..

意，更重要的是在其可支配资源耗尽之前找到了有价值且可行的方案[1]。对于面临资源匮乏和不确定性情境的企业而言，在资源耗尽之前对初始创意的持续转型是保证其成功的重要因素[2][3]。

同时，在互联网时代，随着互联网经济、体验经济等新兴经济模式的日益兴起和普及，以往基于信息不对称问题形成的企业"话语权"优势已不复存在，企业塑造的用户转换壁垒也在很大程度上得到瓦解[4]，同时用户的需求诉求更具个性化和定制化[5]，对于企业而言，获取成功的重要方式在于其对用户需求的甄别和把握[6]，并基于其需求的演变发展持续塑造和开发初始创意以形成创造性的结果。因此，在现时代的发展情境下，企业需要基于互动的结果不断修正和调整其运营发展和创新轨迹，促进创新进程的有效实施。

通过对于案例数据的分析，五个创新产品的创新进程展现出如图7—2的演化示意图。企业在实施创新活动的过程中，并不会按照预定计划实施循序渐进的阶段推演情况，而是呈现出如图所示的动态无序、循环反复的发展轨迹。企业在实现创意市场化的过程中，由于某些因素的影响会出现诸多的关键转折点，这些转折点促进企业的创新进程出现倒退、返回、重复的发展态势，即企业在创新进程中会采用持续改进的范式以不断调整和修正企业运营和创新的轨迹，进而快速、低成本地实现创新结果。

具体到五个创新产品的创新进程中的23个互动事件，如表7—1所示，不论互动内容如何，企业—用户互动的结果是企业采取了持续改进的方式影响创新进程的开展。在雷神游戏笔记本的创新进程中，基于创意验证的互动（I_2）和基于原型测试的互动（I_3）均促使企业采取了持续改进的方式。在互动事件 I_2 中，当创业团队形成初始创意后立即将其发布到百度贴吧中，收集用户对于初始创意的意见反馈并基于反馈信息对初始创意

---

[1] 莫瑞亚：《精益创业实战》，张玳译，人民邮电出版社2013年版。

[2] Ries, E., *The Lean Startup: How Constant Innovation Creates Radically Successful Businesses*, London: Penguin Group, 2011.

[3] 莫瑞亚：《精益创业实战》，张玳译，人民邮电出版社2013年版。

[4] 赵大伟：《互联网思维——独孤九剑》，机械工业出版社2014年版。

[5] 戴夫·格雷、托马斯·范德尔·沃尔：《互联网思维的企业》，张玳译，人民邮电出版社2014年版。

[6] Day, G., "Misconceptions About Market Orientation", *Journal of Market Focused Management*, Vol. 4, No. 1, 1999.

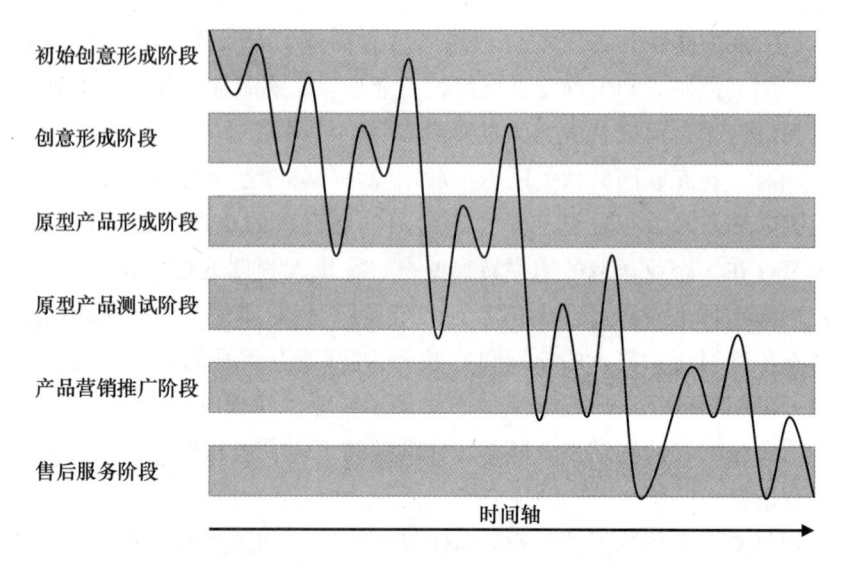

图 7—2　五个创新产品的创新过程演化示意图

资料来源：笔者整理。

进行调整和修正，然后开展新一轮的互动最终确立创意和产品设计方案。在互动事件 I_3 中，企业形成原型产品后，选取开放式公测，并通过公测用户的测评反馈形成关于原型产品的反馈信息，企业与公测用户就反馈信息进行进一步的沟通交流，探索产品修改的价值性和可行性，进而确定对产品的修改决策，基于用户反馈意见修改产品后再与用户针对改进的产品进行讨论，形成"原型产品—互动—信息反馈—产品修正—互动—……—产品"的持续循环，进而达成原型产品测试完善的目的。

在免清洗洗衣机的创新进程中，基于问题解决方案的互动（I_7）、基于原型产品测试的互动（I_8）和基于产品营销推广的互动（I_9）均影响企业采取了持续改进的方式。在互动事件 I_7 中，企业通过与用户的互动获取了用户关于产品设计和研发的相关理念，在与用户的反复讨论和分析中不断甄选和优化产品设计最终确定企业现阶段首选方案。在互动事件 I_8 中，企业形成原型产品后，采取企业内部拆机体验、大卖场宣传及交互平台探讨等方式收集用户的反馈意见，然后汇总意见对原型产品进行调整和优化。在互动事件 I_9 中，企业在产品营销推广时，就产品定价问题与用户进行了沟通交流以获取用户的购买意愿信息和预期心理价位，通过与用户的不断交流最终确定产品的定价。

在空气盒子的创新进程中，基于问题解决方案的互动（I_{12}）、基于原型产品测试的互动（I_{13}）以及基于产品营销推广的互动（I_{14}）均会促进企业采取持续改进的方式。在互动事件 I_{12} 中，为了明确空气盒子的设计理念，企业将产品外观和性能等方面的方案设计发布到交互平台上，与平台用户就产品外观、App 软件参数、指数等问题进行持续讨论、不断改进，最终确定可行的设计方案。在互动事件 I_{13} 中，企业完成原型后实施首批量试制，在平台用户中征集产品体验用户以获取其体验信息，同时在交互平台上与用户讨论 App 软件的相关问题，基于对反馈信息的整理分类修改和调整原型产品以更符合用户的需求。在互动事件 I_{14} 中，当企业发现极客用户并不是目标用户群时，立即将原型产品的相关信息发布到交互平台，通过与用户的沟通获取对原型具有需求诉求和购买意愿的用户群，通过反复确认重新定位母婴和有呼吸疾病者两类用户群是企业的强需求用户群。

在空气魔方的创新进程中，基于创意可行性验证的互动（I_{16}）和基于原型产品测试的互动（I_{17}）会影响企业采用持续改进的方式。在互动事件 I_{16} 中，企业将"空气魔方"的初始设计理念发布到交互平台上，探索用户对该新颖创意的反馈意见，通过与交互平台上用户的反复沟通交流，确立了具有可行性和价值性的创意。在互动事件 I_{17} 中，企业形成原型后，选择极客用户试用产品获取产品体验信息，同时选择在交互平台上与用户进行深度互动以获取产品功能卖点和设计理念等信息，然后企业汇总相关信息并融入企业内外部研发资源对产品进行改进和调整。

在水盒子的创新进程中，基于创意价值性验证的互动（I_{21}）和基于原型产品测试的互动（I_{22}）均会影响企业采取持续改进的方式。在互动事件 I_{21} 中，当企业确立了智能家居产品的创意后，将产品的外观和功能卖点等软硬件问题发布到交互平台上，进而确定产品的设计事宜。在互动事件 I_{22} 中，企业在网络社区中甄选极客用户群体试用产品，收集其产品体验信息，并将收集到的反馈信息发布到交互平台上，与用户商讨改善现状问题的解决方案进而改进产品性能。

综上，企业—用户互动活动，影响了企业持续改进的实现。由于企业—用户互动活动的开展，促进企业的创新实践活动呈现出多样化、动态化及混沌的发展态势，以循环往复的发展趋势实现创意市场化进程。具体而言，企业—用户互动活动的实施促使企业在与用户沟通交流过程中持续地获取不断涌现出的信息，并基于信息对于企业既定运营范式和创新轨迹进行调整和修正，进而影响企业在经用户证实的正确路径上发展，同时企业—用户的互动活动并不拘泥于创新过程的某个阶段，而是在创新产品的全流程过程中均涉及互动活动，因此在不同阶段企业会基于用户的信息反馈调整和修正相应的创新活动，促进创新进程的开展。

二 企业—用户互动与相互学习

从相互学习层面，基于知识管理视角分析，企业—用户互动活动是企业和用户传递知识的过程，从用户方向企业方的知识传递促进了企业学习的实现，而从企业方向用户方的知识反馈促进了用户学习的实现。Szulanski 指出知识传递的过程包含了启动—执行—调整—整合四个阶段[①]，启动阶段包含了所有促使启动知识传递决策的事件，执行阶段涵盖了资源流从传递方到接收方的过程，调整阶段是接收方可以使用传递的知识，整合阶段则是知识接收方利用知识实现了满意的结果[②]。

将上述观点融入到企业—用户互动情境下，企业—用户互动方式双向的知识传递路径开展和执行的过程，如图7—3所示，图形左方是从用

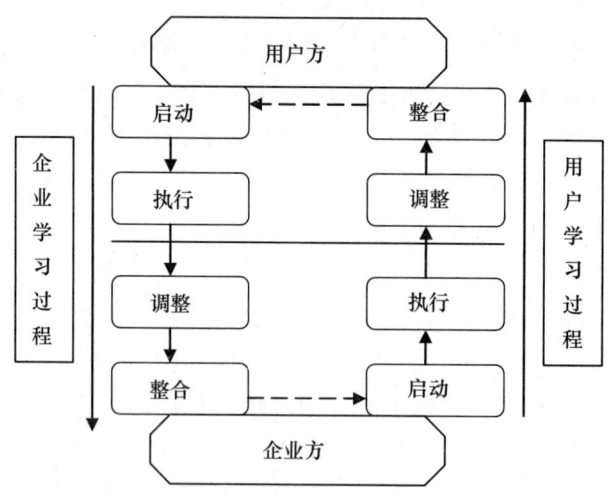

图7—3 基于知识管理视角的企业—用户互动示意图

资料来源：笔者整理。

[①] Szulanski, G., "Exploring Internal Stickness: Impediments to the Transfer of Best Practice Within the Firm", *Strategic Management Journal*, Vol. 17, 1996.

[②] Ibid..

户方启动知识传递决策和执行知识传递行为,到企业方的调整和整合知识的过程,在这个过程中,知识从用户方向企业方传递,企业方整合知识促进其创意产品化进程的开展;图形右方是从企业方启动知识传递决策和执行知识传递行为,到用户方的调整和整合知识的过程,在这个过程中,知识从企业方向用户方传递,用户方整合知识促进其加深对企业的认同感和依赖度,进而影响其需求信息和问题解决方案的提供以及提升其情感体验。

基于五个创新产品的创新进程的23个互动事件显示,企业—用户互动范式促使企业—用户间知识的传递进而促进相互学习活动的执行和实施。如表7—2,显示了企业—用户互动范式与企业—用户相互学习情况。

表7—2　　　　　　　　企业—用户互动与相互学习

互动事件	典型证据	互动内容	相互学习 企业方	相互学习 用户方
I_1	我们将笔记本电脑使用差评汇总后,发布到百度贴吧中,收集游戏玩家需求信息,并形成"高性能游戏笔记本电脑"的初始创意;而参与用户则知晓其提供的信息反馈是否具有价值(雷神,LYB、ZZL;内部资料)	基于用户需求的互动	习得用户需求信息	知晓其需求信息的价值性
I_2	我们将初始创意发布到百度贴吧中,收集用户对于初始创意的意见反馈,并基于反馈信息对初始创意进行调整和修正,然后进行新一轮互动;用户积极参与到讨论社区,与其他用户一起和企业互动,获取情感体验(同上)	基于对创意可行验证的互动	习得产品设计等方面的知识	知晓互动行为促进情感体验
I_3	我们形成原型后,拿出30台样机进行开放式公测,同时在交互平台上与用户就产品的功能卖点进行讨论;我们收集反馈信息,习得用户体验报告以及产品反馈意见;用户则较早地知晓了产品功能信息(同上)	基于原型产品测试的互动	习得用户体验的反馈信息	知晓原型产品的功能信息
I_4	我们选择在京东商城预售产品,并在预售期收取预订款;我们通过预订信息与生产商商讨产品上市数量;用户则较早熟悉产品性能和营销推广信息(同上)	基于产品营销的互动	习得用户购买信息	知晓产品营销信息
I_5	我们将洗衣机二次污染衣物的问题发布到互联网上,征集网友的意见,我们汇总反馈信息,共收集800个问题解决方案;而用户积极参与到互动中,进而明晰其提供的知识是否获得采用(免清洗,SCB;内部资料)	基于获得解决方案的互动	习得问题解决方案	知晓其知识提供的价值性

续表

互动事件	典型证据	互动内容	相互学习 企业方	相互学习 用户方
I_6	我们将收集到的问题解决方案归档，并发布到互联网要求用户对于方案进行投票进而评选出10个最优解决方案；通过互动企业确立可行的创意，用户则选出自己喜欢和认可的问题解决方案（免清洗，SCB；内部资料）	基于对创意可行验证的互动	习得创意形成所需知识	知晓互动行为促进情感体验
I_7	我们邀请前十名解决方案的提出者到企业，共同将解决方案形成样机并进行模拟测试，检测技术的可行性，然后由专家团队、专家评论员评价，最终确定免清洗方案为企业现阶段首选方案（同上）	基于知识形成原型的互动	习得产品设计理念	知晓其知识提供的价值性
I_8	我们完成原型产品后，开始对实际模型进行测试；我们在企业内部举办拆机体验活动、在大卖场举办产品宣传推广活动、在交互平台上与用户沟通交流；我们汇总意见修正产品；用户则较早知晓产品的功能信息（同上）	基于原型产品测试完善互动	习得体验反馈和解决方案	知晓原型产品功能信息
I_9	我们在交互平台上与用户讨论产品定价问题；平台用户获取了产品的性能信息以及企业的预期定价区间，并基于自身的购买意愿和能接受的价格定位提出反馈意见；企业汇集用户的意见反馈，最终确立产品定位（同上）	基于产品营销推广的互动	习得用户购买信息、需求信息	知晓产品定位信息
I_{10}	我们觉察到越来越多的人开始关注空气污染问题，确立了生产"高性能空气质量检测设备"的初始想法，后将该想法发布到交互平台，收集用户需求信息；用户参与到互动活动中，确定其需求信息被认可并得以满足（空气盒子，XZT；内部材料）	基于对初始想法验证的互动	习得创意形成所需知识	知晓互动行为促进情感体验
I_{11}	基于用户的反馈信息和海尔的"U+"系统，将产品的初始创意定位于"智能家居的连接器"；然后我们将该创意发布到交互平台，收集用户意见反馈；用户参与到互动中提供信息，获取情感体验（同上）	基于对创意可行验证的互动	习得创意形成所需知识	知晓互动行为促进情感体验
I_{12}	我们将空气盒子的外观和性能等产品设计问题发布到交互平台上，与用户在交互平台上进行不断探讨和争论，最终形成可行的设计方案；而用户通过参与到讨论区以知晓其提供的知识被认可及被接纳（同上）	基于获得解决方案的互动	习得问题解决方案	知晓其知识提供的价值性

续表

互动事件	典型证据	互动内容	相互学习 企业方	相互学习 用户方
I_{13}	我们在平台用户中征集用户体验产品,然后获取相应的体验信息;我们就 App 软件的相关问题与平台用户交流;我们汇总各方意见,改进产品的软硬件问题;用户则通过参与互动较早知晓产品的功能信息(空气盒子,XZT;内部材料)	基于原型产品测试完善互动	习得体验信息和解决方案	知晓原型产品的功能信息
I_{14}	为了重新聚焦用户群体,我们将原型的相关信息发布到交互平台上;用户参与到互动中发表意见;企业获取了强需求人群的真实需求信息,用户则较早知晓产品的定位信息(同上)	基于产品营销推广的互动	习得用户需求信息、购买信息	知晓产品定位信息
I_{15}	我们识别到现有产品的问题,形成提供定制化产品的初始想法;我们将初始想法发布到交互平台,收集用户对该问题的解决方案;企业最终确定借鉴积木插拼原理,将产品定位于不同组件自由组合;用户则知晓其提供的知识获得认可(空气魔方,ZZX、XZT;内部资料)	基于获得解决方案的互动	习得问题解决方案	知晓其知识提供的价值性
I_{16}	我们将定制化产品命名为"空气魔方",然后将初始创意发布到企业的交互平台上,收集用户的反馈意见;企业形成了经证实的创意;用户参与互动活动,提供信息,获得情感体验(同上)	基于创意可行性验证的互动	习得创意形成所需知识	知晓互动行为促进情感体验
I_{17}	我们选择极客用户试用产品,同时在交互平台上与用户进行深度交流;通过收集产品体验信息和产品设计信息,改进和完善产品;用户则通过体验产品和沟通交流知晓原型产品的功能信息(同上)	基于原型产品测试完善互动	习得体验信息和解决方案	知晓原型产品功能信息
I_{18}	我们通过不同范式推广产品,一是召开新品发布会,邀请用户现场体验,二是登录京东众筹平台,获得产品支持者信息和募集资金;企业从信息反馈中习得体验信息和购买信息,用户则知晓了产品营销信息(同上)	基于产品营销推广的互动	习得体验信息和购买信息	知晓产品营销信息
I_{19}	我们意识到饮用水安全问题且我一直从事净水相关工作,察觉到现有净水设备存在缺陷;我们把该想法发布到交互平台,收集用户意见;用户则参与到交互平台,提出自身的需求诉求(水盒子,ZH、XBZ;内部资料)	基于用户需求的互动	习得用户需求信息	知晓其需求的价值性

续表

互动事件	典型证据	互动内容	相互学习 企业方	相互学习 用户方
I_{20}	我们基于用户反馈和海尔的"U+"系统,将产品定位于"实网和虚网结合的饮用水解决方案";然后我们将该创意发布到交互平台,获取用户的反馈意见;用户参与到交互平台互动进而知晓其提供知识的价值性(水盒子、ZH、XBZ;内部资料)	基于创意可行性验证的互动	习得创意形成所需的知识	知晓互动行为促进情感体验
I_{21}	我们就产品的外观和功能卖点等软硬件问题发布到用户交互平台上,收集用户对产品设计和研发的反馈意见;用户通过参与到交互平台提供产品设计相关理念,进而知晓其提供知识的价值性(同上)	围绕产品设计事宜的互动	习得产品设计所需的知识	知晓其知识提供的价值性
I_{22}	我们在网络社区中甄选极客用户试用产品,收集体验信息;并基于反馈信息与平台用户交流以获取其需求诉求以及问题的解决方案;最终我们汇总信息,完善产品;用户则可以较早地知晓产品的功能信息(同上)	基于原型产品测试完善互动	习得体验信息和解决方案	知晓原型产品功能信息
I_{23}	我们确定在净水商城开展预售活动;用户获取预售相关信息,并购买产品认筹券,提供其购买意愿信息;基于信息反馈,我们与生产商确立产品上市数量(同上)	基于产品营销的互动	习得用户购买信息	知晓产品营销信息

注:同表7—1注。
资料来源:笔者整理。

如表7—2所示,通过对五个创新产品创新进程两个阶段中企业—用户间相互学习情况的分析和探索,可以发现,(1)企业—用户互动活动的开展,不仅促使了企业从用户方获取相关知识以实现在创意产品化和产品市场化阶段的不同创新活动,而且促使用户基于与企业的互动获取其所需的信息以帮助其用户价值的实现;(2)由于在不同阶段,企业和用户双方面临的互动情境呈现差异性,促使企业—用户间相互学习结果呈现出差异性,例如当企业面临需求不确定性,且用户在心理价值层面具有强烈的参与动机,则企业—用户间相互学习的积极性提升,进而促使企业获取用户需求相关信息,用户体现情感体验等心理价值。下文将基于数据编码分析情况,进一步阐述企业—用户互动对于相互学习的影响。

（一）企业—用户互动促使企业—用户间的双向学习

在创新的进程中，企业会面临不确定情境问题[1]，如需求不确定、技术不确定、产品不确定、市场不确定等问题均会影响创新进程的开展[2]。为了应对这种不确定性，企业需要实施相应的措施，其中一个关键措施在于让用户融入到创新过程中[3]，利用与用户知识的共创促进创新进程的开展[4]。企业获取用户知识超越了企业知识界限，会弥补企业自身知识的缺陷，有利于其开发创新及获取竞争优势[5]；企业获取的目标用户的知识可以验证其产品的可用性及增加产品的附加值，并会影响用户对产品的接受程度和使用意向[6]；企业在特定时间、独特情境下获取的用户知识促使其在创新进程中获利[7]。同时，与传统观点不同，现在用户作为主动参与者融入到企业价值创造过程中[8]，被赋予了在创新过程中提供问题解决方案以解决其自身需求的权利，并为企业提供了更为高层次的需求信息和知识相关信息以促进持续创新活动的开展[9]。此外，有些产品的价值特征是在动态竞争的过程中逐步涌现出来的，在这个过程中涉及了企业和用户双方大量的尝试、试错和学习[10]，企业和用户通过互动促使双方在动态、不可预期的环境中整合了知识，增强了对彼此需求的理解[11]，在相互学习的过

---

[1] Mccarthy, I. P., Lawrence, T. B., Wixted, B., et al., "A Multidimensional Conceptualization of Environmental Velocity", *Academy of Management Review*, Vol. 35, No. 4, 2010.

[2] Thomke, S. H., *Experiment Matter*, Boston, Massachusetts: Harvard Business School Press, 2003.

[3] Von Hippel, E., *Democratizing Innovation*, Cambridge MA: MIT Press, 2005.

[4] Mahr, D., Lievens, A., Blazevic, V., "The Value of Customer Cocreated Knowledge During the Innovation Process", *Journal of Product Innovation Management*, Vol. 31, No. 3, 2014.

[5] Vargo, S. L., Lusch, R. F., "Service-dominant Logic: Continuing the Evolution", *Journal of the Academy of Marketing Science*, Vol. 36, No. 1, 2008.

[6] Tidd, J., Bessant, J., *Managing Innovation*, New York: John Wiley & Sons ltd, 2009.

[7] Mahr, D., Lievens, A., Blazevic, V., "The Value of Customer Cocreated Knowledge During the Innovation Process", *Journal of Product Innovation Management*, Vol. 31, No. 3, 2014.

[8] Fuchs, C., Schreier, M., "Customer Empowerment in New Product Development", *Journal Product Innovation Management*, Vol. 28, 2011.

[9] Nambisan, S., Baron, R. A., "Virtual Customer Environments: Testing a Model of Voluntary Participation in Value Co-creation Activities", *Journal of Product Innovation Management*, Vol. 26, No. 4, 2009.

[10] Thomke, S. H., *Experiment Matter*, Boston, Massachusetts: Harvard Business School Press, 2003.

[11] Ballantyne, D., "Dialogue and Its Role in the Development of Relationship Specific Knowledge", *Journal of Business & Industrial Marketing*, Vol. 19, No. 2, 2004.

程中实现了"非稳态状态"下的创新活动[①]。

如表 7—2 所示，在五个创新产品涉及的 23 个互动事件中，企业—用户互动活动的开展促进企业方和用户方实现信息和知识的相互传递。在雷神游戏笔记本电脑涉及的四个互动事件 I_1—I_4 中，互动事件 I_1 是基于用户需求的互动，通过互动活动的开展企业方习得了用户的需求信息以明确初始创意的可行性，用户方知晓了其所提供需求信息的价值性；互动事件 I_2 是基于对创意可行性验证的互动，通过互动活动的开展企业方习得了产品设计等方面的知识，用户方则知晓了互动行为提升其情感体验；互动事件 I_3 是基于原型产品测试的互动，通过互动活动的开展企业方习得用户体验的反馈信息，用户方则及时获得了原型产品的功能信息；互动事件 I_4 是基于产品营销的互动，通过互动活动的开展企业方习得用户购买的真实信息，用户方则知晓了产品营销信息。

在免清洗洗衣机涉及的五个互动事件 I_5—I_9 中，互动事件 I_5 是基于获得解决方案的互动，通过互动活动的开展企业方弥补了知识的空缺获得了有效的问题解决方案，用户方则通过广泛参与知晓了其知识提供的价值性；互动事件 I_6 是基于对创意可行性验证的互动，通过互动活动的开展企业方习得创意形成过程中所需的必要知识资源，用户方则由于知识资源得以展现进而提升了用户的情感体验；互动事件 I_7 是基于知识形成原型的互动，通过互动活动的开展企业方习得了产品设计的关键理念，用户方则知晓其知识提供的价值性；互动事件 I_8 是基于原型产品测试完善的互动，通过互动活动的开展企业方习得体验反馈信息以及问题的进一步解决方案，用户方则较早知晓原型产品的功能信息进而影响其进一步产品购买行为；互动事件 I_9 是基于产品营销推广的互动，通过互动活动的开展企业方习得用户购买的真实信息以及市场需求信息，用户方则知晓了产品定位信息以更明晰其产品选择。

在空气盒子涉及的五个互动事件 I_{10}—I_{14} 中，互动事件 I_{10} 是基于对初始想法验证的互动，通过互动活动的开展企业方弥补了其资源匮乏的窘境并习得创意形成所需的知识，用户方则知晓互动行为的价值进而提升了情感体验；互动事件 I_{11} 是基于对创意可行性验证的互动，通过互动活动的开展企业方促进了资源整合活动、习得了创意形成所需的关键知识资源，

[①] Tidd, J., Bessant, J., *Managing Innovation*, New York: John Wiley & Sons ltd, 2009.

用户方则由于互动活动的参与提升了其情感体验；互动事件 I_{12} 是基于获得解决方案的互动，通过互动活动的开展企业方习得了设计理念等问题进而获得了问题的解决方案，用户方则通过知识资源的传递知晓了其知识提供的价值性；互动事件 I_{13} 是基于原型产品测试完善的互动，通过互动活动的开展企业方习得体验信息以及问题的解决方案，用户方则及时获取原型产品的功能信息以更为明晰其需求诉求；互动事件 I_{14} 是基于产品营销推广的互动，通过互动活动的开展企业方获取了强需求人群的真实需求信息，用户方则较早知晓产品的定位信息以明确其购买意愿。

在空气魔方涉及的四个互动事件 I_{15}—I_{18} 中，互动事件 I_{15} 是基于获得解决方案的互动，通过互动活动的开展企业方确定以积木插拼原理作为问题的解决方案，用户方则知晓其提供的知识获得认可及知识提供的价值性；互动事件 I_{16} 是基于创意可行性验证的互动，通过互动活动的开展企业方习得了创意形成所需的知识资源，用户方则由于参与互动活动获取反馈信息提升了情感体验；互动事件 I_{17} 是基于原型产品测试完善的互动，通过互动活动的开展企业方习得产品的体验信息和产品设计信息，用户方则通过体验产品和沟通交流知晓原型产品的功能信息；互动事件 I_{18} 是基于产品营销推广的互动，通过互动活动的开展企业方习得体验信息和购买信息，用户方则较早知晓了产品营销信息。

在水盒子涉及的五个互动事件 I_{19}—I_{23} 中，互动事件 I_{19} 是基于用户需求的互动，通过互动活动的开展企业方获得了用户的需求诉求信息，用户方则知晓了其需求诉求的价值性；互动事件 I_{20} 是基于创意可行性验证的互动，通过互动活动的开展企业方弥补了知识资源的缺陷习得创意、形成所需的知识资源，用户方则知晓了互动行为会促进其情感体验的提升；互动事件 I_{21} 是围绕产品设计事宜的互动，通过互动活动的开展企业方习得产品设计所需的相关理念，用户方则通过企业方反馈信息的获取知晓其知识提供的价值性；互动事件 I_{22} 是基于原型产品测试完善的互动，通过互动活动的开展企业方收集了体验信息和需求诉求信息以及问题的解决方案，用户方则可以较早知晓产品的功能信息；互动事件 I_{23} 是基于产品营销的互动，通过互动活动的开展企业方习得用户购买的真实信息，用户方则知晓了产品营销信息进而明确了其购买意愿。

综上，在创新进程中，不论是在创意产品化阶段还是在产品市场化阶段，企业—用户互动范式均促进了企业—用户间的相互学习，即在互动活动中企业和用户双方基于各自的价值诉求实施互动活动促进其获取其所需信息和知识等资源,对于企业方而言,实施互动活动,获取用户的需求信息、体验信息、购买信息、问题的解决方案及其知识资源,以利于其实施创意的形成和验证、原型产品的设计和研发、原型的测试和完善以及产品的营销和推广;对于用户方而言,从企业方获取了信息反馈,验证了其需求信息和知识提供的价值和意义以及获取情感体验等利益;同时通过参与到互动活动可以从企业方学习到产品功能、产品定位、营销推广信息等知识,以更为明晰其需求诉求和产品选择进而促进用户价值的实现。

(二) 企业—用户互动情境的差异影响相互学习的结果

在创新进程的不同阶段,企业和用户面临的互动情境呈现差异性,促使企业—用户相互学习结果呈现出差异性,例如当企业面临需求不确定性,且用户在心理价值层面具有强烈的参与动机,则企业—用户间相互学习的积极性提升,进而促使企业获取用户需求相关信息,用户体现情感体验等心理价值。下文将分别阐述在创意产品化阶段和产品市场化阶段,企业—用户互动对于企业—用户相互学习结果的影响。

聚焦于创新产品的创意产品化阶段,从知识传递视角阐述企业—用户互动范式的效应因素可以从企业方和用户方两个方面探索:企业方,基于不同的互动内容——基于用户需求的互动、基于利用用户知识甄别问题解决方案的互动、基于初始创意可行性和价值性验证的互动,通过企业—用户互动范式,完成初始创意的形成、调整和修正以及创意和设计理念的开发和塑造;用户方,基于企业方反馈的信息/知识进而加深其对企业的认同感和依赖度,进而影响其需求信息和问题解决方案的提供以及提升其情感体验。由创意产品化阶段涉及的13个互动事件可知,在企业层面,I_1、I_{19}通过互动活动企业习得用户需求信息,I_5、I_7、I_{12}、I_{15}、I_{21}通过互动活动企业习得相关问题的解决方案,I_2、I_6、I_{10}、I_{11}、I_{16}、I_{20}通过互动范式企业习得创意形成所需知识;在用户层面,I_1、I_{11}通过互动活动用户知晓其提供需求信息的价值性,I_5、I_7、I_{12}、I_{15}、I_{21}通过互动活动用户知晓其提供知识进而提供问题解决方案的价值性,I_2、I_6、I_{10}、I_{11}、I_{16}、I_{20}通过互动活动用户知晓互动行为促进其情感体验。

聚焦于产品市场化阶段,对于企业而言,企业在该阶段旨在实现原型产品的测试完善和产品的营销推广活动,在这两项活动的开展过程中企业分别面临资源匮乏和不确定情境的问题,因此企业旨在通过互动活动从用户方获得相应的信息和知识资源以促进其产品市场化进程的开展；对于用户而言，用户方基于参与动机，融入到企业的创新过程中，获得企业提供的有关产品功能性能、营销推广等方面的信息，并与企业方就产品测试和推广的相关问题进行沟通交流，进而促进用户价值的体现。由产品市场化阶段涉及的 10 个互动事件可知，在企业方，互动事件 I_3、I_8、I_{13}、I_{17}、I_{22} 显示企业通过产品试用和体验活动，以及交互平台上的用户互动，在获取用户体验反馈信息的同时在用户处获得了问题的解决方案，进而对产品进行了改进和完善；互动事件 I_4、I_{18}、I_{23} 显示采用独特的营销推广手段，获取了用户的体验反馈信息和购买信息，进而明晰了产品的市场定位促进产品的快速营销；互动事件 I_9、I_{14} 显示企业通过与目标用户群体在交互平台上的互动在获得用户购买信息的同时，更深入地理解了用户的需求信息，在聚焦用户群体的同时实现了产品售卖的目的。在用户方，互动事件 I_4、I_{18}、I_{23} 显示用户参与到预售活动、众筹活动、新品发布活动中进而获取了产品的营销推广信息，用户通过分析营销推广信息和现存其他产品信息，明晰了自己对产品的选择，进而促成进一步购买活动的产生；互动事件 I_3、I_8、I_{13}、I_{17}、I_{22} 显示两类不同用户——产品体验用户和平台用户，通过参与产品试用和与企业的沟通交流，获取产品的功能信息，并针对自身知识储备和需求诉求提供产品的反馈信息，促成原型测试的实现；互动事件 I_9、I_{14} 显示用户参与到交互平台与企业进行沟通交流，获取产品定位信息，从而确立自身的购买意愿进而影响产品购买行为的实现。

综上，不论是在创意产品化阶段还是产品市场化阶段，企业—用户互动活动实施均促使了企业—用户相互学习的实现，然而在相互学习活动中的实施条件、过程和结果则由于不同阶段实施的创新活动的不同呈现出些许差异性，因此在探究企业—用户互动活动对企业—用户相互学习的影响时，不仅在创新实施的整个过程探索其作用体现，而且在不同创新进程实施阶段情境化地剖析其影响作用。如图 7—4 所示，展现了创新过程中的企业—用户互动与相互学习情况。企业—用户互动的驱动因素是前文所述的四个方面，即企业层面面临的资源匮乏和不确定情境，用户层面的参与动机和企业—用户间关系，这些因素在驱动用户互动活动发生的同时也成为了企业—用户相互学习的前提条件，由于企业方和用户方均需要在互动活动中从对方处获取其所需的信息和知识资源，因此他们致力于开展互动活动以习得其所缺乏的资源；当企业方和用户方确定了实施互动活动时，企业方和用户方的相互学习过程便被开启，即伴随企业方和用户实施互动行为，其自身的知识会通过沟通交流传递给对方，同时也会通过沟通交流渠道获取对方的知识；在不同情境下完成互动过程，则企业方和用户方将获取具有情境化的知识和信息资源，即相互学习的结果会基于学习条件和过程的不同呈现出差异性。

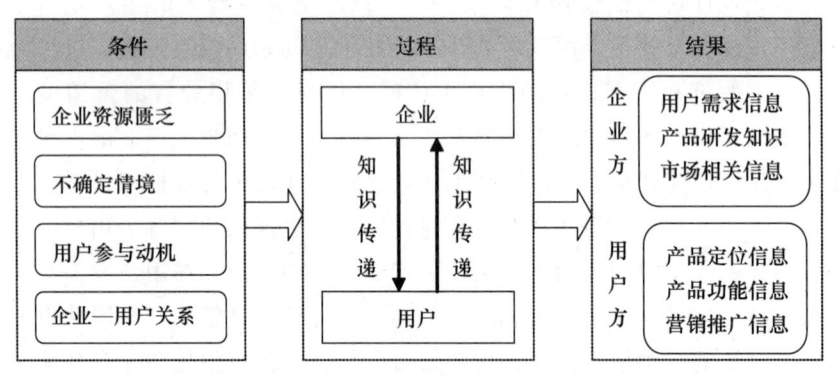

图 7—4　迭代创新过程中的企业—用户相互学习情况示意图

资料来源：笔者整理。

第二节　迭代创新过程中的企业—用户互动与创新绩效

现有文献中，有些学者探索了现时代企业所实施的创新、创业活动的特点，并探索了用户在产品创新过程中的价值体现。精益思维中把企业价值定位于"向顾客提供利益"，并指出除此之外所有的东西都是浪费。[①] Ries 借鉴精益思维范式，指出在产品创新过程中企业应该关注的问题不是"这项产品能开发出来吗"，而是"企业需要开发这项产品吗"以及"围绕这项产品企业能建立一项可持续业务吗"，在这一问题导向下企业需要基于其所处情境实施相应活动获取经用户证实的认知，进而加速创意市场化的进程。[②] Blank 指出企业的目标应该是发现用户需求，并且快速地用

---

① ［美］沃麦克、［英］琼斯：《精益思想（珍藏版）》，沈希瑾、张文杰、李京生译，机械工业出版社 2011 年版。

② Ries, E., *The Lean Startup: How Constant Innovation Creates Radically Successful Businesses*, London: Penguin Group, 2011.

较低成本加以满足，在了解用户需求的过程中，公司会从用户方获取新的发现进而会不断修正和调整方向，在动态和平衡的过程中完成企业的创新活动。① Von Hippel 在《民主化创新》一书中指出许多产品的开发过程都呈现出用户—企业间的反复循环，运用快速应用开发的方式，以较好地满足用户的真实需求，形成更完善、更具价值的信息和功能。②

然而也有学者指出了用户对于创新绩效实施的负向影响。著名的创新研究学者 Christensen 指出有些企业因为倾听了顾客意见，积极投资了新技术的研发并将投资资本系统地分配给了能够带来最佳收益率的创新领域，它们却未获得预期收益反而丧失了其市场领先地位。③ Christensen 的研究观点④表面上与 Von Hippel，Blank 等上述学者的观点⑤⑥相悖，但实质上却是研究分析情境的差异：Christensen 指出在创意形成初期过于听从顾客意见而实施相应的创新活动进而导致市场地位的丧失⑦，而其创新失败的本质在于其过早地基于用户意见收敛其想法而不是在创新过程中通过与用户持续互动保持对用户意见的及时获取和反馈，即 Christensen 的观点并没有否定用户在创新过程中的价值，而是在一定程度上表明了仅是创新伊始的互动而不是创新全流程的互动，因为后者会在一定程度上导致创新的失利。

在文献基础上，本书基于访谈资料和企业内部资料分析，探索在互联网时代企业开展的迭代创新过程中，企业—用户互动对于创新绩效的影响。在第一节的阐述中探索了创新过程中企业—用户互动的直接效应，阐明了企业—用户互动会影响企业采取迭代方式以及促进企业—用户间相互学习。在此基础上，本节将研究点聚焦于企业创新绩效的实现上，探究企业—用户互动如何影响创新绩效的实现。为解决这一问题，首先探究企业—用户互动的直接效应因素与创新绩效的关系问题，其次阐述企业—用户互动对于创新绩效实现的影响机制和作用路径问题。

---

① Blank, S. G.：《四步创业法》，七印部落译，华中科技大学出版社 2012 年版。
② Von Hippel, E., *Democratizing Innovation*, Cambridge MA: MIT Press, 2005.
③ Christensen, C., *The Innovator's Dilemma: When New Technologies Cause Great Firms to Fail*, Boston, MA: Harvard Business School Press, 1997.
④ Ibid..
⑤ Von Hippel, E., *Democratizing Innovation*, Cambridge MA: MIT Press, 2005.
⑥ Blank, S. G.：《四步创业法》，七印部落译，华中科技大学出版社 2012 年版。
⑦ Christensen, C., *The Innovator's Dilemma: When New Technologies Cause Great Firms to Fail*, Boston, MA: Harvard Business School Press, 1997.

一 迭代方式与创新绩效

迭代方式强调企业的迅捷行动和持续改进[1]，前者强调企业若仅处于思考和分析层面却没有实施切实有效的创造性活动则无法建立新事物，企业应该尽可能地利用手头的资源快速地开启创新活动[2]；后者则指在创新过程中会不断涌现出新的问题[3]，为了促使创新进程不偏离正确路线轨迹，需要不断调整、完善和修正创新活动[4]。而对于创新产品的创新进程而言，创新绩效主要体现在创新速度和新颖性两个方面[5]，前者涉及产品进入市场的速度，即创意市场化全流程实施的时间；后者涉及进入市场化的创新产品与行业内其他产品相比的新颖性。

通过五个创新产品创新进程呈现出的发展轨迹，可以识别出企业采取的迭代方式有利于其创新绩效的实现。具体而言，一方面，企业实施的迅捷行动有利于创新绩效的实现；另一方面，企业采取的持续改进活动也促进了企业完成创新绩效。

（一）迅捷行动与创新绩效

通过对案例数据的编码分析，识别出在整个创新流程中，企业的迅捷行动主要表现为：（1）立即行动，即企业基于对用户方相关信息的获取给予用户快速反馈并迅速提出相应的问题解决方案。正如 Schlesinger 等指出再严谨的思维不如实际的行动[6]，企业在实践过程中识别不断涌现出的新问题并及时给予反馈，可以促使企业在正确的轨道上发展运行。例如雷神 LYB 说："我们的模式与小米模式类似，因为电脑行业与手机行业相同，整个行业是分模块运营的，我们不会自己加工电脑，我们的任务就是根据顾客需求快速提出满足需求的解决方案，进而促进创新进程的快速开

---

[1] Baum, J. R., Bird, B. J., "The Successful Intelligence of High-growth Entrepreneurs: Links to New Venture Growth", *Organization Science*, Vol. 21, No. 2, 2010.

[2] Schlesinger, L. A., Kiefer, C. F., Brown, P. B., *Just Start*, Boston, Massachusetts: Harvard Business Review Press, 2012.

[3] 莫瑞亚：《精益创业实战》，张玳译，人民邮电出版社2013年版。

[4] Ries, E., *The Lean Startup: How Constant Innovation Creates Radically Successful Businesses*, London: Penguin Group, 2011.

[5] Fang, E., "Customer Participation and the Trade-off Between New Product Innovativeness and Speed to Market", *Journal of Marketing*, Vol. 72, No. 7, 2008.

[6] Schlesinger, L. A., Kiefer, C. F., Brown, P. B., *Just Start*, Boston, Massachusetts: Harvard Business Review Press, 2012.

展……"企业立即行动促使企业快速形成问题解决方案以应对不断涌现出的新问题[1],立即行动的实施将信息反馈间隔期缩短,加快信息和知识的传递和交流,进而缩短了创意市场化的进程,提升了创新速度,例如雷神将快速方式作为其发展的核心方式,认为通过快速方式实现用户的互动将塑造其竞争优势。

(2)即兴学习,指实时的学习过程,影响行动发生之时的新颖行动。[2] 例如免清洗洗衣机 SCB 说:"我们的发展就是摸着石头过河,在发展过程中我们会存在很多的问题,比如沟通问题、协调问题,企业在与用户的互动中共同演进和发展,在运营发展中获得顾客知识……"通过即兴学习,企业会突破常规,解决意想不到的问题或者获取出乎意料的机会[3],进而影响企业的创新活动的开展甚至会颠覆行业内价值链的革新。例如,免清洗洗衣机在与用户的互动过程中学习到免清洗的问题解决方案,并将其迅速产品化形成新颖产品,改变了产品品类,推出全球首台免清洗洗衣机,给用户耳目一新感觉的同时扩大了产品的市场份额。

(3)便捷行动,即企业在创新过程中,创新活动的选取和实施是基于其信息和知识等资源基础上的便利性选择,利用手头现有的资源先启动可以开展的创新活动。[4] 例如水盒子 ZH 说:"我们的定位是互联网公司,我们做饮用水智慧解决方案,我们当时想的是产品我可以免费提供给用户,但是用户需要为我们的数据和服务付费,而基于现有的资源和用户量,我们第一步还是以水盒子产品作为打开市场的突破口获取用户,进而不断延伸和拓展相关创新活动……"便捷行动,即尽可能地利用手头现有资源实施可以实现的创新活动,该行动的实施会缩短企业资源获取和整合的时间,促进创新进程的高效实现。例如,水盒子利用现有资源形成实体产品并逐步增加其虚拟服务价值,通过实体产品的售卖企业聚集了庞大的网络社区人群,这不仅帮助企业在前两批产品上市当天 8 万台售罄,而且提升了产品的知名度,为后续业务的开展奠定了基础。

---

[1] 莫瑞亚:《精益创业实战》,张玳译,人民邮电出版社 2013 年版。

[2] Moorman, C., Miner, A. S., "Organizational Improvisation and Organizational Memory", *Academy of Management Review*, Vol. 23, No. 4, 1998.

[3] Miner, A. S., Bassoff, P., Moorman, C., "Organizational Improvisation and Learning: A Field Study", *Administrative Science Quarterly*, Vol. 46, 2001.

[4] Baker, T., Nelson, R. E., "Creating Something from Nothing: Resource Construction Through Entrepreneurial Bricolage", *Administrative Science Quarterly*, Vol. 50, No. 3, 2005.

(二) 持续改进与创新绩效

通过案例数据的编码分析，在创新进程中，持续改进主要体现在如下三个方面：(1) 重复性实验，在真实世界的实验中，环境会一直改变，变量是不确定且多样的，变量间的联系复杂且难以理解，一次实验结果往往难以实现企业目标，在企业内实施的实验本质更多的是非正式和尝试性质的，企业倾向于以迭代模式重复实施实验。[1] 例如，空气魔方ZZX说："在空气魔方的研发过程中，为了实现产品定制化的创意，团队成员努力寻求达成定制化目标的解决方案，那段时间我们每天都是早八点来办公室，晚上12点后才离开办公室，尝试了十几个方案均不理想，无法满足自由组合的需求，我们就一个个方案尝试，不行再换新的思路尝试。一天我们忽然想起了电热水壶的耦合原理，我们立即与耦合器厂家联系，尝试将耦合原理运用到我们产品中，就形成了空气魔方的雏形。"基于情境的改变采取重复性的实验，在每次实验中融入新的理念和思想以验证可行性和价值性，通过重复性实验的开展，企业识别到最可行的解决方案进而推出具有创造性和新颖性的产品，改变企业运营逻辑的同时改变了整个行业的运营格局。例如，通过无数次的实验，空气魔方横空出世，成为全球首款组合式智能空气产品，新颖的设计理念给用户带来了惊喜，同时对整个空气净化产业产生了影响。

(2) 试错学习，即企业执行一系列行动，并基于行动结果促进企业行为和知识基础改变的过程[2]，在试错学习过程中，企业会不断重复可能导致成功的组织行动，然后基于绩效反馈修正行动和知识[3]。例如雷神LYB说："我们对于原型产品实施开放式公测，收集用户的测评意见，针对测评意见我们与参与公测用户进一步交流，获取更为聚焦的产品问题，然后基于此我们与生产商联系改进产品。"企业通过试错学习会倾向于将更多的资源配置在与先前行动相似的创新单元上，而若先前行动失败则会阻碍相似行动资源的实施，它促使了企业将手头的资源实施在已经经过用

---

[1] Thomke, S. H., *Experiment Matter*, Boston, Massachusetts: Harvard Business School Press, 2003.

[2] Baum, J. A., Dahlin, K. B., "Aspiration Performance and Railroads' Patterns of Learning from Train Wrecks and Crashes", *Organization Science*, Vol. 18, No. 3, 2007.

[3] Haunschild, P. R., Sullivan, B. N., "Learning from Complexity: Effects of Prior Accidents and Incidents on Airlines' Learning", *Administrative Science Quarterly*, Vol. 47, No. 4, 2002.

户证实的创新活动中；同时试错学习的开展促进企业以一种更为严谨的态度审视产品的创新活动，促进了创新进程的高效实现。例如雷神通过与网络社区粉丝群的多渠道的互动，并基于互动结果重新审视产品的功能卖点和设计理念，促进后续产品市场化进程高效开展。

（3）转型策略，指影响企业可持续业务开展的有条理的方向性改变[1]，产品的创新进程的成功并不一定是拥有了一个好的初始想法而是在其资源耗尽之前寻找到了真正有价值的可行性方案[2]，进而基于可行性方案对企业的发展方向予以调整和修正，例如，空气盒子 XZT 说："我们摸索用户也经历了很多过程，开始的时候是极客用户，是先锐人群，但发现这些人群并没有传播作用，并不是真正的痛点人群；我们改变方向，专门针对强需求人群，例如母婴人群、有呼吸疾病的人群，然而这些人群并未意识到空气的危害，所以我们聚焦于这些用户的痛点，以'揪出你身边的隐形杀手'作为盒子的宣传语。"转型是一个战略假设，是任何成长型企业发展过程中不可避免的主题，转型并不仅仅代表一种转变，而是一种有组织、有条理的特殊性改变，它可以测试一个关于产品、商业模式和增长引擎的基础假设[3]，转型策略的实施促进企业在创新进程中理性地对待失误的产生进而迅速找到另外一条正确的道路，促进创新进程的快速实现。例如，当空气盒子发现对于极客用户群的需求假设有误时，迅速采用互动方式对用户定位进行改变，促进了强需求用户群信息的获取，促进了产品的快速市场化。

综上，迭代方式的实施主要体现在迅捷行动和持续改进两个方面，而两个方面行动的开展均对于创新产品的绩效实现有影响作用。在迅捷行动方面，立即行动和便捷行动均影响了创新速度的提升，而即兴学习则影响了创新新颖性的实现；在持续改进方面，重复性实验促进了创新新颖性的实现，而试错学习和转型策略则影响了创新速度的提升。因此，在迭代创新进程中，迭代方式的实施影响企业创新绩效的实现。

---

[1] Ries, E., *The Lean Startup: How Constant Innovation Creates Radically Successful Businesses*, London: Penguin Group, 2011.

[2] 莫瑞亚:《精益创业实战》，张玳译，人民邮电出版社 2013 年版。

[3] Ries, E., *The Lean Startup: How Constant Innovation Creates Radically Successful Businesses*, London: Penguin Group, 2011.

二 相互学习与创新绩效

基于知识管理视角分析，企业—用户互动活动是企业和用户传递知识的过程，从用户方向企业方的知识传递促进了企业学习的实现，而从企业方向用户方的知识反馈则促进了用户学习的实现。企业通过学习获取了相应的信息和知识资源，进而促进了创新进程中不同创新活动的实施和开展；用户通过学习获取了企业的信息反馈，影响了其后续参与行为的实施，进而影响了企业创新进程的开展。

通过对五个创新产品创新进程的探索，可以归纳出企业—用户间相互学习对于创新绩效的影响，不论知识的传递方向如何，即无论是组织学习还是用户学习均对创新速度的提升和创新新颖性的实现产生一定的影响作用。

（一）组织学习

通过案例数据的编码分析，在创新进程中，组织学习对创新绩效的影响主要表现在：（1）企业通过学习获取信息和知识资源[1][2][3]，应对情境的不确定性以及弥补其资源匮乏境况，促使创新进程得以开展和实施[4]。在创新进程中，企业由于面临不确定性情境以及资源匮乏，这些情境会减缓其创新进程的开展甚至阻碍创新进程的实施，因此企业通过从用户方获取相应的资源确保了创新进程的顺利开启以及快速完成创意市场化的整个流程。例如，免清洗洗衣机 SCB 说："我们原来也做过很多方案，比如清洗、干燥、用化学洗涤剂，但无法根治这一难题。我们一直在研究根治的方案，在 2008 年的时候，我们把问题发布到互联网上，有近 100 万的网友参与到问题的讨论中并积极地提出问题的解决方案，我们通过对方案的评估和筛选，确定了一个物理清洗的解决方案。"企业需要解决的问题早已存在，但受到信息和知识资源的限制企业一直无法找到可行的问题解决方案，影响了其创新进程的开展。当企业通过收集用户方的信息和知识资源明晰了企业创意并付诸实施，促进免清洗这一新兴产品品类的快速问

---

[1] Payne, A., Kaj, S., Frow, P., "Managing the Co-creation of Value", *Journal of the Academic Marketing Science*, Vol. 36, 2008.

[2] Strambach, S., "Knowledge-intensive Business Services (KIBS) as Drivers of Multilevel Knowledge Dynamics", *International Journal of Services Technology and Management*, Vol. 10, No. 2-4, 2008.

[3] Szulanski, G., "Exploring Internal Stickness: Impediments to the Transfer of Best Practice within the Firm", *Strategic Management Journal*, Vol. 17, 1996.

[4] Tidd, J., Bessant, J., *Managing Innovation*, New York: John Wiley & Sons ltd, 2009.

世，并扩大了企业的市场份额。

（2）企业在用户处获取的信息和知识资源，促进了企业对于新问题的认识和了解，进而将获取的新资源融入到创意/产品的设计理念和策略实施上，同时企业基于用户的意见反馈融入新的企业内外部资源以丰富和完善企业的知识储备，通过上述行动的实施，企业将其整合的最新的资源融入到创意市场化进程中，形成了对于现有产品具有挑战意义和颠覆性质的产品。[1][2]例如，空气魔方的 ZZX 说："产品是利用交互平台与 980 万不同类型用户互动，利用大数据的分析最终筛选出 81 万人的 122 个有效需求信息，基于这些信息以及融入企业内外部研发群体，我们最终打造出颠覆性的空气解决方案产品。"企业通过在交互平台上与庞大的用户群体沟通交流，获取及时的信息反馈，并通过融合获取的新资源实施资源整合和利用，促进具有新颖性和创造性产品的形成。

（二）用户学习

通过案例数据的编码分析，在创新进程中，用户学习对于企业创新绩效的影响则体现在：（1）用户通过从企业方获取相关信息资源，实现了其用户价值以及与企业方建立良好关系[3]，用户价值的实现促使用户在后续创新活动中更积极地加入到企业—用户互动活动中，而企业—用户方关系的建立则促使企业与用户间知识传递的时间缩短、频率增加，促进创新进程的高效实现[4]。例如，雷神 LYB 说："随着粉丝群的不断扩大，在粉丝中涌现出以雷神笔记本吧小吧主为代表的一群铁杆粉丝；这些小吧主逐渐成为雷神粉丝交互模式中的重要一环，小吧主负责与一般用户进行交互为用户解决问题，遇到小吧主不能解决的问题会在专门设置的吧主议事群上与我们互动；尽管在用户与我们之间多了一个层级，但是与可能产生的信息衰减相比，效率的提升给我们带来了更大的利益。"用户通过习得相

---

[1] Von Hippel, E., Tyre, M. J., "How Learning by Doing is Done: Problem Identification in Novel Process Equipment", *Research Policy*, Vol. 24, 1995.

[2] Von Hippel, E., *Democratizing Innovation*, Cambridge MA: MIT Press, 2005.

[3] Langerak, F., Hultink, E. J., "The Effect of New Product Development Acceleration Approaches on Development Speed: A Case Study", *Journal of Engineering and Technology Management*, Vol. 25, No. 3, 2008.

[4] Kimmy, W. C., Bennett, Y., Simon, S. K. L., "Is Customer Participation in Value Creation A Double - edged Sword? Evidence from Professional Financial Services Across Cultures", *Journal of Marketing*, Vol. 74, No. 5, 2010.

应的资源，与企业建立了良好关系，提升了互动频率和深度，以及增加了其后续参与互动活动的积极性和主动性，进而影响了互动结果价值的体现以及创新进程的快速实现。

（2）用户通过从企业方习得信息和知识资源，进一步丰富和完善其知识储备，促进其在网络社区自演化的实现，通过用户自演进进程的发展[①]，用户得以向企业提供更为丰富、更具个性化以及更符合企业独特发展情境的知识资源，进而影响具有新颖性和创新性产品的创新进程的实现[②]。例如，水盒子 ZH 说："水盒子在形成过程中在网络社区吸引了大批粉丝，其中一些粉丝群通过与企业沟通交流呈现出极客群体的特征，我们让他们试用原型产品，他们给予了切实的体验信息反馈，我们基于信息反馈修正了产品以更为突出产品的卖点和特色。"用户通过习得信息等资源，提升了其参与互动的程度和频率，进而向企业提供兼具个性化意见和符合企业独特发展情境的信息，企业整合了更具实效性和情境化的资源，促进新颖产品市场化进程的开展。

综上，相互学习的作用体现在组织学习和用户学习两个方面，而这两个方面的实施均会影响创新绩效的实现。在组织学习方面，企业通过从用户方习得相关信息和知识资源，更好地应对了其面临的情境促进其创新进程的开展；同时企业方通过将最新的资源融入到产品设计和策略实施上促使了新颖产品的市场化的实现。在用户学习方面，用户通过从企业方习得相关信息和知识资源，实现了其价值诉求进而与企业建立了良好关系，影响了创新进程的高效实现；同时用户通过自演化的实现为企业方提供更具个性化和情境化的信息反馈，促进具有新颖性和创新性产品的市场化进程。因此，在迭代创新进程中，相互学习的实施影响企业创新绩效的实现。

三 企业—用户互动对创新绩效影响的两条作用路径

为了探究企业—用户互动对创新绩效影响的作用路径，本书采用编码的方法分析数据资料，目的在于从大量的定性资料中提炼和归纳主体，有三名编码者采用双盲的方式进行编码，编码完成后比较彼此的编码结果，

---

① Von Hippel, E., *Democratizing Innovation*, Cambridge MA: MIT Press, 2005.

② Muller, E., Zenker, A., "Business Services as Actors of Knowledge Transformation: the Role of KIBS in Regional and National Innovation Systems", *Research Policy*, Vol. 30, 2001.

并就不一致的结果进行讨论,通过再次编码和添加新材料的方式达成一致结论。表7—3呈现了对数据资料编码后形成的构念题项与测度关键词。

表7—3 构念编码题项与测度关键词表

构念	变量	测度关键词
用户互动	互动阶段	创意形成阶段、原型塑造阶段、原型测试阶段、产品营销阶段
	互动导向	用户理念、整合反馈信息、不同融入方式、基于价值分配资源等
迭代方式	迅捷行动	"小而快"、立即行动、即兴学习、便捷行动、即兴创造等
	持续改进	更迭、重复试验、动态演化、反馈循环、试错学习、转型等
相互学习	组织学习	获取信息和知识资源、习得问题解决方案、促进资源整合等
	用户学习	获取反馈信息、实现自演化发展、提升情感体验、实现价值诉求等
创新绩效	创新速度	快速占领市场、研发推广快、比竞争对手早、比预期时间早等
	创新新颖性	企业首次、行业领先、国内最早、国内最新、国际领先等

资料来源:笔者整理。

(一)雷神创新进程中的企业—用户互动对创新绩效的作用路径

基于雷神游戏笔记本电脑的创新进程的分析可知,在创新进程的创意产品化和产品市场化两个阶段,雷神团队经历了"产生创意—优化创意—明晰创意—创意产品化—产品公测—调整和修正原型产品—产品市场化"等过程。从这一过程中,可知:(1)企业在创新全流程中均采用了用户互动的范式,在创意形成阶段,"我们收集到3万条差评后,想了解游戏玩家的真实体验,将差评信息汇总发布到百度平台收集游戏玩家的一手数据";在原型塑造阶段,"我们将初始创意发布到百度贴吧收集用户的意见反馈,并基于意见反馈进行调整和修正,最终确立创意和产品设计方案";在原型测试阶段,"我们拿出30台样机实施开放式公测,获取用户产品的体验信息,基于用户反馈信息对原型的外观和配置等方面进行改进";在产品营销阶段,"我们在京东商城开展商品预售,获取预订信息,确定最终产品上市量"。(2)企业在创新进程中采用了互动导向战略,"我们开始做的时候心里也没底,但是我们知道的是与用户联系,我们的数据全部来源于用户的真实数据";"我们收集用户的意见反馈信息,并基于信息对创意及产品进行调整和修正";"游戏玩家登录百度贴吧参与投票和讨论,雷神小吧主、专业媒体和权威吧主对原型产品进行测评，用户登录京东商城参与产品预售活动"。由上，雷神的创新进程中涉及了企业—用户互动活动，并且互动范式是全流程的互动及采取了互动导向的战略。

雷神团队在不同阶段的企业—用户互动活动的开展以及互动导向战略的实施均影响了其后续行动开展和行为表现，进而影响了其绩效结果的实现。由雷神的创新进程的开展可知：（1）企业—用户互动的开展，会影响企业迭代方式的选择，而迭代方式的实施在一定程度上影响创新绩效的实现，即在创新进程的演化过程中存在"互动—迭代—创新绩效"这一演化作用路径。如表7—4a所示，雷神在创新进程中基于不同互动内容实施了互动活动，在基于用户需求的互动中，促进企业选择了迅捷行动，进而促进了创意的快速优化；在基于创意验证的互动中，促进企业选择了迅捷行动和持续改进的方式，促进了研发设计的快速开展；在基于产品原型测试的互动中，促进企业持续改进活动的进行，进而促进研发推广的开展；在基于产品营销的互动中，促进企业采取迅捷行动的方式，促进企业营销的推广和市场的拓展。（2）企业—用户互动活动通过促进企业—用户间相互学习的实现进而影响创新绩效的形成，即在创新进程的发展过程中存在"互动—相互学习—创新绩效"这一演化作用路径。如表7—4b所示，雷神的互动活动促进了企业方和用户方的相互学习，企业方习得了信息、知识等资源促进了创新进程的快速开展，用户方则通过互动活动知晓了其信息提供的价值性、满足了价值诉求、提升了其情感体验以及较早知晓了产品和市场信息，进而提升了企业研发推广的速度和效果。由上可知，在雷神的创新进程中，企业—用户互动的开展会促进创新绩效中创新速度的提升，即促进企业较快速地完成创新进程，而企业—用户互动对于创新速度的影响会通过迭代方式和相互学习的开展而实现。

表7—4a　　　雷神的企业—用户互动、迭代方式与创新绩效

企业—用户互动	迭代方式		创新绩效
	典型证据	变量	
基于用户需求的互动	我们收集到关于笔记本电脑的3万条差评后，想了解游戏玩家的真实体验，我们立即将差评汇总发布到百度贴吧收集一手数据	迅捷行动	创意优化快、研发设计快
基于创意验证的互动	我们将初始创意发布并收集用户的反馈信息，并基于意见反馈对初始创意进行调整和修正，进而开展新一轮互动	迅捷行动 持续改进	

续表

企业—用户互动	迭代方式 典型证据	变量	创新绩效
基于原型测试的互动	我们拿出30台样机实施开放式公测获取用户的反馈信息,基于用户反馈信息对原型的外观和配置等方面进行改进	持续改进	营销推广快、比竞争对手早
基于产品营销的互动	我们选择在京东商城开展商品预售,在预订期内用户需要交预订款,基于预售数量我们与生产厂家确定上市产品数	迅捷行动	

资料来源:笔者整理。

表7—4b　**雷神的企业—用户互动、相互学习与创新绩效**

企业—用户互动	相互学习 典型证据	变量	创新绩效
基于用户需求的互动	我们将差评汇总后发布百度贴吧中习得用户的需求信息,而参与用户通过互动则知晓其提供的信息反馈的价值性	组织学习用户学习	快速获取信息、创意优化快
基于创意验证的互动	我们收集用户对初始创意的意见看法,并基于反馈信息进行调整,用户参与到讨论社区获取反馈提升情感体验	组织学习用户学习	
基于原型测试的互动	我们拿出30台样机进行公测,同时在交互平台上与用户交流;我们收集反馈信息,用户则较早知晓产品功能信息	组织学习用户学习	研发推广快、市场拓展快
基于产品营销的互动	我们在京东商城预售产品,获取预订信息并与生产商商讨产品上市数量,用户则较早熟悉产品性能和营销推广信息	组织学习用户学习	

资料来源:笔者整理。

(二) 免清洗洗衣机创新进程中的企业—用户互动对创新绩效的作用路径

基于免清洗洗衣机的创新进程的分析可知,在创新进程的创意产品化和产品市场化两个阶段,免清洗团队经历了"获取用户抱怨—发布问题—获取解决方案—确立初始创意—筛选创意—确定创意方案—样机测试—优化原型产品—产品市场化"等过程。从这一过程中,(1)免清洗团队开展了全流程的企业—用户互动活动,在创意产品化阶段,"我们将洗衣机二次污染衣物的问题发布到互联网上,寻求解决方案,有800万网民参与并关注了此次活动,并有 100 万人参与到方案提出和筛选过程中,我们通过汇总得到 800 个初始方案";"我们将方案进行评价筛选,将创意发布到交互平台开展网上直播投票选出十佳创意,我们邀请创意提出者到企业进行样机模拟最终确定免清洗方案为企业首要选取的方案"。在产品市场化阶段,"我们对实际模型进行测试,一是企业内部举办拆机体验活动,二是在大卖场开展产品宣传活动,三是交互平台征集用户意见,通过三方面的信息收集修正和完善产品";"我们就产品定价问题在交互平台与用户进行沟通,收集用户真实的购买意愿和接受价位以最终确立产品定价"。(2)免清洗团队实施了互动导向策略,"我们将问题发布到互联网获取问题解决方案","我们开展网上直播投票","我们邀请创意提出者一起进行模拟测试","我们在交互平台收集反馈意见"。由上,免清洗团队在创新全流程中开展了企业—用户互动活动,且实施了互动导向促进了创新流程的开展。

免清洗团队全流程的企业—用户互动活动的开展以及互动导向策略的实施影响了企业后续行为的实施。(1)免清洗互动活动的开展促进企业实施迭代方式进而促进创新绩效的提升。如表 7—5a 所示,在基于创意验证的互动阶段,企业—用户互动活动的开展促进了企业迅捷行动的发展,即通过互动活动企业方快速获取了问题的解决方案,实现了创新速度的提升;在基于原型测试的互动阶段,企业—用户互动活动的开展影响了企业迅捷行动和持续改进,通过各种原型测试活动的开展促进了产品的推广宣传,同时通过收集原型测试信息修改和完善了原型产品;在基于产品营销的互动中,互动活动的开展促进了迅捷行动和持续改进的开展,进而促进了产品的营销推广以及推出了市场领先的产品。(2)免清洗互动活动的开展促进企业和用户方相互学习的实施进而影响创新绩效的实现。如表 7—5b 所示,免清洗团队互动活动的开展促进了企业方和用户方学习的实现,企业方通过互动活动习得了问题解决方案、创意形成所需的知识资源、产品的设计理念以及用户的真实需求信息和购买信息,用户方则知晓其知识提供的价值、促进了情感体验的提升、知晓了产品功能信息以及明晰了产品定位信息,通过二者相互学习的实现促进了企业快速获取具有新颖性的问题解决方案、提升了企业营销推广的速度和范围、增强了企业产品的新颖性和价值性。由上可知,在免清洗的创新进程中,企业—用户互动的开展会促进创新绩效中创新速度的提升和创新新颖性的实现,而企业—用户互动对于创新绩效的影响会通过迭代方式和相互学习的开展而实现。

表7—5a　　免清洗的企业—用户互动、迭代方式与创新绩效

企业—用户互动	迭代方式 典型证据	变量	创新绩效
基于创意验证的互动	我们将问题发布到互联网获取用户需求信息及问题解决方案；我们汇总800个方案开展网上直播评选出10个最佳方案；我们邀请最佳方案的提出者到企业形成样机并进行模拟测试，由专家团队评价和筛选，确定最终方案	迅捷行动	创意优化快、研发设计快
基于原型测试的互动	我们在完成原型产品后，在企业内部举办拆机体验活动，在大卖场举办产品性能宣传活动，在平台与用户交互；然后我们汇总反馈意见，对产品进行改进	迅捷行动持续改进	推广宣传快、新颖性高
基于产品营销的互动	我们在营销推广时，就产品定价问题与用户进行交流，把产品信息发布到交互平台获取购买意愿，基于意见反馈，最终确定产品定价	迅捷行动持续改进	营销推广快、全球首款、市场领先

资料来源：笔者整理。

表7—5b　　免清洗的企业—用户互动、相互学习与创新绩效

企业—用户互动	相互学习 典型证据	变量	创新绩效
基于创意验证的互动	我们将问题发布到互联网，征集用户意见；邀请用户参与样机设计和模拟，最终确定免清洗方案	组织学习用户学习	方案获取快、新颖性高
基于原型测试的互动	我们通过拆机、大卖场宣传和平台交互的方式收集用户意见，用户则较早知晓产品信息以影响后续购买行为	组织学习用户学习	研发推广快、宣传力度大
基于产品营销的互动	我们与用户讨论产品定价问题，用户获取产品性能信息并提出反馈意见，企业汇总意见最终确定产品定位	组织学习用户学习	营销推广快、市场领先

资料来源：笔者整理。

（三）空气盒子创新进程中的企业—用户互动对创新绩效的作用路径

基于空气盒子的创新进程可知，在创新进程的创意产品化和产品市场化阶段空气盒子经历了"需求识别—初始创意提出—创意验证—确定创意—创意优化—形成原型产品—原型测试—优化和修正产品—产品市场化"等过程。从这一系列过程中，可知：（1）空气盒子团队采取了全流程的企业—用户互动活动，在创意产品化阶段，"我们将初始想法发布到

交互平台，收集用户的需求信息"，"我们基于用户的反馈信息及利用海尔"U+"系统，确立初始创意并发布交互平台，收集用户意见反馈"，"我们将产品外观和性能等方面的方案设计发布到交互平台，与用户共同确定可行的设计理念"；在产品市场化阶段，"我们完成原型后实施首批量试制，我们征集产品体验用户并获取用户的真实体验"，"我们就 App 等软件问题与用户在交互平台讨论"，"我们重新聚焦用户群体明确强需求人群"。（2）空气盒子团队实施了互动导向的战略导向，"我们关注用户的需求，确定初始创意"，"我们基于用户的意见反馈形成创意和设计理念"，"我们重新聚焦用户群体，重新定位母婴和有呼吸疾病的两类强需求用户群"。由上可知，空气盒子团队在创新全流程中开展了企业—用户互动活动，且实施了互动导向促进了创新流程的开展。

空气盒子的全流程的互动活动以及实施的互动导向会影响其后续的行为实施进而促进其创新绩效的实现。（1）空气盒子的企业—用户互动活动影响其迭代方式的选择进而影响了创新绩效的实现。如表 7—6a 所示，基于用户需求的互动，企业—用户互动活动的开展促进企业快速在平台获取用户的真实需求信息，促进创意的优化；基于创意验证的互动，企业—用户互动活动的开展促进解决方案的实现，进而优化研发设计并提供新颖性高的设计方案；基于原型测试的互动，企业—用户互动活动的开展促进企业快速获取用户的真实体验信息，促进营销推广活动的开展，同时在交互平台上优化软件问题对产品的软硬件进行改进，进而促进具有新颖性的产品的形成；基于产品营销的互动，企业—用户互动活动的开展促进企业快速获取强需求人群的需求信息和真实购买意愿，促进了市场拓展和市场定位。（2）空气盒子的企业—用户互动活动会促进企业方和用户方学习的实现进而促进创新绩效的提升。如表 7—6b 所示，空气盒子的互动活动的开展促进相互学习的实现，企业方通过互动活动习得创意形成所需的知识、习得问题的解决方案、习得体验信息、需求信息和购买信息，用户方则通过互动活动知晓了其知识提供的价值性、知晓了产品的功能信息以及知晓了产品的定位信息，通过二者相互学习的实现促进了企业信息和知识资源的获取，提升了研发推广营销的速度以及提供了更具新颖性和价值性的产品，成为国内领先的产品。由上可知，在空气盒子的创新进程中，企业—用户互动的开展会促进创新绩效中创新速度的提升和创新新颖性的实现，而企业—用户互动对于创新绩效的影响会通过迭代创新方式和相互学习的开展而实现。

表 7—6a　空气盒子的企业—用户互动、迭代方式与创新绩效

企业—用户互动	迭代方式		创新绩效
	典型证据	变量	
基于用户需求的互动	我们将提供高性能空气质量检测设备的初始想法发布到交互平台，收集用户的真实需求信息	迅捷行动	创意优化快、研发设计快、方案设计新颖
基于创意验证的互动	我们基于用户反馈信息确定创意；我们将方案设计问题发布到交互平台，最终确立可行的设计方案	迅捷行动 持续改进	
基于原型测试的互动	我们完成原型后实施首批量试制，在平台用户中征集产品体验用户并获取体验信息，将 App 软件相关问题发布到交互平台收集信息，对产品的软硬件进行改进	迅捷行动 持续改进	营销推广快、比竞争对手早、国内首款
基于产品营销的互动	我们重新聚焦用户群体，将相关信息发布到交互平台，获取对产品具有需求诉求和购买意愿的强需求人群	迅捷行动 持续改进	

资料来源：笔者整理。

表 7—6b　空气盒子的企业—用户互动、相互学习与创新绩效

企业—用户互动	相互学习		创新绩效
	典型证据	变量	
基于用户需求的互动	我们将初始想法发布到交互平台，收集用户需求信息；用户参与到互动活动中，确定其需求信息被认可并得以满足	组织学习 用户学习	快速获取需求信息、快速获取方案设计、方案新颖性高
基于创意验证的互动	我们将创意和设计问题发布到交互平台，收集用户意见反馈，确定创意及问题解决方案；用户知晓其知识和信息被认可进而提升情感体验	组织学习 用户学习	
基于原型测试的互动	我们收集体验信息，同时就 App 等问题与用户交流，汇总信息改进产品软硬件问题；用户则较早知晓产品功能信息	组织学习 用户学习	研发推广快、市场定位准、市场占领早、国内领先
基于产品营销的互动	我们将原型的相关信息发布到交互平台与用户交流意见，企业获取强需求人群信息，用户则较早知晓产品定位信息	组织学习 用户学习	

资料来源：笔者整理。

（四）空气魔方创新进程中的企业—用户互动对创新绩效的作用路径

基于空气魔方的创新进程可知，在创新进程的创意产品化和产品市场化阶段空气魔方经历了"确立初始想法—调整优化创意—创意产品化—

产品测试修正—产品市场化"等过程。由空气魔方的创新进程,可知:(1)空气魔方团队实施了全流程的企业—用户互动活动,在创意产品化阶段,"我们确定定制化产品的想法后立即发布到交互平台收集用户意见,通过反复讨论确定借鉴积木插拼原理将产品定位于不同组件间的自由组合","我们将产品命名为'空气魔方',立即将初始创意发布到企业的交互平台收集用户的反馈意见,确立了经用户证实的创意";在产品市场化阶段,"我们形成原型后选择极客用户试用产品,同时选择在交互平台上与用户进行深度互动,然后我们汇总意见并融入企业内外部研发资源对产品进行改进","我们实施了三种营销方式,一是召开新品发布会邀请用户体验,二是登录京东众筹平台获取产品支持者和募集资金,三是选择网上售卖加强宣传力度"。(2)空气魔方实施了互动导向的战略,"我们关注用户的需求诉求,第一时间将想法发布并收集用户意见反馈","我们将产品定位于不同组件的自由组合,通过收集用户的意见反馈明确创意","我们从极客用户处获取产品的体验信息,并与平台用户商讨产品的功能卖点和设计理念","我们采取众筹方式,募集资金并获取用户的真实信息"。由上,空气魔方开展了全流程的用户互动活动,并采取互动导向策略促进创新进程的开展。

空气魔方的全流程的互动活动以及实施的互动导向会影响其后续的行为实施进而促进其创新绩效的实现。具体而言:(1)空气魔方团队采取的企业—用户互动活动促进企业选择迭代方式进而影响创新绩效的实现。如表7—7a所示,在基于创意验证的互动中,通过企业—用户互动活动的开展,企业快速确立产品设计理念进而明确借鉴积木插拼原理,同时在与用户的沟通交流中不断优化创意最终确定"空气魔方"的创意,保证了创意的新颖性及信息反馈速度;在基于原型测试的互动中,通过互动活动的开展,企业快速获取相关信息促进了研发推广的开展,同时与用户的沟通交流及内外部研发资源的融入促进全球首款产品的问世;在基于产品营销的互动中,通过互动活动的开展,企业快速获取了用户的真实购买意愿,促进了营销推广活动的开展,同时促进国际先进产品的宣传。(2)空气魔方团队采取的企业—用户互动活动影响企业方和用户方的相互学习进而提升创新绩效。如表7—7b所示,空气魔方通过企业—用户互动活动的开展,企业方习得了问题的解决方案、创意形成所需的知识资源以及用户的体验信息和购买信息,用户方则知晓了其知识提供的价值、促进了情感体验的提升、明确了产品功能和营销信息，通过相互学习的实现，企业优化了创意的形成、原型的设计，提升了研发推广的速度和范围，以及建立了新颖性高、具有原创性的产品。由上可知，在空气魔方的创新进程中，企业—用户互动的开展会促进创新绩效中创新速度的提升和创新新颖性的实现，而企业—用户互动对于创新绩效的影响则会通过迭代方式和相互学习的开展而实现。

表 7—7a　空气魔方的企业—用户互动、迭代方式与创新绩效

企业—用户互动	迭代方式		创新绩效
	典型证据	变量	
基于创意验证的互动	我们将想法发布到交互平台，与用户交流确定借鉴积木插拼原理作为设计理念；将初始创意发布到交互平台，收集用户对于创意的意见反馈，进而确定"空气魔方"创意	迅捷行动持续改进	创意新颖性高、获取信息反馈快
基于原型测试的互动	我们选择极客用户试用产品，同时在交互平台上与用户进行深度互动；获取试用体验信息、设计理念信息后，融入企业内外部研发资源，对产品进行改进	迅捷行动持续改进	研发推广快、全球首款
基于产品营销的互动	我们开展新品发布会，邀请用户现场体验产品；我们登录京东众筹平台，获取产品支持者和募集资金；我们选择网上售卖方式，加强宣传力度	迅捷行动	营销推广快、模式选择新、国际先进

资料来源：笔者整理。

表 7—7b　空气魔方的企业—用户互动、相互学习与创新绩效

企业—用户互动	相互学习		创新绩效
	典型证据	变量	
基于创意验证的互动	我们将初始想法发布到交互平台收集信息，最终确定借鉴积木插拼原理的"空气魔方"创意；用户则知晓其提供知识的价值性，并通过提供相关信息提升情感体验	组织学习用户学习	创意新颖性高、创意优化快
基于原型测试的互动	我们选择极客用户试用产品，同时在交互平台上与用户深度交流，通过收集信息，我们完善产品；用户则通过体验产品知晓产品的功能信息进而影响其后续购买行为	组织学习用户学习	研发推广快、产品功能新
基于产品营销的互动	我们通过不同方式推广营销产品，我们从不同方式的信息反馈中习得体验和真实购买信息，用户则较早知晓产品营销信息进而明确其购买意愿及开展购买行为	组织学习用户学习	市场定位准、市场占领快、国际先进

资料来源：笔者整理。

（五）水盒子创新进程中的企业—用户互动对创新绩效的作用路径

基于水盒子的创新进程可知，在创新进程的创意产品化和产品市场化阶段水盒子经历了"用户需求识别—初始创意定位—创意优化调整—创意确定—原型产品设计—产品测试优化—产品市场化"等过程。由水盒子的创新进程，可知：（1）水盒子实施了全流程的企业—用户互动活动，在创意产品化阶段，"我们感知到目前净水设备存在一定的问题，我们将问题发布到交互平台收集用户的意见抱怨"，"我们形成'实网和虚网结合的饮用水解决方案'的初始创意，将创意发布交互平台，与用户一起优化创意"，"我们将产品的软硬件问题发布到用户交互平台，收集用户对产品设计和研发的反馈意见"；在产品市场化阶段，"我们在用户网络社区甄选极客用户试用产品，同时在交互平台获取问题的解决方案进而改进产品性能"，"我们确定预售方式营销产品，通过用户参与预售活动确定用户的真实购买信息进而明确产品的上市数量"。（2）水盒子采取了互动导向的战略导向，"无交互不产品，在互联网时代任何产品都是交互出来的"，"我们收集用户的抱怨确立了产品的创意"，"我们与用户交流明确问题的解决方案"，"我们通过预售活动明确市场信息"。由上可知，水盒子采取了全流程的用户互动活动，并采取互动导向策略促进创新进程的开展。

水盒子的全流程的互动活动以及实施的互动导向会影响其后续的行为实施进而促进其创新绩效的实现。具体而言，（1）水盒子的全流程的互动活动促进企业选择迭代方式以影响创新绩效的提升。如表7—8a所示，在基于用户需求的互动中，企业—用户互动活动的开展促进企业快速获得用户对现有净水设备问题的抱怨进而明确初始创意；在基于创意验证的互动中，企业—用户互动活动的开展促进初始创意的明确及设计理念的优化，进而促进研发设计的开展以及新颖设计理念的形成；在基于原型测试的互动中，企业—用户互动活动的开展促进企业快速获得体验信息和问题解决方案，以及通过沟通交流促进产品优化的效率和效果；在基于产品营销的互动中，企业—用户互动活动的开展促进企业快速获取用户的真实购买信息，加快了营销推广的速度，并促进市场份额的获取。（2）水盒子的互动活动的开展促进企业方和用户方相互学习的开展进而影响创新绩效的实现。如表7—8b所示，企业—用户互动活动的开展促进企业方和用户方相互学习的实现，企业方习得了用户的需求信息、创意形成和产品设计的知识、用户的体验信息和问题的解决方案以及用户的真实购买信息，用户方则知晓了需求信息和知识资源的价值性、促进了情感体验的提升、明晰了产品的功能和营销信息，通过相互学习的实现促进企业快速进行用户需求定位、明晰创意的价值性和可行性、加快研发推广的速度以及保障新颖产品的形成。由上可知，在水盒子的创新进程中，企业—用户互动的开展会促进创新速度的提升和创新新颖性的实现，而企业—用户互动对于创新绩效的影响则会通过迭代方式和相互学习的开展而实现。

表7—8a 水盒子的企业—用户互动、迭代方式与创新绩效

企业—用户互动	迭代方式 典型证据	变量	创新绩效
基于用户需求的互动	我们将识别到的净水设备的问题立即发布到交互平台上，收集用户对现有净水设备问题的意见反馈	迅捷行动	创意优化快、研发设计快、方案设计新颖
基于创意验证的互动	我们将"实网+虚网"的初始创意以及产品软硬件的设计理念发布到交互平台收集用户意见反馈和问题解决方案	迅捷行动 持续改进	
基于原型测试的互动	我们甄选极客用户试用产品收集产品体验信息，然后我们将产品体验反馈问题发布到交互平台获取问题的解决方案进而改进产品性能	迅捷行动 持续改进	研发设计快、营销推广快、市场占领早、全球首款
基于产品营销的互动	我们确定产品预售方式营销产品，通过预售信息的反馈，我们快速获取用户的真实购买信息以明确产品上市数量	迅捷行动	

资料来源：笔者整理。

表7—8b 水盒子的企业—用户互动、相互学习与创新绩效

企业—用户互动	相互学习 典型证据	变量	创新绩效
基于用户需求的互动	我们将初始想法发布到交互平台收集用户意见，习得用户的需求信息；用户则参与到交互平台，提供自身需求诉求	组织学习 用户学习	需求定位快、创意优化准、产品设计新颖
基于创意验证的互动	我们将"实网+虚网"的初始创意及产品软硬件的设计理念发布到交互平台，获取用户的反馈意见，用户参与平台知晓其提供知识的价值性及满足其价值诉求	组织学习 用户学习	

续表

企业—用户互动	相互学习		创新绩效
	典型证据	变量	
基于原型测试的互动	我们甄选用户试用产品，收集体验信息，并与平台用户商讨问题解决方案以优化产品；用户则较早知晓产品的功能信息，确定是否参与后续互动活动	组织学习 用户学习	研发推广快、市场定位准、市场占领早、国际领先
基于产品营销的互动	我们开展预售活动，收集用户的真实购买信息以明确产品上市数量；用户则较早知晓产品性能和营销信息	组织学习 用户学习	

资料来源：笔者整理。

（六）案例比较

通过对五个创新产品创新进程的比较，可知：（1）五个创新产品创新进程的开展均实施了全流程的企业—用户互动活动以及采取了互动导向的战略；（2）五个创新产品的企业—用户互动活动的开展会影响企业创新绩效的实现；（3）五个创新产品的企业—用户互动对创新绩效影响是通过企业迭代方式的选择和相互学习的开展两条关键路径实现的。因此，可以提炼和总结出企业—用户互动对于创新绩效影响的逻辑关系图，如图7—5 所示。

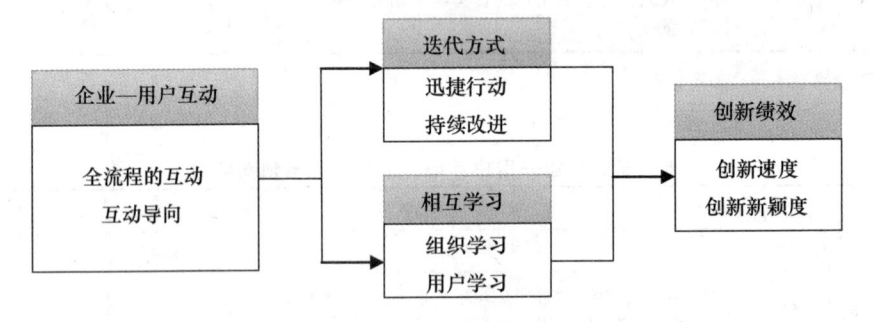

图7—5 迭代创新中企业—用户互动与创新绩效的逻辑关系图

资料来源：笔者整理。

图7—5 展示了在迭代创新过程中，企业—用户互动对创新绩效形成的两条作用路径：第一条路径，企业—用户互动活动通过促进企业选择和实施迭代方式影响了创新绩效的形成。第二条路径，企业—用户互动活动

通过促进企业—用户间相互学习的实现进而影响创新绩效的形成。

（1）路径一：企业—用户互动、迭代方式与创新绩效。如图7—5所示，在创新进程的不同阶段，企业基于不同的互动目的实施相应的企业—用户互动活动，通过互动活动促进企业采用迅捷行动和持续改进的迭代方式推动创新进程的开展，而迭代方式的实施则会影响创新速度的提升和创新新颖性的实现。这一作用路径很好地与现有文献对接，一方面，验证了企业—用户互动对于创新绩效影响的方式，企业—用户互动的发生会影响企业迅捷行动和持续改进行为的开展，由于企业不拘泥于基于预设计划执行创新活动，而是基于反馈信息和涌现出的新问题立即开展试错学习，促进了创意市场化进程的开展，这一结论进一步证实了Blank的论断[1]；另一方面，研究结论也有利于解决Christensen与Von Hippel观点[2][3]的争论，企业—用户互动活动的展开或许并不能直接产生绩效效应，而是需要采取相应的行为方式影响创新速度和创新新颖性问题，即无须争论用户在创新过程中的价值有无或者大小，而是基于不同的研究情境更为深入探索企业—用户互动对于创新绩效实现的内在机理问题。

（2）路径二：企业—用户互动、相互学习与创新绩效。如图7—5所示，在创新进程的不同阶段，企业开启相应的企业—用户互动活动，通过互动活动企业方和用户方分别从对方处获取相关的信息和知识资源，进而推动了创新进程的高效实现以及形成具有新颖性和创造性的产品。通过五个创业产品创新进程的开展可知，企业方和用户方均会基于其面临的情境采取相应的互动活动，互动活动的实施促进了双方学习的实现，进而促进企业创新速度的提升和创新新颖度的实现。对于企业方而言，具有价值性的、稀缺的、不可被模仿的以及不可被替代的资源是企业获取竞争优势的来源[4]，聚焦于创新进程中，信息和知识资源是企业得以促进创新进程快速高效开展的关键资源；然而在互联网时代，用户的选择权和决策权提升

---

[1] Blank, S. G.：《四步创业法》，七印部落译，华中科技大学出版社2012年版。
[2] Christensen, C., *The Innovator's Dilemma: When New Technologies Cause Great Firms to Fail*, Boston, MA: Harvard Business School Press, 1997.
[3] Von Hippel, E., *Democratizing Innovation*, Cambridge MA: MIT Press, 2005.
[4] Barney, J. B., "Firm Resource and Sustained Competitive Advantage", *Journal of Management*, Vol. 17, No. 1, 1991.

进而从用户处获取信息和知识资源更具价值[①]，同时在与用户的互动过程中会不断碰撞出新的创意和想法，促进了创新新颖度的实现。此外，通过互动活动的开展，用户方获取了其所需信息，一方面，用户满足了其价值诉求，进而利于其更积极、主动地融入到创新进程中，促进创新进程的快速高效实现；另一方面，促进了其信息和知识储备的提升，有利于其提出更具个性化和情境化的想法和方案，促进更具创造性产品的形成和实现。

第三节　本章小结

通过对案例数据的编码分析，本章阐述了企业—用户互动的作用机制问题。首先，通过对迭代创新进程中五个创新产品的 23 个互动事件的编码分析和提炼总结，识别出两个重要的效应因素：一是企业—用户互动的开展促使企业迭代方式的实施；二是企业—用户互动的开展也直接影响了企业—用户间相互学习的实现。其次，聚焦于创新绩效，探索了企业—用户互动的直接效应因素与创新绩效实现的关系，迭代方式主要表现在迅捷行动和持续改进两个方面，二者均会影响企业创新速度的提升和创新新颖性的实现；在相互学习方面，组织学习有利于企业通过将最新的资源融入到产品设计和策略实施上，促使了新颖产品市场化的实现，用户学习则通过实现其价值诉求与企业建立良好关系，促进创新进程的开展以及为企业提供更具个性化和情境化的信息反馈促进市场化进程的开展。最后，基于五个创新产品的创新进程提炼和总结出企业—用户互动对创新绩效影响的两条作用路径，路径一是企业—用户互动通过影响迅捷行动和持续改进的迭代方式的实施促进企业创新速度的提升和创新新颖性的实现；路径二是企业—用户互动通过促进组织学习和用户学习的实现以影响企业创新速度的提升和创新新颖性的实现。

[①] 戴夫·格雷、托马斯·范德尔·沃尔：《互联网思维的企业》，张玳译，人民邮电出版社 2014 年版。

第八章

研究结论与展望

本研究以互联网时代新兴的研究主题——迭代创新的兴起和发展实践作为研究的出发点,在对迭代创新发展渊源和内涵界定以及新产品开发过程中迭代创新范式研究回顾和梳理的基础上,发现了现阶段的迭代创新研究仍存在许多尚未挖掘和探究的研究问题,进而确定了本研究的研究契机;同时,通过对用户互动的理论渊源以及用户互动的内涵和发展脉络的回顾,发现以企业—用户互动视角剖析迭代创新现象,适合研究发展演化趋势以及现时代企业运营发展实践的研究视角,尤其适用于迭代创新现象的早期研究阶段的探索性研究。在定位研究主题和研究视角之后,本研究形成了研究框架并确立了案例研究是最适用于本研究研究情境和研究主题的研究方法,在此基础上开展规范的案例研究过程,通过对海尔"创客公地"上演化生成的五个小微企业迭代创新进程的探讨和分析,提炼和总结出迭代创新过程中的企业—用户互动的特征、驱动因素和作用机制问题,从企业—用户互动视角解构了迭代创新的内在形成机理,获得了本研究的主要研究结论。最后,在此基础上提炼出本研究的创新点和理论贡献,阐述了研究的实践启示以及目前研究存在的局限性和未来研究展望。

第一节 主要研究结论

迭代创新作为互联网时代备受关注的主题在企业的创新实践活动中获得关注和推崇,然而学界对于此问题的研究尚处于研究的早期探索和建构阶段,可供直接借鉴和参考的研究文献不足,然而文献的不足恰恰为本研究提供了研究契机,同时也凸显了本书的研究价值。因此,本研究借助于相关研究成果以及对迭代创新研究实践的深层次挖掘，以创新产品的迭代创新进程为研究对象，以迭代创新进程中呈现出的互动事件为主要分析单位，通过探索性案例研究不断挖掘和提炼研究问题，分析和比对案例发现与现有研究观点的异同，在不断积累和比较中逐步形成对于迭代创新问题的独特的、有价值的解释，进而推动迭代创新理论化进程的开展。

在绪论中，本书基于理论和现实背景提出了四个具有价值的研究问题：（1）在迭代创新过程中企业—用户互动具有怎样的特征？在创新进程的不同阶段互动活动呈现出的特征有何异同，展现出怎样的独特性？（2）迭代创新过程中企业—用户互动的驱动因素是什么？这些因素是如何促进企业—用户互动活动开展的？（3）在迭代创新过程中企业—用户互动的效应因素是什么？（4）在迭代创新过程中企业—用户互动如何影响创新绩效的实现？作用路径是什么？有何独特性？基于对上述问题的探索和解答，本书获得了如下四点主要研究结论：

（一）迭代创新过程中的企业—用户互动具有多样性和动态性的特征

本书从静态和动态两个角度剖析了迭代创新过程中的企业—用户互动特征，静态方面阐述了互动主体双方构成及其角色扮演情况，动态方面则分析了在创新进程的不同阶段互动主体角色和范式的差异性进而凸显其动态演化的特征，通过对五个创新产品迭代创新进程展现的 23 个互动事件的探索和分析，提炼和总结出迭代创新过程中的企业—用户互动呈现的两个特征：多样性和动态性。

具体而言，多样性主要体现在三个方面，一是互动主体双方的构成是企业方和用户方的组合。互动事件的发生并不是简单的"一对一"相互作用的结果，而是呈现出互动主体双方均是不同组织/个体的组合，是"多对多"的互动范式，例如在创意产品化阶段，企业方主要涵盖了管理团队、研发团队和创意团队，在互动过程中扮演了需求探索者、问题探索者和创意发布者角色；用户方则主要由目标用户、专家用户和参与用户组成，在互动过程中扮演了信息提供者、方案提出者和创意验证者角色。而在产品市场化阶段，互动主体由企业方和用户方组成，企业方主要涵盖了研发团队、管理团队、营销团队和交互团队，在互动过程中扮演了产品提供者、问题/需求探索者和产品营销者角色；用户方则主要有领先用户、专家用户和参与用户，在互动过程中扮演了产品使用者、信息提供者和产品购买者角色。二是在互动活动中互动主体基于不同的互动目的和互动内容实施互动行动扮演相应的互动角色进而实现互动结果。在创新进程的两个重要阶段,互动主体双方均是不同群体的集合,互动过程的实现情境是由不同群体共同作用体现的,在这种情境下互动主体双方均可以获取数量相对丰富、内容相对完善的信息和知识资源,进而促成更佳互动效果的出现。三是在两个不同阶段,由于企业完成的创新活动的差异性导致互动主体构成和角色扮演上呈现差异性。在创意产品化阶段,企业旨在形成具有价值性和可行性的创意和原型产品,因此双方互动围绕着创意和原型产品形成过程展开,互动双方的角色扮演也与之相匹配;而在产品市场化阶段,企业旨在实现原型产品的测试完善和产品的营销推广活动,因此双方互动围绕着促成原型测试和产品营销活动的实现展开,互动双方的角色作用也体现在相应活动中。因此,在创意产品化阶段和产品市场化阶段,互动主体双方构成呈现出差异性,同时在创新进程中互动主体双方的角色扮演也基于阶段中互动内容的不同而呈现出不同。

动态性特征则指企业—用户互动主体双方均会随着时间推演发生更迭,同时基于互动活动中互动内容的不同,互动主体角色扮演也呈现出演化的特性,即伴随企业—用户互动范式发生的时间和空间情境的差异,互动主体双方构成和角色扮演均随之发生变化。企业—用户互动范式的动态性变化,促使企业实施更符合情境需求和发展需要的企业—用户互动活动,进而形成更佳的互动结果。动态性则主要呈现在两个方面,一是在迭代创新进程的不同阶段,互动主体双方构成和角色扮演呈现出差异性。通过对于迭代创新过程中的创意产品化和产品市场化阶段的探索,可以发现在不同阶段由于开展创新活动的不同导致互动主体角色扮演呈现差异性,例如在创意产品化阶段,企业为了促进具有价值性和可行性创意和原型的形成,围绕用户需求信息、用户知识等资源开展互动活动并扮演了相应的角色,而在产品市场化阶段,企业为了原型的测试和完善以及产品的营销和推广,围绕用户需求信息、市场信息以及用户知识等资源实施互动活动并扮演了相应的角色。二是在互动活动的发生和演化过程中会涌现出新的互动活动。企业在实施和开展互动活动中,在获得互动结果后会促进新一轮互动活动的发生,例如,企业在获得体验用户的产品体验信息之后为了验证体验结果的准确性以及获取问题的解决方案,会在互动平台上与平台用户就该问题开展进一步的沟通交流活动。

（二）互动发生的情境和互动主体的行为实施均会促进企业—用户互动的发生

本书从企业层面和用户层面两个方面考量五个创新产品创新进程开展过程中的企业—用户互动事件，通过对 23 个互动事件的编码分析和提炼总结，探讨促进企业—用户互动发生的关键因素。企业方层面的驱动因素主要包含两个方面，一是企业面临的不确定性情境，二是企业自身的资源匮乏。用户方层面的驱动因素也主要表现在两个方面，一是用户的参与动机，二是企业—用户关系。

具体而言，在企业层面，互联网时代企业需要做的是重新审视其产品创新流程，尽早接触潜在用户并邀请其融入到创新过程中[①]，在与用户互动的过程中实现创新的目的，即企业—用户互动是企业应对时代发展要求和其自身发展情境以实现创新目的的重要解决之道。因此，从企业层面剖析其实施互动活动的驱动因素需要思考企业实施创新进程的背景，从企业所处情境层面深入挖掘企业参与互动活动的影响因素问题。

企业层面呈现出两方面的驱动因素：一是在互联网时代，企业面临的情境更具复杂性和多样性。在创新进程中企业主要面临四种不确定性情境，分别为需求不确定性、技术不确定性、产品不确定性和市场不确定性[②]，企业所处的不确定性情境及其组合会影响企业重新审视其运营逻辑和创新思维。在创新进程的不同阶段，企业会面临不同的不确定情境，例如在创意产品化阶段，企业主要面临了需求的不确定性和技术的不确定性，而在产品市场化阶段，企业则主要面临产品不确定性和市场不确定性问题。为了应对企业不确定性情境的挑战，企业会实施企业—用户互动活动，在与用户的沟通交流中获取其所需的资源进而应对其面临的不确定性问题。二是企业资源的匮乏也是促使企业开展企业—用户互动的关键影响因素。在互联网时代，信息和知识等资源逐渐成为企业开展运营和创新的重要影响因素，是企业获取竞争优势的关键资源[③]，然而对于开展创新活动的企业而言往往缺乏运营和创新活动开展的相关资源，在一定程度上阻

---

① Blank, S. G.：《四步创业法》，七印部落译，华中科技大学出版社 2012 年版。
② Thomke, S. H., *Experiment Matter*, Boston, Massachusetts: Harvard Business School Press, 2003.
③ Barney, J. B., "Firm Resource and Sustained Competitive Advantage", *Journal of Management*, Vol. 17, No. 1, 1991.

碍了其创新活动的实施，因此，企业需要通过与用户互动从用户处获取其所需的信息和知识资源进而促进创新进程的开展。同时企业在创新进程中会基于不同的互动目的，实施相应的互动活动进而获取更具情境意义的资源，以促进企业顺利实施创意产品化和产品市场化进程。

在用户层面，互联网时代促进用户参与方式的改变，用户由被动式参与向主动式参与转变[1]，用户更为积极主动地分享信息以实现信息源和生产商间的桥梁作用，同时在一定情境下加入到研发设计活动中以提供相关知识和信息共同解决问题[2]；用户融入到互动过程的渠道更为多样化，渠道的多样化促使参与用户的规模和范围均得以提升，收集信息和知识更为全面[3][4]；用户的全流程参与，在现时代推崇用户的全流程参与方式，即用户融入到创新产品实现的进程中，通过在不同阶段的角色扮演促进创新进程推演[5]。上述三点阐述了企业—用户互动过程中用户参与方式的改变，体现了互联网时代用户参与互动过程的特点和范式。

基于对五个创新产品创新进程中呈现的 23 个互动事件的编码分析，将分别从用户参与动机和企业—用户间关系两个方面予以阐述：一是对于用户而言其参与到互动活动的源泉在于其价值诉求的展现。与传统管理范式不同，在互联网时代的迭代创新进程中，用户不再仅扮演被动接受者的角色，而是主动参与到创新进程中，与企业一同实现价值创造的目的，而驱动其参与活动的因素在于其价值诉求的体现，用户为了实现其心理价值、关系价值、经济价值等价值诉求会选择融入到创新进程中。研究结果显示心理价值诉求是用户主导的价值诉求，在创新进程的不同阶段均表现出重要的作用；而经济价值诉求则是较少用户考虑的价值诉求，这与传统经济学领域强调成本—收益的观点不同，在互联网时代用户参与到互动活动较少受到经济层面的影响。同时在不同阶段，用户的价值诉求也呈现出差异性，在案例呈现出的互动事件中，创意产品化阶段参与到互动活动中

---

[1] Blank, S. G.：《四步创业法》，七印部落译，华中科技大学出版社 2012 年版。

[2] Von Hippel, E., *Democratizing Innovation*, Cambridge MA: MIT Press, 2005.

[3] Nambisan, S., "Designing Virtual Customer Environments for New Product Development: Toward A Theory", *Academy of Management Review*, Vol. 27, No. 3, 2002.

[4] 戴夫·格雷、托马斯·范德尔·沃尔：《互联网思维的企业》，张玳译，人民邮电出版社 2014 年版。

[5] 张超群：《用户互动对新创企业成长绩效的作用机制研究》，博士学位论文，浙江大学，2013 年。

的用户均未考虑经济价值,而在产品市场化阶段有些用户参与到互动事件不仅基于心理价值和关系价值的诉求,也会从经济价值层面衡量其参与行动的实施。二是企业与用户的关系也是影响用户参与到互动活动的重要影响因素。一方面,良好的关系促使用户对企业具有较高的认同感以及产生更多的信任,认为与企业合作可以使其获得其所需的体验利益;另一方面,随着互动活动的开展,在创新进程前期参与的用户会倾向于参与到后续的互动活动中,即通过前一轮互动活动确立的密切关系促使了用户新一轮互动活动的开展,这在案例中创新产品的创新进程的不同阶段以及同一阶段的不同发展进程中均有所体现。

(三) 企业—用户互动影响迭代方式的实施和相互学习的实现

通过对五个创新产品迭代创新进程中的 23 个互动事件的编码分析和提炼总结,识别出两个重要的效应因素:一是企业—用户互动的开展促使企业迭代方式的实施;二是企业—用户互动的开展也直接影响了企业—用户间相互学习的实现。

从迭代方式实施层面,企业—用户互动活动的实施,促使企业对于迭代方式的选取:一方面,促使企业快速行动,Schlesinger 等指出若仅有思考和分析却没有行动的创造性活动无法建立新事物,他们提出企业应该尽可能利用手头的资源快速开始卓越行动[1];另一方面,促使企业实施持续改进和调整行为,企业通过与用户的沟通交流,更为明晰其需求诉求及需求偏好变化以对其初始创意实施不断调整、完善和修正的过程[2]。迭代方式所强调的持续改进和迅捷行动[3],可以促进企业基于互动结果产生的用户有效的信息反馈以最快的速度更新和调整已有产品/服务版本进而促成新版本的实现。在互联网时代,速度比质量更应得到关注[4],企业并不追求产品立即实现用户的需求诉求,而是及时将企业提供的产品推向用户,在用户体验产品及了解产品信息的过程中收集用户的反馈信息,进而不断

---

[1] Schlesinger, L. A., Kiefer, C. F., Brown, P. B., *Just Start*, Boston, Massachusetts: Harvard Business Review Press, 2012.

[2] Mullins, J., Komisar, R., *Getting to Plan B: Breaking Through to A Better Business Model*, Boston, Massachusetts: Harvard Business School Press, 2009.

[3] Baum, J. R., Bird, B. J., "The Successful Intelligence of High-growth Entrepreneurs: Links to New Venture Growth", *Organization Science*, Vol. 21, No. 2, 2010.

[4] 赵大伟:《互联网思维——独孤九剑》,机械工业出版社 2014 年版。

调整和修正产品以促进产品功能的丰富和完善①。通过对五个创新产品所涉及的 23 个互动事件进行分析总结,探索和总结创新进程中企业—用户互动对迭代方式实施的影响。在创新进程中,不论互动目的和内容有何差异性,企业实施用户互动活动均促进企业及时获取创新发展所需的资源并在互动过程中获取和验证了用户的真实需求信息,进而审视和比较现有创新发展轨迹和产品预期发展轨迹是否存在差异,以及时修正和明晰企业恰当和准确的发展路径;同时,互动活动的实施促使企业以较低成本开展了试错和实验活动,通过从用户处获取试错和实验活动结果以调整和修正已有的创新轨迹,进而达到快速、低成本实现创新结果的目的。

从相互学习层面,基于知识管理视角分析,企业—用户互动活动是企业和用户传递知识的过程,从用户方向企业方的知识传递促进了企业学习的实现,而从企业方向用户方的知识反馈促进了用户学习的实现。在迭代创新过程中,企业方通过从用户处学习获取相关信息和知识,更为明晰其创新进程和发展规划以促使创新活动的开展和实现;用户方通过从企业处学习获取相关反馈信息,明确其用户价值实现的展现方式以促使其进一步融入到互动活动中。对于创新进程不同阶段互动发生对于相互学习的影响分析可知,互动活动的开展不仅利于企业实现创意产品化和产品市场化阶段的不同创新活动,而且促进用户在此过程中实现用户价值;同时由于不同阶段互动主体双方面临的情境不同,进而影响其行为实施存在差异性。

(四)企业—用户互动与创新绩效间存在两条关键作用路径

通过对五个创新产品创新进程的比较,可知:五个创新产品创新进程的开展均实施了全流程的企业—用户互动活动以及采取了互动导向的战略;五个创新产品的企业—用户互动活动的开展会影响企业创新绩效的实现;五个创新产品的企业—用户互动对创新绩效影响是通过企业迭代方式的选择和相互学习的开展两条关键路径实现的。

路径一:企业—用户互动通过迭代方式的实施促进企业创新速度的提升和创新新颖性的实现。这条作用路径的形成逻辑在于:企业—用户互动活动的开展,促进了企业采取更具灵活性和动态性的迭代方式,而通过迅捷行动和持续改进的实施促进了企业创新速度的提升和创新新颖性的实

---

① Ries, E., *The Lean Startup: How Constant Innovation Creates Radically Successful Businesses*, London: Penguin Group, 2011.

现。这一作用路径很好地与现有文献对接，一方面，验证了企业—用户互动对于创新绩效影响的方式，企业—用户互动的发生会影响企业迅捷行动和持续改进行为的开展，由于企业不拘泥于基于预设计划执行创新活动，而是基于反馈信息和涌现出的新问题立即开展试错学习，促进了创意市场化进程的开展，这一结论进一步证实了 Blank 的论断[1]；另一方面，研究结论也有利于解决 Christensen 与 Von Hippel 观点[2][3]的争论，企业—用户互动活动的展开或许并不能直接产生绩效，而是需要采取相应的行为方式影响创新速度和创新新颖性问题，即无须争论用户在创新过程中的价值有无或者大小，而是基于不同的研究情境更为深入探索企业—用户互动影响创新绩效实现的内在机理问题。

　　路径二：企业—用户互动通过相互学习的实现促进企业创新速度的提升和创新新颖性的实现。这条作用路径的形成逻辑在于：企业—用户互动活动的开展，促进了组织学习和用户学习的实现，而企业—用户相互学习的实现则促进了企业创新速度的提升和创新新颖性的实现。通过五个创业产品创新进程的开展可知，企业方和用户方均会基于其面临的情境采取相应的互动活动，互动活动的实施促进了双方学习的实现，进而促进企业创新速度的提升和创新新颖性的实现。对于企业方而言，具有价值性的、稀缺的、不可被模仿的以及不可被替代的资源是企业获取竞争优势的源泉[4]，聚焦于创新进程中，信息和知识资源是企业得以促进创新进程快速高效开展的关键资源；然而在互联网时代，用户的选择权和决策权提升进而从用户处获取信息和知识资源更具价值[5]，同时在与用户的互动过程中会不断碰撞出新的创意和想法，促进了创新新颖性的实现。此外，通过互动活动的开展，用户方获取了其所需信息，一方面，用户满足了其价值诉求，进而利于其更积极、主动地融入到创新进程中，促进创新进程的快速高效实现；另一方面，促进了其信息和知识储备的

---

[1] Blank, S. G.：《四步创业法》，七印部落译，华中科技大学出版社 2012 年版。
[2] Christensen, C., *The Innovator's Dilemma*: *When New Technologies Cause Great Firms to Fail*, Boston, MA: Harvard Business School Press, 1997.
[3] Von Hippel, E., *Democratizing Innovation*, Cambridge MA: MIT Press, 2005.
[4] Barney, J. B., "Firm Resource and Sustained Competitive Advantage", *Journal of Management*, Vol. 17, No. 1, 1991.
[5] 戴夫·格雷、托马斯·范德尔·沃尔：《互联网思维的企业》，张玳译，人民邮电出版社 2014 年版。

提升，有利于其提出更具个性化和情境化的想法和方案，促进更具创造性产品的形成和生产。

第二节 研究的理论贡献和创新点

对比本书的研究结论以及现有文献的研究观点，提炼本书的理论贡献和创新点，具体阐述如下。

一 本书的理论贡献

（一）对迭代创新研究的启示

迭代创新作为互联网时代逐渐被业界推崇并得到创新实践活动证实的研究主题，在现阶段仍处于早期探索阶段，亟须开展迭代创新现象的概念化和理论化研究。[①] 本书恰是通过企业—用户互动视角对于迭代创新现象理论化的一次新的尝试，通过探索性案例研究解释了迭代创新过程中的企业—用户互动形成和演化机制问题，提炼和总结出迭代创新过程中的企业—用户互动的特征、驱动因素和作用机制问题。概括起来，本书对迭代创新研究的启示主要体现在两个方面：一是企业—用户互动视角是探索和剖析迭代创新问题的恰当的研究视角，迭代创新实践活动展现了在互联网时代对用户关注的价值，同时用户思维已经成为互联网思维的核心思维[②]，该视角的选取不仅有利于展现迭代创新的本质特征，而且有利于挖掘迭代创新现象背后的内在机理问题。二是通过案例数据识别出的企业—用户互动影响迭代创新绩效的两个关键作用路径，为后续开展研究奠定了基础，对于迭代创新现象的探讨并不是横截面层面的分析，而是纵向过程层面的探讨，对于作用路径的分析有利于展现迭代创新过程的内在演化机制，而聚焦于绩效层面对于迭代创新过程结果的分析则促进迭代创新研究的深化。

（二）对创新相关研究的启示

Rothwell 梳理了创新的发展演化，他从最简单的线性模型到越来越复

[①] 罗仲伟、任国良、焦豪等：《动态能力、技术范式转变与创新战略——基于腾讯微信"整合"与"迭代"微创新的纵向案例分析》，《管理世界》2014 年第 8 期。

[②] 赵大伟：《互联网思维——独孤九剑》，机械工业出版社 2014 年版。

杂的互动模型的创新流程来审视创新的本质问题，提出了五代创新模型的观点[1]，然而尽管他系统地回顾了创新领域的发展脉络并识别出了创新的发展本质，但研究结论未涉及互联网时代的特征，而符合新时代情境的新的创新模式的出现将对创新管理的研究提出新的挑战，同时也为研究的开展提供了新的契机[2]。本研究探讨的互联网时代的迭代创新问题实质上可以称之为符合创新领域发展脉络和互联网运营情境的"第六代创新模式"。[3] 本书通过企业—用户互动视角解构迭代创新问题对于推进创新研究领域的发展有重要的价值，同时有利于对创新研究领域中的用户创新和新产品开发研究问题的深入探讨。概括起来，本书对创新研究领域的启示在于：一是阐述了互联网时代创新的新范式，为现时代企业创新研究的开展提供了借鉴，迭代创新作为互联网时代演化发展的新范式与已有的研究成果既一脉相承又凸显出独特性，它具有的开放互动性、动态循环性、持续敏捷性等特征吻合互联网时代对于创新创业实践的发展要求，对此问题的深入探究有利于创新研究领域的延伸和深化。二是聚焦于具体的创新研究领域，促进新产品开发和用户创新等相关研究的拓展和延伸，在新产品开发研究领域，研究指出循环演化观点更符合不确定环境的情境特征[4]，动态、无序是企业在不确定环境下的运营常态[5]，该观点为迭代创新研究奠定了基础；在用户创新研究领域，探索用户作为创新者的渊源以及如何实现用户创新问题形成了系列研究结论，这为企业—用户互动视角的选择提供了强有力的依据，本书在此基础上开展迭代创新过程中的企业—用户互动研究进一步凸显了现时代创新循环演化的特征及用户创新的价值，促进了互联网时代新产品开发和用户创新研究的开展。

（三）对用户互动研究的启示

伴随价值共创理论的提出和发展，企业—用户互动获得了学界的关

---

[1] Rothwell, R., "Successful Industrial Innovation: Critical Success Factors for the 1990s", *R & D Management*, Vol. 22, No. 3, 1992.

[2] Tidd, J., Bessant, J., *Managing Innovation*, New York: John Wiley & Sons ltd, 2009.

[3] 董洁林、陈娟：《无缝开放式创新：基于小米案例探讨互联网生态中的产品创新模式》，《科研管理》2014年第35卷第12期。

[4] Adams, R., *Perceptions of Innovations: Exploring and Developing Innovation Classifcation*, Cranfield, UK: Cranfield University, 2003.

[5] Bonner, J. M., Ruekert, R. W., Walker, O. C., "Upper Management Control of New Product Development Projects and Project Performance", *Journal of Product Innovation Management*, Vol. 19, No. 3, 2002.

注，研究中显示了企业和用户通过相互影响和相互作用，在实现各自价值诉求的同时促进了企业运营目标和创新活动的实现。[①] 然而对于用户在企业运营和创新活动中的价值体现仍然存有争论，一派认为用户是企业运营实践的创新者，需要倾听用户的需求[②]；另一派则认为过度依赖用户会造成适得其反的效果[③]。两派的争论点在于用户是否能够促进企业创新活动的开展，是否能够影响创新绩效的实现。本书的研究结论有利于解决这一问题，本书识别出企业—用户互动对于创新绩效的内在作用机制问题，即企业—用户互动并不是直接作用于创新绩效的实现，而是通过迭代方式和相互学习两条作用路径影响创新速度的提升和创新新颖性的实现。概括起来，本书对用户互动研究启示主要体现在两个方面：一是在互联网时代企业—用户互动具有重要的价值和意义，在互联网时代，产生了体验经济、创客经济等新的经济形态的改变，这促使企业的创新实践活动也发生了根本性的改变，而创新实践活动的改变并不是简单的模式改变，其运营逻辑和创新思维等方面也随之发生了变化，用户价值和作用成为了关注的重点。二是企业—用户互动对于绩效的影响并不是直接影响而是通过两个独特的作用路径得以体现，聚焦于绩效层面探索互动的价值体现是用户互动研究的核心研究主题，目前的争论也是基于该主题开展的，本书识别出的企业—用户互动对于绩效的内在作用机制和演化发展路径，真实展现了企业—用户互动的价值体现，促进了用户互动研究的深化和延伸。

二 本书的创新点

本书围绕"迭代创新过程中的企业—用户互动为何发生以及如何演化发展"这一核心研究问题，通过规范分析、案例研究等方式，试图提供一个在迭代创新过程中企业—用户互动形成演化的全景图。通过将案例研究得出的研究理论与现有文献进行比较分析，发现本研究与已有研究体系既一脉相承，又展现了研究的独特创新之处。具体而言，本书呈现出如下三个方面的创新点：

---

① Prahalad, C. K., Ramaswamy, V., *The Future of Competition: Co-creating Unique Value with Customers*, Boston, MA: Harvard Business School Press, 2004.

② Von Hippel, E., *Democratizing Innovation*, Cambridge MA: MIT Press, 2005.

③ Christensen, C., *The Innovator's Dilemma: When New Technologies Cause Great Firms to Fail*, Boston, MA: Harvard Business School Press, 1997.

(一) 从企业—用户互动视角推动了迭代创新现象的概念化和理论化研究

迭代创新作为互联网时代新兴的研究主题，仍处于研究的早期发展阶段，研究文献相对不足、理论探索较为缺乏，研究观点较为分散和混沌，对于迭代创新现象亟须概念化和理论化的探究。针对此研究现状，本书基于迭代创新现象呈现出的特征，以企业—用户互动的视角作为迭代创新现象研究的切入点，通过探索性案例研究深入挖掘迭代创新过程中的企业—用户互动情况，发现了在迭代创新过程中企业—用户互动呈现出多样性和动态性特征，企业面临的情境和用户的行为实施促使互动活动的开展以及企业—用户互动通过两条独特的作用路径影响迭代创新绩效的实现，上述研究结论从理论视角剖析了迭代创新现象，弥补了现有研究对于迭代创新研究问题理论探索不足的局限，推动了迭代创新研究主题的开展。

(二) 识别了企业—用户互动的差异化特征及其动态演化过程

本书通过从横、纵向两个维度深入探索迭代创新过程中的企业—用户互动形成和演化机制问题，识别出了在创意产品化和产品市场化两个阶段互动主体和互动范式呈现出的差异化特征，具体表现在互动主体的构成和扮演的角色在不同的阶段由于互动目的和内容的不同而呈现出较大的差异性，同时在不同阶段的互动范式采用上也基于创新活动的不同表现出较大的差别。不同阶段的差异性特征凸显了迭代创新过程中企业—用户互动的动态演化的本质，进而为剖析互动对迭代创新绩效的影响奠定基础。这一研究观点弥补了现有研究中较少涉及不同阶段互动行为的差异性比较，以及较少探究互动过程的动态演化问题等研究不足，为丰富用户互动研究以及开启迭代创新研究提供了借鉴价值。

(三) 提炼和总结出企业—用户互动影响创新绩效的两条独特作用路径

现有文献对于用户互动的探究，多是直接阐述了用户互动对于绩效的影响价值，而且不同学者对于用户价值的体现的研究观点不同，因而导致研究结论不统一，甚至呈现相反的研究结论。基于此研究现状，本书通过对五个创新产品创新进程的探索性案例研究，提炼和总结出企业—用户互动对创新绩效影响的两条独特作用路径，一是企业—用户互动通过迭代方式的实施促进创新绩效的实现，二是企业—用户互动通过企业—用户相互学习的实现影响创新绩效的提升。两条作用路径的阐述有利于解决现有研究争论，丰富和拓展用户互动的相关研究。

第三节　本书的实践启示

本书探索的是互联网时代的新兴主题——迭代创新问题，对于该问题的探索仍处于研究的早期发展阶段，因此研究的开展在推动理论研究的同时，更具实践价值，对于实践活动的开展和实施具有重要的意义。本书的实践启示主要体现在如下三个方面：

（一）对互联网时代企业创新实践活动的启示

在互联网时代，经济形态较之以往发生了变化，在现时代更为关注互联网经济、体验经济和创客经济对社会经济发展的价值。在此背景下，为了成为"时代的企业"，把准时代发展的脉搏，企业改变了传统的运营逻辑和创新思维，迭代创新现象在众多企业的运营发展过程中得以展现并在业界受到推崇。本书通过探究迭代创新过程中的企业—用户互动问题，对互联网时代企业创新实践活动开展的启示主要涵盖三个方面：第一，迭代创新是新时代切实可行的创新演化范式，与创新的线性演化方式相比，迭代循环演化模式更符合新时代的发展需求，更契合互联网经济下企业运营发展态势，企业在实际运营过程中应打破传统管理思维的桎梏，采用更具灵活性和可行性的迭代创新范式开展创新活动以快速、低成本地实现企业运营发展的目的；第二，实现创新全流程的企业—用户互动，随着互联网经济和体验经济的发展，用户的选择权和话语权都随之提升，用户已不是产品/服务的被动接受者而逐渐成为创新活动的主动行为实施者和创造者，企业应秉持"无交互不产品"的原则，在创新实施的全过程中关注用户的价值、融入用户的力量，促进创新活动的高效开展；第三，企业—用户互动范式利于创新绩效的实现进而降低产品创新的失败率，对于开展新产品创新的企业而言往往遭遇创新的窘境，耗费大量人力、物力、财力研发出的产品在产品市场推广时却发现鲜有人问津，而企业—用户互动活动的开展则在一定程度上杜绝了该类窘境的出现，企业在创新进程中实施企业—用户互动活动较早地获取和明晰用户的真实需求并基于其需求不断实施持续改进的行为进而降低了产品创新的失败率。

（二）对互联网时代传统企业转型升级的启示

本书通过对海尔创新平台演化生成的小微企业的探索和分析，提炼和总结出有价值的研究论断,对于在互联网时代的传统企业转型升级具有重要的启示,具体体现在以下两个方面:第一,颠覆企业传统的管理思想和理念,当迈进互联网时代,企业管理将遭遇前所未有的挑战,新生代员工、顾客需求的碎片化、颠覆性技术、大数据、创客、第三次工业革命等,在这些新的挑战面前,昔日辉煌的管理模式风采不再,传统的企业管理模式将被颠覆。海尔首席执行官张瑞敏敏锐地观察到互联网给企业带来的机遇和挑战,摒弃了繁冗复杂的管理范式,而采用更具时代意义的迭代创新范式,提出"没有成功的企业,只有时代的企业"的著名论断。本书通过对植根于海尔"创客公地"的五个成功小微企业的探索和剖析,提炼和总结出小微企业的行为模式,为传统企业在互联网时代的转型升级提供了借鉴。第二,通过对案例企业的分析和提炼,识别出海尔"创客公地"上演化生成的小微企业的运营逻辑和创新思维与互联网型企业(如腾讯公司)高度一致,并未受到海尔集团的严格约束,海尔集团与小微企业之间是基于平台层面的服务与被服务的关系,小微企业的成长和发展的根源均是拥有了用户资源,全流程的用户参与是小微企业得以成功的关键。因此,在互联网时代,不论是"草根创业"还是传统企业的转型升级,均需要以用户为中心,通过与用户交互实现创新创业的目的。

(三) 对创新创业政策制定者和实施者的启示

本书的研究结论对推进创新创业活动开展,促进"大众创业、万众创新"的战略部署具有一定的启示价值,具体体现在三个方面:第一,营造创新创业的文化氛围,倡导宽容失败的创新文化,迭代创新范式并不强调完美产品的研发,因为即使高精尖技术形成的产品也可能会面临无人问津的窘境,企业真实的创新进程是不断调整和尝试的试错过程,失败在所难免,企业需要做的是快速验证、快速失败、快速改进进而实现快速创新的目的。第二,为了促进更多创新创业活动的开展,政府不仅需要颁布相关的政策降低创新创业门槛、提供创新创业平台,还应该重视企业创业者/管理者整体素养和技能的培养和提升,相关政府部门需要大力推广创业教育,改变桎梏创业者/管理者创新创业的管理思维和理念,运用更具时代发展意义的运营逻辑和创新思维推动创新创业活动的开展。第三,政府颁布的政策不仅需要在"草根创业"、"大众创业"人群中营造浓厚的创新创业氛围,而且对于传统企业而言也应给予政策的支持和指导,进而促进其迸发新的活力,融入到现时代的运营发展浪潮中,以推动社会经济的发展。

第四节 研究局限与未来研究展望

一 研究局限

本研究是一项基于多重案例的探索性研究,属于迭代创新这一新兴课题探索的早期阶段,尚无大量研究和成型的理论框架可以借鉴,再加上受时间、经费等客观资源以及研究者能力方面的约束,本书仍有许多不足需要在今后的研究中不断修正和调整,本书的研究局限具体体现在如下三个方面。

(一)研究情境和研究样本的局限

本研究探究的是互联网时代的迭代创新这一新兴现象,本书的案例选择采用了在海尔"创客公地"上发展演化的五个小微企业作为研究样本,以便于排除创业环境、创业文化等外部情境因素对于研究结论的干扰,然而研究结论受到地区经济、社会文化等宏观环境因素的影响,研究结论在其他社会情境中的普适性会受到一定的限制。同时由于研究处于迭代创新研究的早期阶段,致力于通过案例研究探索出创新成功的路径和规律,因此在案例选择上仅挑选了产品创新成功的企业作为研究的样本企业,并未进行成败对比,因而可能存在一定的幸存者偏见。此外,本书采用的是回顾式调查研究设计,尽管采用了多轮次调研和多重资料相互验证,仍在一定程度上存在后视偏差问题,不过本书选择的样本均是成立时间较短的企业,且涉及的创新产品的上市时间均为最近两年,这在一定程度上解决了后视偏差问题。

(二)研究论断外部效度的局限

本研究基于五个案例样本的创新进程中呈现出的企业——用户互动事件,探究了迭代创新过程中的企业——用户互动如何形成以及演化发展的问题,虽然案例研究方法在解决"怎么样"的问题上具有优势,且在本书的案例研究设计和实施过程中,严格遵循了三角测量法来保障研究质量,但从外部效度而言,案例研究仍具有自身的局限性,因此,本书通过案例研究获得的研究论断需要在更多情境下加以验证和拓展,并可以采用混合研究方法(如案例研究法+调研方法)相互验证研究结论的可行性和价值性。

(三) 迭代创新现象概念化的局限

本书探究了互联网时代的迭代创新现象,并基于企业—用户互动视角深入探索了迭代创新过程中企业—用户互动演化发展问题。作为迭代创新这一新兴课题,尽管业界人士在实践活动中予以重视并加以推崇,然而在学界仍未形成系统的研究和成型的理论框架,学者们仍多是基于实践活动的提炼总结,对迭代创新这一主题仍未形成一致性、系统性的研究结论。本书探究迭代创新问题,将其界定为不同于传统创新模式的一种新兴创新模式,实施迭代创新模式的企业,其创新发展路径会呈现出动态的、循环的、重叠的发展态势;并通过将企业—用户互动作为现象的切入点,探究迭代创新过程中企业—用户互动问题。然而该探索仍处于尝试性阶段,后续仍需开展大量的研究工作对研究框架进行不断修正和完善,进而形成更为系统和全面的研究框架。

二 未来研究展望

本书探究的迭代创新问题处于理论发展的早期阶段,因而存在着较为广泛的研究空间和大量的潜在研究问题,结合本书的研究结论和研究局限,未来研究可以在如下三个方面开展进一步的研究工作。

(一) 采用质性研究+量化研究的研究设计深入探索研究问题

在未来的研究中,可以采用"质性研究+量化研究"的研究设计,利用不同研究方法的优势,深入探索研究问题。未来研究对于该问题的整体设计可以采用纵向多案例研究和大样本调研相结合的范式,质性研究利于研究者探索变量间的潜在因果关系以及获取研究开展过程中涌现出的研究变量,量化研究则具有验证变量间关系的严谨性和提升研究论断普适性的优势。鉴于混合研究方法的优势,未来研究在现有研究的基础上,首先,通过质性研究更为细致、深入地凝练研究问题中涉及的关系链条,构建更为细致且精练的关系模型;然后通过开展大样本的调研研究,以详细解释各变量间的关系,构建更具普适性的关系模型。

(二) 基于不同研究情境开展区域对比、成败对比研究

在未来的研究中,在研究样本选择上尽量选取不同区域、不同性质的企业样本,以便于开展区域对比和成败对比的研究。一方面,在我国的不同区域,由于政治、经济、文化、环境等宏观因素的影响,造成不同区域

的企业面临的企业运营情境呈现出差异性,因此,在研究样本的选择上应在不同区域进行样本选择和数据收集,进而可以对比不同区域所呈现研究数据的差异性,进而提炼出更为有趣且普适的研究结论;另一方面,探究成功的企业并基于其成功的实践活动提炼和总结出其运营规律和发展模式,进而影响企业实践活动的开展,然而企业的创新创业活动具有不确定性,创新创业活动的失败在所难免,因此选择失败企业的案例,并通过对比成败企业创新进程的差异性进而形成更为全面、系统的研究结论。

(三) 沿用不同研究视角深入剖析迭代创新现象

迭代创新作为新兴研究主题,仍处于研究的早期发展阶段,对该现象的理论化探索仍处于不断试错的过程,研究者应基于对该现象的分析,选用不同的理论研究视角从不同的角度和层次解构这一新兴现象。有趣的是,学者也应采用迭代的方式探索迭代创新现象,即通过不断比对和分析现象层面和理论层面的内容,对其选取的研究视角和研究层次进行修正和完善,进而建构兼具理论意义和实践价值的研究框架,在推动理论研究进展的同时,探索研究论断在实践层面的价值。

附录

访谈记录

本书通过与海尔集团文化中心负责人反复沟通交流，对"创客公地"上演化发展的169家小微企业进行逐个研究和探讨，基于小微企业的发展情况及其代表性和典型性，与文化中心负责人共同商定15家小微企业的访谈计划；通过与小微企业负责人联系，有6家企业基于各种原因拒绝接受访谈，因此研究团队确立了9家小微企业作为访谈对象；研究团队与9家小微企业进行了深层次、多轮次的访谈工作，通过理论抽样，案例数据的分析，选择了其中最具代表性的5家企业作为本书的案例样本。下文将分别展示基于对5家企业的访谈录音转化为文字稿的访谈记录。[①]

一 雷神游戏笔记本电脑团队的访谈记录（节选）

访谈时间：2014年10月30日；2014年11月27日

访谈地点：海尔董事局大楼

访谈对象：LYB[②]、ZZL、JYQ

访谈次数：4次/7.5小时

问：请先谈一下你们团队的创业历程？

答：我们的创业有一定的个人影响，上大学的时候我就一直很喜欢玩游戏，对游戏有很大偏好。参加工作后，有个机缘巧合的机会，先是到一家台湾公司做主板研发，后来就到了海尔集团，差不多10年的时间一直

[①] 由于该研究是综合性研究，本研究只涉及其中一部分研究内容，故下述访谈记录的录音转化稿只涉及与本研究相关的调研对象和调研内容，未展示其他录音转化稿；同时该部分只涉及访谈的录音转化稿，未展示邮件往来信息、企业内部资料和外部媒体报道等内容。

[②] 为保护受访者隐私，所有受访者姓名均由大写字母代替。

做笔记本研发的工作。近几年笔记本电脑整个市场不大好，随着手机等的冲击，笔记本电脑市场增长缓慢甚至下滑。竞争越来越强，机会越来越小，应该说被逼无奈，就想着其他方法。

我们分析了一下数据，根据京东的一些大数据，收集买笔记本（笔记本电脑的简称，下同）的抱怨。以前笔记本就是通勤式的东西，出差的时候可以拎着，到了年龄段就会买，现在用笔记本，就考虑需不需要，以用户的需求，考虑我为什么买？如果我买它为了上上网，手机就可以了，看电影，平板就可以了。我们意识到现在用户的需求是细分了，而且更专业了。我们认为单纯一个没有特点的笔记本的市场太难了，而且可能下滑。如果我们能抓住用户的需求，细分市场就有机会了。

问：你们创业团队是如何组建的？

答：我们团队三个人有类似的经历，大学时期都爱玩游戏。LN是在笔记本领域负责品质管控的，LX是负责渠道，跟经销商打交道，是电脑平台销售部的。他俩一个是实体销售，一个是虚网的，也就是新渠道。我们发现虚网快速发展的势头，就想着利用虚网来做些事情。

我们三人是兴趣相投，同时在原来的工作上都遇到了困难：我在产品部，主流产品出现了问题，LX和LN对接新模式，虽然虚网快速发展但是发现以前我们的主流产品拉不动。虚拟网把与用户的距离拉近了，以前我们可以用渠道区隔对手，例如，联想在这个品牌上做得很好，但是在青岛李沧区没有网点或者网点比较差，虽然我们的产品没有它好，但是我们可以持续屏蔽它。但是在虚拟网时代，产品和产品直接对接，没有了渠道区隔的概念。之前靠屏蔽对手的方法没法做了，他俩都很郁闷，就逼着我们有所改变，再加上我们有同样的兴趣爱好，很快我们就形成了一个小团队。

问：刚才您说根据京东用户的反馈形成创意，当你们有了这个创意后如何跟海尔集团沟通让其认可你们的创意？

答：我们就跟现在的平台主ZZL交流，海尔的这个平台有这个好处，它不会否定你，你有创意你就去做，它不会阻碍你。你们自己把握，风险是自己承担。好处是自由的决策权，你告诉我这是机会，你就可以大胆去做。

问：你们如何确定品牌定价的？

答：跟网友互动的结果。在产品上市之前，我们在网上放出产品，网友就会跟我们交互和讨论，他们觉得我们方案是高了还是低了，我们根据他们的反馈和我们成本的考虑，定出一个比较有竞争力的价格。

问：刚才您提到了与网友互动，跟网友交互确定了品牌定价，你们采取怎样的交互方式呢？

答：我们选择了互联网工具，QQ和贴吧两个途径。海尔创业平台也有交互平台，发展得也很好，但是他们的人群都是白色家电的产品线，用户群与我们的不太吻合，我们就想着根据我们自己的需求进行用户交互。我们也有线下的交互方式，就是粉丝见面会。年初在北京、上海，接下来去广州。我们采用全国走高校，校园行的方式进行线下的交互。

问：您谈到贴吧是交互的重要途径，你们的小吧主是如何演进的？

答：这都是兴趣爱好，例如爬山、去西藏，每个人都有喜好，只要抓住喜好，他们会无偿。这就是人的本性，通过这个东西能够体现自己的价值。每个人都希望跟别人不一样，只要能达到对于游戏性能的挖掘和超频，他们都会去。

问：看到文化交互中心提供的资料中，你们选择了快速方式，原因是什么？

答：这种模式非常先进，像小米模式。我们做这个行业有机会借鉴这种模式。电脑和手机相同，电脑都是外加工的，不是自己加工的，整个行业按模块分工已经非常细了。我们专门做产品定义、开发用户，我们可以轻松做事情。我们拿到用户需求后，找到加工方制造就可以了。

我们在产品研发过程中迭代的非常多。我们基于新品会根据原来产品做优化。最近完成的迭代，迭代是无时无刻不发生的，我们可能会积攒的，可能有10个，我们可能迭代3个，下次可能是5个。例如，有用户提出屏幕可视角度有些差，笔记本是个人办公的，游戏本却会被人围观，画面的精细度、色彩鲜艳度要求不高，但是玩游戏的人对于屏幕要求高。基于用户的需求反馈信息，我们的屏幕可视角度达到了180度。

问：目前我们定位的目标用户群体是哪些人？

答：游戏发烧友。像学生群体，现在慢慢发现年龄、社会身份不是一个很好的分类标准，像很多退休的人也玩游戏。但是主流群体，还是学生群体。学生群体很多，说学生群体没有钱不正确，有些是这样的但是我们做的不是所有人，我们就是细分市场，而且现在学生群体支配能力很大，可以承受笔记本的价格。社会在发展，我们与传统思维不一样。学生本就是便宜的，量最大的还是便宜本。但是我们聚焦的是细分市场，细分市场就是利润高的。例如，爬山的设备背包几千块钱，家乐福可能是几十块钱。我们关注的市场是小众市场。

雷神有一定用户群，有100万的用户数量，他们提出这个希望，什么时候出个手机，玩游戏。他们使用产品后，有了很好的使用感受，如果推出手机，我们也会买。这么多爱好者聚到一块，能不能把他们组织起来建立俱乐部，举行比赛，推出衍生品，帽子，LOGO，这些都是他们提出的。他们提出我们的笔记本尺寸比较大，能否推出笔记包，所以我们基于他们的要求推出了雷神笔记本包。玩游戏是人的本性，会陆续产生很多的衍生产品。

问：如何甄别用户需求？

答：受众，考虑大多数人的需求。流程是这样的：我们的用户大概知道几个需求，我们整体加工，聚合成产品化的想法，你们觉得行不行，我们聚化出来。然后我们有个筛选和验证的过程。例如：用户提出需求，能不能有彩色本，但是他们提不出具体什么颜色。我们做出来，直接做出图来；我先把图放在群里，经过几轮调整之后，我们再打样，做出样品出来；我们再与他们讨论，再去调整，然后定下来。前期的头脑风暴，不断调整的过程，这个阶段用户是全程参与的。

问：您如何理解全流程的用户体验？

答：原来一个产品的开发就是工程师来开发，设计人员设计。现在首先的是设计方案要评审，像我们雷神就有这样的参谋团，指出需要哪个，然后我们改改改，反复改，改完他们再评，评完我们再改。以前没有用户，所以我们说设计什么就是什么。以前最多是找专家固定的评测，在不同的城市进行测试。现在就让用户使用，他们可能装盗版，可能在地上使用，会出现各种情况，所以我们获得的数据更有效。而且现在我们全是网上销售，都是预约销售，我们可以及时获得用户购买情况。对于售后，以前我们只能定期开展售后服务，质量报表，现在就能直观地看到用户的评价。售后服务都是上门或者是网店，现在看到网上的指导，他们可以直接自行解决。整个链条都不一样了。

问：您认为雷神的核心优势是什么？

答：我们的运营别人很难复制，跟公司的整体运营机制有关，整个公司以用户为中心，围绕用户来。我们已经有了100万的用户群，这就是我们的核心优势。雷神贴吧，获取信息，贴吧的专业性不是很大，跟技术不大相关的放在贴吧。我们有几个核心的QQ群，专业的参谋团在QQ群。我们没有物质上的激励措施，我们上周六将他们请来，跟我们面对面沟通交流，谈一下我们未来的发展规划以及企业运营发展出现的问题，我们也不能只采用网上交流，我们还需要面对面的交流和沟通。

我们跟他们交流的流程是：我们有想法，先跟QQ群交流，后让贴吧用户投票。用户也可以演化，比如工作交流以及学生毕业，这些用户群是动态的。看发帖的质量，和对网友的热心帮助。通过交互的产品投入到主流市场出现鸿沟，用户的认知是滞后的，我们不会迷信用户，我们让用户决策他们自己的事情，表决权还是在我们自己，用户的意见让我们定夺风险。在创意阶段，用户的意见是模糊的，比如说用户喜欢"炫"的颜色，然后我们做出5种颜色，让用户选，这其实是误导用户的，用户只是想要"炫"的，颜色让我们定的。创意初始阶段我们需要担风险，然后后续销售阶段更加了解用户需求。

问：平台给你们提供了哪些支持？

答：最核心的问题，就是公信力的问题，作为完全独立的个体，别人怎么相信你。我们跟上游、下游，我们的货款的账期，代理的授权，这是非常关键的，没有这个根本就做不来。对用户来讲，我们不打海尔，我们就模糊处理。对于品牌来讲，我们是独立的。开始我们没有回答，品牌我们是独立的，物流无所谓，供应商，雷神的产品也不是海尔制造的，只是用了海尔的售后体系，品牌运作，制造，设计是完全独立。我们都是讲清楚的。

海尔的平台也有很好的背书，用户也有很好的公信力。我们只是注册了独立的品牌，但是公司是最近注册的。我们没独立之前，不需要付费，后面我们就需要涉及。以前，我们跟售后服务，在海尔体系中售后服务就是偏独立的，我们跟售后服务的联系就是偏市场化的问题，我们给你多少钱，你帮我做事情，达成这样的协议。法务，慢慢随着公司正式成立。目前雷神是独立核算，财务会定期拨钱。雷神损益是单独核算的。我们从一开始现金流就一直是正的。最终独立的时候，平台会给我们算账，借用平台花了多少钱？账是可以算的。

问：平台的孵化机制是什么？

答：平台给提供资源，不管是内外部人员有好的创意和模式就可以借用我们的平台。如果带着用户资源来平台会更好。我们本身就在用户平台上，当时集团没有那么细，现在你要有用户资源。当时我们本身就在平台的。但是现在更细些，更为强调用户资源。

我们开始做出一定成绩，然后做社会化，然后我们邀请一些人来出谋划策，然后雷神上市的机制。现在小微也是刚开始尝试，雷神在许多流程机制和政策方都需要支持。包括机制，和股权分配都需要打通。然后公司上边战略层面，而我们作为管理团队，更多的是经营管理。他们做资本上面的事情。平台做土壤、阳光、水分，而小微企业作为小树苗自己成长。

问：您如何理解美好生活的解决方案这一战略部署？

答：我理解集团的战略不是美好家居生活的解决方案提供商，现在做平台型企业，集团发展成为最好的服务平台，更多地把小微孵化出来。之前我们以海尔为主，现在更开放，不是非要做海尔产品，我们做平台型企业，外部可以进入平台上发展。如跟家居生活一致的，是偏海尔平台，而像雷神这样的可以自己发展。

问：企业的未来发展战略是什么？

答：从笔记本切入，然后做游戏掌机，客厅游戏机，不光是桌面游戏机，形成游戏产业，将硬件丰富起来。然后我们与盛大、腾讯等合作，开发游戏软件，我们的优势是我们有庞大的游戏群体。我们的战略就是从笔记本切入，将硬件不断丰富和发展，然后我们再跟软件合作，未来我们会切入到游戏产业。

二　免清洗洗衣机团队的访谈记录（节选）

访谈时间：2014年10月30日；2014年11月28日
访谈地点：海尔董事局大楼
访谈对象：SCB
访谈次数：2次/3.5小时

问：你们的创业冲动是什么？您如何看待现在自己的身份？

答：我们从这上面可以看到希望，能大卖的东西是有钱可赚的。而且对于其他节点小微，用户小微赚钱了他们才能赚钱。今年6月份之前，我们这个项目还是一个研发团队，产品那时还在孵化中。6月份是个分水岭，我们成立了小微。在原团队的基础上把一些骨干人员和外部资源吸引进来，组建了一个团队。

问：免清洗是个什么概念？

答：在洗衣机诞生的时候留了一个弊病，就像流脏水的下水道会很脏，洗衣机的夹层就像走脏水的下水道。用的时间长了二次污染就很严重。我们这个免清洗通过物理清洗（智慧小球在夹层中运动，通过摩擦将污垢除去）解决了这个问题。目前行业中还没有这种解决方案，我们是第一个。

问：您这个创意的来源是什么？

答：这个课题其实研究了很多年。缘由是1998年上海的一个用户给张首席写了一封信，当时就提出这个问题。从那个时候就开始研究这个课题，那个时候还没有好的解决方案。原来也做过很多方案，比如清洗、干燥、用化学洗涤剂，但无法根治。我们一直在研究根治的方案。在2008年的时候，互联网上有很多人提出了意见，那时我们就开始采集各种意见，我们从很多方案中筛选出了一个物理清洗的方案。

其他同行其实也在研究这个课题，这是个行业难题。在这个过程中，我们利用了很多外部的用户资源，让大家来提创意。从那个时候开始我们共搜集了 800 多个创意，这些创意多种多样。里面有很多创意经过我们的技术以及和外部资源的合作可以实现。这个免清洗就是当时的一个创意。但当时尽管创意有了，技术上还是有难题。为解决这些技术难题，我们整合了各种研发资源，包括技术中心、中科院理化研究所。免清洗对智慧球的要求比较高，需要耐用 10 年以上，不能是金属材质，又能抗菌、耐磨，这个是由中科院理化所负责研发的。结构设计由美国团队和德国团队来负责。

问：产品创意和解决方案都是源于用户，那如何让用户愿意积极参与进来？

答：实际上在研究课题的时候，我们就一直提到用户痛点。当时网上有一个专门的用户交互平台，吸引了 800 多万用户，当时参与投票的方案有 100 多万。不是所有的用户都会提创意方案，主要是几类人：社会上的创客、在校大学生（我们有个铁杆粉丝"小孔成像"当时熬夜做方案）、老师、其他公司的技术人员，大家晒出方案，还有很多用户对这些方案进行评价。

问：在用户的参与过程中，有没有奖励机制？创意有何筛选机制？

答：我们分了几轮。第一轮是收集方案，第二轮是评比筛选。我们在全国选出了 10 个最佳方案，让他们到青岛和我们一起把方案做成样机进行模拟测试。免清洗上市后，我们奖励他们 11 个人每人一台免清洗洗衣机，在青岛的食宿和来回机票我们报销。这个免清洗就是从这 10 个方案中选出来的。

我们的创意筛选流程是：前期的网络筛选，再请专家团队和专业评论员、10 个用户代表，还有网络直播让网友投票。我们的活动分了几个阶段，去年 8 月份开始执行，今年 3 月份完成。交互平台也分了几个阶段，专业的交互平台是去年 6 月份建的，其他的社区交互平台更早，2008 年就开始了。

问：从创意形成至今的发展流程是怎样的？

答：整个流程有几个节点。第一个部分是交互，就是去找用户痛点。实际在交互的过程中用户也不知道自己真正的需求，这个交互就是要把握用户痛点。第二个节点是创意，原来是没有这个节点的，用户交互完直接就干了。这个创意就是方案，就是解决用户痛点的方向，在技术上有了方向。第三就是设计，你能干得了就干，干不了就去找能干的人，我给你钱和资源就行。下一步就是资源整合和产品开发。开发完了之后就是找生产小微和营销小微。

问：开发出的产品用户可能不会去买，如何解决这个问题？

答：这个有很多种手段。第一是大数据，它可以分析趋势，但很难找出潜在的痛点。第二是定性、定量两种方式的交互。用户在和你交流的不经意间会流露出一些东西，这些东西就要靠你去抓，抓完之后对还是不对要用定量的方式去评价。第三就是实际模型的测试，把产品和竞争对手的产品放在一块，让用户去选、对产品评价，这是个验证的方法。第四种就是互联网上交互，这个手段用的越来越广，我们深入到各个论坛、平台里去看，这个要和大数据结合，另外我们还会建一些专门的交互平台，是专门针对点的交互平台，比如当时针对免清洗这个点的交互平台。

问：那您觉得这种产品开发的方式和传统方式的区别是什么？

答：传统的研发方式都是按照一定的技术路线来走，就是根据自己的实力来确定未来的规划。然而现在我们倒过来看用户的需求是什么，然后寻找解决方案，我们解决不了没关系，可以利用外部资源。现在集团对我们的定位是接口人，接的是内外部的资源，把外部能干的人引进来，我们内部人干不了也没关系。

问：咱们的团队是如何组建的？

答：我们小微就是几个节点：交互、创意、交易、交付，还有一个 FU，但不是我们的专职团队，是给我们提供服务的。专职团队有从原来部门转过来的，有从外面招聘来的，团队的建立是一个竞争的机制，我们内部叫抢单。是在人力平台上，通过人力部门完成。当你可以成立小微了，人力帮你招聘成员，大家（小微方）拿着方案去抢。成员不仅仅局限于内部。

问：团队的小微主是如何产生的？

答：也是通过竞聘。这个过程不仅局限在我们团队，其他外部团队也都可以参与。竞争的前提包括是否有能力承接目标（对赌的目标）和整合足够的资源，还要有一个支持你的团队。这里有一个"官兵互选"机制。

问：现在以小微的方式来做业务和原来单纯地去做某个技术改进、产品开发有什么区别？

答：小微的运作更像是一个独立的公司，要达到全流程。原来需要什么东西你就找事业部要，现在是自己管，但前提是不能管亏了，否则小微就破产了。现在资源是放在小微里面。平台主是搭建平台和机制，这个平台和机制是保证你不出偏差。我们每周有例会，但不是汇报的性质。它实际上是看你运作的过程中会遇到什么问题，帮你解决问题，为你提供保障。资源是放在小微内部。小微能获得的资源和目标的完成情况也是相关的，这些资源配置会细化到匹配开发的资源是多少、匹配到人力成本以及营销的资源是多少，只要你赚的多，你的资源也就多，否则资源就会相应减少。

小微里面有几个节点：交互节点（挖掘需求）、创意节点（用户需求的创意解决方案）、交易节点（对接营销平台，把产品卖出去）、交付节点（对应这些工厂）。我们的小微现在只有十几个人，在人很少的情况下，我们内部这些人也是接口，和外部对接。举个例子来讲，我们先有个创意出来之后，交给设计小微进行设计，设计完成后交付给我们，如果行的话就把这个产品拿到工厂，现在有很多工厂都可以干，一台给工厂多少钱，如果合适的话他就会干，生产出产品后就会交付我们给，交付完成后，就推向市场营销平台，我给你营销费用，然后你去跟客户谈。

问：企业如何保持竞争优势？

答：这个产品上市之后，竞争对手也感到很大压力，因为它带来了行业变化和产品品类的变化。我们的基础比别人要厚，这个方案已经研究了6年时间，还有就是专利保护，我们这个产品申请了56项专利保护。第三个是我们现在也在进行其他方案的研究，我们从用户征集了800多个方案，选出来的有10个方案，其他的也在测试。这些方案的实现尽管在目前行业的技术上还有难题，但我们也持续在做。用户小微的核心能力就是能不能发现用户痛点。

问：创意实现以及交付过程中遇到哪些障碍？

答：问题肯定有，整个小微都是在摸着石头过河，各种问题都会出现，比如协调问题、沟通问题。对于我们小微来说，我们卡的就是目标，有些小微（合作小微）承接不了的话，我的资源就要进行重新调整。在目前的平台机制下，就是一种结算关系，我可以和小微之间有不同的核算，比如设计小微以前项目少可能就给你10万，后来如果项目多就可能给你500万，给你500万的资源，如果你资源不够、人不够，可以去扩充，但是如果你不承接，我就去找另一个设计小微，甚至也可以到外面去找。这个和小微核算的过程也是由双方协调的。对于平台主来说，他要看这个机制是不是出问题了，如果任何一个小微都不去承接的话，就说明是平台机制出问题了，平台主就需要去弥补、调整。

问：刚才您提到了拐点酬、超利分享等概念，你们的拐点是如何制定的？

答：根据市场的竞争力，市场竞争力有几个维度：用户群和增长空间、行业地位（我们的目标是占50%的市场份额）、竞争对手（主要看增长趋势，我们一定要比竞争对手快）。通过这几个维度来确立市场的总体目标，比这个目标多实现的那一部分就可以进行超利分享。

问：海尔创业平台的吸引力在哪？提供了哪些支持？您有没有用户痛点？

答：实际上也是有痛点的，比如我们要把外部资源引进来，或者招一些外部团队到我们团队来，会有人觉得海尔是个老公司不是个新公司，会有这方面的问题。在这个过程中，我们要做的是让他们看到希望。对于外部一些团队、个人，他也是要看到平台的作用，如果一个人只有技术而没有孵化的土壤的话，他也是成功不了的。我们就是为这些外部创业者提供这样一个平台，让他看到在这个土壤上可以孵化出来。我们现在做小微也有这个目的，就是我们先让小微成长起来，让那些外部创业者看到希望。这样也才会有更多资源来加入我们团队。所以，让人看到希望这是最重要的。

问：我们现在的产品情况如何？

答：上市了3个月，现在供不应求。现在产品的定位和原来产品基本上是一致的。但是现在的规模比原来大了，这个免清洗上市了三款产品，这三款产品市场份额接近10%了。

问：你们产品的更新换代、颠覆的速度有多快？

答：白电的颠覆性创新没几个，但现在的情况是颠覆速度在加快，对于白电，产品的颠覆会慢一点，但我最担心的是营销模式、商业模式的创新，像小米。用户的忠诚度没那么高。

问：你们小微对平台其他小微的影响怎么样？

答：现在每个小微都在找用户的痛点，一旦找到了它也会增长，对我也会形成冲击。我们并不是光做免清洗这一个方案，其他的方案也会做，所以不光只解决内桶脏的问题，这时候比的是大家的创新速度。现在产品可以做到检测水质。现在我们还有其他小微在做净水洗，这个水是循环利用的。如果说没有用户痛点，那你这个小微就没存在的价值。

三 空气盒子团队的访谈记录（节选）

访谈时间：2014年10月30日；2014年11月27日

访谈地点：海尔董事局大楼

访谈对象：FJX、XZT

访谈次数：3次/5小时

问：空气盒子的战略意义是什么？

答：它是海尔做的第一个智能硬件的探索。它不仅是硬件，还有软件在里面。因为一般的互联网公司是软件App做得好，海尔不仅是做产品还做软件，这是一个往互联网转型的探索。它是一个入口。第二，这个产品是基于我们空气生态圈的概念，我们想把它作为一个入口核心，用户通过它可以控制（各种空气产品）。它不是闭环的，但当检测到空气不好时，比如温度，就可以连接到空调来进行控制。对空气生态圈，它是作为一个入口。所以，空气盒子有标志性意义。后来我们开发空气魔方也是基于空气盒子的经验，盒子也不能完全满足用户需求，因为你光是检测，不能帮我处理空气问题，所以需要空气净化器，空气魔方的出现就相当于一个延伸，不仅能检测，还能处理。所以，盒子的意义是海尔在做智能硬件上的第一个探索，这个探索还是比较成功的。对于盒子来说，现在是做入口，将来我们要做大数据，未来硬件只是侧面，我们主要是要向软件方向发展。它是基于海尔的"U+"系统，这个系统跟盒子之间又是一个大生态和小生态的融合，最后还是建立"U+"系统，让用户在生活中有任何问题都可以在这个系统中解决，无论是硬件的还是软件的。

问：您刚才谈到空气生态圈，这是个什么概念？
答：我们的规划是根据空气生态圈的要求，全流程地，无论是温度、湿度、洁净度、健康度、舒适度这些都是相关的，以前是解决温度和部分健康度，比如空调带着除甲醛、除PM2.5的功能，但它还是以温度为主，我们是要满足用户对空气的要求，可延展的空间就大了，不仅是空气净化器，还有检测，如空气盒子、空气魔方的湿度这一块，马上还要加上富氧的功能，首先就是基于用户的生态圈，所有产品都是在这个基础上，是满足用户对空气的整体需求，产品延展的过程是开放的，针对用户的需求不断开发新产品，包括现在也在开发可穿戴的设备，满足用户户内户外的需求。还有就是硬件和软件与用户交互结合。所以我们空气新产业是开放的，同时我认为它还是一个孵化平台，空气盒子是我孵化出来的第一个产品（小微），它已经市场化了，现在注册了，下一步魔方等其他的产品也按着这个模式进行升级，它的标志不仅是爆点，还有可以市场化运作，这个新产业对我们来说是挑战比较大的，是在产业部门里设置的新产业部门，只有空气圈这块有新产业部门，因为它延展的产品是比较多的，另外我们会做一个小的产品孵化平台，把产品逐步孵化出去。

问：空气新产业是何时建立的？
答：8月份建立的。空气盒子原来就有但没有孵化出来。空气新产业也是一个用户小微。空气生态圈一共有三个用户小微，客厅用户解决方案小微、卧室小微、新产业小微，只有建立这些小微才能建立生态。

问：那您当时是从哪些用户资源发现创意，又是如何与用户资源进行交互的？

答：一开始是对空气敏感的人群进行交互，他们在海尔社区里面。产品创意的初始提出者就是FJX。他提出创意后在社区里和用户交互，用户提出了很多建议，交互之后，外观有几十种，最后筛选出六种。其实创意的产生也可能像乔布斯那样，也可能是和用户交互产生的。有些是基于对用户深刻的洞察理解得到的。

问：您对用户小微是如何界定的？

答：用户小微界定的概念是产品创意的产生一直到后面市场的推广，你都要负责。它是全流程对用户负责的。原来是企划、开发、生产、市场、售后，现在是产品创意（企划）、市场在用户小微里面，其他的都在我的节点小微。我产生创意后，找它研发，然后在研发过程中我与用户不断迭代逐步完善它，通过市场验证，验证后再形成一个迭代的方案，再验证、推广。

问：海尔从制造业转向平台，传统的优势会不会丧失？

答：传统这块在海尔内部是叫作转型小微，必须向互联网转型，否则就跟不上步子，或者就被淘汰。其实转型不转型的标志，不是成立独立公司，这只是一个方面，核心是小微有没有用户资源、用户流量，用户认不认同，你有用户流量，有一大批用户在关注你。

问：现在空气盒子与用户的交互方式有哪些？

答：有单独的社区，百度贴吧、微博、微信都有。海尔的交互平台是一个大池子。你可以做验证，提供进一步深化的交互，因为有用户资源。我觉得盒子未来的发展应该还是可以的。其实我们摸索用户也走了很多过程。开始的时候是极客用户，是新锐人群，但这些用户是早期使用者，他没有传播效用，不是真正的痛点人群，所以早期规模就上不去，因为这群人的使用不是针对痛点。到后来，我们找到最终的使用群，就是有强需求的人群，比如母婴人群、有呼吸疾病的人群。但是这些人还有一个误区，就是他们不知道空气对他们的危害，他们只有到雾霾严重的时候才知道，但这时候已经有危害产生了。所以盒子现在聚焦的就是这些用户的痛点，盒子的宣传语就是"揪出你身边的隐形杀手"。

问：您是如何找到强需求人群的？

答：还是通过原来的用户筛出来的。这里有一些活跃用户，将近7000人，他们就是长期登录空气盒子App的人群，这群人以孕妇、年轻妈妈人群、有呼吸疾病的人群为主。经过大数据的分析。找到真正的用户不容易，非常关键，你的用户是谁，痛点是什么，这是我们每天都要去思考的问题。

问：空气盒子定位于强需求人群后，现在的营业额情况如何？

答：增长比较快，"双11"做了个尝试，原来一天卖个10台8台的，而那天在海尔商城1天卖了500台，效果还是不错的。以前是没有真正抓住用户群和用户痛点，没有找到强需求。用户找到了，同时又把攸关方的数据拉进来，比如中国气象局、环保局，我们就可以打造中国空气质量地图。我们和他们合作，做一些深入详细的东西，我们之间数据共享。

问：您感觉现在我们找用户和海尔过去找用户的区别是什么？

答：原来是通过常规的市场调研，找专门的调研公司对用户进行访谈，然后基于行业分析，进行产品研发，然后向渠道进行推送，卖不动就促销。而且这种用户资源还比较死，是一次交易，跟用户的联系很弱。现在我们力求搭建和用户的强联系，在创意产生、产品开发之前，就在社区里和集团的用户进行交互了，这些用户已经沉淀在我们群里，不光是市场这块跟他们进行沟通和联系，而且在产品产生之前就和用户交互，在开发过程中吸取他们的意见，首批量试制时筛选一部分用户让他们试用、体验，这个过程和用户的黏度就增强了。第二个方面，集团在做"U+"嘛，我们在软件上也会和用户加强交互，因为硬件这方面的交互毕竟是有限的，关键的还是日常生活的服务和交互，不光是用硬件，在软件、服务上也进行沟通、交互。这个是客户和用户的区别，客户还是以企业和产品为中心，现在强调全流程的参与。

问：您怎么理解迭代？

答：迭代这个事情，我认为其实它来自于用户的迭代，比如为什么会从盒子产生出魔方呢，其实这也是个迭代，需求的迭代，用户说盒子检测出问题来了，但谁给解决呢，魔方出来了，这种迭代不光是盒子迭代出2代盒子，同时它在品类上也突破原来的品类，它是基于用户需求的解决方案的迭代，不是简单的产品优化、功能加强，需求的迭代源于生活中不断产生的用户痛点。比如我想开发一款宝宝净化器，就可以在这一块用户资源中进行迭代，定位会比较精准。所以就是开放，不能封闭。

问：从极客到强需求，我们是基于已购买的人群还是社区搜集信息呢？

答：社区。社区外部的人，我们的粉丝也有。海尔社区这边是海尔用户，但还有社交媒体对海尔非常关注的，还有对空气关注的人群。因为我们现在都开放了，一些攸关方的用户资源也进来了，比如宝宝树，他们的用户资源也进来了。盒子和新浪气象通也在谈。所以我们的用户也是开放的，并不光是海尔的用户，互联互通。所以迭代首先是用户的迭代，通过用户流量、用户资源的迭代，得到我们解决方案的迭代，这个迭代可能不是一个产品。

最终还是以用户为中心。现在强调全流程参与。也不是非常成熟，以后才拿到市场中。现在很多用户他愿意接受产品的不完美，他也愿意参与。并不是一开始要非常完美的东西。不管是盒子的升级，还是魔方的产生，用户需求这个线路是非常清楚的。经过迭代最后产生的有可能是一个产品，可能是一个功能，可能是一个产品群。这个是解决方案和产品的区别，它是解决一系列的问题。

用户小微起到用户全流程最佳体验的作用，行使的作用是不同的。用户小微是离用户最近的，全流程和用户并联的。一个企业怎么向互联网转型，一个标志就是你离用户到底有多近多远？现在我们力图把大数据、用户资源这块逐步用起来。

问：您理解的创业心态是什么心态？

答：我理解的创业心态就是这个事业、产品是我自己的，我要对它的盈亏负责，对它的市场化、规模和目标负责。我觉得在现在这个移动互联网发展的时代，这种创业心态相对于前期可能更容易接受，现在我们的小微和外面的创业公司没什么区别，这种创业的势头和十年前那种势头是不一样的，那时候在企业内部叫主人翁心态、主人翁意识，那现在确实是实实在在落地了，真正地形成一种基于创业的市场关系，就像我现在，产品的产生、制造、发展、市场、目标、用户获取这些都是我要负责的，无非是我要借助于海尔这个平台，其他和外面的公司没有什么区别，其实我认为海尔提供这种平台就是要实现我们内部创业者的一种创业愿望。原来是一个概念，现在是实实在在地做了。

四 空气魔方团队的访谈记录（节选）

访谈时间：2014 年 11 月 28 日

访谈地点：海尔董事局大楼

访谈对象：ZZX、XZT

访谈次数：2 次/4 小时

问：您的团队是如何整合的？

答：我们的团队有市场的、研发的、企划的。大家走到一起是自发的兴趣和外部需求的结合。现在团队的人除了负责开发空气圈，还要承担原来所在部门的研发工作。在每个阶段的侧重点不同，我认为创业者不一定把全部精力投入到一件事情上，一个创业者同时可能创几个业。我在海尔创立了多个第一。一直在做研发。我们做了第一台交流电机、直流电机。从 1D、3D、6D。刚开始空调行业做 1 拖 2、1 拖多，后来我做了自由组合的产品。一开始很难。自由组合是电量按需自动分配。研发 1 拖 2 用了 18 个月，研发自由组合产品用了 12 个月。

问：在开发空气圈的过程中，需要用到很多资源，如设计资源、供应商资源等，整合这些资源便利吗？

答：我说一个感受，现在海尔是一流产品吸引一流资源。在平台上不分网络里和网络外。我们有大的资源平台，同时还有用户需求。空气魔方上市前交互了 81 万用户，空气 MINI 交互了 31 万用户。我们的产品用到了很多外部的供应商。首先就是跨国界的资源，德国的材料、日本的电机。经常有供应商带着解决方案来海尔交流，这些方案可能不会马上用，但这个就是资源。德国供应商就是主动找海尔，在我们开发产品前一个月他就来了，而这个材料方案是用在凯迪拉克、宾利这种豪华车上的。我参加了这样一个见面会。同时，海尔有采购平台，他们可以把信息发给我。

外面来的所有供应商都在平台上面。

问：现在的小微和产品研发部门有什么区别？

答：我们的小微和以前的产品研发部门性质发生了变化。根本的区别是以前我们做的时候是老板命令，我们就照着做，反正成不成都是老板的。企划做完计划，我们就负责研发。新的小微你不要把它特意地区分为虚拟的和实体的，这只是一个过程，本质是通过小微激发了创业的热情（或者说创业精神）。老做法是老板就定了，新做法是全队人员并联去做，从开始做的那一天，企划的、研发的、市场的还有其他角色人员，都在一起了。没有组织告诉我必须得这么做。现在小微有决策权了，现在资源开放了，所有资源都可以为我所用。现在是只要是围着目标干的就是对的，以前是只要不是围着流程干的就是错的。和宝洁的研发不一样，小微的核心点是市场运作。

问：最终激励您成为小微的是什么？

答：有很多激励形式，比如，股权激励。在业务层面来看，海尔平台给了大家这么多权利，这么多资源，大家的创业热情就被激发出来，这是最大的变化。企业的人不光是追求钱的，给用户带来健康这是我们追求的事情。我们在做的过程中不是把钱作为追求的第一位，也是为了实现个人价值，这个不是钱能衡量的。我有了决策权和资源开发出产品就实现了个人价值。现在既是小微实现价值最大化，也是平台在实现价值最大化，所以他会积极去做这件事。这是市场驱动。我创业的驱动力就是激情。海尔给我一个平台，我有决策权了，你开发出东西并在市场中得到认可了，这个是我们更加看重的事情。

问：你们是如何快速掌握这种交互方式的？

答：刚开始做产品都有市场调研，现在互联网时代这个速度太慢。互联网的沟通速度是非常快的，我们一发出去，海尔商城、海尔社区、新浪微博，马上就有很多人响应。互联网马上就可以得到大量信息，这就是交互。我们有交互团队，空调产业有专门一个交互平台，就是原来的信息中心。信息中心提供服务给我们团队。平台 ABC，小微 1、2、3，两者之间是双向沟通的。

交互之后找到方案了，就去找资源，海尔大平台有了，资源就跑过来。方案和资源在这对接了。我们有 HOPE 平台，在网上可以发布，资源方就可能过来。德国是通过采购平台。HOPE 平台是电脑平台，采购平台是人平台（人机平台）。而且我们自己也可以通过互联网找啊。所以我说有三个特点：跨国界、跨行业、全流程。我那个耦合的方案就是跨行业出来的。以前搞研发，只要是搞空调就全是按照空调的思维，现在开放体系下，不要用空调思维去做空调，用全球思维、跨行业思维。一手是用户痛点，一手是资源，有了这两个，还需要小微把它做出来。很多好的方案是通过互联网得来的。HOPE 平台不是万能的，采购平台不是万能的，互联网不是万能的，合在一起才行。

问：为什么空气魔方没有像空气盒子一样开展市场化进程？

答：因为它现在的操作、产品发展的阶段，包括目前对集团的战略意义来说，还是作为集团的战略性产品，还要看它能否进行市场化，然后再引入团队，它要进行验证的过程，不是产品一上市就进行孵化，它要进行一个评估和验证。现在空气魔方还处在这个阶段（评估验证）。看产品引爆的效果如何，产品和用户的接触度，和用户交互的情况，市场的前景，都要进行判断，然后再考虑市场化，现在是在集团作为一个战略性产品先进行引爆。

问：假设我有了一个创意，我通过个人能力就可以组建团队，但海尔会不会有一个筛选机制去考虑选不选择我？

答：海尔有一个平台，比如创客平台，每周都有，有风投。风投给投票，他们看好了项目就开始。而且也可以自己去找资源，这跟社会上一样。小微也有适者生存的意思。产品好，风投也看好，但最后个人能力不够也不行啊。

企业创业有个好处，创业小微想创业，管理层想创业，大家一块搭着价值最大化，才能做这个方案。如果你的方案不行，他不会支持的。我们看好，风投看好，公司看好，才会做下去。社会上管不了那么细，公司可以。公司里面你创业没做好，也可以去别的团队继续创业。同时，企业创业和社会创业是一样的，你能力强，各个部门都会支持你，你能力弱，就会觉得各个部门都在给你下绊。所谓支持不支持还要看个人能力。当你很强的时候，困难都是资源，当你能力弱的时候，资源都是困难。

问：在产品形成的过程中，你自己有没有痛点？

答：有啊。刚开始的时候，我们对资源的认识不够，找到资源了不知道怎么用，大家会产生不同的观点、方案。就举这个魔方的例子，我们做了十几个方案，一个多月突破不了，睡不着觉。很苦恼。我们那天晚上12点都没走，我们想了个办法，上网查，忽然想到了，我们出差用的电热水壶，忽然想到了这个方案，就上网查耦合器生产商，马上联系。第二天一早就找公司，一开始人家不理，没办法就给那里的市场部说我是海尔的，老板马上就给回应。第二家、第三家都愿意合作，马上给画图，没谈过任何费用就给我们设计产品。海尔无形的品牌资产起了关键的作用。可如果是一个小公司根本成功不了。只有站在大的平台上，你才能更快地创造出有竞争力的产品。前两天在深圳国美门口看到一个音响很好，但是不知名，就在地摊上卖，但是也有创新。创新不以企业大小为准，但是大的平台可以整合到更多的东西。

五　水盒子团队的访谈记录（节选）

访谈时间：2014年10月30日；2014年11月28日

访谈地点：海尔董事局大楼

访谈对象：ZH、XBZ

访谈次数：3次/5.5小时

问：和传统的产品相比，你们产品的定位是什么？

答：我们的定位是互联网公司，我们是做饮用水智慧解决方案。我们小微第一是做水盒子，第二是做模块，这个模块不光海尔的品牌用，美的也能用。你从我们这里买入模块，连平台都不需要建，我的数据可以和你共享。我们当时想的是产品免费给你提供，你给我们的数据、服务付费。第三就是做智能杯子。我们主要是这三方面，全部是围绕水健康来做。

问：您的产品创意来源？

答：还是"无交互不产品"，我们搭建了一个交互平台，有用户就反馈目前市面上的净水机太多，都说自己的好，用户就不知道买什么，第二点就是不知道什么时候应该换滤芯,第三点就是国家标准不统一,整个行业就很混乱,北京还出现了很严重的漏水事件。

问:您认为产品的核心优势是什么?

答:应该是我们的技术,还有产品推出的速度。就像小米它的两个核心优势,用户交互和快速。互联网的核心是一个速度问题。现在的用户要求的不是被动服务而是主动服务,我们就可以做到主动地提供服务,比如你现在不在家,我发现你家的净水机出现故障,我们会首先短信通知,最后不行了就上门服务。

问:迭代引领的目标是什么样的一种机制?

答:简单来讲,就是目标有竞争力,一般从两个角度分析,一是和行业的标杆比,二是结合整个行业的增长速度,就海尔来说,具体要做到行业增长速度的1.2倍。我个人对迭代的理解是一个升级的过程,传统行业升级曲线是比较平缓的,对小微来说,主要是通过用户的不断聚集会有一种爆发式的增长,还有一个就是用户的口碑,把前期的用户发展成核心用户群,让这些用户在前期研究中就参与进来,用户既是创意提供者,又是研发参与者,还是产品的体验者,最终用户全流程的参与感以及好的产品体验都会使用户变成一个口碑传播者,那下个时期可能就是一种指数性的增长,这个就是迭代的概念。

问:在与用户交互上,海尔提供资源的情况?

答:现在就直接是线上交互,不是传统的跟客户面对面交流。我们前期也在做一个社区,就是面向用户。海尔的用户有一个多亿。我们就从中选一部分人,让他们进行测评。

问:海尔平台为您提供了什么?

答:如果是我自己创业,和资源方的合作方式肯定是不一样的。比如付款方式,假如是我自己,肯定是拿着现金去找供应商。还有海尔的品牌效应。通过海尔可以获取国内外一流的资源。跟海尔合作,供应商都很积极。包括渠道资源、品牌资源。当我需要资源支持时,我们就提出要求,他如果有一些资源也会主动提供给我们,比如请一些外部专家来和我们交流。目前我们的重点仍放在产品开发上。

问：和别的孵化器相比，您为什么选择海尔"创客公地"？

答：当时北京有一家就想我们过去，但我们也没去。其实海尔现在投这个项目也并不缺钱，包括当时工工的一些厂家也愿意投钱，但我们选择投资人的标准不是有钱就行，而是你能给我们小微带来什么资源。我们做的是水质监测，英国这个公司就是专门做水质监测的公司，我们团队缺的是用户交互这一块，所以我们把百度的人也加进来。产品开发目前不需要大量资金，四百多万就够了。不是仅仅你有钱就可以过来投资。

问：海尔转型过程中，如何保证品牌不会受到影响？

答：在品牌授权的时候，我们有一个法律界限，必须是授权给我们，我们才能用。我们保护品牌是基于文化的建设，信任是建立在两个基础上，一个是实践过程，我跟你合作一件事，最后干成了我也得到了我想得到的东西。第二个就是多次的博弈，重复的交换，我们形成了一系列的契约，契约越多，越能提升信任度，而这个信任度不是建立在友谊基础上的，它是建立在多重博弈基础上的实质性契约。

问：在净水这一块，是否有外部人员来平台创业？您认为原因是什么？

答：在人员引进及与资源方沟通的过程中，他们就有人会提到来这里的创业意愿，包括我们最新引进的一个做海尔净水机产品的博士，他也是想从某个技术创新的角度进行创业。我个人认为在海尔创业比在社会上创业的好处是你在资金的压力和创业风险上比社会上要低得多。有一个做豆浆机的，产品也研制好了，但是没有开模的钱，可能对企业来说没有多少钱，但对他个人来说就很多。在社会上创业，我可能不会像在海尔创业可以搞产品开发，比如我在外面就做代理了。这是两种形式的创业。

对于我而言，最吸引我的还是海尔平台的资源，而且平台充分主动地支持小微，我们一次出差订酒店，因为从外部来的人不能用海尔的系统，所以报销遇到问题，但是这个问题通过协调很快就解决了。我的员工全是外部来的，只算海尔的在线员工。如果在原来，内部的协调成本就很高。

问：创业的成功与否跟团队的领导有很大关系，由技术专家转变成管理者，您现在有什么担忧和需求？

答：有。我现在压力也很大，感觉到自己能力有限。管理这个确实不是我的专长。我的想法是等公司真正运转起来，就会考虑把这个位置让出来，因为可能到时候我就不再适应企业的发展了。所以我们需要这个方面的培训，这里目前是几个方面，一是创业导师，平台主和净水总经理本身就是创业导师，人力、财务、战略各个方面也在从外部引入创业投资方面的导师，一方面帮助平台本身的提高，另一方面是帮助小微，找来好的资源、会干的人进来帮我们一起来做，这是一个。第二个是海尔大学，现在已经进来了，包括对邹总的访谈、胜任力测试、创客孵化营，请来行业的资深人士帮助小微提升能力。另外，从人力上，日常人员的管理，包括交互、大数据，帮助小微建立起来，比如两维体系的考核，我们也专门给小微设定了不一样的人员管理体系。

参考文献

中文文献：

[1] Blank, S. G.：《四步创业法》，七印部落译，华中科技大学出版社 2012 年版。

[2] 蔡莉、单标安、周立媛：《新创企业市场导向对绩效的影响——资源整合的中介作用》，《中国工业经济》2010 年第 11 期。

[3] 陈劲、吴波：《开放式创新下企业开放度与外部关键资源获取》，《科研管理》2012 年第 33 卷第 9 期。

[4] 陈荣秋：《顾客中心的管理》，《管理学报》2005 年第 2 卷第 2 期。

[5] 陈钰芬、陈劲：《开放式创新促进创新绩效的机理研究》，《科研管理》2009 年第 4 期。

[6] 戴夫·格雷、托马斯·范德尔·沃尔：《互联网思维的企业》，张玳译，人民邮电出版社 2014 年版。

[7] 董保宝、葛宝山：《新创企业资源整合过程与动态能力关系研究》，《科研管理》2012 年第 33 卷第 2 期。

[8] 董洁林、陈娟：《无缝开放式创新：基于小米案例探讨互联网生态中的产品创新模式》，《科研管理》2014 年第 35 卷第 12 期。

[9] 董洁林：《迭代创新：小米能走多远？》，《清华管理评论》2014 年第 6 期。

[10] 杜运周：《竞争与互动导向组织合法性与新企业成长关系实证研究》，博士学位论文，南开大学。

[11] 范秀成、杜琰琰：《顾客参与是一把"双刃剑"——顾客参与影响价值创造的研究述评》，《管理评论》2012 年第 24 卷第 12 期。

[12] 高忠义、王永贵：《用户创新及其管理现状与展望》，《外国经济与

管理》2006 年第 28 期。

[13] 韩飞：《互动导向、创新能力与新产品绩效之间的关系研究》，博士学位论文，吉林大学。

[14] 韩汝萍：《基于利益相关者的企业—顾客互动关系管理》，《企业经济》2010 年第 358 卷第 6 期。

[15] 胡泳、郝亚洲：《海尔创新史话（1984—2014）》，机械工业出版社 2015 年版。

[16] 黄兴、康毅、唐小飞：《自主性创新与模仿性创新影响因素实证研究》，《中国软科学》2011 年第 2 期。

[17] 焦豪、魏江、崔瑜：《企业动态能力构建路径分析：基于创业导向和组织学习的视角》，《管理世界》第 4 期。

[18] 康沃尔：《步步为营：白手起家之道》，陈寒松等译，机械工业出版社 2009 年版。

[19] 克里斯·安德森：《创客：新工业革命》，萧潇译，中信出版社 2012 年版。

[20] 孔德洋、徐希燕：《生产性服务业与制造业互动关系研究》，《经济管理》2008 年第 12 期。

[21] 李大元、项保华、陈应龙：《企业动态能力及其功效：环境不确定性的影响》，《南开管理评论》2009 年第 12 卷第 6 期。

[22] 李耀、王新新：《价值的共同创造与单独创造及顾客主导逻辑下的价值创造研究评介》，《外国经济与管理》2011 年第 9 期。

[23] 黎万强：《参与感：小米口碑营销内部手册》，中信出版社 2014 年版。

[24] 林肖也：《海尔裁员，危机在哪里？》，《中国石油企业》2014 年第 7 期。

[25] 刘景江、应飚：《创新源理论与应用：国外相关领域前沿综述》，《自然辩证法通讯》2004 年第 6 期。

[26] 刘丽容：《顾客关系的内涵及其战略意义分析》，《技术经济与管理研究》2004 年第 4 期。

[27] 卢俊义、王永贵：《顾客参与服务创新与创新绩效的关系研究》，《管理学报》2011 年第 8 卷第 10 期。

[28] 罗仲伟、任国良、焦豪等：《动态能力、技术范式转变与创新战

略——基于腾讯微信"整合"与"迭代"微创新的纵向案例分析》,《管理世界》2014年第8期。

[29] 迈克尔·乔治、詹姆士·沃克斯、凯姆波雷·沃森－汉姆菲儿:《创新引擎》,陈正芬译,中国财政经济出版社2007年版。

[30] 莫瑞亚:《精益创业实战》,张玳译,人民邮电出版社2013年版。

[31] 孙黎、魏刚:《"圆形决策"时代到来》,《中欧商业评论》2015年第1期。

[32] 孙黎、杨晓明:《迭代创新:网络时代的创新捷径》,《清华管理评论》2014年第6期。

[33] 孙卫、崔范明、李垣:《新产品开发团队领导行为、团队效力与团队绩效关系研究》,《管理工程学报》2010年第4期。

[34] 汪涛、何昊、诸凡:《新产品开发中的消费者创意——产品创新任务和消费者知识对消费者产品创意的影响》,《管理世界》2010年第2期。

[35] 王莉、方澜、罗瑾琏:《顾客知识,创造力和创新行为的关系研究——基于产品创新过程的实证分析》,《科学学研究》2011年第9卷第5期。

[36] 王莉、方澜、王方华等:《网络环境下客户参与对产品开发绩效的影响研究》,《管理工程学报》2007年第21卷第4期。

[37] 王琳:《KIBS企业—顾客互动对服务创新绩效的作用机制研究》,博士学位论文,浙江大学,2011年。

[38] 王永贵:《顾客资源管理》,北京大学出版社2005年版。

[39] 王钦:《海尔新模式:互联网转型的行动路线图》,中信出版社2015年版。

[40] 魏斐翡:《电子商务物流服务中顾客互动对服务购买意愿的影响研究》,博士学位论文,华中科技大学,2013年。

[41] 魏江、周丹、白鸥:《制造企业—知识型服务机构互动模式识别研究》,《科学学研究》2012年第30卷第9期。

[42] [美]沃麦克、[英]琼斯:《精益思想》(珍藏版),沈希瑾、张文杰、李京生译,机械工业出版社2011年版。

[43] 吴兆春、于洪彦、田阳:《互动导向、创新方式与公司绩效——基于珠三角的实证研究》,《中国科技论坛》2013年第6期。

[44] 武文珍、陈启杰：《价值共创理论形成路径探析与未来研究展望》，《外国经济与管理》2012年第34卷第6期。

[45] 武永红、范秀成：《基于顾客价值的企业竞争力整合模型探析》，《中国软科学》2004年第11期。

[46] 许扬帆、孙黎、杨晓明：《迭代出来的微信》，《清华管理评论》2014年第6期。

[47] 于洪彦、银成钺：《市场导向、创新与企业表现的关系——基于中国服务业的实证研究》，《南开管理评论》2006年第3期。

[48] 詹姆斯·H.吉尔摩、B.约瑟夫·派恩二世：《真实经济：消费者真正渴望的是什么》，陈劲译，中信出版社2010年版。

[49] 张超群：《用户互动对新创企业成长绩效的作用机制研究》，博士学位论文，浙江大学，2013年。

[50] 张利平：《可持续创新过程中的社会嵌入——基于中国企业的多案例研究》，博士学位论文，清华大学，2013年。

[51] 张若勇、刘新梅、王海珍等：《顾客—企业交互对服务创新的影响：基于组织学习的视角》，《管理学报》2010年第7卷第2期。

[52] 张玉利：《管理学》（第三版），南开大学出版社2013年版。

[53] 张玉利、杨俊：《创业研究经典文献述评》，南开大学出版社2010年版。

[54] 赵大伟：《互联网思维——独孤九剑》，机械工业出版社2014年版。

[55] 赵付春：《企业微创新特性和能力提升策略研究》，《科学学研究》2012年第30卷第10期。

[56] 周丹、应瑛：《生产性服务业与制造业互动综述与展望》，《情报杂志》2009年第28卷第8期。

[57] 周飞：《顾客互动与渠道协同创新的关系研究：基于消费者渠道迁移行为的视角》，博士学位论文，华南理工大学，2013年。

[58] 朱俊、廖英：《顾客参与下的顾客价值：体验经济的观点》，《价值工程》2007年第4期。

[59] 朱晓红：《拿什么将创业失败几率降到最低？》，《中外管理》2014年第4期。

英文文献：

[1] Acur, N., Kandemir, D., Deweerd-Nederhof, P. C., et al., "Exploring the Impact of Technological Competence Development on Speed and NPD Program Performance", *Journal of Product Innovation Management*, Vol. 27, 2010.

[2] Adams, R., *Perceptions of Innovations: Exploring and Developing Innovation Classifcation*, Cranfeld, UK: Cranfeld University, 2003.

[3] Akbar, Z., Bill, M., Vincenzo, P., "Does Trust Matter? Exploring the Effects of Interorganizational and Interpersonal Trust on Performance", *Organization Science*, Vol. 9, No. 2, 1998.

[4] Alam, I., Perry, C. A., "Customer Oriented New Service Development Process", *Journal of Services Marketing*, Vol. 16, No. 6, 2002.

[5] Armistead, C. G., Mapes, J., "The Impact of Supply Chain Integration on Operating Performance", *Logistics Information Management*, Vol. 6, No. 4, 1993.

[6] Atuahene-Gima, K., "The Effects of Centrifugal and Centripetal Forces on Product Development Speed and Quality: How Does Problem Solving Matter?", *Academy of Management Journal*, Vol. 46, No. 3, 2003.

[7] Atuahene-Gima, K., Li, H., "Strategic Decision Comprehensiveness and New Product Development Outcomes in New Technology Ventures", *Academy of Management Journal*, Vol. 47, No. 4, 2004.

[8] Atuahene-Gima, K., Li, H., Luca, L. M. D., "The Contingent Value of Marketing Strategy Innovativeness for Product Development Performance in Chinese New Technology Ventures", *Industrial Marketing Management*, Vol. 35, 2006.

[9] Atuahene-Gima, K., Wei, Y. S., "The Vital Role of Problem-solving Competence in New Product Success", *Journal of Product Innovation Management*, Vol. 28, 2011.

[10] Auh, S., Bellb, S. J., Mcleodc, D. S., et al., "Co-production and Customer Loyalty in Financial Services", *Journal of Retailing*, Vol. 83, No. 3, 2007.

[11] Bacharach, S. B. , "Organizational Theories: Some Criteria for Evaluation", *Academy of Management Review*, Vol. 14, 1989.

[12] Baker, M. , Bourne, M. , "A Governance Framework for the Idea – to – launch", *Research – Technology Management*, Vol. 1/2, 2014.

[13] Baker, T. , Nelson, R. E. , "Creating Something from Nothing: Resource Construction Through Entrepreneurial Bricolage", *Administrative Science Quarterly*, Vol. 50, No. 3, 2005.

[14] Baker, W. E. , Sinkula, J. M. , "Does Market Orientation Facilitate Balanced Innovation Programs? An Organizational Learning Perspective", *Journal of Product Innovation Management*, Vol. 24, 2007.

[15] Baldwin, C. , Hienerth, C. , Von Hippel, E. , "How User Innovations become Commercial Products: A Theoretical Investigation and Case Study", *Research Policy*, Vol. 35, 2006.

[16] Ballantyne, D. , "Dialogue and Its Role in the Development of Relationship Specific Knowledge", *Journal of Business & Industrial Marketing*, Vol. 19, No. 2, 2004.

[17] Barney, J. B. , "Firm Resource and Sustained Competitive Advantage", *Journal of Management*, Vol. 17, No. 1, 1991.

[18] Barton, D. L. , "Implementation as Mutual Adaptation of Technology and Organization", *Research Policy*, Vol. 17, 1988.

[19] Bartl, M. , Füller, J. , Mühlbacher, H. , Emst, H. , "A Manager's Perspective on Virtual Customer Integration for New Product Development", *Journal of Produt Innovation Management*, Vol. 29, No. 6, 2012.

[20] Baum, J. A. , Dahlin, K. B. , "Aspiration Performance and Railroads' patterns of Learning from Train Wrecks and Crashes", *Organization Science*, Vol. 18, No. 3, 2007.

[21] Baum, J. R. , Bird, B. J. , "The Successful Intelligence of High – growth Entrepreneurs: Links to New Venture Growth", *Organization Science*, Vol. 21, No. 2, 2010.

[22] Baum, J. , Calabrese, T. , Silverman, B. S. , "Don't Go It Alone: Alliance Network Composition and Startups' performance in Canadian Bio-

technology", *Strategic Management Journal*, Vol. 21, No. 3, 2000.

[23] Berends, H., Jelinek, M., Reymen, I., et al., "Product Innovation Processes in Small Firms: Combining Entrepreneurial Effectuation and Managerial Causation", *Journal of Product Innovation Management*, Vol. 31, No. 3, 2014.

[24] Bhattacharya, S., Krishnan, V., Mahajan, V., "Managing New Product Definition in Highly Dynamic Environments", *Management Science*, Vol. 44, No. 11, 1998.

[25] Blank, S., "Why the Lean Start-up Change Everything", *Harvard Business Review*, Vol. 5, 2003.

[26] Bogers, M., "The Sources of Process Innovation in User Firms: An Exploration of the Antecedents and Impact of Non-R&D Innovation and Learning-by-doing", Unpublished Doctoral Thesis, Ecole Polytechnique Fédérale de Lausanne, Lausanne, 2009.

[27] Bogers, M., Afuah, A., Bastian, B., "Users as Innovators: A Review, Critique, and Future Research Directions", *Journal of Management*, Vol. 36, No. 4, 2010.

[28] Bonner, J. M., Ruekert, R. W., Walker, O. C., "Upper Management Control of New Product Development Projects and Project Performance", *Journal of Product Innovation Management*, Vol. 19, No. 3, 2002.

[29] Bourgeois, L. J., Eisenhardt, K., "Strategic Decision Processes in High Velocity Environments: Four Cases in the Microcomputer Industry", *Management Science*, Vol. 34, 1988.

[30] Brito, C., Nogueira, M., "Capabilities Exchange Through Business Interaction: An Empirical Investigation of A Client-it supplier Relationship", *Journal of Purchasing & Supply Management*, Vol. 15, 2009.

[31] Brown, S. L., Eisenhardt, K. M., "Product Development: Past Research, Present Findings, and Future Directions", *Academy of Management Review*, Vol. 20, No. 2, 1995.

[32] Browning, T. R., Eppinger, S. D., "Modeling Impacts of Process Architecture on Cost and Schedule Risk in Product Development", *IEEE Transactions on Engineering Management*, Vol. 49, No. 4, 2002.

[33] Buganza, T. , Deirera, C. , Verganti, R. , "Exploring the Relationships between Product Development and Environmental Turbulence: the Case of Mobile TLC Services", *Journal of Product Innovation Management*, Vol. 26, No. 3, 2009.

[34] Buganza, T. , Gerst, M. , Verganti, R. , "Adoption of NPD Flexibility Practices in New Technology – based Firms", *European Journal of Innovation Management*, Vol. 13, No. 1, 2010.

[35] Buganza, T. , Verganti, R. , "Life – cycle Flexibility: How to Measure and Improve the Innovative Capability in Turbulent Environments", *Journal of Product Innovation Management*, Vol. 23, No. 5, 2006.

[36] Buur, J. , Matthews, B. , "Participatory Innovation", *International Journal of Innovation Management*, Vol. 12, 2008.

[37] Camagni, R. , *Innovation Networks: Spatial Perspectives*, London: Belhaven Press, 1991.

[38] Carbonell, P. , Rodríguez-Escudero, A. I. , Pujari, D. , "Customer Involvement in New Series Development: An Examination of Antecedents and Outcomes", *Journal of Product Innovation Management*, Vol. 26, 2009.

[39] Carter, J. R. , Ellram, L. M. , "The Impact of Inter – organizational Alliances in Improving Supplier Quality", *International Journal of Physical Distribution &Logistics Management*, Vol. 24, No. 5, 1994.

[40] Chang, W. , Park, J. E. , Chaiy, S. , "How does CRM Technology Transform into Organizational Performance? A Mediating Role of Marketing Capability", *Journal of Business Research*, Vol. 63, No. 8, 2010.

[41] Chatterji, A. K. , Fabrizio K. , The Impact of Users on Technological Development: the Role of Physician Innovation in the Medical Device Industry, Working Paper. Fuqua School of Business, Duke University, 2008.

[42] Cheng, Y. T. , Van Deven, A. , "Learning the Innovation Journey: Order Out of Chaos?", *Organization Science*, Vol. 7, No. 6, 1996.

[43] Chesbrough, H. W. , *Open Innovation: the New Imperative for Creating and Profiting from Technology*, Boston Harvard Business School Press,

2003.

[44] Christensen, C., *The Innovator's Dilemma: When New Technologies Cause Great Firms to Fail*, Boston, MA: Harvard Business School Press, 1997.

[45] Christensen, C., *The Innovator's Solution: Creating and Sustaining Successful Growth*, Boston, MA: Harvard Business School Press, 2003.

[46] Choi, Y. R., Shepherd, D. A., "Entrepreneurs' Decisions to Exploit Opportunities", *Journal of Management*, Vol. 30, 2004.

[47] Clift, T. B., Vandenbosch, M. B., "Project Development and Efforts to Reduce Product Development Cycle time", *Journal of Business Research*, Vol. 45, No. 2, 1999.

[48] Cooper, L. P., "A Research Agenda to Reduce Risk in New Product Development Through Knowledge Management: A Practitioner Perspective", *Journal of Engineering and Technology Management*, Vol. 20, 2003.

[49] Cooper, R. G., "Stage Gate Systems: A New Tool for Managing New Products", *Business Horizons*, Vol. 33, No. 3, 1990.

[50] Cooper, R. G., "Doing It Right: Winning with New Products", *Ivey Business Journal*, Vol. 64, No. 6, 2000.

[51] Cooper, R. G., Kleinschmidt, E. J., "An Investigation into the New Product Development Process: Steps, Deficiencies, and Impact", *Journal of Product Innovation Management*, Vol. 3, No. 2, 1986.

[52] Cooper, L. P., "A Research Agenda to Redule Risk in New Product Development through Knowledge Management: A Practitoner Perspective", *Journal of Engineering and Technology Management*, Vol. 20, 2003.

[53] Crawford, C. M., Benedetto, D., *New Product Management* (9thed.), New York: Irwin/McGrawhill, 2008.

[54] Dabholkar, P. A., "How to Improve Perceived Service Quality by Increasing Customer Participation", *Developments in Marketing Science*, B. J. Dunlap. (Eds.), Cullowhee, *NC: Academy of Marketing Science*, Vol. 13, 1990.

[55] Dahlander, L., Wallin, M. W., "A Man on the Inside: Unlocking

Communities as Complementary Assets", *Research Policy*, Vol. 35, 2006.

[56] Damanpour, F., "Organizational Innovation: A Meta – analysis of Effects of Determinants and Moderators", *Academy of Management Journal*, Vol. 34, No. 3, 1991.

[57] Day, G., "Misconceptions about Market Orientation", *Journal of Market Focused Management*, Vol. 4, No. 1, 1999.

[58] De Luca, L. M., Atuahene-Gima, K., "Market Knowledge Dimensions and Cross – functional Collaboration: Examining the Different Routes to Product Innovation Performance", *Journal of Marketing*, Vol. 71, 2007.

[59] Dosi, G., "Sources, Procedures, and Microeconomic Effects of Innovation", *Journal of Economic Literature*, Vol. 26, 1988.

[60] Droge, C., Calantone, R. J., Harmancioglu, N., "New Product Success: Is It Really Controllable by Managers in Highly Turbulent Environments?", *Journal of Product Innovation Management*, Vol. 25, 2008.

[61] Eisenhardt, K. M., "Building Theories from Case Study Research", *Academy of Management Review*, Vol. 14, No. 4, 1989.

[62] Eisenhardt, K. M., Furr, N. R., Bingham, C. B., "Microfoundations of Performance: Balancing Efficiency and Flexibility in Dynamic Environments", *Organization Science*, Vol. 21, No. 6, 2010.

[63] Eisenhardt, K. M., Graebner, M. E., "Theory Building from Cases: Opportunities and Challenges", *Academy of Management Journal*, Vol. 50, No. 1, 2007.

[64] Enos, J. L., *Petroleum Progress and Profits: A History of Process Innovation*, Cambridge, MA: MIT Press, 1962.

[65] Fang, E., "Customer Participation and the Trade – off Between New Product Innovativeness and Speed to Market", *Journal of Marketing*, Vol. 72, No. 7, 2008.

[66] Farjoun, M., "Beyond Dualism: Stability and Change as Duality", *Academy of Management Review*, Vol. 35, No. 2, 2010.

[67] Faulkner, P., Runde, J., "On the Identity of Technological Objects

and User Innovations in Function", *Academy of Management Review*, Vol. 34, 2009.

[68] Fich, B. J., "Internet Discussions as A Source for Consumer Product Customer Involvement and Quality Information", *Journal of Operations Management*, Vol. 17, 1999.

[69] Fitzgerald, E., Wankerl, A., Schramm, C., *Inside Real Innovation: How the Right Approach can Move Ideas from R & D to Market and Get the Economy Moving*, Hackensack (NJ): World Scientific Publishing, 2011.

[70] Foxall, G. R., Tierney, J. D., "From Cap1 to Cap2: User-initiated Innovation from the User's Point of View", *Management Decision*, Vol. 22, No. 5, 1984.

[71] Foss, N. J., Loursen, K., Pedersen, T., "Linking Customer Intercution and Innovation: the Mediating Role of New Organization Practices", *Organization Science*, Vol. 22, No. 4, 2011.

[72] Francis, D., Bessant, J., "Targeting Innovation and Implications for Capability Development", *Technovation*, Vol. 25, No. 3, 2005.

[73] Franke, N., Shah, S., "How Communities Support Innovative Activities: An Exploration of Assistance and Sharing Among End-users", *Research Policy*, Vol. 32, No. 1, 2003.

[74] Franke, N., Von Hippel, E., "Satisfying Heterogeneous User Needs Via innovation Toolkits: the Case of Apache Security Software", *Research Policy*, Vol. 32, No. 7, 2003.

[75] Freeman, C., "Chemical Process Plant: Innovation and the World Market", *National Institute Economic Review*, Vol. 45, 1968.

[76] Freeman, R. E., *Strategic Management: A Stakeholder Approach*, Boston: Pitman, 1984.

[77] Frey, K., Liithje, C., Haag, S., "Whom Should Firms Attract to Open innovation Platforms? The Role of Knowledge Diversity and Motivation", *Long Range Planning*, Vol. 44, 2011.

[78] Fuchs, C., Schreier, M., "Customer Empowerment in New Product Development", *Journal Product Innovation Management*, Vol. 28, 2011.

[79] Fukuyama, F., "Social Capital, Civil Society, and Development",

Third World Quarterly, Vol. 22, No. 1, 2001.

[80] Furr, N., Ahlstorm, P., *Nail it Then Scale it*, Nisi Publishing, LLC, 2011.

[81] Gassenheimer, J. B., Houston, F. S., Davis, J. C., "The Role of Economic Value, Social Value, and Perceptions of Fairness in Interorganizational Relationship Retention Decisions", *Journal of the Academy of Marketing Science*, Vol. 26, No. 4, 1998.

[82] Gemser, G., Leenders, M. A., "Managing Cross – functional Cooperation for New Product Development Success", *Long Range Planning*, Vol. 44, 2011.

[83] Glaser, B., Strauss, A., *The Discovery of Grounded Theory*, Chicago, IL: Aldine Press, 1967.

[84] Griffin, A., "Product Development Cycle Time for Business – to – business Products", *Industrial Marketing Management*, Vol. 31, 2002.

[85] Grönroos, C., "Adopting A Service Logic for Marketing", *Marketing Theory*, Vol. 6, No. 3, 2006.

[86] Grönroos, C., "What Can Service Logic Offer Marketing Theory?", In R. F. Lusch, & S. L. Vargo (Eds.), *The Service – dominant Logic of Marketing: Dialog, Debate, and Directions*, Armonk, NY: ME Sharpe, 2006.

[87] Grönroos, C., "Service Logic Revisited: Who Create Value? And Who Co – creates?", *Business Review*, Vol. 20, No. 4, 2008.

[88] Grönroos, C., "Promise Management: Regaining Customer Management for Marketing", *Business & Industrial Marketing*, Vol. 24, No. 5 – 6, 2009.

[89] Grönroos, C., "Conceptualising Value Co – creation: A Journey to the 1970s and Back to the Future", *Journal of Marketing Management*, Vol. 28, No. 13 – 14, 2012.

[90] Grönroos, C., Helle, P., "Adopting A Service Logic in Manufacturing: Conceptual Foundation and Metrics for Mutual Value Creation", *Journal of Service Management*, Vol. 21, No. 5, 2010.

[91] Grönroos, C., Ravald, A., "Service Business Logic: Implications for

Value Creation and Marketing", *Journal of Service Management*, Vol. 22, No. 1, 2011.

[92] Gruner, K. E., Homburg, C., "Does Customer Intercution Enhance New Product Success?", *Journal of Business Research*, Vol. 49, 2000.

[93] Gustafsson, A., Qvillberg, J., *Implementing Lean Startup Methodology - an Evaluation*, Gothenbrug, Sweden: Chalmers University of Technology, 2012.

[94] Haefliger, S., Von Krogh, G., Spaeth, S., "Code Reuse in Open Source Software", *Management Science*, Vol. 54, 2008.

[95] Hakansson, H., *International Marketing and Purchasing of Industrial Goods: An Interaction Approach*, Wiley, Chi Chester, 1982.

[96] Han, J. K., Kim, N., Srivastava, R. K., "Market Orientation and Organizational Performance: Is Innovation A Missing Link?", *Journal of Marketing*, Vol. 162, No. 10, 1998.

[97] Hansen, E. L., "Entrepreneurial Network and New Organization Growth", *Entrepreneurship Theory and Practice*, Vol. 19, No. 4, 1995.

[98] Haunschild, P. R., Sullivan, B. N., "Learning from Complexity: Effects of Prior Accidents and Incidents on Airlines' learning", *Administrative Science Quarterly*, Vol. 47, No. 4, 2002.

[99] Henkel, J., Von Hippel, E., "Welfare Implications of User Innovation", *Journal of Technology Transfer*, Vol. 30, No. 1 - 2, 2005.

[100] Herstatt, C., Von Hippel, E., "From Experience: Developing New Product Concepts Via the Lead User Method: A Case Study in a 'low - tech' Field", *Journal of Product Innovation Management*, Vol. 9, 1992.

[101] Hilda, C., Martinez, L., Jennifer, A., et al., "An Analytical Management Framework for New Product Development Processes Featuring Uncertain Iterations", *Journal of Engineering and Technology Management*, Vol. 30, 2013.

[102] Hills, S. B., *Market Driven vs. Market Driving Activity, Antecedents and Consequences: Evidence from High Technology Industries*, Graduate Faculty of Rensselaser Polytechnic Institute, 2004.

[103] Hollander, S., *The Sources of Increased Efficiency: A Study of DuPont rayon Plants*, Cambridge, MA: MIT Press, 1965.

[104] Hong-Bae, J., Hyun-Soo, A., Hyo-Won, S., "On Identifying and Estimating the Cycle Time of Product Development Process", *IEEE Transactions on Engineering Management*, Vol. 52, No. 3, 2005.

[105] Hsu, L., "SCM System Effects on Performance for Interaction Between Suppliers and Buyers", *Industrial Management & Data Systems*, Vol. 105, No. 7, 2005.

[106] Hughes, M., Perrons, R. K., "Shaping and Re-shaping Social Capital in Buyer-supplier Relationships", *Journal of Business Research*, Vol. 64, 2011.

[107] Iansiti, M., "Shooting the Rapids: Managing Product Development in A Turbulent Environment", *California Management Review*, Vol. 38, No. 1, 1995.

[108] Ims, J. P., Workman, J. R., "Market Orientation, Creativity, and New Product Performance in High-technology Firms", *Journal of Marketing*, Vol. 68, No. 4, 2004.

[109] Jansen, J. J. P., Van Den Boshch, F. A. J, Volverda, H. W., "Exploratory Innovation, Exploitative Innovation, and Performance: Effects of Organizational Antecedents and Environmental Moderators", *Management Science*, Vol. 52, No. 11, 2006.

[110] Jensen, M. B., Johnson, B., Lorenz, E., et al., "Forms of Knowledge and Modes of Innovation", *Research Policy*, Vol. 36, 2007.

[111] Jeppesen, L. B., Frederiksen, L., "Why do Users Contribute to Firm-hosted User Communities? The Case of Computer-controlled Music Instruments", *Organization Science*, Vol. 17, 2006.

[112] Jiang, B., "Outsourcing Effects on Firms' operational Performance", *International Journal of Operations & Production Management*, Vol. 26, No. 12, 2006.

[113] Kapoor, R., Adner, R., "What Firms Make vs. What They Know: How Firms'production and Knowledge Boundaries Affect Competitive Advantage in the Face of Technological Change", *Organization Science*,

Vol. 23, No. 5, 2012.

[114] Katta, R., Ahuja, G., "Something Old, Something New: A Longitudinal Study of Search Behavior and New Product Introduction", *Academy of Management Journal*, Vol. 45, No. 6, 2002.

[115] Kaulio, M. A., "Customer, Consumer and User Involvement in Product Development: A Framework and A Review of Selected Methods", *Total Quality Management*, Vol. 9, 1998.

[116] Kimmy, W. C., Bennett, Y., Simon, S. K. L., "Is Customer Participation in Value Creation A Double – edged Sword? Evidence from Professional Financial Services Across Cultures", *Journal of Marketing*, Vol. 74, No. 5, 2010.

[117] Klin, J., Rosenberg, N., *An Overview of Innovation in the Positive Sum strategy: Harnessing Technology for Economic Growth. R. Landau and N. Rosenberg* (eds.), Washington, DC: National Academy Press, 1986.

[118] Kumar, V., Aksoy, L., Donkers, B., et al., "Undervalued or Over Valued Customers: Capturing Total Customer Engagement Value", *Journal of Service Research*, Vol. 13, No. 3, 2010.

[119] Lakhani, K. R., Von Hippel E., "How Open Source Software Works: 'free' User – to – user Assistance", *Research Policy*, Vol. 32, 2003.

[120] Langerak, F., Hultink, E. J., "The Effect of New Product Development Acceleration Approaches on Development Speed: A Case Study", *Journal of Engineering and Technology Management*, Vol. 25, No. 3, 2008.

[121] Langerak, F., Rijsdijk, S., Dittrich, K., "Development Time and New Product Sales: A Contingency Analysis of Product Innovativeness and Price", *Marketing Letters*, Vol. 20, 2009.

[122] Lagrosen, S., "Effect of the Internet on the Marketing Communication of Service Companies", *Journal of Services Marketing*, Vol. 19, No. 2, 2005.

[123] Lau, A. K. W., Tang, E., Yam, R. C. M., "Effects of Supplier and Customer Integration on Product Innovation and Performance: Empirical

Evidenle in Hong Kong Manufacturers", *Journal of Prodcut Innovation Management*, Vol. 27, 2010.

[124] Ledwith, A., O'Dwyer, M., "Market Orientation, NPD Performance, and Organizational Performance in Small Firms", *Journal of Product Innovation Management*, Vol. 62, 2009.

[125] Lee, K. R., "The Role of User Firms in the Innovation of Machine Tools: the Japanese Case", *Research Policy*, Vol. 25, 1996.

[126] Leenders, M. A., Wierenga, B., "The Effect of the Marketing – R&D Interface on New Product Performance: the Critical Role of Resources and Scope", *International Journal of Research in Marketing*, Vol. 25, 2008.

[127] Leifer, R., Mcdermott, C. M., Collarelli O'Connor, G., et al., *Radical Innovation*, Boston, MA: Harvard Business School Press, 2000.

[128] Lengnich-Hall, C. A., "Customer Contributions to Quality: A Different View of the Customer – oriented Firm", *Academy of Management Review*, Vol. 21, 1996.

[129] Leonard-Barton, D., "Implementation as Mutual Adaptation of Technology and Organization", *Research Policy*, Vol. 17, No. 5, 1988.

[130] Lerner, J., Tirole, J., "Some Simple Economics of Open Source", *Journal of Industrial Economics*, Vol. 50, 2002.

[131] Lévárdy, V., Browning, T. R., "An Adaptive Process Model to Support Product Development Project Management", *IEEE Transactions on Engineering Management*, Vol. 56, No. 4, 2009.

[132] Levinthal, D., March, J., "The Myopia of Learning", *Strategic Management Journal*, Vol. 14, No. 8, 1993.

[133] Lhuillery, S., Bogers, M., "Measuring User Innovation: What Can A Standard Innovation Survey Tell Us?", *Paper Presented at the International Conference on Science, Technology and Innovation Indicators: History and New Perspectives*, Lugarno, 2006.

[134] Li, H., Atuahene-Gima, K., "Product Innovation Strategy and the Performance of New Technology Ventures in China", *Academy of Management Journal*, Vol. 44, No. 6, 2001.

[135] Lilien, G. L., Morrison, P. D., Searls, K., et al., "Performance Assessment of the Lead User Idea – generation Process for New Product Development", *Management Science*, Vol. 48, 2002.

[136] Lloyd, C., King, R., "Consumer and Carer Participation in Mental Health Services", *Australasian Psychiatry*, Vol. 11, No. 2, 2003.

[137] Luh, P. B., Liu, F., Moser, B., "Scheduling of Design Projects with Uncertain Number of Iterations", *European Journal of Operational Research*, Vol. 113, No. 3, 1999.

[138] Luthje, C., Herstatt, C., Von Hippel, E., "User – innovators and 'Local' Information: the Case of Mountain Biking", *Research Policy*, Vol. 34, 2005.

[139] Lundkvist, A., Yakhldf, A., "Customer Imolvement in New Service Development: A Conversational Approach", *Managing Service Quality*, Vol. 14, No. 2, 2004.

[140] Maccormack, A., Verganti, R., "Managing the Sources of Uncertainty: Matching Process and Context in Software Development", *Journal of Product Innovation Management*, Vol. 20, 2003.

[141] Mahr, D., Lievens, A., Blazevic, V., "The Value of Customer Co-created Knowledge During the Innovation Process", *Journal of Product Innovation Management*, Vol. 31, No. 3, 2014.

[142] March, J. G., "Exploration and Exploitation in Organizational Learning", *Organization Science*, Vol. 2, 1991.

[143] Mariona, T. J., Eddleston, K. A., Friar, J. H., et al., "The Evolution of Interorganizational Relationships in Emerging Ventures: An Ethnographic Study within the New Product Development Process", *Journal of Business Venturing*, Vol. 30, 2015.

[144] Martin, C. L., "Customer – to – customer Relationships: Satisfaction with Other Consumers'public Behavior", *Journal of Consumer Affairs*, Vol. 30, No. 1, 1996.

[145] Mathwick, C., Malhotra, N. K., Rigdon, E., "The Effect of Dynamic retail Experiences on Experiential Perceptions of Value: An Internet and Catalog Comparison", *Journal of Retailing*, Vol. 78, 2002.

[146] Maurya, A. , *Running Lean: Iterate from Plan A to A Plan that Works*, O'Reilly Media, Inc. , 2012.

[147] Mccarthy, I. P. , Lawrence, T. B. , Wixted, B. , et al. , "A Multidimensional Conceptualization of Environmental Velocity", *Academy of Management Review*, Vol. 35, No. 4, 2010.

[148] McCarthy, I. P. , Tsinopoulos, C. , Allen, P. , et al. , "New product development as a complex adaptive system of decisions", *The Journal of Product Innovation Management*, Vol. 23, 2006.

[149] Mcdermott, C. M. , O'Connor, G. C. , "Managing Radical Innovation: an Overview of Emergent Strategy Issues", *Journal of Product Innovation Management*, Vol. 19, No. 6, 2002.

[150] Meier, C. , Yassine, A. , Browning, T. R. , "Design Process Sequencing with Competent Genetic Algorithms", *Transactions of the ASME*, Vol. 129, 2007.

[151] Meyer, M. H. , Utterback, J. M. , "Product Development Cycle Time and Commercial Success", *IEEE Transactions on Engineering Management*, Vol. 42, 1995.

[152] Miles, M. , Huberman, A. A. M. , *Qualitative Data Analysis*, Beverly Hills, CA: Sage Publications, 1984.

[153] Miner, A. S. , Bassoff, P. , Moorman, C. , "Organizational Improvisation and Learning: A Field Study", *Administrative Science Quarterly*, Vol. 46, 2001.

[154] Mintzberg, H. , "An Emerging Strategy of 'Direct' Research", *Administrative Science Quarterly*, Vol. 24, 1979.

[155] Moorman, C. , Miner, A. S. , "Organizational Improvisation and Organizational Memory", *Academy of Management Review*, Vol. 23, No. 4, 1998.

[156] Morrison, P. D. , Roberts, J. H. , Von Hippel, E. , "Determinants of user Innovation and Innovation Sharing in a Local Market", *Management Science*, Vol. 46, 2000.

[157] Muffatto, M. , Roveda, M. , "Developing Product Platforms: Analysis of the Development Process", *Technovation*, Vol. 20, No. 11, 2000.

[158] Muller, E., Zenker, A., "Business Services as Actors of Knowledge Transformation: the Role of KIBS in Regional and National Innovation Systems", *Research Policy*, Vol. 30, 2001.

[159] Mullins, J., Komisar, R., *Getting to Plan B: Breaking Through to A Better Business Model*, Boston, Massachusetts: Harvard Business School Press, 2009.

[160] Nakata, C., Di Benedtto, C. A., "Forward to the Future: the New Knowledge Needed to Advance NPD – innovation Theory and Practice", *The Journal of Product Innovation Management*, Vol. 29, No. 3, 2012.

[161] Nakata, C., S. IM, "Spurring Cross – functional Integration of Higher New Product Performance: A Group Effectiveness Perspective", *Journal of Product Innovation Management*, Vol. 27, 2010.

[162] Nambisan, S., "Designing Virtual Customer Environments for New Product Development: Toward A Theory", *Academy of Management Review*, Vol. 27, No. 3, 2002.

[163] Nambisan, S., Baron, R. A., "Virtual Customer Environments: Testing A Model of Voluntary Participation in Value Co – creation Activities", *Journal of Product Innovation Management*, Vol. 26, No. 4, 2009.

[164] Nicholls, R., "Customer – to – customer Interaction in the World of E – service", *Service Management*, Vol. 3, 2003.

[165] Nicholls, R., *Interactions Between Service Customers: Managing On – site customer – to – customer Interactions for Service Advantage*, The Poznan University of Economics Publishing House, Poznan, 2005.

[166] Nonaka, I., "A Dynamic Theory of Organizational Knowledge Creation", *Organization Science*, Vol. 5, 1994.

[167] Normaann, R., *Reframing Business*, Chi Chester, New Sussex: Wiley, 2001.

[168] Ogawa, S., "Does Sticky Information Affect the Locus of Innovation? Evidence from the Japanese Convenience – store Industry", *Research Policy*, Vol. 26, 1998.

[169] Oliveira, P., Von Hippel, E., *Users as Service Innovators: the Case of*

Banking Services, Working Paper No. 4748 – 09, MIT Sloan School of Management, 2009.

[170] Payne, A., Kaj, S., Frow, P., "Managing the Co – creation of Value", *Journal of the Academic Marketing Science*, Vol. 36, 2008.

[171] Pettigrew, A., *Longitudinal Field Research on Change: Theory and Practice*, Paper Presented at the National Science Foundation Conference on Longitudianl Research Methods in Organization, Austin, 1988.

[172] Prahalad, C. K., Ramaswamy, V., "Co – opting Customer Competence", *Harvard Business Review*, Vol. 78, No. 1, 2000.

[173] Prahalad, C. K., Ramaswamy, V., *The Future of Competition: Co – creating Unique Value with Customers*, Boston, MA: Harvard Business School Press, 2004.

[174] Raasch, C., Herstatt, C., Lock, P., "The Dynamics of User Innovation: Drivers and Impediments of Innovation Activities", *International Journal of Innovation Management*, Vol. 12, 2008.

[175] Regina, C., Mcnally, M., Akdeniz, B., et al., "New Product Development Processes and New Product Profitability: Exploring the Mediating role of Speed to Market and Product Quality", *Journal of Innovation Management*, Vol. 28, No. S1, 2011.

[176] Rese, A., Baier, D., "Success Factors for Innovation Management in Networks of Small and Medium Enterprises", *R & D Management*, Vol. 41, No. 2, 2011.

[177] Ries, E., *The Lean Startup: How Constant Innovation Creates Radically Successful Businesses*, London: Penguin Group, 2011.

[178] Riggs, W., Von Hippel, E., "Incentives to Innovate and the Sources of Innovation: The Case of Scientific Instruments", *Research Policy*, Vol. 23, 1994.

[179] Rodie, A. R., Kleine, S. S., "Customer Participation in Services Production and Delivery", *Handbook of Services Marketing and Management*, Sage Publications Thousand Oaks, CA, 2000.

[180] Rodríguez-Pinto, J., Carbonell, P., Rodríguez-Escudero, A. I., "Speed or Quality? How the Order of Market Entry Influences the Rela-

tionship between Market Orientation and New Product Performance", *International Journal of Research in Marketing*, Vol. 28, 2011.

[181] Rosenberg, N., *Inside the Black Box: Technology and Economics*, Cambridge, UK: Cambridge University Press, 1982.

[182] Rothwell, R., "Successful Industrial Innovation: Critical Success Factors for the 1990s", *R & D Management*, Vol. 22, No. 3, 1992.

[183] Salomo, S., Weise, J., Gemünden, H. G., "NPD Planning Activities and Innovation Performance: the Mediating Role of Process Management and the Moderating Effect of Product Innovativeness", *Journal of Product Innovation Management*, Vol. 24, 2007.

[184] Salvador, F., Forza, C., Rungtusanatham, M., et al., "Supply Chain Interactions and Time - related Performances: An Operations Management Perspective", *International Journal of Operations & Production Management*, Vol. 21, No. 4, 2001.

[185] Sawhney, M., Prandelli, E., "Communities of Creation: Managing Distributed Innovation in Turbulent Markets", *California Management Review*, Vol. 42, No. 4, 2000.

[186] Schilling, M., Phelps, C. C., "Interfirm Collaboration Networks: the Impact of Large - scale Network Structure on Firm Innovation", *Management Science*, Vol. 53, No. 7, 2007.

[187] Schlesinger, L. A., Kiefer, C. F., Brown, P. B., *Just Start*, Boston, Massachusetts: Harvard Business Review Press, 2012.

[188] Schreyogg, G., Sydow, J., "Organizing for Fluidity? Dilemmas of New Organizational Forms", *Organizational Science*, Vol. 21, No. 6, 2010.

[189] Schumpeter, J., *Theory of Economic Development*, Cambridge: Harvard University Press, 1934.

[190] Sethi, R., Sethi, A., "Can Quality - oriented Firms Develop Innovative New Products?", *Journal of Product Innovation Management*, Vol. 26, 2009.

[191] Shah, S. K., Tripsas, M., "The Accidental Entrepreneur: the Emergent and Collective Process of User Entrepreneurship", *Strategic Entre-

preneurship Journal, Vol. 1, 2007.

[192] Shepherd, C., Ahmed, P. K., "From Product Innovation to Solutions Innovation: A New Paradigm for Competitive Advantage", *European Journal of Innovation Management*, Vol. 3, No. 2, 2000.

[193] Skiba, F., Herstatt, C., "Users as Sources for Radical Service Innovations: Opportunities from Collaboration with Service Lead Users", *International Journal of Services Technology and Management*, Vol. 12, No. 317, 2009.

[194] Slaughter, S., "Innovation and Learning During Implementation: A Comparison of User and Manufacturer Innovations", *Research Policy*, Vol. 22, 1993.

[195] Smith, R. P., Eppinger, S. D., "A Predictive Model of Sequential Iteration in Engineering Design", *Management Science*, Vol. 43, No. 8, 1997.

[196] Spanjol, J., Mühlmeier, S., Tomczak, T., "Strategic Orientation and Product Innovation: Exploring A Decompositional Approach", *Journal of Product Innovation Management*, Vol. 29, No. 6, 2012.

[197] Srivastava, R. K., Fahey, L., Christensen, H. K., "The Resource-based View and Marketing: the Role of Market-based Assets in Gaining Competitive Advantage", *Journal of Management*, Vol. 27, No. 6, 2001.

[198] Stalk, G., Hout, T., *Competing Against Time: How Time-based Competition is Reshaping Global Markets*, New York: Free Press, 1990.

[199] Stefan, L., "Customer Involvement in New Product Development", *European Journal of Innovation Management*, Vol. 8, No. 4, 2005.

[200] Storbacka, K., Lehtinen, J. R., *Customer Relationship Management: Creating Competitive Advantage Through Win-win Relationship Strategies*, Singapore: McGraw-Hill, 2001.

[201] Strambach, S., "Knowledge-intensive Business Services (KIBS) as Drivers of Multilevel Knowledge Dynamics", *International Journal of Services Technology and Management*, Vol. 10, No. 2/3/4, 2008.

[202] Sundbo, J., "Management of Innovation in Services", *The Service Industries Journal*, Vol. 17, No. 3, 1997.

[203] Szulanski, G., "Exploring Internal Stickness: Impediments to the Transfer of Best Practice within the Firm", *Strategic Management Journal*, Vol. 17, 1996.

[204] Tatikonda, M. V., Montoya-Weiss, M. M., "Integrating Operations and Marketing Perspectives of Product Innovation: the Influence of Organizational Process Factors and Capabilities on Development Performance", *Management Science*, Vol. 47, No. 1, 2001.

[205] Thomas, E. F., "Platform – based Product Design and Environmental Turbulence", *European Journal of Innovation Management*, Vol. 17, No. 1, 2014.

[206] Thomke, S. H., *Experiment Matter*, Boston, Massachusetts: Harvard Business School Press, 2003.

[207] Thomke, S. H., Fujimoto, T., "The Effect of 'Front – loading' Problem – solving on Product Development Performance", *Journal of Product Innovation Management*, Vol. 17, No. 2, 2000.

[208] Thomke, S. H., Von Hippel, E., "Customers as Innovators: A New Way to Create Value", *Harvard Business Review*, Vol. 80, No. 4, 2002.

[209] Tidd, J., Bessant, J., *Managing Innovation*, New York: John Wiley & Sons ltd, 2009.

[210] Tidd, J., Bodley, K., The Effect of Project Novelty on the New Product Development Process, *R & D Management*, Vol. 32, No. 3, 2002.

[211] Tietz, R., Morrison, P. D., Luthje, C., Herstatt, C., "The Process of User – innovation: A Case Study on User Innovation in A Consumer Goods Setting", *International Journal of Product Development*, Vol. 2, 2005.

[212] Toni, A. D., Nassimbeni, G., "Buyer – supplier Operational Practices, Sourcing Policies and Plant Performances: Results of An Empirical research", *International Journal of Production Research*, Vol. 37, No. 3, 1999.

[213] Tushman, M. L., Philip, A., "Technological Discontinuities and Organizational Environments", *Administrative Science Quarterly*, Vol. 31, 1986.

[214] Tyre, M., Von Hippel, E., "Locating Adaptive Learning: the Situated Nature of Adaptive Learning in Organizations", *Organization Science*, Vol. 8, No. 1, 1997.

[215] Unger, D. W., Eppinger, S. D., "Comparing Product Development Processes and Managing Risk", *International Journal of Product Development*, Vol. 8, No. 4, 2009.

[216] Urban, G. L., Von Hippel, E., "Lead User Analyses for the Development of New Industrial Products", *Management Science*, Vol. 34, 1988.

[217] Vachon, S., Halley, A., Beaulieu, M., "Aligning Competitive Priorities in the Supply Chain: the Role of Interactions with Suppliers", *International Journal of Operations & Production Management*, Vol. 29, No. 4, 2009.

[218] Valk, W. V., Wynstra, F., Axelsson, B., "Effective Buyer – supplier Interaction Patterns in Ongoing Service Exchange", *International Journal of Operations & Production Management*, Vol. 29, No. 8, 2009.

[219] Van Doorn, J., Lemon, K. E., Mittal, V., et al., "Customer Engagement Behavior: Theoretical Foundations and Research Directions", *Journal of Service Research*, Vol. 13, No. 3, 2010.

[220] Vargo, S. L., Lusch, R. F., "Evolving to a New Dominant Logic for Marketing", *Journal of Marketing*, Vol. 68, No. 1, 2004.

[221] Vargo, S. L., Lusch, R. F., "Service – dominant Logic: What It is, what It is Not, What It Might Be", In R. F. Lusch, & S. L. Vargo (Eds.), *The Service – dominant Logic of Marketing: Dialog, Debate and Directions*, Armonk, NY: ME Sharpe, 2006.

[222] Vargo, S. L., Lusch, R. F., "Service – dominant Logic: Continuing the Evolution", *Journal of the Academy of Marketing Science*, Vol. 36, 2008.

[223] Vargo, S. L., Morgan, F. M., "An Historical Reexamination of the Nature of Exchange: the Service – dominant Perspective", *Journal of Macromarketing*, Vol. 25, No. 1, 2005.

[224] Vargo, S. L., Lusch, R. F., "From Repeat Patronage to Value Co-creation in Service Ecosystem: A Transcehding Conceptualization of Relaticnship", *Journal of Business Marleeting Management*, Vol. 4, No. 4, 2010.

[225] Von Hippel, E., "The Dominant Role of Users in the Scientific Instrument Innovation Process", *Research Policy*, Vol. 5, No. 3, 1976.

[226] Von Hippel, E., "Transferring Process Equipment Innovations from User – innovators to Equipment Manufacturing Firms", *R & D Management*, Vol. 8, No. 1, 1977.

[227] Von Hippel, E., *The Source of Innovation*, Oxford University Press, 1988.

[228] Von Hippel, E., "Sticky Information and the Locus of Problem Solving: Implications for Innovation", *Management Science*, Vol. 40, No. 4, 1994.

[229] Von Hippel, E., "Perspective: User Toolkits for Innovation", *Journal of Product Innovation Management*, Vol. 18, 2001.

[230] Von Hippel, E., *Democratizing Innovation*, Cambridge MA: MIT Press, 2005.

[231] Von Hippel, E., Katz, R., "Shifting Innovation to Users Via Toolkits", *Management Science*, Vol. 48, No. 7, 2002.

[232] Von Hippel, E., Tyre, M. J., "How Learning by Doing is Done: Problem Identification in Novel Process Equipment", *Research Policy*, Vol. 24, 1985.

[233] Voss, C. A., "The Role of Users in the Development of Applications Software", *Journal of Product Innovation Management*, Vol. 2, 1985.

[234] Wind, J., Mahajan, V., "Issues and Opportunities in New Product Development: An Introduction to the Special Issue", *Journal of Marketing Research*, Vol. 2, 1997.

[235] Yin, R. K., *Case Study Research: Design and Methods (3rd ed)*,

Thousands Oaks, CA: Sage Publications, 2003.

[236] Yoo, S. H., Shin, H., Park, M., "New Product Development and the Effect of Supplier Involvement", *Omega*, Vol. 51, 2015.

[237] Zaltman, G., Duncan, R., Holbek, J., *Innovation Andorganizations*, New York: John Wildy & Sons, Inc., 1973.

[238] Zhang, J., Di Benedetto, C. A., Hoenig, S., "Product Development Strategy, Product Innovation Performance, and the Mediating Role of Knowledge Utilization: Evidence from Subsidiaries in China", *Journal of International Marketing*, Vol. 17, No. 2, 2009.

索　引

A

案例内分析　72,81

B

被动式参与　163,227
便捷行动　203,205,209
不确定情境　9,10,20,26,33 - 36,
　　40,68,146,153,154,158,160,
　　194,198,199,226

C

财务绩效　61,101
参与动机　20,61,144,164,165,167 -
　　171,176,179,194,198,199,
　　226,227
参与关系　144
参与渠道　130,163,179
参与用户　100,120 - 122,124,125,
　　127 - 130,133,163,168,191,
　　211,224,227
草根创业　6,236
测试营销　66
产品/市场匹配　24
产品采纳　67,85
产品测试　58,67,85,93,96,98,112 -
　　117,123,126,127,129 - 132,139,
　　148,149,151 - 153,155,157,
　　161,162,174,182 - 184,186,
　　188,189,191 - 194,196,197,
　　199,216,218
产品公测　173,186,209
产品构思　67,85
产品开发　21,30 - 32,39,40,57,
　　179,248,249,254,261,265
产品市场化　67,86,87,91,93,96,
　　98,101,102,105,106,108 - 110,
　　115 - 118,126 - 128,130 - 135,
　　137 - 140,143,146 - 151,155,
　　157 - 159,167,170,171,173,
　　176,180,184 - 186,194,197 -
　　199,205,208,209,211 - 218,
　　222,224 - 229,234

产品众筹　186
产品主导逻辑　10,41,42,119
成本—收益视角　48
持续改进　20,26,29,180－189,201－203,205,209－213,215,217,219,221,222,228－230,235
初始创意　67,77,78,86,91,92,95,98,104－116,119,121,122,124,125,135,137,151－153,157,161－163,172,178,180－187,191－193,196,198,209－211,213,214,216－219,228
初始想法　103－106,109,113,121－124,146,147,151,161,173,174,182,186,192,193,196,205,213,215,217,219
创客　4－7,236,247,258,262,264
创客公地　74,76,77,223,236,237,240,261
创客经济　6,102,233,235
创新的源泉　10,45,123
创新范式　1,5,7,8,11－13,19,22,23,25,29,30,33,37,38,48,67,102,223,235,236
创新分布网络　62,123
创新轨迹　76,101,102,117,187,189,229
创新过程　1,3,7,8,11－14,16－20,23,24,27－29,31,35,36,38－40,44,45,47－49,58,62,65－67,69－76,85,101,102,117,118,123,124,127,128,132,134,135,140,144－146,150,153－155,158,159,163－165,171,173－175,177－179,181,185,187,190,195,199－203,220,221,223－226,229－235,237,238,265,266
创新绩效　10,12,20,22,24,25,37,45,47,68,76,100,135,177,200－203,205－222,224,229－231,233－235,263－265
创新漏斗　62
创新期望收益　46,48
创新全流程　12,100,201,209,212,214,235
创新社团　124,128
创新时机　37,39,40
创新实践　1,3,5,7－9,11,25,28,29,47,62－64,118,119,189,223,231,233,235
创新思维　1,7,8,11,13,14,65,76,100,102,145,148,226,233,235,236
创新速度　20,26,27,37,39,40,92,155,158,159,186,202,203,205,206,209,210,212,214,217,219,221,222,229,230,233,251
创新五代模型　64
创新新颖性　20,205,206,209,212,214,217,219,221,222,229,230,233
创新型企业　1,39,150
创新引擎　26,27,40,185,265
创新源　12,45－47,62,264
创业意愿　26,261
创意产品化　67,86,87,89－93,95－

98,102,105-111,113,115-118,
120,122,123,125,126,131-135,
137,143,146-151,154-158,
167,169-171,173,176,184-
186,191,194,197-199,209,211,
213,215-218,224-227,229,234

创意产生　57,66,163,254

创意市场化　9,10,12,14,17,27-
29,32,34,36,37,44,64,67,68,
76,100-102,144,160,170,186,
187,189,200,202,203,206,207,
221,230

创意甄选　66

D

大数据　4,69,96,98,100,104,109,
116,152,153,207,236,241,248,
252,254,255,262

大众创业、万众创新　236

颠覆式创新　23

迭代创新　1,3,5,7-14,16-25,27-
30,33,36-39,49,63-73,76,85,
101,102,117,118,132,134,140,
144,146,150,153,158,164,
165,167,171,175,177,181,
200,201,205,208,214,220,
222-225,227-229,231-
239,263,265

迭代方式　3,13,20,34,85,179-
185,201,202,205,209-222,
228,229,233,234

迭代实验　37,38

迭代思想　7

迭代循环　2,9,12,34,102,235

动态均衡　24

多维用户价值　43

F

非财务绩效　61

非任务相关型互动　50

非稳定状态　160

封闭式创新　23,46

服务经济　43

服务生态系统　43

服务型互动　50

服务中心观　43

服务主导逻辑　8,10,41-43,53,
54,119

G

概念测试　66

感知控制　59,60

共同开发者　56,122

沟通型互动　50

构念效度　17,82,83

顾客价值　7,24,26,164,266

顾客需求　24,26,39,40,87,202,236

关键事件法　50

管理创新　22

H

互动　2,3,5,10-14,16-20,28,

29,42,43,48-56,58-64,67,
68,71-73,77,80,85,86,92,
93,98-135,137-140,142-
177,179-201,203,205,207-
222,224-234,242,263-266

互动的结构维 51

互动的过程维 51

互动的关系维度 51

互动的社会维度 51

互动的标准化维度 51

互动界面管理 51-53

互动体验 54

互联网技术 10,24,57

互联网经济 6,25,26,102,127,145,
148,160,187,235

互联网平台 172

互联网时代 1,3-9,11-14,16,
17,19,22,23,25-28,37-39,
49,57,63-65,67,68,71,73,75,
86,89,97,100,102,119,131,
138,148,160,163,178-181,185,
187,201,218,221,223,226-228,
230-238,257

互联网思维 3,6,7,25,39,57,65,
145,163,179-181,186,187,
222,227,228,230,231,263,266

合作型互动 50

回溯性误差 76

J

机会窗口 40

极客 94,96-99,104,105,109-

111,114,128,130,149,150,153,
156,157,162,166,167,172,174,
183,184,189,193,194,205,208,
216-219,253,255

即兴学习 36,203,205,209

技术创新 22,23,261

价值共创 10,11,13,40-43,50,51,
53-57,60,65,67,172,232,266

间断式平衡 23

渐进性创新 23,33,60

交互 4,5,63,65,97,123,128,
129,131,133,165,207,213,
218,224,235,236,242,244,
247-249,252-254,256-
262,266

交互平台 4,77,79,89-98,104,
105,107-111,113,115,116,
120-122,124,125,129,130,
135,137,139,148-153,157,
161,162,165,166,168,172,
173,179,182-186,188,189,
191-194,199,207,211-219,
242,247,248,253,257,259

紧耦合体系 36

进入壁垒 26

经济形态 1,6,7,13,28,41,48,68,
102,160,233,235

精益创业 7,186,187,202,203,
205,265

竞争格局 26

竞争环境 39

距离式互动 50

决策偏见 60

K

开放式创新　2,3,22-24,29,46,
　　47,64,65,232,263
开放式公测　87,101,112,151,161,
　　182,188,191,204,209,211
可承受损失　40
跨案例分析　12,81,82
快速创新　26-28,40,67,236

L

理论抽样　73,77,240
立即行动　102,160,202,203,
　　205,209
利益相关者理论　144
领先用户　46,120,127,128,130,
　　133,165-169,224

M

媒介用户　44,45,47,49
门径管理　31
民主化创新　24,25,46-48,201
模仿式创新　23

N

内部效度　82,83
黏性信息　45
NVivo 10.0 软件　82

P

平台战略　7
平行原型开发　39

Q

企业—顾客互动　41,264,265
企业—用户互动　1,11-14,16-
　　20,49,52,53,57-59,61,65,
　　66,68-75,100-102,109-
　　111,117,118,123,126-128,
　　130-132,134,135,137-140,
　　142-145,147-151,156,158,
　　159,163,164,167-172,174,
　　175,177-179,181,184-187,
　　189-191,194,196-199,201,
　　205,207-235,237,238
企业中心论　11,41,48,119

R

任务相关型互动　50

S

三角验证　16,74,76,80
商业分析　66
设计思维　7
社会认同　59
社会网络理论　144

社会福利视角　48

生产者创新　46

实践思潮　7

使用型互动　50

市场定位　28,199,214,215,217,220

市场验证　28,156,253

试错学习　204,205,209,221,230

收益—成本率　61

收益率　61,201

手头的资源　40,180,185,202,204,228

四步创业法　7,39,56,131,145,163,185,201,221,226,227,230,263

松耦合体系　35

T

体验经济　6,102,127,148,160,164,187,233,235,266

突破型创新　23

投资回报率　61

W

外包　62,93,131

外部效度　17,77,82-84,237

网络规模　144

网络结构　144

网络行为　144

网络密度　144

X

先动优势　26,27

线性演化　8,9,12,30-35,64,235

享乐体验　60

消费者用户　44

新产品开发　9,12,19,27,30-36,39,40,64,122,223,232,265

新兴创新范式　28

信度　19,46,82,84,89,129

信息不对称　26,28,119,187

信息资源提供者　105,122

信仰飞跃　39

循环演化　5,9,11-13,30-35,64,232

迅捷行动　20,26,28,29,68,180-185,201,202,205,209-213,215,217,219,221,222,228-230

Y

营销风险　60

用户参与　2,3,6,11,13,20,48,54,55,59,61,75,104-108,110-114,123,126,130,131,144,148,149,152,153,157,162-171,173,174,176,179,192-194,199,211,213,215,218,219,227,228,236

用户参与程度　144,173-176

用户参与创新　173

用户创新　10-13,24,27,28,44-48,65,67,124,144,173,232,263

用户的全流程体验　11,100,102

用户的实时反馈　38,39

用户工具箱　46,163

用户共创价值　8

用户共创知识　48

用户互动　2,12-14,16,18,19,
21,40,48-52,55-63,65,87,
92,93,96,97,99,103,104,
107,119,124-129,135,137,
145,147-149,155,156,158,
160,163,167,171,178,179,
199,200,207,209,216,218,
223,226,227,229,232-
235,266

用户价值　4,8,10,11,13,46,51,53-
55,62,67,126,164,170,194,198,
199,207,229,233,234

用户期望　46,56

用户群体　28,94,95,98,99,101,
103,106,107,109-111,116,
120,123-125,127-129,131,
138,142,147,148,150,152,157,
166,167,170,183,184,189,193,
199,207,214,215,243

用户融入　9,29,43,71,118,127,
163,195,227

用户社区　57,163,165

用户社群　44,49,68

用户思维　3,65,231

用户痛点　247,248,250,251,254,
255,258

用户心理价值　168-170

用户需求诉求　28,124,125,137,
157,172,184

用户学习　54,170,190,206-209,
211,213,215,217,219,220,222,
229,230

用户真实需求　28,39,62,147,
155,185

用户知识　58,60,116,137,146,184,
195,198,225

用户忠诚　60

用户主导逻辑　8,119

预售　89,99,100,103,105,106,112,
114,116,128-131,151,153,158,
161,162,165,167,173,174,182,
184,186,191,194,199,209-211,
218-220

原型产品　25,29,67,86-88,90,91,
93,94,96,98,103,104,106,108-
118,121,123,124,126,127,129-
134,137-140,146-149,151-
155,157-159,161,162,170,172,
174,178,182-184,186,188,189,
191-194,196-198,204,208-
213,218,225

原型设计　25,149

运营绩效　61

运营逻辑　1-5,7,8,11,13,14,65,
71,75,76,100,102,119,145,
179,204,226,233,235,236

Z

增长引擎　40,205

知识传递　63,190,191,198,206,
207,229

知识管理　22,48,55,63,190,
205,229

知识获取　63,185

知识扩散　63

知识整合　63

知识资源　11,59,62,126,127,133,
    145 - 153,170,173,196 - 199,
    206 - 209,212,214,216,219,
    221,222,225,227,230

终端用户　44,47,49,58,68

重复性实验　38,181,204,205

专家用户　120 - 124,127 - 130,
    133,224

主动型参与　163

转型策略　205

资源匮乏　5,7,20,146,148 - 153,
    160,175,187,196,198,199,
    206,226

资源整合　43,60,107,113,147,172,
    196,207,209,248,263

自主性创新　23 - 25,264

走向 B 计划　7

组织学习　55,206,208,209,211,
    213,215,217,219,220,222,230,
    264,266

最小化原型产品　7

顾客的角色　41

后 记

本书是在博士论文的基础上形成的研究成果，三年的博士生涯给我留下了太多的回忆，博士经历必将是我一生的珍贵财富。

感谢我的博士导师张玉利教授，是他让我知道了学术研究开展的逻辑性和严谨性；是他让我明白了如何践行传道授业解惑的使命；是他让我懂得了一名著名学者和教授所具备的素质品行和行为态度。

感谢我的硕士导师陈寒松教授，是他将我领向了学术的道路，并鼓励我继续读博开展学术研究；是他为了帮我找一篇文献，查遍国内数据库后又联系国外朋友帮忙；是他在我写论文失去信心时，告诉我"逼一下自己，你一定行"。

感谢南开大学创业管理中心的杨俊教授、胡望斌教授、薛红志副教授、田莉副教授、牛芳副教授对我的悉心指导和帮助；感谢南开大学商学院的王迎军教授、薛有志教授、许晖教授、黄福广教授、任学锋教授、张金成教授对于我学术研究、学业课程等方面的指导和帮助。

感谢云乐鑫、宋正刚、张慧玉、李静巍、龙丹、张腾、肖应钊、王秀峰、张广琦、刘依冉、郝喜玲、谢巍、刘振等同门师兄师姐师弟师妹们的帮助。感谢何一清、赵秀堃、黄磊、范雅楠、严子淳、王凯、郑丽霞、甄杰、周生辉、齐亚双等博士好友的帮助。

感谢海尔集团文化交互中心的汲部长和王主任；感谢雷神、免清洗、空气盒子、空气魔方、水盒子、日日顺净水、医疗小微、海尔商城rrs等小微主和平台主对于调研活动给予的帮助和支持。

感谢我的工作单位齐鲁工业大学的刘传波教授、刘学方教授、邹志勇教授、陈加奎教授、李传军副教授、于力老师和孟庆涛老师对于本书出版的支持和帮助。

感谢国家自然科学基金青年项目"基于演化博弈论和组织学习视角的迭代创新模式形成及作用机制研究"（项目编号：71702083）和国家社会科学基金项目"小微企业成长中的网络融资风险与策略研究"（项目编号：16BJY170）对本书出版的支持。

由衷感谢我的家人！感谢我的父母，他们给予了我实现梦想的一切支持；感谢我的公婆，他们待我如女儿般的疼爱和呵护；感谢我的先生焦玉志，谢谢你帮我照顾父母，忍受我情绪的发泄以及每天一封邮件督促我论文的写作进程；感谢我的小公主焦熙晴，在我对本书稿的修改和校正过程中，她一直特别的听话，感谢她对我工作的配合和支持。

在本书的出版过程中，还得到了中国社会科学出版社喻苗编辑、张潜编辑的指导和帮助，在此一并表示深深地感谢！

朱晓红
2017 年 9 月于泉城济南